"十四五"职业教育国家规划教材

"十四五"职业教育江苏省规划教材
"十三五"江苏省高等学校重点教材（编号：2017-1-024）
江苏省优秀培育教材

微课版

学前教育学

（第三版）

主　编：王清风
副主编：李秀敏　于　涛
参　编：刘　曲　栾文娣
　　　　李　慧　许姗姗
主　审：张建波

南京大学出版社

图书在版编目(CIP)数据

学前教育学/王清风主编. —3版. —南京：南京大学出版社,2022.1(2025.1重印)

ISBN 978-7-305-25158-0

Ⅰ.①学… Ⅱ.①王… Ⅲ.①学前教育－教育理论－高等职业教育－教材 Ⅳ.①G610

中国版本图书馆 CIP 数据核字(2021)第 246477 号

出版发行	南京大学出版社
社　　址	南京市汉口路22号　　邮　编　210093
书　　名	**学前教育学** XUEQIANJIAOYUXUE
主　　编	王清风
责任编辑	丁　群　　　　　　编辑热线　025-83597482
照　　排	南京开卷文化传媒有限公司
印　　刷	南京人民印刷厂有限责任公司
开　　本	787 mm×1092 mm　1/16　印张 17.75　字数 440千
版　　次	2022年1月第3版　2025年1月第12次印刷
ISBN	978-7-305-25158-0
定　　价	50.00元

网　　址：http://www.njupco.com
官方微博：http://weibo.com/njupco
微信服务号：NJUyuexue
销售咨询热线：(025)83594756

教学服务

* 版权所有,侵权必究
* 凡购买南大版图书,如有印装质量问题,请与所购图书销售部门联系调换

前言

  学前教育是国民教育的重要组成部分,是基础教育的起始阶段,在个体的终身发展中起着奠定人生基础的重要作用。为此,培养一大批具有现代学前教育理念、深厚学前教育理论和较强实践能力的高素质幼儿园教师,不断提高学前教育质量是我国重大的民生工程,关系到亿万儿童健康成长,关系到国家和民族的未来。为推动学前教育优质普惠发展,提高未来幼儿园教师的专业素质,我们编写了这本《学前教育学》。

  "学前教育学"是学前教育专业的一门专业基础理论课,是学前教育专业各门课程学习的基础和前提。本教材的编写以当今学前教育改革与发展为背景,以人才培养需求为导向,以学前教育学的基本原理、基础知识和方法为核心,力求体现学前教育基础理论知识的整体性和系统性。本教材围绕"立德树人"的根本任务,充分挖掘课程思政元素,在每个模块知识点中设置课程思政核心点,将专业教学目标与课程思政目标有机结合,凸显"课程思政",体现了思想性和先进性。同时,本教材也充分反映了学前教育的学术前沿动态与实践经验,体现了时代性和前沿性,使学生在掌握学前教育基础理论知识的同时,也充分了解我国幼儿园教育教学实践发展趋势,以提高其专业素质。

  本教材主要定位于高职高专院校学前教育专业的学生使用,因此,在本教材编写过程中立足于高职高专院校应用型、技能型人才培养的要求,充分考虑高职高专院校学生的接受程度及学习特点,精心设计了编写内容与体例,每章以"问题情境"导入,深入浅出地阐述了理论知识,每章末设有"拓展链接"和"实践与训练",以培养学生的保教能力,体现教材的实践性和应用性。

  随着2011年《教师教育课程标准(试行)》和2012年《幼儿园教师专业标准(试行)》的相继颁布,我国教师资格考试制度发生了重大改革。自2015年起,教师资格考试实行全国统考。因此,本教材内容的编写依据最新国家教师资格考试标准及考试大纲,既保证知识系统的完整性和科学性,也切合了考试大纲的知识点和重点内容。每章设有"真题链接""本章结构"和"回顾与思考",以便于学生参加教师资格考试的复习备考,凸显教材的"课证融合"性。第三版中,在相关知识点旁放置了二维码,配有相应的微课视频,以便学生预习和复习。

本教材主编、副主编及各位参编教师均为徐州幼儿师范高等专科学校的教师,他们有着丰富的职前与职后的教学经验,并多次参与学前教育专业的教材编写工作。本教材共十四章,第一章、第二章由副主编李秀敏编写;第三章、第四章由栾文娣编写;第五章由主编王清风编写;第六章由许姗姗编写;第七章、第八章由刘曲编写;第九章由副主编于涛编写;第十章由许姗姗编写;第十一章、第十二章由李慧编写;第十三章由主编王清风编写;第十四章由副主编于涛编写。

本教材于2017年获批"江苏省高等学校重点教材"建设立项,2020年被评为"十三五"职业教育国家规划教材。全体编写教师一直坚持不懈努力,不断更新与完善本教材,力争将其建设成为优秀教材。在第三版修订中,编者查阅了大量文献,依据当前学前教育的相关文件,更新了相关内容,以确保教材的科学性和前沿性。

本教材在编写过程中引用了同行们的一些优秀案例和素材,在此表示诚挚的谢意!

由于编者水平有限,对本教材存在的不足之处,欢迎各位专家与同行批评与指正。

编　者
2022年12月

目录

第一章 学前教育概述 / 001
第一节 学前教育与学前教育学 / 001
第二节 学前教育的产生与发展 / 004
第三节 学前教育学的产生与发展 / 011

第二章 学前教育与社会发展 / 026
第一节 社会发展对学前教育的制约 / 027
第二节 学前教育对社会发展的促进 / 033

第三章 学前教育与儿童 / 039
第一节 儿童发展概述 / 039
第二节 学前教育与儿童发展 / 043
第三节 儿童观及其演变 / 046

第四章 幼儿园教育概述 / 053
第一节 幼儿园教育目标 / 053
第二节 幼儿园教育的任务及特点 / 062
第三节 幼儿园教育的原则 / 064

第五章 幼儿园教师 / 072

第一节　幼儿园教师概述 / 072
第二节　良好师幼关系的建立 / 081

第六章　幼儿园环境 / 090

第一节　幼儿园环境概述 / 091
第二节　幼儿园环境创设 / 095

第七章　幼儿园课程 / 109

第一节　幼儿园课程概述 / 109
第二节　幼儿园课程设计 / 122

第八章　幼儿游戏及其指导 / 133

第一节　游戏概述 / 133
第二节　游戏与幼儿园教育 / 141
第三节　幼儿游戏的指导 / 145

第九章　幼儿园生活活动及指导 / 154

第一节　幼儿园生活活动概述 / 155
第二节　幼儿园生活活动的组织与指导 / 158

第十章　幼儿园教学活动 / 169

第一节　幼儿园教学活动概述 / 170
第二节　幼儿园教学活动的组织与指导 / 177

第十一章　幼儿园区域活动 / 186

第一节　幼儿园区域活动及其特点 / 187
第二节　幼儿园区域活动的设计 / 190
第三节　幼儿园区域活动的组织、指导与实施 / 197

第十二章 幼儿园班级管理 / 207

第一节 幼儿园班级管理概述 / 208
第二节 幼儿园班级管理的原则、内容与方法 / 211
第三节 不同年龄班的班级管理 / 220

第十三章 学前教育评价 / 226

第一节 学前教育评价概述 / 226
第二节 学前教育评价的种类与原则 / 234
第三节 学前教育评价的方法 / 242

第十四章 幼儿园与家庭、社区和小学 / 250

第一节 幼儿园与家庭的合作 / 250
第二节 幼儿园与社区的合作 / 257
第三节 幼儿园与小学的衔接 / 263

参考文献 / 272

微课目录

微课 1　教育与学前教育 / 001

微课 2　学前教育的产生与发展 / 004

微课 3　学前教育学的产生与发展 / 011

微课 4　学前教育与社会发展 / 027

微课 5　儿童发展概述 / 039

微课 6　儿童观及其演变 / 046

微课 7　幼儿园教育目标 / 053

微课 8　幼儿园教育的任务及特点 / 062

微课 9　幼儿园教育的原则 / 064

微课 10　幼儿园教师概述 / 073

微课 11　良好师幼关系的建立 / 081

微课 12　幼儿园环境概述 / 091

微课 13　幼儿园环境创设 / 095

微课 14　幼儿园课程 / 109

微课 15　学前儿童游戏概述 / 133

微课 16　学前儿童游戏与幼儿园教育 / 141

微课 17　幼儿园游戏的指导 / 145

微课 18　幼儿园生活活动概述 / 155

微课 19　幼儿园生活活动的组织与指导 / 158

微课 20　幼儿园教学活动概述 / 170

微课 21　幼儿园教学活动的组织与指导 / 177

微课 22　幼儿园区域活动概述 / 187

微课 23　幼儿园区域活动的设计 / 190

微课 24　幼儿园区域活动的组织与指导 / 197

微课 25　幼儿园班级管理概述 / 208

微课 26　幼儿园班级管理的原则与方法 / 211

微课 27　不同年龄班的班级管理 / 220

微课 28　学前教育评价概述 / 226

微课 29　学前教育评价的方法 / 242

微课 30　幼儿园与家庭及社区的合作 / 250

微课 31　幼小衔接 / 263

第一章 学前教育概述

 **学习目标**

真题参考答案

1. 理解教育与学前教育、教育学与学前教育学的内涵,以及学前教育的研究对象、性质与任务。
2. 了解中外学前教育产生和发展的基本阶段。
3. 掌握著名教育家的主要学前教育思想,了解其代表作。

问题情境

学前教育专业学生到幼儿园保育见习之后,在总结时,提出了自己的困惑:学前教育就是幼儿园教育吗?为什么学前教育和小学、初中教育形式不一样呢?幼儿园好像更多是照顾孩子、带孩子玩,教育体现在哪儿呢?社会上有很多教育机构,它们属于学前教育的范畴吗?学前教育学是一门单独的学问吗?如果是,它主要研究哪些内容呢?

第一节 学前教育与学前教育学

一、教育与学前教育

(一) 教育

"教育"是我们生活中使用频率最高的词之一。我们经常听到邻居之间聊天说:"你家孩子的表现真好,你是怎么教育的?"也经常听到家长这样对孩子说:"你今天做错了事情,我要教育教育你。"从一个人的成长和发展历程中我们可以看到,教育的踪迹无处不在:一个孩子还是胎儿的时候,他就能感受到母亲或外界环境的各种影响,如悦耳或刺耳的声音;孩子出生以

教育与学前教育

后,逐渐从一个娇弱、感觉混沌的小婴儿,成长为能适应社会生活、掌握知识技能、对社会有用的人,这就是教育的结果。教育使我们长大成人! 离开了教育,我们只能长大,而不能成人,可见,教育是一种培养人的实践活动,是人类独有的一种社会性活动。作为一种培养人的活动,教育是人类生存和发展、延续和进步必不可少的手段,教育随着人类发展而不断发展。

教育是有目的、有意识地对人的身心施加影响并促进人向社会要求的方向发展的一种社会实践活动。教育是培养人的社会活动,是传承社会文化、传递生产经验和社会生活经验的基本途径。从广义上讲,凡是增进人们的知识和技能,影响人们的思想品德的活动,都是教育,包括家庭教育、社会教育和学校教育。狭义的教育主要指学校教育,其含义是教育者根据一定社会(或阶级)的要求,遵循年轻一代身心发展的规律,有目的、有计划、有组织地引导受教育者获得知识技能,陶冶思想品德,发展智力、体力,把受教育者培养成一定社会和阶级所需要的人的活动。主要有正规教育、成人教育、技术教育、特殊教育、终身教育等几种类型。

教育的本质属性是一种有目的地培养人的社会活动,具有以下三方面特点:第一,教育是人类所独有的社会现象;第二,教育是有意识、有目的、自觉地对受教育者进行培养的过程;第三,在教育活动中,存在着教育者、受教育者以及教育影响三种要素之间的相互关系。

(二) 学前教育

学前教育是对从出生到六周岁学龄前儿童所实施的保育和教育活动的总称,是基础教育的重要组成部分。在中文语境下,学前教育有时也被称为"幼儿教育""早期教育""幼稚教育"。从世界范围看,学前教育是一个具有历史和文化界域的概念,不同时代、不同国家或地区,对该年龄段儿童教育的形式、内容甚至命名,并不完全一致。

学前教育也分为广义的学前教育和狭义的学前教育。广义的学前教育指凡是增进学前儿童知识、技能,促进其身心发展的活动都是教育活动,包括家庭教育、社会教育和幼儿园教育。狭义的学前教育指幼儿园及托幼机构所开展的教育活动,是为实现国家教育目标而进行的有目的、有组织、有计划的教育。

从以上的界定可以看出,对学前教育概念的理解要抓住以下两个方面。

首先,学前教育的对象是学龄前儿童或称学前儿童。顾名思义,"学前"即入学之前,但何时才算入学、学前的起点在哪里,却有着不同的标准。我国儿童年满 6 周岁进入小学后才算入学,而美国有多个州规定,孩子 5 岁入小学的幼儿园(Kindergarten)就算入学了[①];就"学前"的起点而言,有的从迈入幼儿阶段的 3 岁开始,有的从婴儿、学步儿甚至胎儿期就已经开始了。在我国文化下,对 0~6 岁学龄前儿童开展的保育与教育活动称为学前教育。

---

① Kindergarten 是美国正规国民教育(Public Education)学制的起点,自 Kindergarten 至十二年级高中毕业的国民教育即一般所知的简称为 K12 的教育体制。

其次，学前教育的基本内容是保育和教育活动。保育即对儿童日常生活的看护、照料。学前儿童处于身体发展的关键时期，更缺乏自我照料的能力，离不开成人对其日常生活的适当看护与照顾。所以，从活动的内容来看，学前教育除了一般意义上的教育外，还需特别注重保育。正因为如此，学前教育在当今国际上普遍被称为"早期儿童保育和教育"（Early Childhood Care and Education，简称 ECCE）。

值得我们重视的是，由于学前儿童身心发展的特殊性，学前教育有别于其他阶段的教育，我们不能像其他阶段的教育那样主要通过教科书、课堂教学来让学前儿童获得发展，而是强调让儿童在适宜于其身心发展特点的、丰富的环境中，与教师、同伴在共同生活、活动中学习与发展，即在生活中学习与发展，在游戏中学习与发展；在发展中快乐游戏，在发展中幸福生活。

二、教育学与学前教育学

教育学是以教育现象、教育问题为研究对象，归纳总结人类教育活动的科学理论与实践，探索解决教育活动产生、发展过程中遇到的实际教育问题，从而揭示一般教育规律的一门社会科学。随着社会和教育实践的发展，尤其是学校的产生和发展，对教育实践和理论探索的自觉性不断提高，人类对教育的认识也逐渐系统化、哲理化。关于教育的思想认识和实践智慧从主要汇集在一些思想家、哲学家的著作中，逐渐地独自创立。

作为教育学的一个分支学科，学前教育学就是专门研究从出生到六周岁学龄前儿童教育规律的科学。它以教育学和心理学的基本理论为基础，研究和揭示在教育者和学前儿童的共同活动中，对其施加影响，促进其体智德美诸方面和谐发展的规律。具体研究和阐述的内容有：学前教育机构的产生和发展，学前教育与社会的关系，学前教育与儿童发展的关系，教师与学前儿童，幼儿园保教目标和全面发展教育的内容，学前教育的目标、原则和方法，幼儿园课程的实施和教育活动的组织与开展，学前教育与家庭、社区、小学教育的联系和衔接，对学前儿童发展和教师教育行为的评价等。

三、学前教育学的性质、研究对象与任务

学前教育学是研究出生到六周岁儿童教育现象，揭示教育规律的一门社会科学，属于教育学的一个分支学科。具体而言，学前教育学研究出生到六周岁儿童教育的一般原理和幼儿园教育的任务、原则、内容和方法，也包括学前家庭教育的要求和内容。

学前教育学研究的对象是 0～6 岁儿童教育的问题，即研究科学的儿童观、学前教育与儿童发展之间的必然联系、幼儿教师应如何运用师幼互动的策略引导儿童的发展、如何通过环境的创设促进学前儿童的健康成长、如何充分发挥游戏活动在学前儿童发展中的作用、怎样有效地组织学前教育的学习活动和生活活动、如何实现幼小衔接等。

学前教育学的任务在于总结我国学前教育的经验，研究学前教育理论，探索学前教育的规律及其发展趋势。通过学前教育理论和实践研究，提高学前教育的科学水平，解决实践中的问题，建设学前教育理论和实践体系。通过理论指导学前教育实践，帮助学前教

机构和家庭科学地对学前儿童进行教育,促进学前儿童健康发展。学前教育学也为国家和有关部门制定学前教育的政策、措施和进行教育改革提供理论依据。

第二节 学前教育的产生与发展

从人类社会诞生之时,就产生了对年幼儿童的教育,它在不同的历史时期经历了不同的存在形态并对儿童发展发挥着作用。最初的学前教育是在人类的"家庭生活、工作或游戏、仪式或典礼"中进行的,这是一种非制度化教育形式。有目的、有计划地开展学前教育的活动是随着机器大工业的发展而产生的。中国学前教育的历史从清政府1903年颁布癸卯学制,学前教育真正进入教育机构算起,迄今不过百余年时间。

微课2
学前教育的产生与发展

一、学前教育的形态

(一) 非制度化与制度化的学前教育形式

从形式上看,学前教育经过了从非形式化教育到形式化教育再到制度化教育的过程。

1. 非形式化教育(从人类诞生到原始社会解体)

非形式化教育是指与生活过程、生产过程浑然一体的教育,没有固定的教育者,也没有固定的受教育者。这种教育方式自有了人类就产生了,一直到原始社会解体。非形式化教育的特征如下:① 教育主体与教育对象具有不稳定性;② 没有专设的学前教育机构;③ 教育的内容只是为了满足社会生活和劳动生产需要;④ 教育传播媒介主要是靠语言和形体示范;⑤ 儿童在模仿成人的活动中学习。

2. 形式化教育(奴隶社会和封建社会时期)

这一阶段,教师开始成为一门职业,教育活动形成系统的借助文字与书籍来进行的文化传播活动,出现了以个别教育形式为主,以教书、读书活动为主的儿童教育机构,教育成为社会分工中的一个部门,由此标志着教育进入了形式化阶段。形式化教育又称实体化教育,教育实体的出现是人类文明的一大进步。形式化教育与非形式化教育相比具有以下特点:① 教育主体确定;② 教育对象相对稳定;③ 形成系列的文化传播活动,所传播的文化逐步规范化;④ 有相对稳定的活动场所和设施等;⑤ 儿童教育成为一种独立的社会活动形态。可见,教育实体化的过程是形式化的教育从不定型发展为定型的过程。定型的教育组织形式包括我国古代的前学校与前社会教育机构、近代的学校与社会教育机构。

3. 制度化教育(19世纪下半期至今)

近代学校系统的出现,开启了制度化教育的新阶段。大约在19世纪下半叶,严格意义上的教育系统已经基本形成,教育越来越制度化,从此进入制度化教育阶段。学校教育制度(简称"学制")的建立是制度化教育的典型表征,学前儿童教育逐步纳入学制系统。教育实体从简单到复杂、从游离状态到形成系统的过程,正是教育"制度化"的过程。制度化教育主要指的是具有层次结构的、按年龄分级的正规教育制度,它分为学前教育、初等学校教育、中等学校教育和大学教育。制度化的学前教育的特点是:① 幼儿园化;② 制度化;③ 封闭化;④ 标准化。

(二) 家庭、社会、机构中的学前教育形态

1. 家庭中的学前教育

家庭是学前儿童成长的最直接土壤,是儿童接受学前教育的初始场所,父母是孩子的第一任教师,父母或其他年长者在家庭内有意识或无意识地影响着孩子的发展。学前家庭教育是学前社会教育和学前机构教育所不可替代的,儿童年龄越小,家庭教育对其成长的影响越大,发挥的作用越大。家庭教育同时也存在着局限性,如果教育不当,可能给孩子的成长以至家庭的幸福和社会都产生负面的影响。

家庭中的学前教育具有亲情性、个体性、启蒙性、生活性、细致性等特点。家庭教育是学前教育的基石,如果家庭教育的优势发挥得好,对学前儿童的成长十分有利,反之,就会阻碍儿童的发展和成长。

2. 社会中的学前教育

社会中的学前教育是指一切社会生活影响对学前儿童身心发展的教育。除了上述非制度化、非正规的学前教育以外,还包括以社会政治、经济、文化为背景的社会环境以及自然环境下对学前儿童产生潜移默化影响的各种教育。它比学前机构教育、家庭教育具有更广阔的活动余地,其影响十分广泛。

政府和社会都越来越重视创造条件、营造环境,让学前儿童受到影响。如设立儿童图书馆、儿童科技馆、儿童博物馆、社区儿童活动中心等,还有各类学前儿童的报刊图书、少儿影视节目等,而且越来越丰富、适宜。随着社会的进步与发展,国际上学前社会教育正朝着规模小型化、活动多样化、组织灵活化和环境家庭化、资源多样化方向发展。

3. 机构中的学前教育

(1) 托育机构

托育机构主要指照顾婴幼儿和培养婴幼儿生活能力的服务机构,也指公共场所中因父母不在而由受过训练的服务人员临时照顾0~3岁儿童的机构。形式上包括托儿所、亲子园、早期教育指导中心、托育中心等。早在1931年,革命战争年代的解放区就组织了托儿所,为妇女分担部分教育责任。中华人民共和国成立后,托儿所迅速发展,机关单位、工厂、农村多办有托儿所。改革开放以来,随着社会福祉让位于经济发展,社会托育服务供给严重缺位。自20世纪90年代至今,亲子园、早期教育中心逐渐发展成为我国城市比较主流的0~3岁儿童教育形式,除了对儿童进行认知、语言、动作、社会性、情绪情感等各方面的教育外,也具有对父母及其家长进行育儿指导的功能,但基本不具备托管照料功能。

十九大报告提出"幼有所育"的要求:"促使学前教育从3~6岁逐步拓展到0~6岁,以实现所有幼儿的平衡发展。"2018年,上海市在全国率先颁布了《关于促进和加强本市3岁

以下幼儿托育服务工作的指导意见》等文件，并受理托育服务中心申办。托育服务体系的构建有助于真正实现"幼有所育"。

（2）幼儿园

幼儿园是对3周岁以上学龄前幼儿实施保育和教育的机构。幼儿园教育是基础教育的重要组成部分，是学校教育制度的基础阶段。幼儿园的任务是贯彻国家的教育方针，按照保育与教育相结合的原则，遵循幼儿身心发展特点和规律，实施智、德、体、美等方面全面发展的教育，促进幼儿身心和谐发展。幼儿园同时向幼儿家长提供科学育儿指导。幼儿园一般为三年制。幼儿园规模应有利于幼儿身心健康，便于管理，一般不超过360人。幼儿园每班幼儿人数一般为：小班（3周岁至4周岁）25人，中班（4周岁至5周岁）30人，大班（5周岁至6周岁）35人，混合班30人。寄宿制幼儿园每班幼儿人数酌减。幼儿园可按年龄分别编班，也可混合编班。

幼儿园从经营的经济性质上看大体有两种：一种是政府的教育系统所办的幼儿园、企事业等单位办的幼儿园，这一幼儿园的性质为公办；另一种是个体经营者办的私立幼儿园。2018年颁布的《中共中央国务院关于学前教育深化改革规范发展的若干意见》中明确提出，到2020年，我国普惠性幼儿园覆盖率（公办园和普惠性民办园在园幼儿占比）达到80%。"普惠性幼儿园"至少包括三个类型的幼儿园：一是公办幼儿园；二是集体或单位举办的公办性质幼儿园；三是提供普惠性服务的民办幼儿园。

二、西方学前教育的产生与发展

（一）学前教育机构的发展历史

1. 19世纪上半叶：初创阶段

18世纪末19世纪初，随着近代工业革命的到来，大工业机器生产在欧洲得到迅速发展，大量的小农和手工业者面临失业、破产。为了生计，妇女们被迫离开家庭到工厂参加劳动，每天工作长达十二三个小时，幼小儿童无人看管，流落街头，造成大批儿童非正常死亡和致残。残酷的现实造成的严重的社会问题，反映出必须在家庭以外建立学前教育机构的社会需要。因此，生产的社会化带来了学前教育的社会化，学前教育机构首先在欧洲诞生了。19世纪初，欧美主要工业化国家都出现了各种形式的慈善性贫民育儿设施，以救济、看护缺乏照料的贫民家庭幼儿为目的，重在保育，适当兼顾教育。这类设施成为现代偏重于对儿童实施保育的各类机构的前身。

2. 19世纪下半叶—20世纪上半叶：进步阶段

世界上第一所幼儿园于1837年在德国布兰肯堡建立，专门招收3～7岁的儿童，1840年被命名为幼儿园（Kindergarten）。这是第一所真正意义上的幼儿教育机构。之后，幼儿园的名称被全世界普遍采用，许多幼儿园也很快在欧美各国创立起来。因此，创始人福禄贝尔也被誉为"幼儿园之父"。

同时，这一阶段开启了现代学前教育制度化。随着社会学前教育事业的不断发展，各国政府开始管理学前教育，现代学前教育制度初步建立，学前教育逐步走上制度化发展的轨道。1837年，法国政府发布实施《托儿所管理条例》，将托儿所纳入政府管理体系，同年8月，政府将幼儿教育机构的名称改为"母育学校"，沿用至今。1881年，法国颁布《费里法案》，承认学前教育机构为初等教育机构，免除公立托儿所的学费。1918年，英国颁布《费舍法案》，将保育学校纳入英国国民教育体系。1873年，美国第一所幼儿园在圣路易斯市建立，标志着美国地方政府开始管理学前教育。德国在20世纪20年代出台《儿童福利法》等法规，将学前保育和教育机构作为福利设施加以发展。

3. 20世纪60—70年代：改善阶段

社会学前教育机构开始以发展儿童智力为中心任务。1957年，苏联发射人类第一颗人造地球卫星后，美国深感压力，开始从教育着手进行改革，将教育的重点放在儿童智力的早期开发上，美国早期著名的高宽（High/Scope）课程模式就是完全按照皮亚杰的认知发展理论编制的，强调儿童认知能力的发展。自1967年起，英国相继出台相关政策法规，如《普洛登报告》《儿童法》《儿童保育法》等，投入大量经费，发展学前教育。

4. 20世纪80年代以后：完善阶段

自20世纪80年代世界教育进行深入改革，这次改革的浪潮直接影响了学前教育的发展，以培养个体身体、情感、智力、社会性全面发展的学前教育理念被广泛传播和接受。比如，80年代以来，美国开始了以整体性、综合性为特点的教育改革运动，将儿童的社会性发展、认知发展、情感发展和身体发展确定为学前教育的目标，全美幼教协会于1987年颁布的《服务于0~8岁儿童的早期教育方案中的发展适宜性实践》，就强调了儿童身体、社会、情感和认知等多方面发展的重要性。

各国更重视政府对学前教育的支持。自1987年起，美国也相继颁布了《开端计划法》《早期学习机会法》《入学准备法》，加大对学前教育的介入力度。2018年，法国宣布自2019年秋季起将学前教育纳入义务教育，儿童入学年龄为3岁。

（二）当前学前教育发展特征

各国为了培养精英，普遍重视学前教育。学前教育得到了前所未有的发展，学前教育机构的发展呈现以下四个方面的特征：

1. 学前教育普及水平提高

生产力的发展促使现代物质文明的高度发展，社会有能力创办更多的学前教育机构，幼儿园数量增加很快。发达国家普遍重视学前教育，如法国、德国、日本、英国、美国、俄罗斯等发达国家的幼儿园普及率较高，入园率都在90%以上。经济合作与发展组织的监测表明：绝大多数欧洲国家都能为3~5岁儿童提供至少2年的免费学前教育，除爱尔兰、荷兰外，普遍将3岁作为接受学前教育的法定年龄；在欧洲以外的该组织成员国中，大多数国家提供从5岁开始的免费学前教育，澳大利亚、韩国和美国的部分州则提供始于4岁的免费学前教育。

2. 学前教育机构的多样化

在社会发展的过程中，为适应普及学前教育的需要，满足现代社会家长的各种需求，学前教育机构越来越多样化。从学前教育机构的形式看，学前教育包括了幼儿园、托儿所、日托中心、家庭日托、学前班等；从学前教育机构的性质看，有私立的学前教育机构，也有公立的学前教育机构；从职能上看，有偏重保育的，也有偏重教育的。不过，强调保育和教育两种功能的"一体化"，成为当前各国学前教育改革的共同趋势。随着3~6岁儿童学前教育的普及，3岁前儿童的保育和教育日益受到重视。《全民教育全球监控报告》显示：超过一半的国家设有为3岁以下婴幼儿提供保育、教育服务的场所。

3. 学前教育从业者专业水平得到提高

教师水平的提高是高质量教育的重要条件，因此，师资力量就成为教育质量提高的重要标志。首先，各国对学前教育从业者学历要求提高。20世纪中叶，世界各主要国家如法国、德国、日本、英国、美国和苏联等，都将学前教育师资提高到了大专以上水平，并实行专门的教师资格、聘任、考核、进修及福利制度。全美幼教协会在1994年提出的学前教育专业人员的学历从高中层次一直到博士研究生。另外，各国普遍建立了幼儿园教师专业资格标准并开始实施资格证制度。同时，随着教育思想的广泛传播，教师的教育价值观、儿童观都取得了进步。这一切使学前教育质量的提高有了根本的保证。

4. 学前教育的手段不断现代化

随着社会的高速发展，学前教育机构中运用了大量的现代化教学手段，社会经济为学前教育机构运用先进的教育手段提供了坚实的物质基础；科学技术的发展为学前教育机构运用先进的教育手段提供了技术上的可能。如幻灯、录音、录像、电视、电影、计算机、人工智能等，尤其是网络的普及促进了学前教育手段的发展。

三、我国学前教育的产生与发展

（一）20世纪初我国第一所学前教育机构诞生

我国是世界文明发达最早的国家之一，在灿烂的古代文化中就有重视学前儿童教育的传统。但在长期的封建社会中，高度中央集权的封建统治制度及自给自足的小农经济制度使经济发展缓慢。在这漫长的历史时期，学前儿童都在家庭中受教育，一直到清末我国才开始建立学前教育机构。清朝末年，迫于社会各方面的压力，清政府废科举，派学生留学，制定新的学制系统。在"效法西洋，创办西学"的热潮中，湖北巡抚端方于1903年9月在武昌创办了我国第一所官方开办的学前教育机构——湖北幼稚园，并拟定了《湖北幼稚园开办章程》，首开中国儿童公共教育的历史先河。幼稚园规定，招收5~6岁的儿童80名，学制为一年，收托时间为每日3小时。科目设有行仪、训话、幼稚园语、日语、手技、唱歌、游戏七项。1904年4月，清政府颁布《奏定学堂章程》，湖北幼稚园更名为武昌蒙养院。

此后，福建公立幼稚园、上海公立幼稚园于1907年相继开设。1911年湖北省女子师范学校也创办了附属蒙养院。随之北京、湖南、江苏等地的蒙养院也相继诞生。

（二）民国时期的学前教育及其发展状况

在半封建半殖民地的旧中国，由于西方列强的入侵，内外战火不断，政治动乱，经济停滞，儿童教育发展极为缓慢。正如著名教育家陶行知先生尖锐抨击的那样，幼儿园害了三种大病：一是外国病，二是花钱病，三是富贵病。幼儿园完全成了外国文化侵略的工具和富贵人的专用品，劳动人民是不可能享用的。直到20世纪初，清政府才不得不宣布实行"新教育"，建立近代学校教育制度，其中包括学前教育制度。

在中国共产党领导下的农村革命根据地、抗日民主根据地和解放区里，出现了一批适应战争环境和当地政治经济特点的各种类型的托幼组织，如边区儿童保育院和托儿所等，其宗旨是为革命战争服务、为生产建设服务、为广大工农群众服务。另外，也出现了一批具有爱国思想和民主思想的幼儿教育家，如陶行知、陈鹤琴、张宗麟、张雪门等，他们批判封建主义的儿童教育，反对儿童教育的奴化和贵族化，积极提倡变革并躬行实践，创办了为平民子女服务的幼儿园，如陶行知先生的"乡村儿童团"、张雪门先生的"北平香山慈幼院"等。

（三）中华人民共和国成立后的学前教育及其发展状况

1. 历史的转折期

1949年10月，中华人民共和国成立。国家通过接收和改造旧的学前教育机构，以老解放区教育经验为基础，借鉴苏联经验，将学前教育纳入学制体系，出台规范幼儿园的规章，逐渐确立了社会主义学前教育制度。在办园方向上，旧式幼儿园逐渐转为向工农子女开门，为国家建设服务，让普通劳动人民的子女成为幼儿园的受教育者。幼儿园在教育儿童的同时，极力地解放了妇女劳动力，成为支援国家建设、为工农服务不可缺少的一支力量。从此，保育教育儿童、方便家长参加社会主义建设成为我国幼儿园的双重任务。在教育思想上，改革旧的教育思想、内容和方法，批判旧教育中存在的封建、买办、崇洋的思想，废除了宗教色彩的内容与活动，学习当时苏联先进的儿童教育理论和经验，为建立新教育打下了基础。在教育目标上，提出新中国的幼儿园要遵循党的教育方针，对儿童进行初步的体、智、德、美全面发展教育，使他们的身心"在入小学前获得健全的发育"。

2. 恢复发展期

随着我国社会主义建设的深入，学前教育虽然有起有伏，但总体是向前发展的。1978年，党的十一届三中全会召开，我国社会主义建设进入了崭新的历史阶段。随着经济的持续发展和改革开放，儿童教育机构的发展也出现了重大变化：其一，突破计划经济的束缚，多形式、多渠道发展。1987年由国务院办公厅转发国家教育委员会等部门的《关于明确幼儿教育事业领导管理职责分工的请示的通知》，确定了我国学前教育的管理体制是实行地方负责、分级管理和有关部门分工合作。1988年国务院办公厅又转发了国家教育委员会等部门《关于加强幼儿教育工作的通知》，进一步确定了教育部门为主管部门的具体职责。1992年，国务院在颁布的《九十年代中国儿童发展规划纲要》中提出：积极发展学前教育，坚持"动员全社会力量，多渠道、多形式地发展幼儿教育"的方针。其二，走上规范化、法制化轨道。为恢复和发展学前教育，教育部制定颁发了《城市幼儿园工作条例》(1979)、《幼儿园教育纲要》(1980)、《关于进一步办好幼儿学前班的意见》(1986)等文件，重新明确了学前教育的方向。1989年6月，制定颁发了《幼儿园工作规程（试行草案）》，并于1996年6

月正式施行。1989年8月,为了加强幼儿园的管理,促进幼儿教育事业的发展,经国务院批准,国家教委发布了《幼儿园管理条例》,这是新中国成立以来,经国务院批准颁发的第一个幼儿教育法规。1993年2月,《中国教育改革和发展纲要》提出:"大中城市基本满足幼儿接受教育的要求,广大农村积极发展学前一年教育。"2001年,又颁布了《幼儿园教育指导纲要(试行)》,我国学前教育走上法制化的轨道,且日趋科学、完善。2007年,党的十七大报告提出"重视学前教育",持续探索学前教育体制改革,进一步完善学前教育规章体系。

3. 快速发展期

2010年以来,我国对学前教育的改革与发展进行了系统设计、全面部署和逐步推进,经过不断地改革和探索,学前教育发展进入一个新的历史节点,取得了一定的成果。2010年颁布的《国家中长期教育改革和发展规划纲要(2010—2020)》明确提出了到2020年基本普及学前教育的目标,提出要"建立政府主导、社会参与、公办民办并举的办园体制";随之颁布的《国务院关于当前发展学前教育的若干意见》进一步要求"坚持公益性和普惠性,努力构建覆盖城乡、布局合理的学前教育公共服务体系,保障适龄儿童接受基本的、有质量的学前教育"。自2010年来,我国推行了三期"学前教育三年行动计划",都将大力发展公办园作为扩大普惠性资源的重要举措。2011年,教育部颁布《教师教育课程标准(试行)》列出了幼儿园职前教师教育课程目标与课程设置,《幼儿园教师专业标准(试行)》进一步规范和加强学前教育师资队伍建设,全面提高专业素质。2012年教育部制定了《3—6岁儿童学习与发展指南》,帮助广大幼儿园教师和家长了解3~6岁幼儿学习与发展的基本规律和特点,全面提高科学保教水平。2016年教育部颁布了新的《幼儿园工作规程》,进一步完善幼儿园管理制度,不断推进学前教育治理体系和治理能力现代化。党的十八大报告明确宣示"坚持办好学前教育"。2017年,党的十九大报告提出:要在"幼有所育、学有所教"上不断取得新进展,"办好学前教育"。2018年《中共中央国务院关于学前教育深化改革规范发展的若干意见》提出:学前教育深化改革的总体指导思想是"以习近平新时代中国特色社会主义思想为指导,全面贯彻党的十九大精神和党的教育方针,认真落实立德树人根本任务,遵循学前教育规律,牢牢把握学前教育正确发展方向,完善学前教育体制机制,健全学前教育政策保障体系,推进学前教育普及普惠安全优质发展,满足人民群众对幼有所育的美好期盼,为培养德智体美劳全面发展的社会主义建设者和接班人奠定坚实基础"。为此,必须坚持党的领导、政府主导、改革创新、规范管理等四项原则。该意见明确了学前教育在今后一个时期发展的总体目标,使学前教育改革发展方向更加坚定和清晰,政府在新时期对学前教育的主导责任更加明确。2022年,教育部颁布《幼儿园保育教育质量评估指南》,推动构建科学保育教育体系,整体提升幼儿园办园水平和保育教育质量。党的二十大报告中提出要"坚持以人民为中心发展教育,加快建设高质量教育体系""强化学前教育、特殊教育普惠发展",在"幼有所育"上持续用力。2024年11月8日,第十四届全国人民代表大会常务委员会第十二次会议表决通过《中华人民共和国学前教育法》,自2025年6月1日起施行。至此,我国学前教育步入新时代,推进学前教育优质普惠发展。

第三节　学前教育学的产生与发展

在漫长的人类发展史中,先贤圣哲们不乏关于儿童教育的精辟见解,随着人们对学前教育实践的不断总结与改进,学前教育学逐步建立,并渐趋完善。下面试图以教育家的思想为核心梳理国内外学前教育学的发生发展史。

微课 3

学前教育学的产生与发展

一、西方学前教育学的产生与发展

在西方,学前教育学大致经历了四个阶段:孕育阶段、萌芽阶段、初创阶段和发展阶段。

(一)孕育阶段(16 世纪以前)

人类进行学前教育实践或者对学前教育经验进行总结的行为很早就已出现。在 16 世纪之前的思想家的著作中或多或少涉及儿童教育的见解,但没有系统化,因此我们将 16 世纪之前称为学前教育学的孕育阶段。

1. 柏拉图

柏拉图(Plato,公元前 427 年—前 347 年),古希腊著名的哲学家,苏格拉底的学生,亚里士多德的老师。留存至今的柏拉图对话录共 36 篇,其中《理想国》和《法律篇》最集中地反映了他的教育理论。可以概括为:强调早期教育的重要性,重视优生优育与胎教;认为儿童的教养应由国家来负责,即实行儿童公育;把学前教育分为 0~3 岁和 3~6 岁两个阶段;重视文艺教育和体操训练,重视游戏对儿童发展的作用。

2. 亚里士多德

亚里士多德(Aristotle,公元前 384 年—前 322 年),古希腊伟大的哲学家、科学家和思想家,西方学问的第一集大成者,柏拉图的学生,亚历山大大帝的老师。亚里士多德一生著述颇丰,涉及领域广泛,据统计有 146 部之多。其中,《政治学》蕴含着丰富的学前教育思想。亚里士多德的学前教育思想在很多方面承袭了柏拉图的观念,如重视胎教、重视儿童游戏和故事选择、重视音乐教育等。

亚里士多德主张优生优育,男女应在精力最旺盛的年龄结婚、生育子女,以保证下一代的健康。他主张 5 岁之前的学前儿童不应学习课业和工作,而应进行充分的活动,活动以游戏为主。7 岁之前,儿童必须住在家中,不与奴隶接触,以免沾染不好的习惯。与此同时,他也注意了灵魂的非理性部分在教育中的意义,即强调感觉、情感等在儿童发展中的作用;强调习惯和环境对儿童道德品质养成的重要作用;强调教育要适应自然并对自然的缺漏进行弥补。这些都对后世学前教育思想和实践的发展产生了重要影响,尤其是教育

适应自然原则成为后世自然教育理论的思想来源。

3. 昆体良

昆体良（Quintilianus，约公元35年—95年），古罗马雄辩家、教育家。他的《雄辩术原理》一书被称为古代西方第一本教学法论著，其学前教育思想主要体现在这本著作中。

昆体良专门讨论了儿童早期教育的重要意义以及学前教育的内容和方法等问题；重视幼儿的生长环境及影响；注重儿童的道德品质的培养；在古代西方教育史上第一次提出了双语教育的问题；反对7岁之前不能胜任学习的传统论断，认为7岁之前的儿童记忆力强，应学习识字、书写、发音、阅读等几个方面，但这种学习不能使儿童负担过重；提出四条儿童教学方法原则：适应自然原则、量力而行原则、因材施教原则、劳逸结合原则；明确提出反对体罚儿童。其学前教育思想至今仍有警醒意义。

（二）萌芽阶段(16世纪—18世纪初期)

《母育学校》是西方教育史上第一本系统论述学前教育的专著，标志着学前教育学进入了萌芽阶段。相比于孕育阶段，这一阶段的儿童教育思想更加完备化、理论化和专门化。这一时期涌现了大量的代表人物和代表著作，譬如夸美纽斯的《母育学校》、卢梭的《爱弥儿》、裴斯泰洛齐的《林哈德和葛笃德》等。

1. 夸美纽斯

夸美纽斯（J. A. Comenius，1592—1670），17世纪捷克的教育家，近代资产阶级教育思想的先驱。他尖锐地抨击中世纪的学校教育并号召"把一切知识教给一切人"。提出统一学校制度，主张普及初等教育，采用班级授课制度，扩大学科的门类和内容，强调从事物本身获得知识。主要著作有《母育学校》《大教学论》《世界图解》等。《大教学论》标志着独立教育学的诞生，《母育学校》是历史上第一部论述学前教育的专著，《世界图解》是西方第一本图文并茂的儿童启蒙读物，在欧洲流行200余年。

夸美纽斯在其代表作《大教学论》中阐述的基本教育原理，即一切教学必须遵循自然的秩序，教育要依据儿童的天性，这一观念对后世的学前教育影响颇深。

夸美纽斯的幼儿教育理论堪称世界教育史上的珍贵历史遗产。近代著名教育家福禄贝尔、蒙台梭利也都明显地受到了他的影响。夸美纽斯的思想不仅打破了封建教育的旧传统，更展现了新人文主义思想的进步性，探索了学前教育的新方法。

真题链接

世界上第一部论述学前教育的专著是（　　）。(2012年上半年)

A.《母育学校》　　　B.《爱弥儿》　　　C.《社会契约论》　　　D.《学记》

▶ 答案及解析见本章首页二维码

---

2. 卢梭

卢梭（J. J. Rousseau，1712—1778），18世纪法国思想家、教育家，在其著作《爱弥儿》

中,通过叙述虚构的儿童爱弥儿从出生到成人的过程,详尽阐述了他的"自然教育"理论。

(1) 自然教育观。与西欧中世纪对人性所持的"性恶论"截然相反,卢梭认为人的本性是善良的,"出自造物主之手的东西,都是好的,而到了人的手里,就全变坏了","万物秩序中,人类有其地位,在人生的秩序中,童年有他的地位,童年充满了美好",具有"迷人的魅力"。所以,要尊重儿童,给予他们爱护和帮助。在卢梭看来,任性的儿童不是自然造成的,而是教育不良导致的。教育应遵循自然的人性发展,脱离社会禁锢的牢笼。自然教育就是以儿童的"内在自然"或"天性"为中心的教育,即尊重儿童身心发展。

(2) 儿童年龄分期教育。卢梭根据儿童的发展将教育分为四个阶段:第一阶段,从0岁到5岁,以身体养护为主;第二阶段,从5岁到12岁,注意体育、经验、感官的教育;第三阶段,从12岁到15岁,注重知识的教育;第四阶段,从15岁到20岁,着重道德、宗教及情感的教育。卢梭划分的教育阶段中第一阶段和第二阶段与学前儿童是有关联的。

(3) 幼儿教育的方法。卢梭强调顺应儿童的天性进行教育,强调儿童本位,教育的首要目的就是保护儿童善良的本性,他自称这种教育为"否定式教育"。卢梭首次论述了"发现法",主张对儿童实行直观教学。

卢梭所提倡的尊重儿童的天性,通过活动来促进儿童身心健康发展的理念是值得借鉴的,对后世学前教育学基本观念的构建具有重要的意义。杜威就对卢梭的教育理论推崇备至。

真题链接

从科学知识取向转向儿童经验取向的代表性教育著作是（　　）。(2015年上半年)

A.《理想国》　　　　　　　　　　B.《爱弥儿》

C.《大教学论》　　　　　　　　　D.《林哈德与葛笃德》

▶ 答案及解析见本章首页二维码

3. 裴斯泰洛奇

裴斯泰洛奇(J. H. Pestalozzi,1746—1827),19世纪瑞士著名的民主主义教育家和教育改革家,被称为"慈爱的儿童之父"。早年受法国启蒙思想特别是卢梭思想的影响,又得益于学院一些进步教授的教诲,裴斯泰洛奇决心放弃神学研究,38岁时开始从事一项教育贫苦儿童的计划。这项计划虽然最后失败了,但取得了一些宝贵的经验。由于自己的理想无法实现,他就转而从事写作。著作有《林哈德与葛笃德》《葛笃德怎样教育她的子女》等。在其著作《林哈德与葛笃德》中阐述了他的学前教育理论。他提出自然适应性原则,要求教师顺应儿童在其年龄上所能达到的能力水平;重视儿童身体与道德的发展,强调家庭教育的重要性,尤其强调母亲在家庭教育中不可忽视的作用。

4. 欧文

欧文(Robert Owen,1771—1858),英国伟大的空想社会主义者,同时还是一位现代教育的教育思想家和教育实验家。在《新社会观》《新道德世界书》《人类思想和实践中的革命》等著作中,欧文阐述了自己独到的学前教育思想。他认为人的性格主要受遗传因素和后天环境的影响,而一般贫民没有条件和能力教育孩子,因此,应把这些贫民的子女送到协作社或新村接受公共教育。1816年,欧文在苏格兰纽兰纳克为工人及其子女创办了"性格陶冶馆"(又称"新馆"),这是欧洲最早的学前教育机构,其社会改革实验一度获得很大成功。

欧文的教育思想对马克思的教育思想和后来的教育实践特别是社会主义国家的教育实践有重要影响,成为马克思主义教育观的重要来源。

真题链接

欧文创办的幼儿学校是世界上最早（　　）。(2020年下半年)
A. 使用恩物开展教学的学前教育机构　　B. 为工人子弟开办的学前教育机构
C. 为贵族子弟开办的学前教育机构　　D. 为儿童提供"有准备的环境"的学前教育机构

▶ 答案及解析见本章首页二维码

（三）初创阶段（18世纪后期—20世纪前半期）

1. 福禄贝尔

福禄贝尔（F.W.A. Froebel, 1782—1852），1782年出生于德国的杜林根,是德国著名的教育家。1837年,福禄贝尔设立了一所幼儿学校,于1840年命名为"幼儿园",这是世界上第一所幼儿园,并创立了一套幼儿教育理论和相应的教育方法、教材、玩具等。福禄贝尔是幼儿园的创立者、现代学前教育理论的奠基人,被人们誉为"幼儿教育之父"。他的《人的教育》《幼儿园教育学》《慈母游戏和儿歌》及《幼儿园书信集》等书全面地反映了其学前教育思想:

（1）系统地论述了幼儿园教育的重要性、内容和方法,认为儿童的发展是渐进的过程,教育应适合儿童的发展,教育应以儿童的自主活动为基础。

（2）重视游戏的教育价值,确立了游戏在学前教育中的地位与作用。福禄贝尔指出,游戏不仅可以使儿童的内心冲动得以表现,使儿童感到兴奋、愉快和幸福,还能促进儿童身体和感官的发展,提高他们认识自然和社会的能力。福禄贝尔把游戏分为三类:第一种是身体的游戏,它主要是为锻炼儿童的身体。第二种是感官的游戏,如听觉的练习、视觉的练习。第三种是精神的游戏,即运用他设计的"恩物"进行游戏,主要是为了训练幼儿的思考和判断。

（3）发明了一套名为"恩物"的玩具,作为幼儿园的核心教材。之所以称为恩物,福禄贝尔意指,这是上帝恩赐儿童之物。其基本形状是圆球、立方体和圆柱体。该套恩物仿照大自然物体的性质、形状和法则,遵循从简单到复杂、从统一到多样的原则,客观上有助于扩大幼儿的知识,发展他们的创造力和想象力。

福禄贝尔作为近代幼儿教育理论奠基人,其幼儿教育理论和实践对世界幼儿教育理论体系的形成和发展,以及幼儿园的发展产生了广泛的影响。在19世纪末的美国,甚至还形成了福禄贝尔主义。福禄贝尔对幼儿教育的推广,对游戏、儿童自主活动、手工作业和园艺等教育形式的重视,迄今仍在学前教育界发挥着广泛的影响。

> **真题链接**
>
> 1. 提出"父母是孩子的第一任教师"主张的教育家是(   )。(2011年下半年)
>   A. 蒙台梭利　　　B. 福禄贝尔　　　C. 陈鹤琴　　　D. 陶行知
> 2. 福禄贝尔在幼儿园教育实践中创制的活动玩具被称为(   )。(2012年下半年)
>   A. 凡物　　　　　B. 积木　　　　　C. 恩物　　　　D. 念物
>
> ▶ 答案及解析见本章首页二维码

2. 杜威

杜威(John Dewey,1859—1952),美国著名的哲学家和教育家,也是20世纪影响最大的教育家。从哲学上来讲,他继承了皮尔斯、詹姆士的实用主义哲学,并将其进一步发扬光大;从教育学上来讲,他的实用主义教育思想立足于现代社会,积极吸收人类文化各方面的优秀成果,构建起一座宏伟的教育理论大厦。他的主要教育著作有《我的教育信条》《学校和社会》《儿童与课程》《民主主义与教育》《明日之学校》《经验与教育》和《人的问题》等。其教育思想如下:

(1) 教育的本质——教育即"生活""生长""经验改造"。杜威认为,教育是儿童现在生活的过程,而不是将来生活的预备;教育应当以儿童的本能、能力为起点,让儿童充分表现自己的生命力;儿童的本能、能力的生长是通过其经验的不断改组、改造而实现的;儿童本能的生长、发展及经验的改造过程表现为社会性的活动就是生活。"教育即生活""教育即生长""教育即经验的不断改造",这三者相互联系、密不可分。

(2) 论儿童与教师——儿童中心论。尽管杜威并不是"儿童中心"思想的首创者,但是,他是赞同"儿童中心"思想的。其最典型的一段话是:"现在,我们教育中将引起的改变是重心的转移。这是一种变革,这是一种革命,这是和哥白尼把天文学的中心从地球转到太阳一样的那种革命。这里,儿童是中心,教育的措施便围绕他们而组织起来。"在强调"儿童中心"思想的同时,杜威并不同意教师采取"放手"的政策。在他看来,教师不仅应该给儿童提供生长的适当机会和条件,而且应该观察儿童的生长并给予真正的引导。

(3) 基本教学原则——"从做中学"。由于人们最初的知识和最牢固地保持的知识,是关于怎样做(how to do)的知识。因此,教学过程应该是"做"的过程。杜威认为,"从做中学"也就是"从活动中学""从经验中学",它使得学校里知识的获得与生活过程中的活动联系了起来。"从做中学"以生活化的教学取代传统的课堂讲授,以儿童的亲身体验代替书本知识,以学生主动活动代替教师的主导。

(4) 幼儿教育思想。杜威认为,儿童的心理处于不断地生长、变化和发展的过程中,各个阶段都有其各自的典型特征。而教师应该做的就是在研究这些特征的基础上为儿童提供相应的材料,促进儿童的发展。从幼儿园到小学之间的过渡应该是自然而然、逐渐变化的,是儿童不易察觉的。因此,杜威扩展了严格意义上的幼儿园时期(4～6岁),将4～8岁的儿童作为芝加哥实验学校第一阶段的教育对象。杜威将自己的教育信念落实到实验中,这一实验被美国学者称为"美国幼儿教育发展史的经典性记录"。

(5)"学校即社会"。杜威认为人们在社会中参加真实的生活,才是身心成长和改造经验的正当途径。学校教育作为社会生活的一种,学校自然就是社会生活的一种形式。那么,应该把学校当作社会的一个缩影,一个具备雏形的社会。所以教师要把教授知识的课堂变成儿童活动的乐园,引导儿童积极自愿地投入活动,在活动中不知不觉地养成品德和获得知识,实现生活、生长和经验的改造。

杜威的教育理论充满着美国特色与时代特点,体系庞大,涵盖了教育的各个领域。杜威重视幼儿阶段的教育,幼儿教育思想在其整个的教育思想中占有重要部分,体现着他的基本教育纲领。

> **真题链接**
>
> 1. 对杜威"教育即生长"的正确理解是( )。(2017年上半年)
>   A. 教育以儿童的本能和能力为依据　　B. 儿童的生长以教育目标为依据
>   C. 教育以促进教师的专业成长为基础　　D. 教育应促进儿童的身体发育
> 2. 谈谈你对杜威关于教育本质的理解。(2011年下半年)
>
> ▶ 答案及解析见本章首页二维码

3. 蒙台梭利

蒙台梭利(Donoressa Maria Montessori,1870—1952),意大利幼儿教育家,也是意大利历史上第一位女医学博士。

1907年,她在罗马的圣罗伦斯区开办了一所招收3~7岁贫民儿童的幼儿学校,并命名为"儿童之家"。她是继福禄贝尔之后又一名享誉世界的学前教育学家,也是世界上第一位杰出的女性学前教育家。主要著作有《蒙台梭利教育方法》《童年的秘密》《有吸收力的心智》等,她的教育思想如下:

(1)儿童发展观。蒙台梭利认为,人类有两个胚胎期,一个是"生理胚胎期",另一个是"精神胚胎期"。"精神胚胎"具有一种生长的本能,具有一种下意识的感受能力与鉴别能力,及儿童具有"有吸收力的心智"。儿童不自觉地与周围环境中的人与物交互作用,从而获得各种经验与文化印象。也就是说,儿童有一种自动成长的冲动。

(2)教育目的:发现儿童"生命的法则",促进儿童发展生命。蒙台梭利所倡导的教育理念是"教育不是为上学做准备,而是为未来生活做准备"。其教育的核心目的是帮助儿童的生命自然地成长和完善。具体地说就是让儿童获得身体、意志、思想的独立,达到人格、心理、智力、精神的完善。

(3)教育原则:以儿童为主。为孩子打造一个以他们为中心,让他们可以独立"做自己"的"儿童世界",使儿童获得自由,因此教师的作用是提供符合儿童身心特点的环境,帮助儿童实现自我教育,即有准备的环境。

(4)教学方法:感官训练与肌肉练习。蒙台梭利教学法有两个主要的要素:一是环境

（包括教具与练习），另一个是预备这个环境的教师。她创办了"儿童之家"，在"儿童之家"中，对儿童实施肌肉训练、实际生活练习、感官训练以及初步知识教育四个方面的教育。

（5）把握敏感期的学习。蒙台梭利认为，在不同的成长阶段，儿童的心理发展中会出现对不同事物的偏好的各种"敏感期"，包括秩序的敏感期、细节的敏感期、语言的敏感期、触觉的敏感期等。

蒙台梭利经过不断探索和总结，建立了自己独特的幼儿教育理论和方法，引起了社会广泛而强烈的反响，促进了现代幼儿教育的发展。她对世界学前教育的巨大贡献不仅在于创立了蒙台梭利教育法，她还以长期的宣传和实践推动了世界学前教育的发展，至今不少国家仍有实践她的教育理论的幼儿园。

> **真题链接**
>
> 下列说法中属于蒙台梭利教育观点的是（　　）。（2018年下半年）
> A. 注重感官教育　　　　　　　　B. 注重集体教学作用
> C. 重视实物使用　　　　　　　　D. 通过游戏使自由与纪律相协调
> ➤ 答案及解析见本章首页二维码

4. 皮亚杰

皮亚杰（J. Piaget，1896—1980），瑞士著名儿童心理学家，日内瓦学派的创始人。主要著作有《儿童的言语和思维》《儿童智慧的起源》《儿童心理学》《发生认识论导论》等。皮亚杰心理学的理论核心是"发生认识论"，主要研究人类的认识（认知、智力、思维、心理）的发生和结构。皮亚杰认为，心理、智力、思维，既不是起源于先天的成熟，也不是起源于后天的经验，而是起源于主体的动作。这种动作的本质是主体对客体的适应。主体通过动作对客体的适应，乃是心理发展的真正原因。

皮亚杰关于学前教育的主要观点有：

（1）强调儿童与环境的相互作用——活动的重要性。他认为儿童发展的每一个阶段都是由儿童的成熟和环境的相互作用产生的。儿童就是通过各种有组织的活动，去探索、了解外界的客观事物，了解客观事物之间的关系。他还强调儿童的主动活动，他认为人初生的反射活动不是机械被动的，而是一开始就表现出真实的能动性。儿童的发展主要在于儿童本身主动的建构活动，在于有机体自身所具有的积极的适应能力。

（2）强调教育目的在于培养儿童的创造力和批判力。皮亚杰对认知活动探究的重心在于"智慧如何发展"，他所倡导的教育目的不在于增进知识、注入知识，而在于使儿童发现与发展的可能性表现出来。皮亚杰指出，教育的第一目的在于培养能做新事情、有创造力与发明才干的人，而不在于训练只能重复既有事物的人。换言之，就是要培养具有创造力、富有想象力与发明能力的人。教育的第二目的，在于培养批判、求证的能力，而不在于接受所提供的一切。

（3）注重儿童的兴趣和需要，重视游戏的作用，把儿童的兴趣、需要看作是儿童心理发展的动力,并强调要考虑不同年龄儿童特殊的兴趣和需要。他认为游戏是儿童学习新的、复杂的客体和事件的一种方法,是巩固和扩大概念、技能的方法,是思维和行为相结合的方法。儿童认知发展的阶段决定了儿童在特定时期的游戏方式。

皮亚杰的学前教育理论是自 19 世纪西方开始教育心理学化运动以来最重大的成就之一,为现代学前教育学的建立提供了认识论的基础。他首次将数理逻辑作为刻画儿童思维发展的工具,描绘了个体从出生到青年初期认知发展的路线。

5. 维果斯基

维果斯基(Vygotsky,1896—1934),苏联著名的心理学家,"文化—历史"理论的创始人。其代表著作有《思维和语言》《学龄前期的教学与发展》等。

维果斯基所提出的"文化—历史"发展理论认为:人的高级心理机能是社会历史发展的产物。反对将复杂的高级心理技能分解成简单的成分;语言是人类为了组织思维而创造的一种最关键的工具,儿童可以凭借语言与他人相互作用,进行文化与思想的交流。

维果斯基在说明教学与发展的关系时,提出了"最近发展区"概念。最近发展区指实际的发展水平与潜在的发展水平之间的差距。前者是儿童由儿童独立解决问题的能力而定,后者是指成人的指导下或者借助于能力较强的同伴合作时儿童能够解决问题的能力。他认为教学促进发展,教学应该走在发展的前面。这一思想对正确理解教育与发展之间的关系,具有重要意义。

维果斯基的心理发展理论揭示了人类整体与个体心理发展的本质,他的教学心理思想改变了传统的教学观,有利于建立新型的因材施教观,是现代流行的"支架式教学"的渊源和理论基础。

> **真题链接**
>
> 教师拟定教育活动目标时,以幼儿现有发展水平与可以达到水平之间的距离为依据,这种做法体现的是( )。(2016 年上半年)
>
> A. 维果斯基的最近发展区理论 B. 班杜拉的观察学习理论
>
> C. 皮亚杰的认知发展阶段论 D. 布鲁纳的发现教学论
>
> ➢ 答案及解析见本章首页二维码

(四) 发展阶段(20 世纪中叶之后)

1. 瑞吉欧学前教育模式

瑞吉欧是意大利东北部的一座城市,自 20 世纪 60 年代以来,洛利斯·马拉古齐(Loris Malaguzzi)和当地的幼教工作者一起兴办并发展了该地的学前教育。数十年的艰苦创业,使意大利在举世闻名的蒙台梭利之后,又形成了一套"独特与革新的哲学和课程假设,学校组织方法以及环境设计的原则"。人们称这个综合体为"瑞吉欧·艾米里亚教育取向",自 20 世纪 80 年代后在欧美各国产生了普遍的影响。在蒙台梭利之后,意大利又形成了一套"独特与革新的哲学和课程假设,学校组织方法以及环境设计的原则"。瑞吉欧教育理念主要有以下几个方面：

（1）走进儿童心灵的儿童观。在《儿童的一百种语言》一书中，马拉古齐的一首诗《其实有一百》充分表达了这一思想。最重要的是要承认"其实有一百"；其次，要以孩子的思维、儿童的立场来看待一切。

《其实有一百》

（2）社会支持和父母参与。全社会关心学前教育素来是意大利的优良传统。在瑞吉欧镇，0~6岁学前儿童的保育和教育是一项重要的市政工程。父母所起的种种作用是实质性的。父母有权利参与学校各个环节的事务，并自觉承担起责任。

（3）弹性课程与研究性教学。瑞吉欧通过项目活动开展教育实践，是师生共建的弹性课程与探索性教学。它的基本要素有三个：一是解决真实生活中的问题；二是以小组为单位共同进行较长期深入的主题探索；三是成人与幼儿共同建构、共同表达、共同成长的学习过程。

（4）开放的教学环境。瑞吉欧教育认为环境是产生互动的容器，具有教育性价值，把学校的环境称之为"不说话的老师"。因此，他们精心设计学校的每一个角落，让儿童在开放的环境中愉快学习、相互合作、彼此交往。

（5）多种多样的教学手段。语言知识教师与儿童彼此沟通的手段之一，瑞吉欧要求教师多采用动作、手势、姿态、表情、绘画、雕塑等多种方式进行教学。

2. 发展适宜性教育（Developmentally Appropriate Practice, DAP）

"发展适宜性教育"是1987年由全美幼儿教育协会（NAEYC）发布的《适宜于0~8岁儿童的发展适宜性教育》中所提出的关于早期教育的教育理念、行动指南和评估标准，现已成为美国几乎所有托幼机构的教育实践指南，并受到世界各国幼教界的重视。DAP强调，发展适宜性教育"并不是课程，也不是一套可以用于支配教育实践的僵死标准。相反，它是一种哲学，一种模式，或者说是一种如何与幼儿一起工作的方法"。在其指导方针中提出，要构建既关注内容又关注方法的适宜性课程。发展适宜性教育的课程内容的选择主要依据以下三方面：

（1）儿童发展阶段的知识。发展是按照一种相应的顺序进行的，后来能力和知识的获得建立在已经掌握的能力和知识的基础之上。儿童发展理论是帮助教师了解儿童如何学习的最重要的依据。教师可以根据每一阶段儿童发展的理论，为儿童准备学习环境，安排适合其发展的经验。

（2）儿童个体发展特点的知识。每个儿童都有自己独特的发展方式和发展速度。要促使儿童成长和发展，教师必须理解每个儿童的学习方式和喜好、兴趣、个性以及脾气、能力和不足。有关儿童个性的知识可以帮助教育工作者构建个体发展适宜的学前课程。

（3）文化差异的知识。要促使儿童的健康发展，文化差异的知识必须要考虑进来，这样可以帮助构建文化适宜的学前课程，使得课程内容真正地尊重儿童所属的不同文化和语言群体。

二、中国学前教育学的产生与发展

我国学前教育学的发展经历了一个漫长的萌芽阶段。到了近代,开始吸收西方先进的学前教育思想,在政府相关的学前教育体制的影响下,才慢慢形成自己的理论体系。新中国成立之后尤其是改革开放后,我国的学前教育学进入了迅速发展的时期。

(一) 萌芽时期(先秦—鸦片战争)

我国古代社会教养儿童的经验,不仅散见在谚语中,如"三岁看大,七岁看老""教儿婴孩,教妇初来"等,而且在先秦时期,《礼记》中就记载了一些学前教育思想。

关于学前教育的论述最早可以追溯到周朝,西汉贾谊在其《新书》中就记载了公元前11世纪周成王母注意胎教之说。我国古代思想家们关于学前教育的问题有许多精辟的论述。其中比较典型的有:魏晋南北朝时期的颜之推,其所著的《颜氏家训》中《教子篇》《勤学篇》中论述了对儿童的家庭教育;南宋的教育家朱熹重视蒙养教育,特地为儿童编写教材《蒙童须知》和《小学》。

我国古代的学前教育思想散见在谚语和一些名家著作中,并未出现专门的学前教育学著作。

(二) 初创阶段(鸦片战争—中华人民共和国成立)

在近代,对我国幼儿教育发展有重大影响的是五四运动。五四运动是中国的启蒙运动,是一场思想解放运动,它注重对西方资产阶级文化思想的引入和借鉴,形成了平民教育、国民教育、美感教育和实用主义教育等思潮。这些思潮对我国学前教育理论的形成产生了很大的影响。"五四"前后,留美回国的陶行知、陈鹤琴等人对我国学前教育的创立发挥了关键的作用。他们充分吸收了杜威的实用主义教育思想,推崇儿童中心论,反对传统的以教师、书本和课堂为中心,主张从儿童的本能、兴趣和需要出发,以儿童自身的活动作为教育活动的中心,这对于现代儿童教育思想在我国的发展起到了积极的作用。他们反对幼儿教育的奴化和贵族化,积极提倡变革并躬行实践,创办了为平民子女服务的幼儿园,如陶行知先生的"乡村儿童团",张雪门先生的"北平香山慈幼院"等。然而,在当时的历史条件下,他们的主张并未能彻底实现。不过,他们的教育理论和实践成了我国幼儿教育的宝贵财富。

1. 陈鹤琴的"活教育"理论

陈鹤琴(1898—1982),浙江省上虞县人,中国近代学前教育理论和实践的开创者,一生致力于建立有民族特色的中国现代儿童教育。代表作有《儿童心理之研究》《家庭教育》。他率先采用实验法在其创立的我国第一所实验幼儿园——南京鼓楼幼稚园开展幼儿研究,进行中国化、科学化的幼儿园实践,总结并形成了系统的、有民族特色的学前教育思想。抗战时期,他又创建了我国第一所公立幼稚师范学校——江西实验幼稚师范学校,经过7年的教学实践,建立了一个教育理论体系——"活教育",包括三个方面:① 目的论。"活教育"的目的是"做人,做中国人,做现代中国人"。② 课程论。强调课程来源于生活,来源于社会。他说:"大自然、大社会都是活材料",具体包括"五指活动"——健康活动、语文活动、社会活动、科学活动和艺术活动。③ 方法论。陈鹤琴提出"整个教学法",认为把儿童所应该学的东西整个地、有系统地去教儿童;把各门功课打成一片,所学的功课是无规定时间的;所用的教材应以故事或社会或自然为中心,以儿童的生活和儿童心理为根据。他主张"做中教,做中学,做中求进步"。

陈鹤琴"活教育"理论体系中的核心部分是他提出了17条教学原则,包括"凡是儿童能够自己做的,应当让他自己做""凡是儿童自己能够想的,应当让他自己想"等内容,全面反映了该体系的各个方面。

"活教育"理论曾在历史上产生过重要影响,对当前的教育改革依然具有启迪作用。陈鹤琴在长期的实践研究和理论学习的基础上,提出了许多适合我国国情和儿童心理发展的教育主张和课程思想,写出了近400万字幼儿教育著作,影响巨大。他的著作被先后汇集出版,《陈鹤琴教育文集(上、下卷)》和《陈鹤琴全集(6卷)》全面地反映了他的幼儿教育思想。研究、学习和继承他的学前教育思想的合理内容,对于我们今天的学前教育课程改革与发展具有重要的借鉴价值。

"活教育"的17条教学原则

真题链接

1. 我国第一所公立幼稚师范学校——江西实验幼师的创办者是( )。(2012年上半年)
   A. 陈鹤琴　　　　B. 陶行知　　　　C. 黄炎培　　　　D. 张雪门
2. 建立我国第一个幼儿教育研究中心,并亲自主持幼稚园研究工作,提出"活教育"思想的是( )。(2012年下半年)
   A. 陶行知　　　　B. 陈鹤琴　　　　C. 张宗麟　　　　D. 张雪门

➤ 答案及解析见本章首页二维码

2. 张雪门的"行为课程"理论

张雪门(1891—1973),我国现代教育史上另一位影响深远的幼儿教育专家。早在20世纪三四十年代,他就与陈鹤琴有着"南陈北张"的称号。他对我国学前教育的贡献主要体现在研究幼稚园教育以及幼稚师范生的培养上,不仅开办了一系列幼稚园,制定出符合时代发展要求的幼稚园课程,还强调幼稚师范生的学习、见习与实习,开办师范学校,为我国培养了一批具有幼教专业素质的师范生。出版了《幼稚园教育概论》《幼稚园的课程》《幼稚园的研究》《幼稚园组织法》等著作。其主要思想如下:① 论幼稚教育的目的。早在20世纪30年代,张雪门就曾根据教育目标的不同,把中国的幼稚教育分为4类:以培养士大夫为目标的幼稚教育;以培养宗教信徒为目标的幼稚教育;以发展儿童个性为目标的幼稚教育;以改造中华民族为目标的幼稚教育。② 论幼稚教育的行为课程。"生活就是教育,五六岁的孩子在幼稚园生活的实践就是行为课程。"行为课程的要旨是以行为为中心,以设计为过程;其基本思想是"生活即教育""行为即课程";其目标是:兼顾个体和社会的需要;其内容来自周围环境;其方法采用单元设计教学法;其实施以行动为中心。强调通过儿童的实际行动,获得直接经验。同时要求根据儿童的能力、兴趣和需要来组织教学，主张采取单元设计的方法，打破学科界限。③论幼稚师范教育。对幼稚师范教育的见习与实习环节的场所、时间安排、内容、过程等提出了自己的独特见解。

张雪门他以毕生的精力致力于幼稚教育，先后长达60年。他的幼稚教育思想和实践曾对我国，尤其是我国北方和台湾地区产生过很大的影响。他对幼稚教育的目的、课程和师资培养等方面的论述，有不少地方仍值得我们研究和借鉴。

> **真题链接**
>
> 20世纪30年代，我国幼教界有"南陈北张"之称，即指南京有陈鹤琴，北京有（　　）。(2012年下半年)
>
> A. 张汉良　　　B. 张之洞　　　C. 张宗麟　　　D. 张雪门
>
> ▶ 答案及解析见本章首页二维码

3. 陶行知的"生活教育"理论

陶行知(1891—1946)，我国伟大的人民教育家和民主革命家。在教育救国思想的影响下，他毕生从事改革旧教育，推行生活教育，为建立人民大众的教育事业不懈努力、积极实践。主要著作有《创设乡村幼稚园宣言》《幼稚园之新大陆》和《如何使幼稚园普及》等。

陶行知先生十分重视幼儿教育，在学前教育方面也提出过很多进步的教育主张。他曾猛烈地批判中国幼儿教育的弊病，指出当时幼儿园教育所犯的通病——外国病、花钱病、富贵病，提出我们要建设省钱的、平民的、适合国情的乡村幼稚园。他认为六岁以前是人格陶冶的重要时期，是人生的基础，要把基础趁早打好。他提出幼稚园要实施和谐的生活教育，反对束缚儿童个性的传统教学法。他认为要解放儿童的创造力就要进行六大解放：解放儿童的头脑，使其能够去想、去思考；解放儿童的双手，让他们去做去干；解放儿童的眼睛，让他们去观察、去看事实；解放儿童的嘴巴，使他们有足够的言论自由，尤其是提问的自由；解放儿童的空间，使儿童去接触自然和社会；解放儿童的时间，给其空闲自由学习。

1927年，他带领学生在南京郊区创设了我国第一所乡村幼稚园——南京燕子矶幼稚园，随后又创立了四所中心园及上海沪西劳工幼儿园，收托工农子女。1929年，他引导成立晓庄幼教研究会，用于探索中国幼儿教育规律，指导幼稚园的工作。通过实践总结，陶行知先生创立了生活教育理论和教、学、做合一的教育方法，提出"生活教育"，主要内容包括：生活即教育，社会即学校，教学做合一。"生活即教育"反对的是教育准备说，倡导的是教会儿童适应眼前的生活环境；"社会即学校"，即要求幼稚园以周围的社会生活、自然现象和风土人情为教育内容，以幼儿足力所能及的地方为教室，冲破束缚幼儿的"高墙"，把学校延伸到自然里去；主张"教、学、做合一"，反对教、学、做分离的教育现象。

陶行知认为："普及教育的最大难关是教师的训练。"陶行知针对当时的社会实际，提出两条培养幼教师资的途径：一是大力创办幼稚师范学校。通过"教学做"的方法，使幼儿师范生获得实际有用的知识，培养出"看护的身手，科学的头脑，儿童的伴侣，乡村妇女的朋友和导师"。二是实行"艺友制"。何为"艺友制"呢？陶行知是这样解释的："艺是艺术，或可作手艺解。凡用朋友之道教人学做艺术或手艺便是艺友制。""所以要想做好教师，最好是和好教师做朋友，凡用朋友之道教人学做教师，便是艺友制师范教育。"在当时，这种"艺友制的师范教育"培养了一批乡村幼儿教师。

陶行知先生的学前教育思想，不仅在当时具有进步意义，就是在今天的学前教育工作中，仍然具有很强的指导意义。

真题链接

1. 陶行知的生活教育理论注重"教学做"合一，强调（　　）。（2014年上半年）
   A. 做是中心　　　　　　　　　　B. 学是中心
   C. 教与学是中心　　　　　　　　D. 教是中心
2. 陶行知提出的"六大解放"指向的是（　　）。（2015年下半年）
   A. 解放儿童的观察力　　　　　　B. 解放儿童的智力
   C. 解放儿童的体力　　　　　　　D. 解放儿童的创造力
3. 陶行知创立的培养幼教师资的方法是（　　）。（2018年上半年）
   A. 讲授制　　　　　　　　　　　B. 五指活动
   C. 感官教育　　　　　　　　　　D. 艺友制

▶ 答案及解析见本章首页二维码

4. 张宗麟的幼儿"社会教育"思想

张宗麟（1899—1976），我国第一位男性幼稚园教师，著作有《幼稚园教育概况》《幼稚园的社会》《张宗麟幼儿教育论集》等。他认为幼稚园的课程应该是幼稚生的一切活动，课程的内容主要包括7类活动：① 关于生活卫生、家庭邻里、商店邮局，以及其他公共设施和名胜古迹等方面的活动；② 日常礼仪的学习和演习；③ 节日和纪念日活动；④ 身体的认识活动和基本卫生活动；⑤ 健康和清洁活动；⑥ 认识党旗、国旗和总理形象的活动；⑦ 各种集会和社团活动。

课程实施时要注意：① 将学校生活与实际生活打成一片；② 既注意儿童的个别学习，又注意儿童之间的互助与合作；③ 教师要做儿童的朋友；④ 使儿童获得成功；⑤ 通过继续不断地学习，养成良好的习惯；⑥ 激发儿童进行良好社会性行为的兴趣，达到教育目的；⑦ 注意对儿童社会性行为的交替培养。

张宗麟一生致力于我国的幼儿教育。他的教育思想主要突出了民族性和平民化，他学习和借鉴了国外的先进理论，同时与我国的实际国情相结合，真正做到了"洋为中用"；他强调儿童的社会性发展，提倡儿童个体与社会相互渗透；他对幼稚师范生的培养有独到的见解，提升了当时幼儿教师的整体素质，为我国近代学前教育事业做出了不可磨灭的贡献。

(三) 发展阶段(中华人民共和国成立以来)

中华人民共和国成立后,我国的学前教育理论在总结过去经验的基础上,以马克思主义为理论基础,形成了社会主义学前教育理论体系。学前教育学的发展进入了提高理论化和科学化水平的新阶段,辩证唯物主义为学前教育学的研究提供科学的世界观和方法论。主要概括为以下几个方面。

1. 建构了我国学前教育理论的基本框架

我国的学前教育理论在新中国成立后一直深受苏联教育思想的影响。改革开放以来,对国外的学前教育思想的引介、交流,对我国学前教育理论的改革和发展起了重要作用。经过几十年的研究,结合我国学前教育的实践,逐步形成了具有我国特色的学前教育理论体系。

2. 学前教育学的跨学科性日益凸显

当代学前教育学的研究主体日益多元化,研究的范围日益拓展,学前教育学的跨学科性日益凸显。除了传统的涵盖哲学、教育学、心理学领域的研究者外,神经科学家、儿科医生、经济学家,以及社会性、管理学、政策研究等领域的研究者,也纷纷加入学前教育的研究阵营。学前教育学的跨学科特性进一步得到强化。这意味着越来越多的来自其他学科领域的学者加入学前教育学的研究领域,标志着学前教育迈入快速发展轨道。

3. 学前教育研究领域不断扩大,研究不断深入

从研究对象上看,学前教育研究已经延伸到3岁前。从研究方法上看,重视运用儿童发展理论的应用研究和实验研究。从研究内容上看,涉及教育目标、课程标准、道德教育、教学方法、神经科学等各领域的研究;重视研究学前儿童智力的早期发展、幼儿园与小学的衔接;重视研究农村学前教育的特点等。

拓展链接

　　回国一年后,陈鹤琴迎来了生命中重要的"杰作",长子陈一鸣出生了。这个生于1920年深冬的孩子,成为溯源中国现代幼儿教育发展难以绕过的一个名字。"他在出生后的2秒钟开始大哭;45分钟后哭累了,开始打哈欠;12小时后撒下人生的第一泡尿;第8天,喝完奶后他闭着眼睛笑了……"

　　一个崭新的生命按照既有的节奏不紧不慢地舒展,父亲陈鹤琴的观察与实验因此盎然有趣。家庭变成了实验室,妻子和母亲成了他的助手,儿子成了研究对象与成果。这项观察和研究整整持续了808天,相关的照片和文字记载,汇集成十余个笔记本。直到1925年,相关观察和研究终于整理成他一生中最重要的专著《儿童心理之研究》。

 本章结构

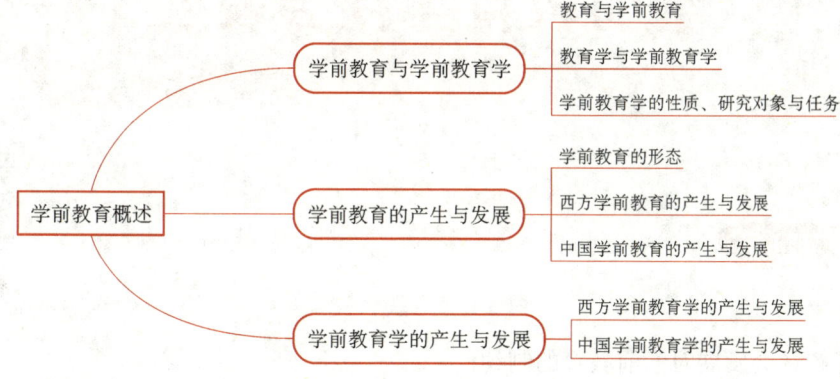

 回顾与思考

1. 名词解释：学前教育、学前教育学。
2. 简述学前教育的发展阶段。
3. 谈谈你对卢梭的自然教育的理解。
4. 分别论述陶行知、陈鹤琴先生对我国学前教育发展的历史作用。

实践与训练

　　查阅学前教育相关纸质和电子期刊，了解学前教育研究的热点，就一个感兴趣的话题，写出自己的想法。

第二章 学前教育与社会发展

真题参考答案

1. 了解社会发展对学前教育的制约。
2. 明确学前教育对社会发展的促进作用。
3. 应用学前教育和社会之间的关系理论,分析学前教育的热点问题。

"入园难、入园贵"的破解之路

"天当房顶地当床,面包饼干当干粮。"这说的可不是红军长征,而是在幼儿园门口,一家老少齐上阵排队的场景。2010年6月初,北京昌平区工业幼儿园门口,200多名家长,有搭帐篷的,有支行军床的,有坐竹椅的,已经在此安营扎寨坚守了九天八夜,只为给孩子争取一个宝贵的入园名额。而在南京,某所只招80人的知名幼儿园收到的"打招呼"关系条竟多达800张。曾几何时,"入园难,难于考公务员;入园贵,贵过大学收费",上幼儿园难的问题让家长倍感焦心和苦恼。

幼儿园,咋成了稀缺资源?问题症结在哪儿?如何破解"入园难、入园贵"的问题?2011年开始,教育部、地方政府出台了相关政策,加大学前教育投入,逐步解决这一问题。2018年11月《中共中央 国务院关于学前教育深化改革规范发展的若干意见》明确了坚持学前教育的公益普惠的基本方向,提出到2020年,全国公办园在园幼儿占比原则上提高到50%,同时积极扶持民办园提供普惠性服务,普惠性幼儿园覆盖率达到80%,基本建成广覆盖、保基本、有质量的学前教育公共服务体系。2020年出台的《中华人民共和国学前教育法草案(征求意见稿)》也提出:"各级人民政府应当通过举办公办幼儿园、支持民办幼儿园提供普惠性学前教育服务,为学前儿童提供公平而有质量的学前教育。"至此逐渐缓解了"入园难、入园贵"。

第一节 社会发展对学前教育的制约

社会是由众多子系统构成的复杂系统。教育就是这个系统的组成部分,学前教育是教育的初始阶段,也是社会系统的组成部分。学前教育除了具有自身的相对独立的要素环境,还与其他社会系统(经济、政治、文化、人口等)之间产生各种关联:一方面它受到其他社会系统的制约,另一方面又对其他社会系统产生一定的影响或作用。下面具体论述社会发展如何影响学前教育的发展。

微课 4
学前教育与社会发展

一、经济对学前教育的制约

经济是人类社会的物质基础,是构建人类社会并维系人类社会运行的必要条件。学前教育的发展与经济的发展密切相关,经济发展为学前教育的发展提供基础性条件,如人力、物力、财力等,并对学前教育不断提出新的要求。

(一)社会经济的发展制约学前教育的规模和发展速度

学前教育机构的发展受经济发展的制约。18 世纪 60 年代,第一次工业革命的到来,一方面使得生产力提高,社会物质财富增加,为专门的社会学前教育机构的产生提供了物质基础。另一方面,工厂的发展使得女工数量急剧增加,儿童无人照料,学前教育机构应运而生。英、法、德、美等国相继建立了儿童学校、保育学校、母育学校等学前教育机构。由此可见,学前教育的发展离不开一定财力、物力的支持,国家用于教育的资金受到整个国家的经济发展水平的制约。在古代,由于经济发展水平不高,对教育的投入自然也不多,教育规模也较小。近代以来,随着经济发展水平的提高,教育规模越来越大,教育分工越来越精细,出现了不同层次、不同类别的学校教育,学前教育也在一定程度上得到发展。时至今日,学前教育越来越多地受到各界的关注,投入也越来越大。一般而言,一个国家的经济越发达,对学前教育资金的投入力度也越大。

经济发展水平也影响社会对学前教育的需要。一般而言,经济水平较高的国家和地区,儿童入园率较高。非洲教育财政性经费投入整体平均水平较低,约为 4.5%,而学前教育占教育经费比例不超过 1%。这样的投入水平使非洲学前教育发展缺乏人力、物力资源,5 岁以前的学前教育很少能得到国家政策、财政上的支持。2004 年,79 个有数据可查的国家中,有 65 个国家分配给幼儿保育和教育的份额不到教育支出的 10%,而 65 个国家中又有半数国家分配的份额不足 5%。其他 14 个分配份额在 10% 以上的国家大部分都在欧洲。[①] 2016 年度,

---

① 2007 全球教育监测报告《坚实的基础——幼儿保育与教育》

德国公共教育经费投入达1 284亿欧元,19.2%用于发展学前教育。2016年,财政性学前教育经费为1 326亿元,占全国财政性教育经费(31 396.25亿元)的4.2%。但这还是不够的。国际经验表明,学前三年毛入园率在60%~80%之间的国家,财政性教育经费支出中学前教育经费占比平均为7.73%(刘焱,2015)。

20世纪上半叶,我国经济发展缓慢,幼儿园建立比较晚,先是在沿海经济发达地区建立,发展也较慢。新中国成立后,随着经济的不断发展,学前教育有了较大的发展,幼儿园数量、儿童入园率和幼儿园教师数量有了大幅提高。比如,1958年,全国幼儿园由1957年的16 400余所激增至695 000余所,增长了42倍,而工农业总产值,1958年比1957年只增长了18.2%。幼儿园的发展缺乏相应的经济基础,1961年后,很多幼儿园停办,幼儿园数量又恢复到1957年的水平。① 另外,从我国各地区学前教育的现状来看,经济发展与学前教育的发展成正比例关系。2014年底,我国学前三年毛入园率为70.5%,有近1/3的儿童无法接受学前教育;在农村尤其是连片特困地区,学前三年毛入园率普遍在50%以下,不少贫困县甚至仅30%~40%②。2017年我国学前教育毛入园率79.6%,而上海市学前教育三年毛入园率达到了95.58%。

由此可见,经济制约着学前教育的发展规模与速度,经济越发达,教育资金投入越大,受教育人数越多,教育规模越大,接受教育的时间越长,教育发展速度越快。

(二) 社会经济发展水平制约学前教育的任务、内容、形式、手段

不同形态的社会,经济发展水平不同,对未来劳动者的素质要求也不同。这就要求学前教育的任务、内容、形式、手段也不尽相同。

1. 社会经济发展水平制约学前教育的任务

学前教育的最终目的是要为社会培养人才,由于社会经济发展的水平不同,对年轻一代提出的要求不同,学前教育的任务也不相同,相应的教育内容和手段也有着不同程度的变化。从总的趋势来看,学前教育的任务在不断地变化着。从最初带有慈善的性质,照管儿童的生活起居,保障儿童的安全到关注儿童身体的健康,再转到注重儿童行为习惯的养成,又到逐渐注意儿童情感的发展等。到现代社会,学前教育的任务转向儿童身体、社会、情感及智力的全面发展。

社会经济发展对学前教育提出的要求是影响学前教育任务变化的主要因素。我国在20世纪50年代初期,学前教育机构大都以照看儿童的安全为主要任务,90年代,随着社会经济的发展,转向以教育为主,促进幼儿体、智、德美全面发展为任务。随着我国经济的发展和改革,社会发展所需要的人才规格也发生了变化,学前教育要促进幼儿素质的全面发展,还要着重培养幼儿的创新精神、主动性、独立性和创造性。

2. 社会经济发展水平制约着学前教育的内容

在社会经济发展的影响下,学前教育内容发生了很大的变革。封建社会的教育一般

---

① 黄人颂.学前教育学[M].北京:人民教育出版社,1989:33.
② 庞丽娟."全面二孩"时代学前教育如何补短板[N].光明日报,2016-04-05.

侧重于道德、宗教礼仪、语言文字等方面，教育与生产劳动相脱离。蒙学读物主要有《童蒙训》《颜氏家训》《朱子读书法》《养蒙针度》等，教学方法以"训"为主。随着生产力的发展，科学技术的进步，教育内容变得更加丰富、充实且趋于系统化和现代化，教育也因此得以发展。在教育内容方面，扩大了认识社会环境和自然环境的内容和要求，注重儿童认识周围事物的兴趣和求知欲的发展，注重发展儿童的智力和能力，特别是创造力，培养儿童的社会交往能力。

3. 社会经济发展水平制约学前教育的形式、手段

学前教育的形式和手段也与经济的发展密切相关，经济的发展能够创造更多的物质财富，为丰富教育形式、更新教育手段提供了条件。古代社会由于经济发展水平不高，教育一般采用个别教学制。随着近代工业化的进展、家庭作坊式的个别教学制已无法满足经济发展对人才的需求，因而出现了班级授课制的教学组织形式。现代社会的经济与科技已经发展到极高的水平，因此除了班级授课制之外，还开始大量采用网络化的教学方式。在经济发展的影响下，学前教育手段也有了很大的变革，多运用了录音、幻灯片、计算机等现代化手段。在教育手段方面，儿童的游戏更为丰富多彩，多种多样，寓教育于儿童的日常生活，以观察、操作和实验等多种活动形式和录音、幻灯、电视及计算机等现代化教学手段，不断满足学前儿童发展的需要。

> **真题链接**
>
> 简述经济发展和学前教育发展的关系。（2019 年下半年）
>
> ➢ 答案及解析见本章首页二维码

二、政治对学前教育的制约

政治主要指国家性质、各阶级和阶层在政治生活中的地位、国家管理的原则和组织形式等。政治体系主要由两部分组成，一是指理念、意识，其中包括政治观念、政治态度、政治信念、政治标准等；二是指权力机构，其中包括政治权力、政治制度、政权机关、政党等。这些构成因素都会对学前教育及其发展产生不同程度的影响与制约。

（一）政治决定学前教育的领导权

教育的领导权直接关系到教育为谁服务和怎样服务的问题，在某种意义上是教育的首要问题，因为它决定着教育的社会性质和价值方向等一系列教育上的大政方针，进而又直接或间接地制约着教育的方方面面。

政治主要通过以下方式决定学前教育的领导权。首先，政府制定一系列的法律法规、方针政策等规定学前教育的领导权。其次，政府利用其拥有的组织和人事权力主导学前教育公职人员的选拔、任用以及他们的行为导向。再次，政府通过经济杠杆控制学前教育的方向，对办学权力进行严格控制，如民间办学均需申请审批等。可见，教育经费的来源、分配和使用都受到政府的控制，与国家政治决策机构的决策有很大关系。最后，通过控制

保教思想引导学前教育。政府任用的教育行政人员、教师、使用的教育中介是一定阶级的利益、方针、政策的贯彻者,对儿童产生直接的或潜移默化的影响。

(二)政治决定受教育的权利

政治通过制定教育制度规定什么人有受教育的权利,以及接受多长年限的教育。自奴隶社会起,人类开始进入阶级社会,教育便产生了阶级性。在奴隶社会中,主要是奴隶主家庭的子女受到教育。到了封建社会,主要是地主阶级的子女接受教育,因此,奴隶社会、封建社会中教育机会掌握在少数人手中,上层社会的子女才具有接受学前教育的权利。进入资本主义社会以来,学前教育同样具有明显的等级性,人与人之间,政治、经济地位的差距导致了接受学前教育权利的不平等。

在我国广受关注的教育公平问题是其表现之一。当受教育者所享有的权利不平等时,民众会对教育制度、教育政策、教育法律法规提出质疑,只有政府的调控才能够从根本上解决教育公平问题,缩小地区之间、城乡之间、园与园之间教育质量的差异。

(三)政治制约学前教育的性质和目的

不同的社会形态导致的学前教育的性质、目的也不同。原始社会,人们共同占有生产资料,没有阶级的划分,因而,学前教育是没有阶级性的。自奴隶社会起,人类开始进入阶级社会,教育便自然有了阶级性。比如,奴隶主子女的教育有专人负责,教育的目标就是把这些孩子培养成统治者。到了封建社会,地主阶级的子女从小被灌输读书做官、光宗耀祖的思想,而下层穷苦劳动阶级的子女却只能在劳动和生活中获得生存的技能。半封建半殖民地的旧中国,学前教育也是半封建半殖民的性质,清政府所办的蒙养院带有浓厚的封建性。国民党统治时期,幼儿园极少,只有少数富裕阶层的子女有机会上幼儿园。新中国成立后,进行了教育改革,明确并制定了幼儿园的教育任务和教育内容,学前教育具有了社会主义的性质。改革开放以后,我国的学前教育事业取得了一定的成效,《规程》《条例》《纲要》等一系列法规、文件的出台推动了学前教育质量的提高和学前事业的发展。

历史表明,学前教育改革发展的每一步都与当时当地的社会历史环境,尤其与政治背景息息相关。学前教育既要为社会政治服务,又不可避免地受到政治的影响。政府利用其拥有的立法权,通过颁布有关学前教育法律、法规、政策和规章制度,决定其学前教育的性质,实现其学前教育的目的。

(四)政治制约保教制度和保教内容

一国的教育制度往往与该国的政治制度相对应,有什么性质的政治制度便有什么性质的教育制度。例如,法国大革命后建立的拿破仑帝国,形成了中央集权制的教育制度,由政府规定保教活动与保教内容。而美国与其联邦制相适应,形成了地方分权制的教育制度,州自为政,而各州又把权限托诸学区,由学区来决定保育教育内容。幼儿园的保教内容是实现教育目的的必要途径,通过保教内容将教育目的落实到课程,并通过五大领域的活动具体实施。政治对保教内容的影响主要体现在思想道德品质教育领域。不同的政治制度要求培养不同的政治立场和思想意识的人,自然会要求不同的思想道德教育内容。

（五）政治影响学前教育的财政

政治对学前教育财政的影响主要体现在两个方面：一方面，政治决定教育经费份额的多少。掌握政权者会根据其政治发展需要，随着社会发展而不断调整教育经费在整个社会总投入中的份额。另一方面，政治决定教育经费的筹措。我国在学前教育方面实施的是"以县为主"的管理制度，所以县级或县级以下的政府是主要的学前教育管理单位，承担着管理各种学前教育机构和经费投入的职责，中央和省市政府部门主要负责引导、奖励与补助这两个方面。

不同的国家出于不同的政治需要，对学前教育公共投入所占的比例有很大差异。在OECD国家中，美国的父母分担的费用高达60%，而法国和瑞典只有20%。在发展中国家，国家之间的差距更大，印度尼西亚的公共投入只占5%，而古巴几乎都来自政府。一般来说，以公共投入为主体的国家入园率更高一些。有研究表明，以政府公共投入为主体的多元模式既有利于政府获得新的教育资源，又有利于政府在政策多变的环境中保持教育资源投入的稳定性，从而实现教育普及化的国家目标。我国部分地区在经济发展的同时，保证了学前教育的相应发展，甚至是更快的发展。例如，江苏省张家港市长期高度重视学前教育的发展，在公共事业经费中确保学前教育经费所占的比例，保证了对学前教育基础设施的投入和教师编制及薪酬的竞争力，使得该市学前教育的硬件处于全国领先水平，教师队伍质量不断提高。为进一步确保学前教育经费，《国务院关于当前发展学前教育的若干意见》明确要求：各级政府要将学前教育经费列入财政预算，新增教育经费向学前教育倾斜，财政性学前教育经费要在同级财政性教育经费中占合理比例。

三、文化对学前教育的制约

学前教育总是在一定的文化环境中展开的，文化对学前教育的发展有很大影响。广义的文化是指人类在社会历史过程中创造的物质财富和精神财富的总和；狭义的文化特指社会的精神财富，如风俗、宗教、艺术、文学、道德等，这里主要是从狭义层面讨论文化对学前教育的影响。主要表现在以下几个方面。

（一）文化影响学前教育的观念

文化经过漫长形成与发展过程，在这一过程中，生活在这一文化圈中的人们逐渐形成了比较一致的思维方式、价值观念和行为方式，即一定的文化观念。教育观念是在文化观念基础上形成的对教育现象和教育问题的认识、观点和看法。文化对教育观念的影响主要包括以下两个方面：

第一，文化观念影响和制约着人们对教育的价值取向、态度和行为。例如，在封建社会男尊女卑文化观念的影响下，只有男子有接受教育的机会，清末随着西方文化的引进，女性开始享有受教育的机会。

第二，文化影响和制约着教育思想的产生。教育思想是在一定的社会文化背景下孕育起来的，受文化观念的影响。如西方近代史中，夸美纽斯、卢梭、裴斯泰洛齐等人的教育思想是资产阶级启蒙运动时期肯定人性、发展人性社会潮流的反映。

（二）文化影响学前教育的内容

教育内容的选择来自对文化的选择，学前教育的内容一般是从特定的文化中精选而来，但并不是什么内容都可以进入教科书。我国有五千多年的文明，教科书编写者会根据特定的价值标准从浩繁的文化体系中选择适合学前儿童的内容，并经过脉络化加工，而后形成教科书。在中国历史上，长期成为儿童读物的"三、百、千"等蒙学作品，所反映的主要是儒家的文化思想、伦理道德。另外，"万般皆下品，唯有读书高"，传统习惯于把儿童看成光宗耀祖、光耀门庭的工具，在这种传统文化的影响下，教育历来重视道德教育、重视知识的传授，而忽视儿童自身对外部世界的主动探究，幼儿园的分科教学在我国曾经大行其道便是很好的证明。

随着西方现代的教育思想的传入和传播，人们逐渐认识到原来的课程设置、教育内容不合时宜。2001年9月颁布的《纲要》明确指出：幼儿园的教育内容是全面的、启蒙性的，可以相对划分为健康、语言、社会、科学、艺术五个领域，也可做其他不同的划分。各领域的内容相互渗透，从不同的角度促进幼儿情感、态度、能力、知识、技能等方面的发展。

（三）文化影响学前教育的目的

学前教育的目标既受制于社会政治经济的影响，又受到文化的影响。文化渗透到教育内部所产生的最深层的影响是对教育目的的影响。① 一定的文化传统，具有自己独特的伦理道德、风俗习惯、精神品格等，对该文化之下学前教育的目的的定位会产生直接影响。任何社会的教育目的都是统治阶级利益的体现，统治阶级在制定教育目的时的价值取向在一定程度上受到文化的影响与制约。在我国漫长的封建社会，受到儒家文化的影响，教育的目标被定位于"明伦"，即"父子有亲，君臣有义，夫妇有别，长幼有序，朋友有信"，其目的在于维护上下尊卑的社会秩序和道德观念。因此，对学龄前儿童的教育，其目标不是定位于儿童德智体美的全面发展，而是界定在伦理道德教育的范畴之内。

美国、英国、德国、日本同为发达的资本主义国家，由于文化的差异性，在幼儿园（学校）教育中，美国重视培养适应民主社会生活的理想公民；英国重视培养具有绅士风范、良好文化修养与品行的公民；德国着重培养能够服务社会的公民；日本着重培养能够担负社会责任、具有团队精神、身心健康的公民。② 当今的挪威，相关政策对性别平等有严格的规定，1978年颁布的《两性平等法》是挪威所有公共和社会服务机构的工作指导方针，国家公共机构应该积极工作，在所有社会领域为实现性别平等的目标而努力，在学前阶段贯彻男孩和女孩两性平等的思想。

（四）文化影响学前教育的方法、手段和组织形式

1. 文化对学前教育方法的影响

在西方中世纪的文化中，儿童是生而有罪的，肉体是罪恶的渊源。只有实行严格的禁

---

① 叶澜.教育概论[M].北京：人民教育出版社，2006：162.
② 张英彦.教育学[M].合肥：合肥工业大学出版社，2008：40.

欲，对肉体进行惩罚和摧残才能摆脱罪恶，因此，戒尺、棍棒是那时教育儿童所必需的。文艺复兴和启蒙运动对人性和人权的呼唤，在教育界掀起了一股发现儿童、尊重儿童、理解儿童的思潮，儿童的存在价值及其不同于成人的独特的身心发展特点和规律得到认可和尊重，学前教育的方法发生了翻天覆地的变化。卢梭、裴斯泰洛齐、福禄贝尔、杜威、蒙台梭利等教育家都主张学前教育要顺应儿童的发展，教育方法由原来直接传授的填鸭式逐渐向启发引导式转变，儿童不再是被动地接受知识，"做中学"的方法在学前教育领域逐步普及。

2. 文化对学前教育手段的影响

目前，网络、电视等媒体成为传播文化的重要手段。首先，信息的传递打破了时间和空间的限制，直接导致整个教育系统结构的变化。幼儿园（学校）在教育系统中的中心地位可能被各种形式的教育所构成的网络式结构取代。[①] 其次，由于信息的传播，个体获取信息的能力越来越强，获取的信息越来越多，改变了传统以文本为中心的保教方法，教师不再是教育资源的唯一来源。

3. 文化对学前教育组织形式的影响

文化的传递方法多样，改进和丰富了学前教育的组织形式。电影、多媒体、计算机等的运用使学前教育的活动组织形式灵活多样，也使学前儿童的学习不受时间和空间的限制，学前儿童能够根据自己的实际需要选择学习内容和学习方法。

第二节　学前教育对社会发展的促进

教育与社会的关系是双向的，教育离不开社会提供的条件，同时也会对整个社会及其子系统产生影响。特别是在当代社会背景下，教育正在成为促进经济增长、政治进步、文化发展的重要力量。下面主要从经济、政治、文化等方面，简要分析学前教育对这些社会子系统的作用。

一、学前教育对经济的促进

教育的经济价值早已被世界各国所重视。就大教育而言，教育的经济功能主要表现在三个方面：一是教育能完成劳动力的再生产；二是教育能促进科学技术的更新；三是教育在一定程度上能创造新的科学技术知识。学前教育作为教育的重要组成部分，既要受经济的制约和影响，反过来又能给经济的发展带来影响，表现在以下几方面：

（一）学前教育为提高劳动者的素质奠定基础

劳动者是生产力诸要素中最活跃的因素，生产力水平的高低直接制约着经济水平的

---

① 叶澜.教育概论[M].北京：人民教育出版社，2006：162.

高低,而劳动者的水平又直接制约生产力的水平,因此,劳动者的素质是决定经济水平的主要因素之一。学前教育对经济发展的积极影响主要是以培养合格人才来实现的。培养幼儿健康的身体、动手动脑的能力、广泛的兴趣、活泼开朗的性格、良好的品德和习惯,能为他一生的发展奠定良好的基础。20世纪60年代以来,心理学、脑科学、教育学和社会学等方面的众多研究揭示了学前教育在人一生发展中的重要作用以及经济价值和社会效益。由此可见,学前期是劳动者发展的奠基阶段,高品质的学前教育可提升学前儿童的综合素养,这样可以减少学前儿童后续学业的失败,提升学校的教育质量,从而提高劳动力在市场上的就业能力和生产效率,最后实现对经济发展的促进作用。

(二) 学前教育能减少额外开支,促进经济发展

高质量的学前教育可减少后续阶段的教育投入,间接获得经济效益。据美国学者的研究①,接受过学前教育的学前儿童在其成年后在社会适应性、家庭稳定、身体健康、就业等方面都远远高于未接受学前教育的人群。这样就可以减少许多额外的经济开支,间接地促进经济发展。

(三) 学前教育减轻家庭养育子女的负担,解放了劳动力

在学前教育未产生或不发达时,学前儿童的教育职责主要由妇女担任。学前教育机构的出现替代了妇女原来所承担的教育子女之责,解放了广大女性劳动力。目前,大部分妇女参与社会劳动,有自己独立的职业,并且在经济上独立,真正保护和解放了妇女。新中国成立以来,学前教育的发展史证明:托儿所、幼儿园是解放妇女的重要设施,为妇女参加工作、生产劳动和社会活动提供了条件,使广大妇女获得解放。学前教育可以直接减轻家庭养育子女的负担,使家长全心全意投入工作,既增加了家庭收入,也推动了社会经济的发展。

二、学前教育对政治的促进

教育不仅受社会政治的制约和影响,它对政治也具有一定的影响。教育具有鲜明的政治特征,它承担着培养国家公民和政治精英,促进政治民主化的重要使命。学前教育和其他教育一样,对社会政治的影响主要是通过为社会培养一定的人才来实现的。我国学前教育的发展经历了福利性、教育性和权力性三个阶段,体现了国家对学前教育的政策导向,现阶段主要是保证学前儿童在机会均等的基础上享有生存权、发展权、受保护权、受教育权和参与权,实现教育公平、促进社会稳定。具体而言,学前教育的政治功能体现在下列几个方面:

(一) 促进下一代的政治社会化

政治社会化是社会成员在政治实践活动中逐步获取政治知识和能力,形成政治意识和立场的过程。它是社会成员与政治体系之间相互联系、相互影响的互动过程,是社会意识继承与创新的统一,是一个持续不断的过程。政治社会化有利于社会制度的稳定和社会秩序的形成,能够提高人们的政治参与意识,巩固社会的政治基础。

---

① 刘焱.国外学前教育的社会经济效益研究[J].比较教育研究,2011(6):1-4.

学前教育是促进学前儿童政治社会化的途径。首先,学前教育机构从国家利益和民族前途出发,对幼儿实施爱国主义、集体主义教育,用先进的思想和进步的意识形态影响幼儿,这是直接途径。其次,教育内容带有一定的政治意识形态,保育教育内容是在一定政治制度约束下进行选编,本身带有一定社会政治制度和政治主张的知识和价值取向,这是间接途径。另外,教育者、教育制度、教育目的、教育方法等具有一定的政治意识和意图,教师是带有一定政治意识形态的个体,在传播教育内容的过程中不可避免地以直接或间接、隐性或显性的方式传授一定的政治价值观。教育过程也是促进学前儿童社会化包括政治社会化的过程。

(二) 培养社会需要的政治人才

任何国家、任何政权都需要专门的政治人才来管理与维护,而政治人才的培养是一个长期过程。学前教育作为整个教育系统的起始环节,在培养政治人才中起着不可或缺的作用,在学前教育阶段形成的品质与能力将影响其终身。"培养什么人,怎样培养人,为谁培养人"是不可规避的终极问题。

(三) 通过为公民的培养奠定基础而影响政治

如果说培养"人才"是教育的经济目标,那么培养"公民"就是教育的政治目标。"公民"概念不仅仅意味着拥有特定国家的国籍,而且意味着具备相应的知识、技能和情意。例如,在知识层面,要了解国家制度、政府组织、民主法治等方面的事实;在技能层面,要有关注公共生活、参与民主决策、沟通表达技巧等;在情意层面,要有公共精神和服务能力。帮助学生形成这些知识、技能和态度,使他们成为负责任的公民,是现代学校教育不可忽视的责任。

学前教育是现代学校教育的开端,从幼儿园开始就引导孩子要关心国家大事、积极参与集体活动、正确认识权利与义务的关系、尊重法律并用法律维护自己的合法权益等。由此可见,学前教育可以通过对幼儿社会领域的教育,使他们初步了解作为一个公民应有的基本行为规则,为今后成为合格的公民奠定基础。

此外,学前教育也为未来政治人才的成长提供了最初的锻炼场所,为政治人才的成长打下了基础。幼儿园(学校)开展的形式多样的思想品德教育能够启迪儿童的政治思想意识,提高民主观念,而且也能从一定程度上提高儿童参与政治生活的能力。

(四) 促进社会公平

教育能够促进社会分层流动,社会底层的成员可以通过优异的教育成就流向上层社会,当然教育也具有复制社会等级、阻碍社会分层流动的作用。教育能不能促进社会公平关键在于能不能实现教育本身的公平,如果能够做到教育起点、教育过程和教育结果的公平,那么教育就能成为促进社会公平的有效机制。2010年7月,国家正式颁布《国家中长期教育改革和发展规划纲要(2010—2020)》,指出"把促进公平作为国家基本教育政策,教育公平是社会公平的重要基础"。促进教育公平,进而实现社会公平,是今后教育事业的重大使命。学前教育为贫困和落后地区的幼儿提供公平的学前教育机会,有利于社会的稳定与和谐。

（五）通过影响学前儿童的思想观念而影响政治

任何一种教育总是要向受教育者宣传一定的政治思想,使他们形成特定社会所要求的政治观念和政治抱负。比如,封建社会的教育要培养封建制度的卫道士,资本主义社会的教育也竭力向受教育者灌输资本主义的意识,用以巩固资本主义的制度。民主是现代社会的政治理想,是作为专制的、集权的社会的对立面出现的。它的精神主旨是,每个人都享有平等参与国家管理和社会事务的权利和机会。教育作为启迪民智的手段,在推进政治民主化方面有特殊的作用。学前教育是教育的初始阶段,首先,它能够向儿童传递有关民主生活的知识和价值观。其次,通过教育民主化,使每个公民不分地区、民族、阶层、性别、信仰等,都享有平等的受教育的权利和机会——这本身就是政治民主化在教育领域的体现。最后,通过促进教育过程本身从专制、封闭或单向控制,走向民主、开放和自由,从而使学生在学前教育机构营造的民主氛围中耳濡目染,逐步形成参与社会生活的民主精神。

与此同时,学前教育教材是政治、经济、文化选择的结果,带有一定的政治色彩。教材作为主要的教育媒介,能够有效地向受教育者传输一定的政治、品德等价值观,进而对社会风尚、道德面貌或政治思潮产生影响。可见,学前教育可以通过传播思想、形成舆论,对社会政治直接产生影响。

三、学前教育对文化的促进

教育与文化之间有着天然的联系,它本身就是社会文化的重要载体,具有使文化延续和发展的重要作用。学前教育对文化的影响表现为:

（一）保存、传递和传播文化的功能

从纵向上来说,教育总是试图将过去社会积累的文化遗产传递给年轻一代,在促进年轻一代社会化的同时也实现了文化的传承和繁衍;从横向上来说,教育有助于促进文化在不同的社会空间和社会群体中流动和传播,这既可以发挥特定文化的辐射作用,同时又可以促进文化之间的交流和融合。

学前教育是教育的初始阶段,在文化的保存、传递和传播之中,学前教育将人类文化中的精华有选择地加以继承,保存现有的文化模式,并通过课程的形式向学前儿童提供现代社会的生活知识与技能、行为规范与价值观念,使我国的主流文化与价值观得到传承。此外,学前教育通过引导学前儿童对多元文化的体验与了解,直接促进不同地区或社会文化的传播。

（二）选择和丰富文化的功能

在学前教育中,学前教育机构的课程是传递社会文化的直接载体,但它所承载的并不是所有的社会文化遗产。因为社会本身是复杂的,既有文化的精华,又有文化的糟粕,既有丰富的、创生的元素,又有贫乏的、僵化的成分,所以,并不是所有的社会文化遗产都适合学前教育机构的课程体系;即便这些文化遗产都是积极的,也未必要将它们都纳入学前教育机构的课程体系。事实上,由于学前教育机构课程的容量限制,也不可能将它们"全盘吸收"。从这种意义上说,学前教育机构的课程必定是经过精心选择的社会文化。在选择的过程中,往往需要考虑两个方面:一是所选择的文化要符合特定国家或社会的需求;

二是所选择的文化要基于学生的发展需要。除了课程层面的文化选择之外，在教师层面也存在一定的文化选择空间。他们并不是简单地复制教材或教参上的内容，而是根据对自我的定位、对学生的认知、对课程的理解、对环境的感知，最终确定"教什么""怎么教"之类的问题，因此可以说，教师就是一个文化选择者。在做选择的同时，学前教育特定的教育内容与特定的教育方式又使文化在下一代身上得以再生，并不断丰富。

（三）更新和创造文化的功能

文化的传承与文化的更新是内在统一的：没有文化的传承，文化的更新就无从谈起；没有文化的更新，文化的传承就失去了意义。学前教育的文化更新和创造功能主要体现在三个方面：第一，学前教育的实践探索，学前教育课程、教材、玩具等的开发与运用，在一定程度上具有更新文化的功能。第二，学前教育本身也在不断生产新的知识或经验，学前教育科学研究工作者不断地发现与总结学前教育的新观点、新理论，直接创造新的文化，丰富了文化的积累。第三，更为重要的是，学前教育通过为人才的培养奠定基础，不断创造新的文化。

学前教育与文化无论是在形式上还是在内容上都存在着必然的、内在的联系。一般来讲，在处于相对稳定的社会中，社会的文化传统与学前教育大致保持着相对适应的状态。一方面，一定社会特有的文化传统，包括一定社会的政治指导思想、道德观念、价值取向、风俗习惯、思维方式等，蕴含在整个社会中，渗透于人们生活的各个方面，它强烈地制约着人们对幼儿的教育方式和教育内容。另一方面，这种特定的教育内容和教育方式，又使传统文化在下一代身上得以再生。学前教育在保存和传递文化、选择和丰富文化、创造和更新文化的同时，促进幼儿文化性发展。

拓展链接

《中共中央国务院关于学前教育深化改革规范发展的若干意见》

（节选）

学前教育是终身学习的开端，是国民教育体系的重要组成部分，是重要的社会公益事业。办好学前教育、实现幼有所育，是党的十九大作出的重大决策部署，是党和政府为老百姓办实事的重大民生工程，关系亿万儿童健康成长，关系社会和谐稳定，关系党和国家事业未来。

到2020年，全国学前三年毛入园率达到85%，普惠性幼儿园覆盖率（公办园和普惠性民办园在园幼儿占比）达到80%。广覆盖、保基本、有质量的学前教育公共服务体系基本建成，学前教育管理体制、办园体制和政策保障体系基本完善。投入水平显著提高，成本分担机制普遍建立。幼儿园办园行为普遍规范，保教质量明显提升。不同区域、不同类型城市分类解决学前教育发展问题，大型、特大型城市率先实现发展目标。

到 2020 年,基本形成以本专科为主体的幼儿园教师培养体系,本专科学前教育专业毕业生规模达到 20 万人以上;建立幼儿园教师专业成长机制,健全培训课程标准,分层分类培训 150 万名左右幼儿园园长、教师;建立普通高等学校学前教育专业质量认证和保障体系,幼儿园教师队伍综合素质和科学保教能力得到整体提升,幼儿园教师社会地位、待遇保障进一步提高,职业吸引力明显增强。

到 2035 年,全面普及学前三年教育,建成覆盖城乡、布局合理的学前教育公共服务体系,形成完善的学前教育管理体制、办园体制和政策保障体系,为幼儿提供更加充裕、更加普惠、更加优质的学前教育。

扫码阅读全文

本章结构

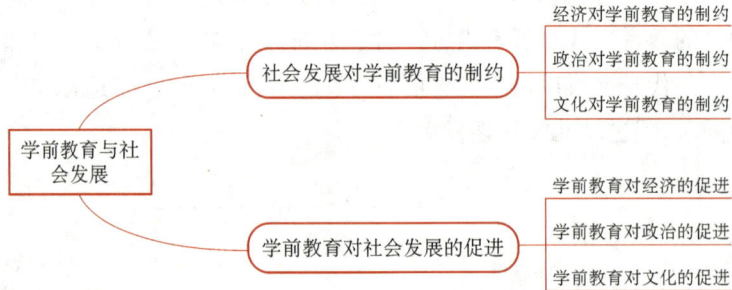

回顾与思考

1. 简述经济与学前教育的关系。
2. 简述政治与学前教育的关系。
3. 简述文化与学前教育的关系。

实践与训练

利用寒、暑假及课余时间,通过观察、访谈等形式,了解当地学前教育的形式,了解幼儿园的环境、课程内容、教师薪资等,初步感知一个地区学前教育的现状与新的发展,尝试分析学前教育与社会的关系。

第三章 学前教育与儿童

 **学习目标**

1. 了解儿童发展的含义、特征以及影响因素。
2. 了解儿童观的内涵、形态和结构,以及儿童观的演变过程。
3. 理解学前教育与儿童发展的关系,能分析学前教育在儿童发展中的作用。
4. 产生热爱儿童的情感,树立正确的儿童观。

真题参考答案

问题情境

1978年,75名诺贝尔奖获得者聚会巴黎,有人问其中一位诺贝尔奖获得者:"您在哪所大学、哪个实验室学到了您认为一生当中最重要的东西?"这位白发苍苍的学者答道:"幼儿园。""在幼儿园您学到了什么呢?"学者答道:"把自己的东西分一半给小伙伴们,不是自己的东西不要拿,东西要摆放整齐,吃饭前要洗手,做错了事要表示歉意,午饭后要休息,要仔细观察周围的大自然。从根本上说,我学的全部东西就是这些。"

幼儿园教育为何如此重要,儿童发展受哪些因素影响呢?

第一节 儿童发展概述

一、儿童发展的含义和特征

(一)儿童发展的含义

儿童的发展,指儿童在成长的过程中,身体和心理方面有规律地进行量变与质变的过程。其中,身体的发展是指儿童机体的正常生长和发育(包括形态的增长和功能的成熟);心理的发展是指儿童的认识过程、情感、意志和个性的发展。对学前儿童来说,其身体的发展与心理的发展是密切相连的,儿童年龄

微课5

儿童发展概述

越小,其身体发展和心理发展之间的相互影响也就越大。

(二) 儿童发展的特征

儿童发展的规律性,就是在儿童随其年龄增长、身体和心理变化中普遍存在的特点。概括而言,儿童发展表现出如下五种特点:

1. 顺序性

在儿童的发展过程中,其身体的发展和心理的发展,都表现出一种稳定的顺序。例如,儿童身体发展方面,就整体结构而言,其顺序是头部首先得到发展,而后是躯干和四肢的发展,这也是为什么孩子越小,其头部在身高中比例越大的原因。在骨骼与肌肉的协调发展中,首先得到发展的是大骨骼与大肌肉,而后才是小骨骼与小肌肉群的发展与协调。所以,儿童行动能力的发展中,先是翻身、坐、站、走和跑,然后才有可能发展写字、绘画等精细动作。儿童的认知和思维能力的发展,遵循着先具体后抽象的顺序。在儿童身心发展过程中,这种顺序是固定不变的。先前的发展变化,又是其后发展和变化的基础,顺序性这一特点,使儿童身心发展成为一种连续的、不可逆转的过程。

2. 不平衡性

不平衡性是指在连续不断的发展过程中,儿童身心发展的速度并不是完全与时间一致的匀速运动,在不同的年龄段,其发展的速度和水平是有明显差异的。一般认为,新生儿期(出生第一年)与青春期(13~16岁)是儿童身心发展的两个高速发展阶段。不平衡性也体现在儿童发展过程中,身体和心理发展并不完全协调、统一的现象。就儿童发展的整体而言,生理成熟是先于心理成熟的。十几岁的孩子就其身体发育来看,已经很接近成人的水平了,而其心理的成熟程度,却要比成人低得多。但就某个具体方面而言,也有可能出现心理能力不受生理成熟条件控制的情况。例如,3~5岁的儿童的语言掌握能力和记忆能力,往往优于成年人的水平。

3. 阶段性

儿童发展的阶段性是指在儿童发展的连续过程中,不同年龄阶段会表现出某些稳定的、共同的典型特点。这些特点无论从表现方式、发展速度,还是发展结构等方面,与其他阶段相比较,都会具有相当不同的特征。这种情况,又被称之为儿童发展的年龄特征。例如,在学龄前的幼儿阶段,儿童认识事物的能力主要是易于形成与实物相对应的、单个的概念。而到了儿童时期,儿童的认识能力已发展到了可以了解和掌握事物间联系的程度,但是这种联系的建立,在一定程度上还要依赖于具体事物的帮助。到了青年时期,人的认识能力才开始以抽象概念为基础,逻辑思维成为认识能力的根本性特点。

4. 个别差异性

发展的个别差异性是指在儿童发展具有整体共同特征的前提下,每一个个体儿童的身心发展,在表现形式、内容和水平方面,都会有自己的独特之处,这种个体发展的差异性,来源于个体遗传素质和生活环境的差别。例如,同年龄的儿童,在身高方面有明显的高矮之分;同年龄的儿童,也会由于他们各自神经过程灵活性的差别,在学习中表现出注意力的持久性、知觉的广度方面的差异。儿童发展过程中表现出的个别差异性,虽然在一定程度上受到生物因素的影响,但更多的还是来自环境和教育的差别。而且环境和教育的影响,还能对遗传起到一定的弥补作用。俗话所说的"勤能补拙",就是对二者关系的一种经验总结。这一规律也是实行因材施教、长善救失教育原则的基础。

5. 分化与互补的协调性

儿童的各种生理和心理能力的发展、成熟,虽然依赖于明确分化的生理机能的作用,但在总体发展水平方面,却又表现出一定的机能互补性特点,以协调人的各种能力,使其尽可能地适应自己的生活环境。这种协调性,是具有生理缺陷的儿童发展的重要保障,使这些儿童不至于因某种生理机能的缺陷,而严重地阻碍其整体发展水平的实现。这一规律,也是对残疾儿童进行教育的重要依据。例如,对于听力障碍的儿童,可以通过发展其对人讲话时口型变化的精细感知能力,来与对方沟通。

以上五条特点,从总体上概括出了儿童身心发展过程中的本质性的表现。从中我们还可以发现这些规律所反映出的一些更为深刻的内容,即儿童的生理成熟先于其心理的成熟;每一年龄阶段儿童发展水平、特点的充分实现,将有助于其后的发展,否则,下一阶段的发展将会受到一定阻碍;儿童的身心发展,归根结底是儿童个体的发展,尊重和顺应儿童个体发展的差异性,是促进儿童整体发展水平的根本道路。

真题链接

1. 教师要根据幼儿园的个体差异进行教育,不属于幼儿个体差异的是( )。(2016年下半年)
   A. 某幼儿往常吃饭很慢,今天为了得到教师的表扬,吃得很快
   B. 有的幼儿吃饭快,有的幼儿吃饭慢
   C. 某幼儿动手能力很强,但语言能力弱于同龄儿童
   D. 男孩通常比女孩表现出更多的身体攻击性行为

2. 为什么不能把《3—6岁儿童学习与发展指南》作为一把"尺子"来衡量所有的幼儿?请说明理由。(2015年上半年)

▶ 答案及解析见本章首页二维码

二、儿童发展的影响因素

影响儿童发展的因素是多种多样的,这些因素之间又相互影响、相互制约。

(一) 遗传和生理成熟

遗传是一种生理现象,是指双亲的身体结构和功能的各种特征通过遗传基因传递给下一代的现象。遗传的生物特征,或称遗传素质,主要是指那些与生俱来的有机体的构造、形态、感官和神经系统等方面的解剖生理特征。生理成熟是指机体生长发育的程度或水平,也称为生理发展。遗传和生理成熟是心理发展的物质前提和基础,主要体现在三个方面:

1. 遗传是心理发展的物质前提

遗传素质为幼儿的身心发展提供了可能性，比如，健全的四肢是动作技能发展的前提，完善的发音器官是口语发展的前提，发育良好的大脑和神经系统是智慧发展的前提。先天失明的幼儿不能发展视力，先天聋哑的幼儿不能发展听觉和口语，无脑畸形儿不能产生任何心理活动。由此可见，没有正常人的遗传素质，就没有正常人的心理，遗传是儿童心理发展的物质前提。

2. 遗传素质的个别差异为儿童发展的个别差异提供了最初的可能性

正常的儿童都具有人类的遗传素质，但由于不同的个体在高级神经活动类型、感受器官的结构和机能上的遗传素质存在差异，使有的幼儿易于发展成为一个安静的人，有的易于发展成为一个活泼好动的人，有的易于发展成为一个有才能的音乐家，有的则易于发展成为一个优秀的体育运动员。

3. 生理成熟在一定程度上制约心理发展

如果在某种生理结构和机能达到一定成熟程度时，适时地给予适当的刺激，就会使相应的心理活动有效地出现或发展。如果机体尚未成熟，那么，即使给予某种刺激，也难以取得预期的结果。格赛尔的双生子爬梯实验，提出准备的主要因素是成熟，个体发展的基本形式和顺序由神经系统的成熟来决定，过早的训练只能带来一时的效果，而真正的学习效果要在成熟之后才能出现。

> **真题链接**
>
> 生活在不同环境中的同卵双胞胎的智商测试分数很接近，这说明（　　）。（2017年上半年）
>
> A. 遗传和后天环境对儿童的影响是平行的
>
> B. 后天环境对智商的影响较大
>
> C. 遗传对智商的影响较大
>
> D. 遗传和后天环境对智商的影响相对
>
> ▶ 答案及解析见本章首页二维码

(二) 环境和教育

环境是指个体体外一切能影响其身心发展的因素，有自然环境和社会环境两种，自然环境提供个体生存所需要的物质条件，如空气、阳光、水分、养料等。社会环境指社会生活条件，如社会的生产发展水平、社会制度、家庭状况、社会气氛、受教育状况等。这里所讲的环境主要指社会生活条件和教育的作用。人类心理发展与动物心理发展有本质不同，动物发展主要依靠本能、成熟和直接经验，而人类发展主要依靠学习、文化传递，依靠教育。人类个体既是一个自然实体，也是一个社会实体。在遗传和生理成熟所提供的可能范围内，环境对个体心理发展的实际水平起决定作用。具体表现在：

1. 环境使遗传所提供的心理发展的可能性变为现实

尽管遗传提供了心理发展的可能性，但如果不生活在社会环境里，这种可能性也不会变成现实。野兽抚养大的孩子虽然具有人类的遗传素质，却不具备人类的正常心理。如印度狼孩卡玛拉和阿玛拉就是典型的例子，他们不会直立行走，不能学会说话，没有人类的动作和情感。由此可见，剥夺儿童生活的社会环境，其心理难以正常发展。

2. 环境制约个体心理发展的水平和方向

从宏观上来看，社会生产的发展水平影响国民经济生活，影响科学文化和教育水平，从而影响个体心理的发展水平。现代儿童生活环境的多样化和复杂化是前辈在儿时望尘莫及的。社会生产越发达，需要掌握的知识越多，教育对个体心理发展的促进作用越明显。

> **真题链接**
>
> "孟母三迁"的故事说明，影响人的成长的重要因素是（　　）。（2012年下半年）
> A. 环境　　　　　　B. 邻居　　　　　　C. 母亲　　　　　　D. 成熟
>
> ➤ 答案及解析见本章首页二维码

(三) 个体的主观能动性

学前儿童的发展除了受到遗传和生理成熟、环境和教育的影响和制约以外，个体主观能动性也是不可或缺的重要影响因素。主观能动性也称"自觉能动性"，它是指人的主观意识和实践活动对于客观世界的能动作用。主观能动性有两方面的含义：一是人们能动地认识客观世界；二是在认识的指导下能动地改造客观世界。

1. 主观能动性是学前儿童发展的内因

学前儿童不是消极、被动地接受外部环境的影响，而是通过自身的活动去积极、能动地反映外部环境的。在同样的环境和教育条件下，有的学前儿童积极地从环境中去学习，而有的却对环境中的事物毫无兴趣。

2. 主观能动性是学前儿童发展的动力

外部环境的客观要求转化为学前儿童自身的需要，才能发挥环境和教育的影响；学前儿童身心发展的特点、广度和深度，主要取决于其自身的主观能动性的高低；在学前儿童的发展过程中，不仅能反映客观环境，而且也能改造客观环境以促进自身的发展。

3. 主观能动性是通过学前儿童的活动表现出来的

离开人的活动，遗传素质、环境和教育所赋予的一切发展条件，都不可能使人的发展成为现实。所以，从个人发展的各种可能变为现实这一意义上说，人的身心发展是通过活动来实现的，个体的活动是其发展的决定性因素。

第二节　学前教育与儿童发展

学前教育与儿童发展是一个相互作用、相互制约的复杂过程。在学前教育与学前儿童身心发展的关系中,一方面要看到学前教育在学前儿童身心发展中所起的作用,另一方面,还要看到学前教育受到学前儿童身心发展的客观规律的制约。

一、学前教育影响儿童发展

学前教育机构是专门教育学前儿童的地方,它把客观环境因素经过选择和提炼,有目的、有计划、有系统地影响学前儿童。

(一)学前教育促进儿童身心发展

1. 学前教育促进学前儿童生理的发育与成熟

学前儿童机体器官的正常发育和成熟是机体器官和系统在形态、结构上由不完整到完整,机能由简单到复杂的变化过程。现代的生理学、心理学、社会学、人类学等学科的研究证明,学前教育对学前儿童个体的成长具有重大作用。如印度发现的狼孩,她们上肢较长,耳朵能动,下巴比正常人的长,下颚关节有弹性,嘴很大,牙齿锋利,眼睛敏锐,嗅觉发达,还能发出狼叫声,生活经验已使她们的身体特征更接近狼的生理结构特征。而在人类环境中成长的学前儿童,通过接受教育提供丰富和适当的刺激,其生理的发展与成熟程度不断提高。

2. 学前教育提升儿童心理发展的水平和质量

(1)学前教育促进儿童认知能力发展

学前期是人的认知发展最为迅速、最重要的时期,在人一生认识能力的发展中具有十分重要的奠基性作用。研究表明,学前儿童具有巨大的学习潜力,比如,婴儿在 3 个月时便能进行多种学习活动;1 岁婴儿能学会辨认物体的数量、大小、形状、颜色和方位;幼儿具有很强的模仿力、想象力和创造力。人类的幼体具有发展"人"的各种能力的潜在可能性,但这种可能性还需要后天环境和教育的诱发与催生。否则,就有可能永远丧失这种能力。已有研究证明,早期教育对于学前儿童的认知发展具有重要影响。单调、贫乏的环境刺激和适宜的学前教育的缺乏,会造成儿童认知方面的落后,而为学前儿童提供丰富的感性经验并给予积极的引导、帮助和教育,则能够促进其认知的发展。美国著名的学前教育方案"开端计划(Head Start Program)"的研究表明,早期良好的学前教育能使接受学前教育计划的社会处境不利儿童和非处境不利儿童比未接受的儿童在"在认知、语言和思维操作等各方面能力发展得更好",并且"对这些儿童的认知、学习发展产生一直持续到其成年期的长期的、积极的影响"。另一方面,学前教育的质量还直接关系到学前儿童能否形成正确的学习态度、良好的学习习惯和强烈的学习动机,从而对个体的认知发展和终身学习产生重大影响。

(2)学前教育提升儿童的社会性和人格品质

社会性、人格品质是个体素质的核心组成部分,它是通过社会化的过程逐步形成与发展的。学前期是个体社会化的起始阶段和关键时期,在后天环境与教育的影响下,在与周围人的相互作用的过程中,学前儿童逐渐形成和发展着最初,也是最基本的对人、事、物的情感、态度,奠定着行为、性格、人格的基础。研究和事实均表明,6 岁前是人的行为习惯、情感、态度、性格雏形等基本形成的时期,这一时期儿童的发展状况具有持续性影响,其影响并决定着儿童日后社会性、人格的发展方向、性质和水平。高质量的学前教育对于学前儿童社会性、人格的发展具有积极的促进作用。"发展适宜性教育实践"表明,学前期适宜的社会性教育能够有力地促进学前儿童社会性和人格品质的发展,接受了适宜社会性教育的学前儿童各方面发展水平都要显著高于没有接受过这一教育方案的儿童。

(二) 学前教育能对特殊儿童实施纠偏和补偿

托幼机构还可以对缺陷儿进行矫治和特殊教育,如听力训练、视力训练、盲文哑语教育、智力恢复教育等。学前期是身心发展最快的时期,因而教育效果也最好,国内外许多早期特殊教育的结果均证明了这一点,如蒙台梭利对早期智力落后的幼儿进行训练,使他们的智力得到了较大程度的恢复。

二、学前教育受儿童发展的制约

(一) 学前教育必须考虑儿童身心发展水平

学前教育目标的制定、教育的内容和形式的选择都要受学前儿童身心发展水平的影响。如智育方面,0~1岁的婴儿处于前言语思维水平,即婴儿的思维与手的抓握及摆弄物体的动作分不开。这一时期的教育主要是给其色彩鲜艳、能发出声音和有吸引力的玩具,以刺激孩子玩弄和感知。1~3岁的婴幼儿正处于直觉行动思维阶段,这时的教育重在发展婴幼儿的基本动作,让其边活动边学习。3~6岁的幼儿正处于具体形象思维阶段,这时的教育就要注意丰富幼儿的表象,让幼儿在大量感知活动的基础上把握事物的本质特征,并形成初级概念。

早教机构的教育内容只能以幼儿的生活为中心,教育方法也主要是在生活中随机教育。而幼儿园的孩子生活范围扩大了,其知识面较之托儿所也更加广一些,教育方法也较多地采用游戏和操作活动的方法。

(二) 学前教育必须考虑儿童发展的关键期

习性学家康纳德·洛伦兹发现了"印刻"这一现象,并从中推断出发展的关键期的概念。所谓关键期,是指在个体发育中的某个时期,对某种类型的环境影响特别敏感,而且该种类型的环境影响会对这一时期发展的方向及进程发挥重大作用。发展心理学家将动物的关键期概念引入儿童学习行为的研究领域,认为儿童心理的发展同样存在关键期。在幼儿心理发展中,关键期又称敏感期,是指幼儿在某个时期最容易学习某种知识技能或形成某种心理特征,但是过了这个时期,再形成相关的知识技能或心理特征就比较困难。因此,教育应当抓住儿童发展的关键期,根据每个孩子的身体状况、心理水平、兴趣爱好,有的放矢地选择教育内容与教育方式,施以及时的教育。

(三) 学前教育必须考虑儿童的个体差异

不同的个体具有不同的成长节律,每一个学前儿童都是独一无二的,他们的心理发展所面临的问题也是千差万别的。在同一方面,每个学前儿童的身心发展水平和速度不相同,如有的学前儿童口语发展较早,而有的学前儿童口语发展相对迟缓;不同学前儿童的身心素质发展也不一样,如有的音乐素质高,有的科学素质强,而有的身体条件好;每个学前儿童的情感、意志和个性也相异,如有的脾气温和、性格文静、感情内向,而有的脾气暴躁、性格开朗、感情外向。《3—6岁儿童学习与发展指南》中指出,要充分理解和尊重幼儿发展进程中的个别差异,支持和引导他们从原有水平向更高水平发展,按照自身的速度和方式到达《指南》所呈现的发展"阶梯",切忌用一把"尺子"衡量所有幼儿。

第三节 儿童观及其演变

一、儿童观的内涵和形态

儿童观是人们对儿童总的看法,是成人如何看待和对待儿童的观点的总和,涉及儿童的权利与地位、生长特点、发展的形式和成因、儿童期的意义以及教育和儿童发展之间的关系等问题。儿童观是人们对儿童的根本看法和态度。儿童观是教育观的基础,也是影响教师观的重要因素。有什么样的儿童观就有什么样的教育观和教师观:把儿童当成知识的接收器,那么,教师就是知识的灌输者,教育过程就是知识的接受过程;把儿童看成主动的探索者,那么,教师就是儿童学习的引路人,教育过程就是在教师引导下幼儿主动探索的过程。正确看待儿童,树立科学的儿童观是做好教育工作的基础,也是做一名合格幼儿园教师的前提。

微课6
儿童观及其演变

二、儿童观的结构

儿童观作为一种指向儿童的观念,有其内在的结构和内容,对儿童观结构的分析,是从整体上把握儿童观的重要步骤,主要从三个方面去分析和理解。

(一)自然层面——儿童是自然的存在

儿童观结构的自然层面主要指儿童是自然的存在,儿童是自然进化的结果,是种族进化的结果,因而我们可以称儿童是自然之子。

法国著名的教育家卢梭,倡导尊重自然人,捍卫自然人,培养自然人。在其代表作《爱弥儿》开篇中说:"出自造物主之手的东西都是好的,到了人那里就变坏了。"有人说他太悲观,其实并不然,他的《爱弥儿》就是要告诉人们,一个自然人——儿童,是在怎样的教育条件下怎样茁壮成长而又未受到文化污染的。儿童作为自然之子,保存着与群山、田野、万物交流与鸟儿对话的能力。儿童与大自然一样的纯朴,儿童是大自然的宠儿,儿童可以与大自然水乳交融。儿童与生俱来地拥有一种亲自然性、亲生命性。

(二)社会层面——儿童是社会的存在

儿童观的社会层面是指儿童是社会的存在,因为儿童的存在才使社会的延续成为可能。儿童是前一个社会和将来社会的连接点,儿童是自然进化的产物,更是社会进化、文化传承的产物,这正是人区别于动物的根本特征,也是为什么称儿童是历史之子的原因。

前人总是要把整个人类历史积累下来的生产生活知识和文化文明知识传承给人类未来的希望——儿童,儿童在掌握的基础上更新创造才能使人类不断地进步。

(三) 精神层面——儿童是精神的存在

儿童作为正在成长发展中的个体,支撑其躯体、协调其行为的是其丰富的精神世界,这个世界是个神奇的世界,需要我们去认识和了解,只有了解了儿童丰富的内心世界,才能切实地尊重作为精神存在的儿童。儿童虽然初涉人世,却有丰富的情感;儿童虽然时常表现其稚嫩和脆弱,却有独立的人格,并正在形成自己的个性;儿童经常处于被照料的状态,却有其自己的需要和愿望,尤其不能忽略的是儿童需要尊重、需要公平、需要精神抚慰。幸福对于儿童来说,在于使儿童的天性得到张扬、得到发挥,在于儿童尽情的玩耍之中,教育在多大程度上是人性的,也就决定了能在多大程度上走进儿童的世界,教育必须首先承认儿童是精神的存在,这是教育取得成功的先决条件。

三、关于儿童的地位与权益

在儿童观发展的历史长河中,有两种出发点截然不同的儿童地位与权益观,即国家本位的儿童观和人本位的儿童观,不同的儿童地位与权益观决定了教育的不同性质。

(一) 国家本位的儿童观

儿童能使人类社会得以延续和发展,人类早就认识到儿童的作用。我国古代就有"慈幼"的思想,还有"慈幼"的具体礼仪、习俗。但这并不意味着儿童得到了真正的重视,而是把儿童看作是国家财富和未来的劳动者与兵源,其出发点在于国家利益,儿童并没有作为独立的个体而受到充分的重视与尊重。古代斯巴达人为了战争的需要挑选强壮的婴儿,在孩子一生下来便放到冰水中浸泡,孩子能经受住这番磨难才能取得生存的资格。

这种国家本位的儿童观,把儿童受教育看作是成人的赐予或"国"和"家"利益的需要,让儿童受教育的唯一目的,是造就出符合成人或成人社会所期望的某种类型的人。成人在教育过程中享有绝对的权威和尊严,教育权益成为统治阶级的标志。为了满足父母"望子成龙""光宗耀祖"的心愿,人们把教育变成强制活动,学习成为苦役。

(二) 人本位的儿童观

在西方,人是神的奴仆,神权高于一切。儿童被视作"有罪的羔羊",生来就带有"原罪"。教育的职能就是使这些天生的罪人不再变得更加邪恶,尽早开始赎罪。文艺复兴运动给人本位的儿童观开辟了生存土壤。文艺复兴运动倡导新的人类观,要求人们热爱儿童、珍视儿童、尊重儿童,这种人类观使儿童从传统社会的从属关系中解放出来。然而,这一时期的儿童观,是从理想的人的形象中推导出来的,并未否定儿童对父母的隶属关系,也没有把儿童本身看作是有个性价值的个体存在。法国大革命"天赋人权,人人生而平等"口号的提出,尤其是卢梭对"儿童的发现",从根本上扭转了过去用成人社会的要求对待儿童的传统,第一次把儿童从社会偏见和双亲的束缚下解放出来,作为一个人来对待。卢梭认为,儿童本身具有不可转让的价值,真正的教育就应当适应儿童的自然本性,使其得到发展。卢梭的《爱弥儿》一书被看作一部儿童权利宣言。

在大力弘扬科学和人文精神的今天,国际社会、各国政府为了保护儿童的权益做出了很大的努力,1989年联合国大会一致通过了《儿童权利公约》(以下简称《公约》),为儿童的保护和福祉订立了一套全面的国际法律准则。这一《公约》要求保护儿童免遭忽视、虐待和剥削,肯定儿童具有基本人权,包括生命、发展和充分参与社会、文化生活以及他们个人成长与福利所必需的其他活动的权利。1990年9月30日,联合国在纽约召开了世界儿童问题首脑会议,提出了90年代的新道德观——一切为了儿童,确认在儿童问题上的进步应成为国家全面发展的一个主要目标。

> **真题链接**
>
> 1. 最早提出"以儿童的最大利益为首考虑"的这一原则文件是(　　)。(2016年下半年)
>   A. 适合儿童生长的世界　　B. 3—6岁儿童学习与发展指南
>   C. 未成年人保护法　　　　D. 儿童权利公约
> 2. 养儿防老,光宗耀祖,传宗接代等所体现的观念属于(　　)。
>   A. 工具主义儿童观　　　　B. 科学主义儿童观
>   C. 自然主义儿童观　　　　D. 人文主义儿童观
>
> ➤ 答案及解析见本章首页二维码

四、儿童观的演变

(一) 传统的儿童观

1. 儿童是小大人

持有这种观点的人认为,儿童是"缩小"的大人,儿童是小大人,儿童和大人没有什么区别,即使有的话,那也只是身高和体重的不同而已。在古代,经济的发展特别缓慢,因此人们期望儿童能够早日加入成人的行列,能够同成人一样独立地劳作。所以人们总是用成人的标准要求儿童,而儿童自身的特点和意义都被忽略掉了。

2. 儿童是白板

"白板"是空白的板或擦过的黑板。持有这种观点的人认为,儿童刚生下来的时候,其心灵就像一块白板,成人可以将其任意塑造成各种各样的东西;就像是一张白纸,洁白无瑕,成人可以在上面画最新最美的图画;就像是一个空容器,成人可以任意填塞,把各种知识经验灌输进去,而不考虑儿童的需要。儿童的发展仅仅是周围环境的作用,是消极被动地接受外界刺激的结果,完全忽视了儿童的主观能动性。

3. 儿童是"有罪的"

持有这种观点的人认为,儿童一生下来,就充满罪恶,是有罪的"羔羊",卑贱无知,成人应该对他们严加管束、约制,使儿童能不断地进行赎罪。儿童体内的各种"毒素",是儿童犯罪的根源,容易导致儿童的错误行为,而严酷的纪律则会减轻,甚至消除儿童的这种行为。可以责骂、鞭打儿童,对儿童施行体罚也是应该的。儿童承受了各种肉体的、精神的折磨,遭受成人的轻视,任何带有创新乃至尝试意识的行为都会受到指责,人格被严重摧残。

4. 儿童是"花草树木"

文艺复兴运动对人权的倡导,使人们从全新的角度来审视儿童,在儿童观上有了一个大的飞跃,开始把儿童看作一个有独立存在价值的实体,儿童有自己的权利、思想、情感、需要。提出不用成人的标准去对待儿童,儿童应该像个"儿童",要倍加珍惜童年的生活。尊重儿童纯洁美好、独立平等的自然本性。儿童的生长发展是按自然法则运行的,教育者的作用就像是"园丁",活动室就像是儿童逐步成熟的"花园",每个儿童的成熟都有内部的时间表,在恰当的时间学习特别的任务,而不能强迫儿童去学习。

5. 儿童是"私有财产"

持有这种观点的人认为,儿童是父母婚姻的结晶,产生于母体,归父母所有,是父母的隶属品。父母可以左右儿童的命运,控制儿童的生活,决定儿童的一切事情,要求儿童学习许多并不感兴趣的课程,把儿童培养成为他们认为的最理想的人,压服儿童,让儿童唯命是从。儿童特别是男童被认为是家庭的希望、传宗接代的工具,开始重视儿童、关心儿童,但儿童仍然被视为家庭和家族的附属品,父母的私有财产,没有独立自主的人格和地位,与其抚养人之间的关系只是一种依附关系。例如,"老子打儿子"被认为是天经地义的,是家庭的私事,别人无权干涉。

6. 儿童是"未来的资源"

持有这种观点的人认为,儿童是国家最宝贵的财富,是国家潜力最大的资源,是未来的兵源和劳动力。对儿童进行教育,就是对未来进行最有价值的投资,这种投资,利国利民,多投资,才能高产出。

7. 儿童是"有能力的主体"

人类的童年期长于动物的童年期,这为儿童以后的发展奠定了良好的基础。儿童在体力、智力、情感、社会性、道德等许多方面都不同于成人,他们是正在发展中的人。不能因为儿童弱小、需要保护,就轻视他们,使他们被动发展。儿童是有能力的、积极主动的权利主体,应有主动发展自己潜能的机会。在出生、成长、发育的过程中,成为自主的行动者,能表达自己的主张和意见,充分行使自己的权利。

(二)科学儿童观的内涵

科学儿童观是指那些符合儿童本质的认识观点,由于认识总是发展的,因此,科学儿童观有一定相对性。在当代,科学儿童观的内涵应包括以下内容:

1. 儿童是人

儿童作为人,具有和成人一样的人格和尊严、一样丰富的精神世界、一样的差异性。儿童稚嫩、不成熟,这恰恰代表着人类发展的轨迹以及学习和发展的可能性。

2. 儿童是发展中的人

儿童不同于成人,正处于发展之中。一方面,儿童的身心是稚嫩的,各方面尚不完善,需要科学、合理的照顾和保护。成人在教育儿童时,必须尊重儿童发展规律,不能把他们看成是微缩的成人。另一方面,儿童有巨大的发展潜能和被塑造与自我塑造的潜力,有自己

独特的认知方式和成长特点。因此,成人不能把自己的意愿强加给儿童,只能创设激发儿童兴趣的活动情景,尊重儿童的感受,尊重儿童的选择,鼓励儿童的创造,引导儿童主动发展。

3. 儿童是权利的主体

儿童与成人彼此平等、具有相同的价值,法律赋予了儿童基本的权利。1989年联合国大会一致通过了《儿童权利公约》(以下简称《公约》),《公约》是在儿童权利的保护方面迄今为止内容最丰富、最全面、最为国际社会广泛认可的国际法之一,它赋予了所有儿童各种权利,如受教育权、健康权、受父母照料权、娱乐权、闲暇权、隐私权、表达权等。这些权利概括起来主要包括四个方面:

(1) 无歧视。每一个儿童都平等地享有《公约》所规定的全部权利,不因其本人及其父母的种族、肤色、性别、语言、宗教、政治观点、民族、财产状况和身体状况等受到任何歧视。

(2) 儿童的最大利益。涉及儿童的一切行为,必须首先考虑儿童的最大利益。

(3) 确保儿童的生命权、生存权和发展权的完整。所有儿童都享有生存和发展的权利(两者完整兼具),应最大限度地确保儿童的生存和发展。

(4) 尊重儿童的意见。任何事情涉及儿童,均应听取儿童的意见。

4. 儿童期有自身的价值

儿童期不只是为成人期做准备,它自身还有不可替代的价值。儿童最终要长大成人,而成人是经由儿童期、经过儿童的努力创造出来的。"儿童是成人之父",催促儿童尽快成熟、缩短儿童期是对儿童期自身价值的否定。

传统的儿童观都是以成人为主体,以成人的视角来认识儿童,无形中把儿童看作被动的、被人塑造和引导的,其实孩子也是主动的,他们也在改变着成人世界;传统的儿童观认为孩子是成长中的人,是尚未成熟的,是依赖于成人的,潜意识中忽视了孩子人格的完整和独立。但成长中的孩子,也是世界上活生生的一个人,他们和成人一样都是社会中的一个独立存在。所以,我们需要以儿童为主体的儿童观。只有这样,我们的认识才是来自对他们的理解,才能避免我们的成见一次次碰壁,才能更好地和孩子一起互动,一起成长。

真题链接

教师和幼儿是否建立良好关系,关键在于教师能否正确地看待幼儿,即( )。(2012年下半年)

A. 是否树立了正确的儿童观　　B. 是否树立了正确的师生观

C. 是否树立了正确的教学理念　　D. 是否树立了正确的知识观

▶ 答案及解析见本章首页二维码

巴学园里,锡坤一个人来到蒙氏工作室,大李老师悄悄跟在后面。锡坤把白色小珠子

洒了一些在地上,回头看看,发现大李老师没有阻止,就将白色珠子全洒在地上并不断在白色珠子上面奔跑。珠子在地上"蹦蹦跳跳",发出清脆的响声。锡坤开心地满场跑。

处于敏感期的锡坤通过感官探索认识世界,案例中大李老师尊重儿童发展需求,给予儿童充分的自由发展空间,让儿童用自己的方式去成长。

拓展链接

《儿童权利公约》(儿童版)发布啦

联合国《儿童权利公约》是一部重要的国际公约。所有签署《公约》的国家都承诺要保护儿童的权利。

《儿童权利公约》解释了谁是儿童,他们有哪些权利,各国政府有哪些责任。儿童的每一项权利都是相互关联的,都同等重要,不能被剥夺。现在,《儿童权利公约》(儿童版)已经发布了,赶紧来扫码关注一下吧!

《儿童权利公约》(儿童版)

本章结构

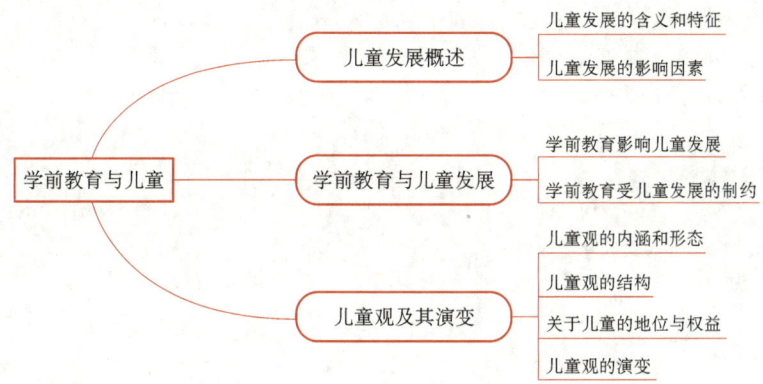

回顾与思考

1. 简述发展的含义及学前儿童发展的规律。
2. 简述影响学前儿童发展的因素,并举例说明这些因素如何影响学前儿童发展。
3. 简述学前教育对儿童发展的作用。

4. 简述儿童观的内涵、形态和结构。
5. 简述儿童观的演变过程。
6. 理论联系实际说明正确的儿童观是什么。

实践与训练

1. 随机走访幼儿家长和幼儿教师,了解他们对待儿童的观念和做法。
2. 选择一个年龄班儿童进行观察,写一份儿童发展报告,分析影响孩子成长的各种因素以及幼儿园教育的作用。

第四章 幼儿园教育概述

真题参考答案

1. 了解我国教育目的,理解我国教育目的与幼儿园教育目标之间的关系。
2. 理解我国幼儿园教育的任务和幼儿教育的特点。
3. 能结合幼儿教育的基本原则对教育实践中的问题进行分析。

问题情境

目前,由于升学压力和就业竞争的现实矛盾,学校教育陷入应试教育的模式中,而这种竞争也影响到学前教育阶段,如社会上风行的"零岁方案""神童方案"等。一些家长和幼教机构难以摆脱这种短视的做法,表现为重知识灌输轻能力培养、重智力培养轻人格因素培养等错误倾向。一些幼儿园迫于家长压力或经济利益的驱动,也办起了各式各样的兴趣班、特长班。

幼儿园教育的目的、任务是什么?幼儿园教育有什么样的特点和原则呢?

第一节 幼儿园教育目标

一、教育目的

(一) 教育目的的含义

教育目的是总的培养目标,它规定了把受教育者培养成什么规格的人,规定了受教育者的明确的发展方向和预定的发展结果。它集中地反映了一定社会对年轻一代的要求,关系到把受教育者培养成什么样人的根本问题,教育目的在整个教育工作中居于重要地位,它是教育工作的出发点和归宿。教育目的从形态上是一种观念,实质上是教育实践经验的总结,它揭示了教

微课 7

幼儿园教育目标

育在受教育者的身上可能产生的普遍结果。

教育目的对教育实践活动的作用表现在两个方面：第一，教育目的规定了教育的方向，指导和支配整个教育过程，决定教育制度的建立，并制约教育任务的设定、教育内容的确定以及教育方法的选择。第二，教育目的指出了教育对象的明确发展方向和预定的教育结果，对教育对象的发展实行某种教育控制，使受教育者的发展能适应社会的要求，成为社会所需要的合格人才。因此，教育目的可以保证教育者有方向、有组织、有计划地达到预期的教育效果，完成预定的教育任务。

（二）我国教育目的在不同阶段的表述

教育目的是一个发展着的概念。教育目的受一定社会的生产力发展水平、政治经济制度的制约，同时也要考虑受教育者的身心发展特点。不同国家在发展的不同时期，教育目的的内容会有所不同。

党的十二大报告提出："教育是国之大计、党之大计。培养什么人、怎样培养人、为谁培养人是教育的根本问题。"新中国成立以来，我国不同历史时期的教育目的如下：

1957年，毛泽东同志在《关于正确处理人民内部矛盾的问题》中提出："我们的教育方针，应该使受教育者在德育、智育、体育几方面都得到发展，成为有社会主义觉悟的有文化的劳动者。"

1958年9月，中共中央、国务院《关于教育工作的指示》中提出："党的教育工作方针，是教育为无产阶级的政治服务，教育与生产劳动相结合"；"教育的目的，是培养有社会主义觉悟的有文化的劳动者，这是全国统一的，违反这个统一性，就破坏社会主义教育的根本原则"。

1985年，《中共中央关于教育体制改革的决定》中提出："教育必须为社会主义建设服务，社会主义建设必须依靠教育。"教育要培养各级各类合格人才，"所有这些人才，都应该有理想、有道德、有文化、有纪律，热爱社会主义祖国和社会主义事业，具有为国家富强和人民富裕艰苦奋斗的献身精神，都应该不断追求新知，具有实事求是、独立思考、勇于创造的科学精神。"

1995年，《中华人民共和国教育法》第五条规定："教育必须为社会主义现代化建设服务，必须与生产劳动相结合，培养德、智、体等方面全面发展的社会主义事业的建设者和接班人。"这一教育目的指出了我国社会主义建设新时期教育对象的发展方向。它是我国现阶段一切教育活动的出发点和归宿。

2014年，教育部研制印发《关于全面深化课程改革落实立德树人根本任务的意见》，提出："教育部将组织研究提出各学段学生发展核心素养体系，明确学生应具备的适应终身发展和社会发展需要的必备品格和关键能力。"核心素养是党的教育方针的具体化，是连接宏观教育理念、培养目标与具体教育教学实践的中间环节。中国学生发展核心素养以培养"全面发展的人"为核心，分为文化基础、自主发展、社会参与3个方面，综合表现为人文底蕴、科学精神、学会学习、健康生活、责任担当、实践创新等六大素养，具体细化为国家认同等18个基本要点。各素养之间相互联系、互相补充、相互促进，在不同情境中整体发挥作用。

2015年12月27日第十二届全国人民代表大会常务委员会第十八次会议《关于修改〈中华人民共和国教育法〉的决定》(第二次修正),第五条关于教育目的的表述,做了一些调整:"教育必须为社会主义现代化建设服务、为人民服务,必须与生产劳动和社会实践相结合,培养德、智、体、美等方面全面发展的社会主义建设者和接班人。"

2022年,党的二十大报告中强调,全面贯彻党的教育方针,落实立德树人根本任务,培养德智体美劳全面发展的社会主义建设者和接班人。

图4-1 中国学生发展核心素养[①]

虽然我国的教育目的在不同时期的表述不完全一致,但是,这些不同的表述在总体上又是统一的。它反映了社会主义国家教育目的的基本特征,以马克思主义全面发展学说为指导思想,始终坚持德、智、体等方面全面发展的方向,始终强调教育与生产劳动相结合的方针,坚持全面发展与个性发展的统一。

二、幼儿园教育目标

(一)我国幼儿园教育目标的含义

幼儿园教育目标是教育目的在幼儿园教育这一阶段的具体化,是国家对幼儿园提出的培养人的规格和要求,是全国各类型幼儿教育机构统一的指导思想。

2016年3月1日起实施的《幼儿园工作规程》提出,我国幼儿园教育的目标是"实施德、智、体、美等方面全面发展的教育,促进幼儿身心和谐发展"。"全面",指德、智、体、美等方面发展的整体性,缺一不可;"和谐",指德、智、体、美等方面的有机性,不可分割。"全面和谐发展"是幼儿园教育目标的核心要求,既是出发点,也是归宿。幼儿园教育只有全面实施素质教育,才能满足幼儿终身学习和未来发展的需要。幼儿园保育和教育的主要目标是:

(1) 促进幼儿身体正常发育和机能的协调发展,增强体质,促进心理健康,培养良好的生活习惯、卫生习惯和参加体育活动的兴趣。

(2) 发展幼儿智力,培养正确运用感官和运用语言交往的基本能力,增进对环境的认识,培养有益的兴趣和求知欲望,培养初步的动手探究能力。

(3) 萌发幼儿爱祖国、爱家乡、爱集体、爱劳动、爱科学的情感,培养诚实、自信、友爱、勇敢、勤学、好问、爱护公物、克服困难、讲礼貌、守纪律等良好的品德行为和习惯,以及活泼开朗的性格。

[①] 教育部学生发展核心素养研究协作组,2016年9月。

（4）培养幼儿初步感受美和表现美的情趣和能力。我国幼儿园教育目标以德、智、体、美等方面的和谐发展为根本目的，这四个方面成为我国人的全面发展教育的有机组成部分，各自承担着相对独立的任务，但它们也是一个紧密联系、相互作用、相互促进的统一整体，从目标表述的主体看，都是从幼儿的角度来加以表述的，目标的主体都是幼儿。

> **真题链接**
>
> 《幼儿园教育指导纲要(试行)》中的教育目标较多使用"体验"、"感受"、"喜欢"、"乐意"等词汇，这表明幼儿园教育强调（　　）。(2015年下半年)
>
> A. 知识取向　　　　B. 情感态度取向　　　　C. 能力取向　　　　D. 技能取向
>
> ▶ 答案及解析见本章首页二维码

（二）幼儿园教育目标的具体表述

1. 体育

（1）保护幼儿的生命和健康，促进身体正常生长发育

由于幼儿身体各器官、系统正在生长发育，还较柔弱，对环境的适应能力和对疾病的抵抗能力都比较差，又缺乏独立生活能力，因而，在每一个生活环节，都要成人精心护理，保护生命，保证身体得到充分发育。并要积极开展各项体育活动，锻炼身体，提高机体各器官、各系统的生理机能，促进身体全面发展，使幼儿从小有个健壮的身体。

（2）发展幼儿的基本动作，培养幼儿对体育活动的兴趣

在日常生活中和各项体育活动中发展幼儿必须具备的身体基本能力。充分发展幼儿的走、跑、跳、投掷、攀登和钻爬等动作，不仅能锻炼身体，还能促进幼儿独立生活与活动能力的发展，促进智力发展有着重要意义。在练习各种基本动作的同时，教给幼儿一些锻炼身体的知识和方法。在活动中发展幼儿身体素质，使他们的动作表现有力量，有速度，灵活、柔韧、协调。

在体育活动中，可培养幼儿勇敢、机智和创造才能，克服困难完成任务的品质；培养幼儿遵守规则，互助友爱，并养成其活泼开朗的性格。

（3）培养幼儿良好的生活和卫生习惯

良好的生活和卫生习惯是增进幼儿健康的必要条件。幼儿应该在成人的帮助和指导下，逐步学会料理自己的生活，如穿脱衣服、盥洗、吃饭、睡眠以及如厕等，并在这些活动过程中逐步养成良好的习惯。这些好习惯，不仅直接影响幼儿的身体健康，也有利于幼儿道德品质和良好行为的培养。

2. 智育

（1）发展幼儿的语言运用能力

语言是交流和思维的工具。一个人的言语水平在一定程度上标志着他的智力水平。幼儿正处在言语发展的敏感期，言语发展迅速，能基本掌握全部语音和一定数量的词汇。

这一时期幼儿如果没有得到正确教育,言语发展就可能缓慢或出现障碍。所以,发展幼儿的言语能力是智育的任务之一。

(2) 引导幼儿学习周围生活中初步的知识和概念

幼儿认识事物始于直接感知。引导幼儿获得的知识必须是他们周围生活中常见的事物和现象的粗浅的、具体的知识,而且必须有科学性和教育性。这些知识包括:

有关社会生活的常识。例如:认识自己和别人,知道自己的名字、年龄、性别等,知道自己和别人的关系;了解衣食住行等方面的知识;认识周围环境和成人的劳动;知道国家的名称,认识国旗、国徽,知道重要节日,知道我国是个多民族的国家等。

有关自然界的常识。例如:了解天气和季节的变化;认识常见的动物、植物;了解安全卫生常识;认识交通工具及常用的交通规则;认识水的三态变化、物体的沉浮以及声、光、磁性等物理现象。

有关数的初步知识。例如:认识和比较物体的大小、多少、长短、高低、宽窄、轻重等;认识几何形体、时间、空间;认识 10 以内的数等。

(3) 保护和促进幼儿的学习兴趣,培养幼儿的学习主动性和良好的学习习惯

现代社会对人类提出了终身学习的要求,而学习的兴趣、主动性和良好的学习习惯是终身学习的基础,因此,在幼儿期打好这个基础意义重大。

首先,要保护幼儿的学习兴趣。幼儿很早就对周围事物发生浓厚的兴趣和强烈的求知欲望,这表现在他们好问、好动、好模仿,喜欢听成人讲故事等方面。幼儿的求知欲与兴趣紧密相连,但幼儿的直接兴趣占优势,这种兴趣是随意的、不稳定的,易受环境的影响而改变。保护和促进幼儿的学习兴趣和求知欲就需要了解幼儿的认知特点和水平,使他们能按自己的兴趣和需求来学习,并在这种学习中获得成功的体验,感到学习的乐趣,进而不断地产生学习和探究的兴趣,使他们逐渐从直接的、无意的兴趣向有意的、间接的兴趣发展,提高兴趣的稳定性。

其次,要培养幼儿学习的主动性。学习的主动性与幼儿的学习兴趣紧密相连,如果学习是幼儿感兴趣的,他们就会有主动性,所以教师要组织幼儿从事他们感兴趣的活动,创造适宜的学习环境与条件,引导和鼓励幼儿去主动地探索和学习。

再次,要培养幼儿良好的学习习惯。良好的学习习惯是幼儿获得知识、发展智力以及今后继续学习的重要条件,它包括幼儿学习时注意力集中、积极克服困难、认真完成学习任务等。

(4) 培养幼儿的感知能力和动手操作能力

幼儿正处于感知能力迅速发展和不断完善的时期,运用视觉、听觉、触觉等感觉器官来感知外部世界是幼儿的一个重要认知特点。因此,感知能力的培养是智育的基础和重要内容。教师可以采用一些专门的感觉训练的方法与组织多种多样的实际的感知与体验活动来促进幼儿感知能力的发展。

动手操作与发展感知能力紧密相连,又与人的智力发展有着密切的关系。动手操作使幼儿不是被动地接受外界事物的感觉刺激,简单地感受各种事物的物理特征,如冷热、

粗细、软硬等,更能使幼儿通过摆弄、分类、比较、排列、堆叠等动作促进大脑的发育和思维能力的建构。幼儿在操作活动中可以获得多种感知经验和知识,同时获得许多动作经验,这种经验随着幼儿年龄的增长和经验的不断丰富,转化为幼儿头脑中的思维运演能力。因此,为幼儿提供各种动手操作的机会,不仅给幼儿提供了一个比较合适的学习方式,满足了他们的动手需求,也促进了幼儿智力的发展。

> **真题链接**
>
> 1.教师在幼儿书写准备的指导中,不恰当的做法是( )。(2016年上半年)
>   A. 用图画和符号表达自己的愿望和想法
>   B. 书写自己的名字
>   C. 养成正确的写画姿势
>   D. 学习书写常见汉字
> 2.对幼儿学习品质的正确理解是( )。(2017年上半年)
>   A. 活动过程中的态度和行为倾向   B. 活动过程中的学习速度
>   C. 活动过程中的知识积累   D. 活动过程中的道德品质
>
> ➤ 答案及解析见本章首页二维码

3. 德育

(1) 萌发爱的情感

爱家乡、爱祖国、爱集体、爱劳动、爱科学的情感是人们思想和品德发展的基础,是人们开拓前进的强大动力,所以应从小对幼儿进行爱的情感教育。

培养爱家乡、爱祖国的情感要由近及远,应从热爱自己的父母、老师、小伙伴,逐渐扩大到爱各行各业的劳动者、解放军等;从爱家庭、爱幼儿园,逐渐扩大到爱家乡和爱祖国。爱家乡、爱祖国的培养要从具体的事物入手,如认识家乡或祖国的名胜古迹、自然风景、革命文物及家乡的社会主义建设;了解祖国的简单知识,如认识首都北京、国旗、国徽及一些节日等。

幼儿园应引导幼儿逐渐习惯幼儿园的集体生活,进而热爱幼儿园的集体生活,与小朋友友好相处;培养幼儿关心别人,关心集体,并服从集体,有初步的集体荣誉感;培养幼儿遵守集体活动的规则,养成守纪律的行为习惯等。

同时吸引幼儿参加简单的自我服务和为集体服务的劳动,掌握简单的劳动技能,体验劳动的愉快,逐渐对劳动产生感情;认识周围成人的劳动及与自己生活的关系,知道劳动果实来之不易,培养幼儿尊重劳动者,爱护劳动成果,爱惜物品和公共财物的情感等。

(2) 发展幼儿的交往能力,学习必要的社会行为规范

社会环境中的首要和核心因素是人,建立起与周围人的和谐关系,是人们适应环境、心情舒畅地生活和学习的关键。因此,必须发展幼儿的交往能力,使他们在与他人的交往

过程中,了解自己和别人,学会处理与同伴、教师及其他人的关系。幼儿的社会性主要是在日常生活和游戏中,通过观察和模仿潜移默化地发展起来的,成人应注重自己言行的榜样作用,避免简单生硬的说教。

(3) 培养幼儿良好的个性品质

诚实、自信、勇敢、活泼、开朗等都是良好的个性品质,它们推动幼儿积极地与周围环境中的人与物交往,有利于幼儿与周围的人建立良好的关系,从而健康快乐地成长。

4. 美育

(1) 培养幼儿对美的事物的敏感性

美感是逐步发展起来的,教师应根据不同年龄幼儿美感发展的特点,有意识、有目的地引导幼儿去发现、注重和感知大自然和四周生活中的美,选择一些幼儿易于接受的、较为简单的、形象生动的艺术作品,使幼儿在对美的事物不断的感受和体验中,逐步形成对美的敏感性。

(2) 发展幼儿审美联想和想象的能力

在培养幼儿初步的审美感知能力的基础上,逐渐启发和鼓励幼儿在审美活动中充分发挥自己的主观能动性,进行大胆的联想和想象,使幼儿的审美感受力进一步深化。

(3) 培养幼儿初步的鉴赏美的能力

鉴赏美的能力是比感知美的能力更高层次的审美能力。可以在幼儿有了一定的审美感知能力的基础上,结合幼儿的审美活动,通过比较和感受,使他们能对美的事物做出初步的判定,并能将自己的感受与他人进行交流。

(4) 培养幼儿初步的表现美、创造美的能力

在培养幼儿感知美、鉴赏美的基础上,可以进一步培养幼儿初步的表现美和创造美的能力。如在日常生活中,通过自己的言行举止来表现美;教会幼儿初步的绘画、音乐、舞蹈、手工等方面的知识技能,使他们能利用艺术手段来表现美和创造美。

> **真题链接**
>
> 与幼儿园保育和教育目标表述不符的是( )。(2020年下半年)
> A. 培养正确运用感官和运用语言交往的基本能力
> B. 培养幼儿初步感受美和表现美的情趣和能力
> C. 训练幼儿的体育运动技能
> D. 促进幼儿身体正常发育和机能的协调发展
>
> ▶ 答案及解析见本章首页二维码

(三) 幼儿园教育目标的功能

1. 导向功能

教育目标不仅为受教育者指明了发展方向,预定了发展结果,也为教育工作者指明了工作方向和奋斗目标。

幼儿园教师是教育活动的组织者,是教育活动方向的把握者。用幼儿园教育目标指导教师,使之具有明确和正确的目标意识,为合理开展教育教学活动奠定基础。

2. 激励功能

教育目标是对受教育者未来发展结果的一种设想,它不仅激励着教育者通过一定的方式,把教育目标转化为学生的学习目的,也激励着受教育者自觉、积极地参与教育活动。

对幼儿园教育活动起真正指向作用的是扎根于教师意识中的教育目标。幼儿园教师依据教育目标选择教育内容、教育方法、教育手段,设计教育环境,吸引幼儿积极参与到活动中,从而有效促进幼儿发展。

3. 评价功能

教育目标是衡量教育质量和效果的重要依据。教育目标的评价功能可集中体现在现代教育评估或教育督导行为中。

幼儿园教育目标能评价幼儿园总体办学方向、办学思想、办学路线是否正确,是否符合社会和学前儿童的发展方向和需要。同时,也能评价幼儿园管理是否科学有效,是否符合幼儿园教育目的的要求,是否促进幼儿身心健康发展。

(四) 幼儿园教育目标的层次结构

1. 根据幼儿园教育目标的适用范围分

从幼儿园教育目标适用的范围大小来看,可以分为三类:

一是由国家制定的并通过法规或其他行政性文件颁布的,在全国范围内具有指导作用的目标。例如,我国的《幼儿园工作规程》和《幼儿园教育指导纲要(试行)》中的幼儿园保育和教育的主要目标就是对全国的幼儿园具有指导意义的目标。这一层次的目标,概括性强,较为宏观,可操作性低,是一种较为原则性的目标。必须进行分解和具体化。

二是根据国家的总目标确定的地方性教育目标,即考虑到不同地区社会、经济和文化的发展现实,以及师资及幼儿教育设施的状况,确定的适合本地特点的、对本地的学前教育实践具有指导意义的幼儿教育目标。对于幅员辽阔、文化差异和地域差异显著的我国来说,确定地方幼儿教育目标是十分重要的。

三是针对各幼儿园的实际及幼儿园所在社区的自然、人文环境确立的适合特定幼儿园的教育目标,它体现了幼儿园教育的宗旨,具有很强的针对性和本园特色。

2. 根据幼儿发展时间进程分

根据幼儿发展进程可以将幼儿教育目标分解为年龄阶段教育目标、学期教育目标、月教育目标、周教育目标、日教育目标。幼儿园总目标及各领域目标的实现,需要进一步分解为各层次的阶段目标,落实到幼儿的一日生活中才能最终达成。各层级的目标是幼儿园教师制订课程计划的重要依据。

(1) 各年龄阶段教育目标

各年龄阶段有不同的发展特点,其教育目标也各不相同。各年龄阶段学前儿童的教育目标是根据幼儿发展的特点,结合领域目标所拟定的具体保育和教育目标。在我国主要是小班(3～4岁)、中班(4～5岁)、大班(5～6岁)三个年龄阶段的保教目标。

(2) 学期教育目标

学期教育目标是对年龄阶段性的具体落实。每一学期根据幼儿发展的特点与需求制定教育目标。年龄阶段性目标要进一步分解为学期目标才能使教育活动有更具体的操作指导。

(3) 月教育目标与周教育目标

月教育目标与周教育目标是对学期的具体化，它需要结合季节、文化与地域特点来制定更为具体的教育目标，一学期一般包括 5 个月，每一个月都有具体的教育目标。

(4) 日教育目标与具体活动目标

日教育目标和具体活动目标是教育目标的进一步具体化。根据月教育目标与周教育目标，制定出幼儿园每天的教育目标，再细化为每一环节每个教育活动的具体目标，这样幼儿园教育目标才能真正实现。

幼儿园教育目的的实现，要从宏观的幼儿园教育目标出发，层层细化，既需要长期的、阶段性的目标规划，也需要每天直至每个教育活动目标的具体落实。

（五）制定幼儿园教育目标时要注意的问题

1. 教育目标分解的方法要恰当

制定幼儿园具体教育目标的过程，实际上是将国家的教育目的、幼儿园教育目标层层分解，逐步具体化，并落实在幼儿发展上的过程。每一层次的目标都受上一层目标制约，各层次的目标由低到高，共同构成一个达到总目标的阶梯。

2. 教育目标的涵盖要全面

将幼儿园的教育目标层层具体化的过程，实际上也是一个将教育目标的内容逐步具体化的过程。需要注意的是，不论分解到哪个层次，都要保证教育目标的整体结构不受损害。其内容的涵盖一定要全面，即包括幼儿全面发展的各个方面和每个方面的全部内容。在实践过程中，制定具体教育目标的指导思想常常出现偏差，或重德轻智，或重智轻德；在每一育中也有这种情况，如在智育中重知识的掌握而轻智力的培养；在体育中重动作的发展而轻生活卫生习惯的培养；在德育中重社会常识的掌握而轻道德情感的培养；在美育中重艺术技能的掌握而轻创造性的培养，等等。教育目标的不全面会严重影响幼儿的全面发展。

3. 教育目标要有连续性和一致性

教育目标的实现是一个长期的过程，它由若干不同的阶段组成。每个阶段性目标之间要互相衔接，体现幼儿身心发展的渐进性和连续性；同时，下层目标与上层目标之间、局部目标与整体目标之间要协调一致，以保证每一个具体目标的实现都朝总目标前进，都成为实现上层目标的有效环节。

三、我国幼儿园教育目标制定的依据

（一）教育目的

幼儿园教育目标是根据教育目的并结合幼儿园教育的性质和特点提出来的。我国幼儿园教育的目标是培养全面发展的幼儿,它体现了我国教育目的的基本精神,并兼顾幼儿园教育的性质和特点。

(二) 社会发展需要

每一个社会都有一定的社会宗旨,这一宗旨要在各个领域里贯彻落实。未来的一代应塑造成什么样的人,便是这一宗旨在学前教育领域中的反映。所以幼儿园教育目标总要反映社会的要求和愿望,并关注社会的变化,甚至还应该关注社会的未来,世界的未来。随着社会的改革开放,人们的思想观念发生了一定的变化,在某些观念上甚至发生了很大的变化,并且这种变化通过各种途径影响着幼儿,有些影响对幼儿可能是健康有利的,也有些影响可能是消极有害的。而作为幼儿园,不应袖手旁观,听之任之,必须针对这一现实做出教育上的调整,有的可能是低层目标的调整,有的可能是总目标的调整。关注社会的未来并不意味着要提升教育目标,但要引导幼儿对现实及其发展趋势进行了解、推测及关心。

(三) 幼儿身心发展的特点和可能性

教育从根本上说是培养人,所以教育目标是否合理除了满足社会要求之外,还要看是否符合教育对象的身心发展规律。举一个简单的例子,成年人画一个菱形是件轻而易举的事,然而对于幼儿来说,却是很困难的,即使3岁孩子照葫芦画瓢,要临摹一张菱形图样也是很困难的。这就是说,幼儿的发展有一定的年龄特征和规律,是一个按照一定顺序、不断地从低级到高级发展的过程,教育目标如果不符合幼儿发展的规律,不符合幼儿个体的发展需要和可能性,就不可能变成现实。因此,教育目标的制定必须适应幼儿身心发展的年龄特征。

第二节 幼儿园教育的任务及特点

一、幼儿园教育的任务

(一) 幼儿园教育的任务概述

《幼儿园工作规程》中提到,我国幼儿园教育的任务是:贯彻国家的教育方针,按照保育与教育相结合的原则,遵循幼儿身心发展特点和规律,实施德、智、体、美等方面全面发展的教育,促进幼儿身心和谐发展。幼儿园同时面向幼儿家长提供科学育儿指导。

微课8

幼儿园教育的任务及特点

(二) 幼儿园教育任务的内涵

1. 促进幼儿全面发展

幼儿全面发展包含了德、智、体、美等各方面的发展,以幼儿园为代表的幼儿教育机构应当执行我国的法律,对幼儿实施保育和教育,促进其身心和谐发展,体现自身的社会价值,为社会主义建设服务。

2. 为幼儿家长提供科学育儿指导

《幼儿园教育指导纲要》中也明确指出:"家庭是幼儿园重要的合作伙伴。幼儿园应本着尊重、平等、合作的原则,争取家长的理解、支持和主动参与,并积极帮助、指导家长提高教育能力。"无论从教育孩子的角度,还是从幼儿园发展的角度来看,幼儿园扎实开展好家园共育已成当务之急。

> **真题链接**
>
> 1. 关于学前教育任务最准确的表述是(　　)。(2018年上半年)
>   A. 促进幼儿智力发展
>   B. 促进幼儿身心的快速发展
>   C. 促进幼儿社会性发展
>   D. 促进幼儿身心全面和谐发展
> 2. 幼儿园的双重任务是(　　)。
>   A. 保教幼儿和服务家长　　B. 看护幼儿和服务家长
>   C. 培养习惯和传递知识　　D. 保育和教育幼儿
>
> ➤ 答案及解析见本章首页二维码

二、幼儿园教育的特点

幼儿园教育是学校教育制度的基础阶段。与学校教育的其他阶段相比,其教育工作有如下特点:

(一) 非义务性

幼儿园教育是自愿的而非强迫接受的。家长完全可以根据孩子和自己的各方面情况,综合考虑是否送孩子进幼儿园,以及送孩子进哪所幼儿园。因故未上幼儿园,家长和教师不得强迫他们进行课程补习。

(二) 基础性

幼儿园教育"是基础教育的重要组成部分,是我国学校教育和终身教育的奠基阶段",其主要任务是在健康、语言、社会、科学、艺术诸方面,为一代新人具备良好素质做好奠基工作,为幼儿顺利地进入小学及其以后的学习做好身体心理的充分准备,是基础教育的基础。

(三) 启蒙性

幼儿教育的启蒙性是指对幼儿的教育要与他们的现实发展需要联系起来,要启于未发、适时而教、循序渐进,不损伤"幼嫩的芽",并且要促使其茁壮成长。对于幼儿来说,无论是身体锻炼,还是经验濡染、知识教学、习惯养成,或者美术、音乐等艺术教育,首先要注重各方面兴趣的培养、初步经验的增长,而非严格的知识和技能的教授和训练,交给幼儿的知识,只能是生活化的、经验性的,与他们生活紧密相关的内容,通过日常生活和游戏来实施。

(四) 公益性

《关于当前发展学前教育的若干意见》指出,学前教育是终身学习的开端,是国民教育体系的重要组成部分,是重要的社会公益事业。幼儿教育的公益性就是指幼儿教育具有造福公众、让社会获益的性质。近年来,多学科的研究成果都证实了学前教育具有正外部性,其效果不仅使幼儿及其家庭受益,而且可以外溢给社会,在提高国家人口素质,减少贫困、犯罪等社会问题方面,起到了早期预防的作用,并为国家未来人力资源的开发奠定了基础。

> **真题链接**
>
> 1. 幼儿园教育的基本特点是什么?(2012年上半年)
> 2. 请根据幼儿园教育的特点和幼儿身心发展的规律,论述幼儿园教育为什么不能"小学化"。(2013年下半年)
>
> ➤ 答案及解析见本章首页二维码

第三节　幼儿园教育的原则

微课9
幼儿园教育的原则

幼儿园教育的原则是教师在向儿童进行教育时必须遵循的基本要求。这些要求是根据学前教育的目标、任务和学前儿童身心发展的特点,并在总结了长期的学前教育实践经验的基础上提出来的。幼儿园教育原则应始终贯穿于学前教育工作的全过程,只要是有对学前儿童有影响的教育各方面、各环节、各流程等,都应该遵循这些原则。

幼儿园教育的原则包括两部分:一部分是教育的一般原则,是幼儿园、小学、中学教师均应遵循的,它反映了对所有教育者的一般要求,另一部分是幼儿园教育的特殊原则,是根据幼儿教育的特点提出来的,是幼儿园教育对教师的特殊要求。

一、教育的一般原则

(一) 尊重儿童的人格尊严和合法权益的原则

作为幼儿教育对象的儿童首先是一个人,是我们社会的一员。因此,他们享有人的尊严和权利。没有对儿童的尊重,就谈不上真正的教育。

1. 尊重儿童的人格尊严

儿童年龄虽然小,但是他们和教师之间的关系是平等的人与人的关系。教师要将儿童作为具有独立人格的人来对待,尊重他的思想感情、兴趣、爱好、要求和愿望等。如果教师的言行中处处体现对儿童的尊重,注意倾听儿童的想法,尊重他们的意愿,就会使儿童意识到他们在这个世界上是有价值、有能力、不可缺少,从而建立起自信,获得良好的自我概念,为自身的继续发展奠定基础。反之,教师如果随意呵斥、责备、惩罚儿童,让儿童常常感受到委屈、羞辱,他们便会认为自己是无能的、被人看不起的,从而丧失基本的自尊和自信。这种消极的自我概念一旦形成,将会影响儿童终身的发展。

2. 保障儿童的合法权益

学前儿童是不同于成人的正在发展中的社会成员,他们享有不同于成人的许多特殊的权利,如生存权、受教育权、受抚养权、发展权等,这反映了人类对儿童在社会中的地位和权利的认可与尊重。但是,学前儿童毕竟是稚嫩、弱小的个体,他们对自己权利的行使还必须通过成人的教育和保护才能实现。家庭、学前教育机构、社会应当保障未成年人的合法权益不受侵犯。因此,教师不仅是儿童的"教育者",也应当是儿童权益的切实维护者。

案例研讨

起床后,丁丁悄悄走到老师跟前害羞地说:"老师,我尿床了。"老师立刻来到床前,发现床湿了一片。老师轻声安慰他:"没事,老师帮你把床单和被子晒干就行了。"然后,老师单独带他去换了干净的衣服,他笑着谢谢老师。

老师的做法尊重了丁丁的人格尊严,以幼儿为本,将丁丁当作具有独立人格的人来对待,用合理的方式促进其发展。

(二)促进儿童全面发展的原则

促进儿童全面发展的原则指的是教师在制订教育计划、设计和实施教育活动时,应当注意:

1. 儿童的发展是整体的发展而不是片面的发展

教育必须促进儿童体、智、德、美诸方面全面发展,不能偏废任何一个方面。儿童作为正在发展中的人,有使自身的各种潜质都获得发展的需要。而作为社会的预备成员,也应当是全面发展的,这样才符合社会对合格成员的需求。为此,教育应当促进儿童身心各方面的良好发展,才能完成社会交给教育机构的任务。如果培养出来的人只有聪明的头脑但身体虚弱,或是有强壮的身体,却智力低下或道德品质较差,都会给个人的生活和社会生活造成困扰,不利于社会的进步与发展。

2. 儿童的发展应是协调的发展

协调发展包括:儿童身体的各个器官、各系统机能的协调发展;儿童各种心理机能,包括认知、情感、性格、社会性、语言等方面的协调发展;儿童的生理和心理协调发展;儿童个体的需要与社会的需求之间的协调,等等。

3. 儿童的发展是有个性的发展

教育除了使每个儿童达到国家统一要求的标准之外,还允许根据每个儿童的特点和可能性,充分发挥他们各自的潜能,让不同的儿童在不同的地方能够实现自己的有特色的发展,而不是千人一面,像工厂里批量生产的统一产品。

(三) 面向全体、重视个别差异的原则

在教育过程中,教育者在关注全体受教育对象的同时,还应重视幼儿的个别差异,因人施教,有针对性地采取最有效、最合理的方式促进每个幼儿的发展。"面向全体"是强调共性要求,让每个幼儿都得到发展;"重视个别差异"则是强调关注个性特点,让每个个体在各自不同的水平上发展。贯彻这一原则,应当注意下面三点:

1. 教育要促进每个儿童的发展

"面向全体幼儿",是实现教育目标的立足点,也是我国学前教育的优良传统。教育要面向每个儿童,使每个儿童能达到教育目标的要求。教师不能只照顾优秀的儿童,而是要保证每个儿童在幼儿园里有同等的受教育机会,平等地、一视同仁地对待所有的儿童。

2. 教育要促进每个儿童在原有基础上的发展

面向全体,使所有的儿童都得到发展,并不是要求所有的儿童都达到同等水平,也不是要求每个儿童在所有方面都达到同样高度。由于每个儿童的需要、兴趣、性格、能力、学习方式等各有特点,因此,教师必须考虑每个儿童的特殊需要,因人而异地进行教育,使每个儿童都能发挥优点和特长,在自己原有的水平上得到应有的发展。

3. 合理组织活动,促进儿童的发展

集体活动是我国教育机构目前进行教育的主要组织形式,而小组活动、个别活动相对较少,这样不利于充分满足不同儿童的不同需要。教师应注意在教育中灵活地使用集体、小组、个别的教育组织形式,使每个幼儿在现有基础上得到发展。

(四) 充分利用家庭、社区的教育资源的原则

幼儿的身心发展是多方面因素交互作用的结果。社会环境因素是影响幼儿身心发展的重要因素。只有当各种环境因素协调一致,形成促进幼儿身心发展的合力,才能为幼儿的身心发展创造良好的外部条件。在家庭、社区中,在看电视、听广播、交谈、游戏、旅游等各种活动中,都存在着丰富的教育资源,都在对儿童发挥着强大的影响作用,其广泛性、灵活性、多样性、即时性,是学前教育机构教育难以比拟的。幼儿园、家庭、社区等的教育影响都应当按照教育目的的要求,互相配合,向幼儿施加正面的、积极的教育影响,努力消除或减弱不利于幼儿身心健康发展的环境因素的影响,共同养育身心健康的儿童。这既是社会发展对学前教育提出的客观要求,又是学前教育自身发展的内部需求。

真题链接

某教师针对不同发展水平的幼儿提供了不同难度的操作材料,这遵循了(　　)。(2013年上半年)

A. 活动性原则　　　　　　　　　　B. 直观性原则
C. 整体性原则　　　　　　　　　　D. 因材施教原则

➤ 答案及解析见本章首页二维码

二、幼儿园教育的特殊原则

(一) 保教合一的原则

教师应从学前儿童身心发展的特点出发,在全面、有效地对儿童进行教育的同时,重视对儿童生活上的照顾和保护,保教合一,确保儿童真正能健康、全面地发展。贯彻这一原则应明确以下几点:

1. 保育和教育是幼儿园工作的两大方面

保育主要是为儿童的生存、发展创设有利的环境和提供物质条件,给予儿童精心的照顾和养育,帮助其身体和机能良好地发育,促进其身心健康地发展;教育则重在培养儿童良好的行为习惯、态度,发展儿童的认知、情感、社会性等,引导儿童学习必要的知识技能等。这两方面构成了学前教育的全部内容。

2. 保育和教育工作互相联系、互相渗透

保育和教育不可分割的关系是由幼儿教育工作的特殊性和儿童身心发展的特点决定的。虽然保育和教育有各自的主要职能,但并不是截然分离的。教育中包含了保育的成分,保育中也渗透着教育的内容。

3. 保育和教育是在同一过程中实现的

保育和教育不是分别孤立地进行的,而是在统一的教育目标指引下,在同一教育过程中实现的。对幼儿保育的过程,实际上也是对幼儿在德、智、体、美诸方面实施有效影响的过程。

(二) 以游戏为基本活动的原则

游戏是幼儿的基本活动。游戏最符合儿童身心发展的特点,是儿童最愿意从事的活动,最能满足儿童的需要,可以有效地促进儿童发展,具有其他活动所不能替代的教育价值。

1. 满足幼儿对游戏的需要

对于学前儿童来说,游戏也是一种学习,它是一种更重要、更适宜的学习。福禄贝尔说:"儿童早期的各种游戏,是一切未来生活的胚芽。"幼儿最自然的活动方式就是生动活泼的游戏。蒙台梭利说:"游戏就是儿童的工作。游戏是以过程为导向,以乐趣为目的,以内驱动机为主的活动。"陈鹤琴指出:"小孩子生性好动,以游戏为生命。"游戏是学前儿童身心发展的需要,是促进他们身体、智能、道德品质、情感、创造性发展以及成长的重要手段。游戏活动易于唤起儿童的学习兴趣,使儿童在玩中学,学中玩,学得轻松愉快。教师要充分发挥游戏对儿童发展的作用,保证游戏的时间和空间,提供丰富的游戏材料,使儿童充分自主、愉快地游戏,通过游戏促进身心发展。

2. 充分利用游戏形式组织幼儿园各类教育活动

游戏对幼儿有很大的吸引力,为了使幼儿园教育教学活动更适合幼儿的需要,更能发挥教育的作用,需要把游戏的因素渗透到这些活动中去,如教育教学中利用游戏的形式巩

固幼儿所学的知识、技能;将游戏形式贯穿于一个活动的全过程,赋予活动一定的情节;让幼儿扮演一个角色,给幼儿一定的自主性,以激发幼儿学习的兴趣,使之产生愉快的情绪体验,增强教育效果。

(三) 教育的活动性和直观性的原则

幼儿认知的直觉行动性与形象性,决定了他们不可能像中、小学生那样,主要通过课堂书本知识的学习来获得发展,而必须通过活动去接触各种事物和现象,与人交往,实际操作物体,才能逐步积累经验,获得真知。离开了活动,就没有儿童的发展。学前教育机构的教育,不能只让儿童静坐着看和听,而应该尽各种办法,引导儿童主动活动。因为,对他们来说,只有在活动中的学习,才是有意义的学习,才是理解性的学习。教师应从儿童身心发展的特点和水平出发,以活动为基础展开教育过程。同时,活动形式应多样化,让儿童能在多种多样的活动中得到发展。贯彻这一原则要注意以下几点:

1. 教育的活动性

(1) 以活动为中介,通过各种活动促进儿童的发展

学前教育促进儿童的发展主要是通过活动来进行的。学前儿童通过参与各种活动使其得到各方面的发展。因此,在活动的设计、组织、实施过程中,教师要为儿童提供丰富的材料和充分的活动空间、时间,开展各种类型的活动,以及进行人际交往的机会,为儿童积极主动活动提供可能。

教师既要相信儿童,放手让他们进行各种活动,又要适时地支持和引导,进行必要的指导和帮助,同时还应激发儿童在活动中的积极性、主动性和创造性,使活动真正成为儿童发展的手段。

活动过程中要了解儿童的活动状态,这包括儿童心理觉醒水平、兴趣中心和需要、活动准备状态、习惯性行为、动机和情绪背景、学习和活动方式及其特点等。因此,研究和了解儿童状况,对于实现课程组织实施活动化具有实质性价值。

(2) 教育活动的多样性

学前教育机构的活动不应当是单一的。因为活动的内容、形式不同,在儿童发展中的作用是不一样的。教师要注意教育活动的多样性,才能有效地促进儿童发展。如从类型来说,有集中教育活动、游戏、日常生活活动、亲子活动、劳动等;从活动的领域来说,有健康、科学、语言等领域的活动;从表现形式来看,有听说表达类、运动类、动手制作类、小实验等活动;从组织形式来看,有集体活动、小组活动、个别活动。

2. 教育的直观性

学前儿童主要是通过各种感官来认识周围世界的,是通过直接感知认识周围事物,形成表象并发展为初级的概念。由于学前儿童思维的具体形象性和第一信号系统占优势的特点,使得他们只有在获得丰富的感性经验的基础上,才能理解事物。对学前儿童的教育应考虑体现直观形象性。

(1) 教师要根据儿童不同年龄的身心发展水平,运用各种形式的直观教学手段,从具体的、有情节的事物向无情节的事物过渡,从实物类型的直观向图片、模型、语言直观等

过渡。

（2）教师通过演示、示范、运用范例等直观教学手段，变抽象为形象，化枯燥为生动。还可以辅以形象生动的、声情并茂的教学语言，帮助儿童理解教学内容。

（3）通过具体可见或可操作的活动，使儿童比较容易直观形象地理解所学的内容，更快地获得各种知识经验。

（四）发挥一日活动整体教育功能的原则

幼儿园应充分认识和利用一日生活中各种活动的教育价值，通过合理组织、科学安排，让一日活动发挥一致的、连贯的、整体的教育功能，寓教育于一日活动之中。

幼儿园一日活动是指幼儿园每天进行的所有保育、教育活动。它包括由教师组织的活动（如幼儿的生活活动、劳动活动、教学活动等）和幼儿的自主自由活动（如自由游戏、区角自由活动等）。

1. 一日活动中的各种活动不可偏废

无论是儿童养育和照料的生活活动，还是教学活动、参观访问等活动；无论是有组织的活动，还是儿童自主自由的活动，都各具重要的教育作用，对儿童的发展都是不可缺少的。因此不能顾此失彼，随意削弱或取消任何一种活动。

在幼儿教育实践中，较多地存在重教育教学活动轻生活活动、重有组织的活动轻幼儿自由活动的倾向，因此有必要强调生活活动和幼儿自由活动的重要性。

生活活动在幼儿期有特殊的意义。它不仅是幼儿健康成长所必需，也是幼儿最重要的学习内容和学习途径。将它纳入幼儿教育机构的教育内容，可以说是幼儿教育的一大特点。幼儿自由活动对幼儿健康人格的发展是至关重要的，一个完全被过分约束的幼儿，会缺乏创造力和想象力，甚至会造成心理问题。必须克服上述两种错误倾向，保证幼儿身心健康成长。

2. 各种活动必须有机统一为一个整体

每种活动不是分离地、孤立地对儿童发挥影响力的。一日活动必须统一在共同的教育目标下，形成合力，才能发挥整体的教育功能。因此，如何把教育目标渗透到各种活动中，每个活动怎样围绕目标来展开，就成为实践中应当特别关注的问题。

真题链接

在幼儿园实践中某些教师认为幼儿进餐、睡眠、茶点等是保育，只有上课才是传授知识、发展智力的唯一途径，不注意利用各环节的教育价值，这种做法违反了（　　）。（2011年下半年）

A. 发挥一日生活的整体功能原则
B. 重视年龄特点和个体差异原则
C. 尊重儿童原则
D. 实践性原则

▶ 答案及解析见本章首页二维码

拓展链接

保育的教育价值①

人们普遍不重视幼儿园的保育工作,是认定幼儿园保育工作不属于教育工作,自然也没有什么教育价值。所谓教育,在幼儿园工作者看来应是以各种精心组织的教学活动与游戏活动促进幼儿身心健康发展的过程,其中教学又是教育工作的核心。以照顾幼儿日常生活起居为主要内容的保育不需要精心设计与组织,而且幼儿每日在园的生活基本上都是重复的,不仅内容重复,完成方式也基本是重复的,因此既谈不上具有教育活动的那种目的性与系统性,也谈不上具有教育活动的那种选择性、灵活性与挑战性。可以说,保育就是保育,保育工作不属于教育工作。"保教并重"原则本身不就是把保育与教育分开的吗?否则何来"并重"一说呢?这一认识实质上是把教育的概念窄化了,教育成了"有目的有计划系统实施的机构教育"的专有名词,而事实上从更广义的角度而言,所谓教育就是外界对儿童个体施加的所有影响,包括家庭教育、以学校为代表的机构教育、社会教育等。幼儿园的保育工作直接影响着儿童的身体健康与生活质量,因此从广义的角度而言,它属于教育的范畴。除此之外,更为重要的是,幼儿园的保育工作还具有狭义的教育工作所不具有的特殊教育价值。

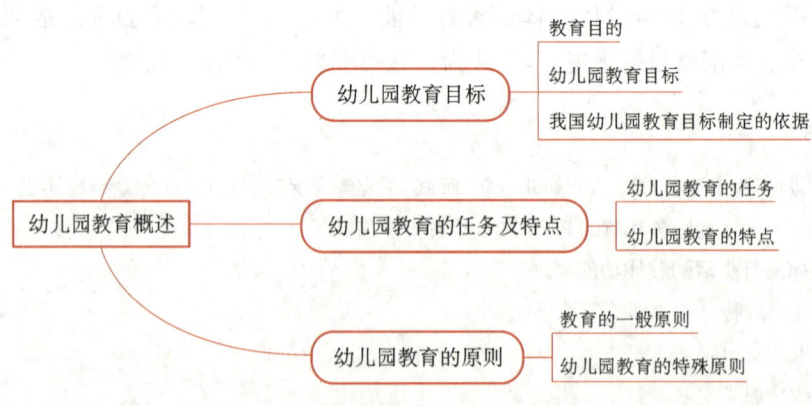

---

① 赵南.学前教育"保教并重"基本原则的反思与重构[J].教育研究,2012(7):117.

回顾与思考

1. 名词解释：教育目的、幼儿园教育目标。
2. 简述我国幼儿园教育目标制定的依据。
3. 论述 2016 年《幼儿园工作规程》中对我国幼儿园教育任务的规定，并结合实际分析其对学前教育实践的意义。
4. 论述学前教育的特点。
5. 结合实际论述幼儿园教育的原则。

实践与训练

1. 收集幼儿园教育教学案例，结合幼儿园教育的原则分析教师的行为。
2. 结合幼儿园教育目标分解的有关内容，尝试制定一个周计划的目标及内容。

第五章 幼儿园教师

真题参考答案

1. 理解幼儿园教师工作的性质及特点，了解幼儿园教师专业素养的内涵，能认同幼儿园教师职业并具有促进自身专业发展的能力。

2. 理解新型的师幼关系，形成正确的教育观及教师观，掌握建立良好师幼关系的策略。

长期以来，许多人都认为幼儿园教师就是哄孩子的保姆，主要的工作任务就是看护孩子，管好孩子的吃喝拉撒等，别让孩子碰着、摔着；还有人认为幼儿园教师工作是"小儿科"，就是给幼儿教一些简单的知识，看着幼儿不哭不闹就行了，不需要高深的专业知识，更谈不上专业性，所以不需要上大学。

2014年第30个教师节前夕，习近平总书记考察北京师范大学时发表重要讲话，勉励广大教师做有理想信念、有道德情操、有扎实学识、有仁爱之心的"四有"好老师。习总书记指出，"一个人遇到好老师是人生的幸运，一个学校拥有好老师是学校的光荣，一个民族源源不断涌现出一批又一批好老师则是民族的希望。"

作为学前教育专业的学生，怎样看待幼儿园教师的工作？幼儿园教师应如何对待学前儿童？

你认为好教师应该具备哪些素养？怎样成为一名好教师？

第一节 幼儿园教师概述

学前教育是基础教育的起始阶段，在个体的终身发展中起着重要的奠基作用。学前教育的质量关系到亿万儿童的健康成长，更关系到国家和民族的未来。幼儿园教师的专业素质是影响学前教育质量的最根本因素，也是促进儿童身心全面和谐发展的关键因素。

为此,作为一名学前教育工作者,必须对幼儿园教师工作有一个清晰的认识,理解幼儿园教师的工作性质及特点。

一、幼儿园教师的工作性质

幼儿园教师是幼儿园中全面负责幼儿保育与教育工作的人员,是促进幼儿身心全面和谐发展的重要人员。只有对幼儿园教师的工作性质做深入剖析,才能正确认识幼儿园教师工作,承担起社会赋予的重任。

首先,幼儿园教师工作是一种职业。幼儿园教师从事的工作与中小学教师的工作一样,是培养人、造就合格社会成员的职业。职业作为一种社会现象,是社会发展到一定历史阶段的产物。所谓职业,需具备两个特征:一是个人谋生的手段,二是从业人必须承担一定的社会角色和社会职责。我国教师很早就承担了"传道、授业、解惑"的社会角色和社会职责。在西方,早在古希腊时期出现的"智者派",以教授无知的人有知识,便是最早的教师。可见,教师工作是人类最古老的职业之一。随着社会的发展,教育的作用日渐突出,教师所承担的社会职责和社会角色也更为明确。我国 1994 年 1 月 1 日正式实施的《中华人民共和国教师法》明确指出:教师的社会职责是教书育人。幼儿园教师在社会发展中也承担着育人的社会职责,担当着幼儿成长的"组织者""帮助者""促进者"的社会角色,因此,幼儿园教师工作也是职业。幼儿园教师依据幼儿园教育目标,遵循学前教育规律与学前儿童身心发展的特点,有目的、有计划、有组织地对幼儿实施影响,最终促进他们身体、认知、情感和社会性等方面全面和谐的发展。幼儿园教师对社会人才培养起着重要的奠基作用,是"太阳底下最崇高的职业"。

其次,幼儿园教师工作是一种专门性职业,幼儿园教师是专业人员。1966 年 10 月,联合国教科文组织和国际劳工组织在巴黎会议上通过的《关于与教师地位之建议书》中提出:应当把教师工作看作一门专业,它需要教师的专门知识和特别才能,并需要经过长期持续的努力与研究才能得以维持。这次会议肯定了教师职业的专业性质。随着社会和教育科学的不断发展,人们越来越认识到学前教育对儿童终身的发展、对国民素质的提高以及对社会发展的重要作用,幼儿园教师工作越来越受到国家的重视和社会的尊重。与此同时,社会也对幼儿园教师提出了更高的要求与标准,当今社会幼儿园教师职业已成为专业。所谓专业,通行的标准要求从业人员做到以下几点:"一是需要专门技术和特殊智力,在职前必须受过专门的教育;二是提供专门的社会服务,具有较高的职业道德和社会责任感;三是拥有专业自主权,表现为专业工作者应获得本专业资格证书,专业内部有不同的职称来标志专业水平差异等"。根据上述标准衡量,当今幼儿园教师已向专业化的方向发展,已成为需要经过学前教育专业培养和训练才能取得任教资格的专业人员。也就是说,幼儿园教师需经过专门的专业性训练,掌握系统的专业知识,具有良好的职业道德与专业能力,是对学前儿童实施保育和教育职责的专业人员。我国自 1994 年 1 月 1 日正式实行"幼儿园教师资格制度",2000 年颁发《〈教师资格条例〉实施办法》,2011 年教育部颁布《教师教育课程标准(试行)》,其中专门列出了幼儿园职前教师教育课程目标与课程设置。

2012年,我国颁布《幼儿园教师专业标准(试行)》,对培养幼儿园教师的专业性要求做出了新的界定,并启动"国标、省考、县聘、校用"的教师准入和管理制度,2015年在全国开始全面实施。这些法规的颁布与实施,都表明我国已通过专门的教师资格认定及专门的培养标准来体现幼儿园教师职业的专业性。这说明,当今幼儿园教师的专业性得到充分的承认。

二、幼儿园教师的职业角色特点

一般来说,教师在教育教学中所扮演的角色是专业特性的体现,更是教师专业行为规范的表现。幼儿园教师工作是通过教师的职业角色来体现的,一名幼儿园教师只有在工作中把握并扮演好自身的职业角色,才能使工作取得成效。幼儿园教师属于教师系统的一部分,因此具有教师职业角色的一般性特点。同时,幼儿园的教育性质又赋予幼儿园教师职业角色的特殊性,幼儿园教师在工作中扮演着多重角色,具有多重性特点。

(一)幼儿园活动的组织者、引导者

首先,幼儿园教师是幼儿园活动的组织者。幼儿园教师是有目的、有计划地对幼儿实施影响的教育者。幼儿园教师依据学前教育的目标,遵循学前儿童身心发展特点及学前教育规律,制订科学的活动方案和计划,合理安排组织幼儿的一日生活、游戏和学习活动;组织班级常规保教和卫生工作,创设适宜的环境,从而促进幼儿体、智、德、美等方面全面和谐的发展。幼儿园教师在专业学习与训练过程中必须将组织能力作为履行教师职业角色的必要条件加以重视。其次,幼儿园教师是幼儿园活动的引导者。幼儿园教师不仅要组织好幼儿园的一切活动,更应充分发挥引导者的角色。如果幼儿园教师一味担当组织者和知识输出者的角色,就会扼杀幼儿的想象力和创造性,使幼儿失去认识世界的兴趣。因此教师在教育活动中应扮演好"引导"的角色,不能依照自己的意愿而强行组织幼儿参与活动;幼儿在活动中遇到困惑、寻求答案或无法通过自己的探究而解决问题时,教师就应以"引导者"的角色出现,积极引导,使幼儿获得启发,得到发展。教师细心观察分析幼儿的行为,既要尊重幼儿的主体性,顺应其自由探究的需求,又要不断整合幼儿的经验及各种教育资源,创设适宜的环境氛围,运用科学有效的方法引导幼儿身心沿着正确健康的方向发展,充分发挥教师的引导作用。

(二)幼儿发展的支持者、合作者

《纲要》第三部分"组织实施"中指出:"幼儿园教师是幼儿学习活动的支持者、合作者、引导者。"要求教师尊重幼儿权利、发展规律、特点、水平、个体差异;教师要以关怀、接纳、尊重的态度与幼儿交往。耐心倾听,尽力理解幼儿的想法和感受,支持、鼓励幼儿大胆探索与表达。这就明确了幼儿园教师的角色定位,幼儿园教师在日常工作中对照《纲要》,不断对自己的角色定位进行调整,在教育教学活动中成为幼儿发展的支持者、合作者。

首先,幼儿园教师是幼儿身心发展的支持者。在幼儿园的一日活动中,幼儿随时都可能会产生问题,遇到困难,但由于幼儿的年龄特点和经验限制,他们往往不会解决问题与排除困难,这就需要教师适时介入与支持,教师通过观察、倾听、分析幼儿的活动,以游戏伙伴的身份进入幼儿的活动中,为幼儿提供支持与帮助,使幼儿的活动能顺利有效地进

行。同时，创设有助于促进幼儿成长、游戏和学习的环境，提供和制作适合的玩教具和学习材料，鼓励幼儿积极探索，引发和支持幼儿的发展。其次，幼儿园教师是幼儿发展的合作者。《纲要》中指出："师生是平等的伙伴，师生之间的关系是对话关系，师生之间的交往主要以幼儿感兴趣的话题、项目为内容。"可见，幼儿园教师在教育教学中与幼儿之间是合作关系，教师是幼儿成长的合作者和促进者。幼儿园教师不应以"居高临下的命令、灌输的方式"教育幼儿，而应以合作者的角色，与幼儿共同进行经验交流。教师时时以关怀、合作和开放的态度与幼儿相处，营造温暖、宽松、和谐的学习氛围。此外，幼儿园教师在教育实践中与家长和社区沟通交流、合作共育，能整合各种有用的资源为幼儿发展服务。

（三）学前教育的研究者

现代社会随着学前教育的迅速发展，幼儿园教师在幼儿终身发展中的作用已日益明显，培养具有专业水准的幼儿园教师成为国际教师教育改革的目标，幼儿园教师的专业发展已是主要趋势。幼儿园教师要成为专业人员，成为真正意义的"教育者"，而不是"匠人"，就必须从事教育科学研究。这就要求幼儿园教师不仅要具备高深的专业知识和较强的专业能力，能够有效组织并实施幼儿的保育教育活动，引导幼儿的发展，还要对学前教育的问题进行研究，并具备一定的研究能力。幼儿园教师应关注最新研究成果及国外教育教学经验，观察研究幼儿行为的发展特点，针对幼儿园保教工作中的现实需要与问题，以一种变化发展的态度、研究者的视野，不断进行研究与创新。

> **真题链接**
>
> 从根本上说，教师的教育威信来自于（　　）。（2013年下半年）
> A. 教师高尚的教育人格　　　　　　B. 教师的社会地位优势
> C. 社会尊师重教的传统　　　　　　D. 学生对教师的畏惧心理
>
> ➤ 答案及解析见本章首页二维码

三、幼儿园教师的劳动特点

幼儿园教师在工作中，正确把握并扮演好职业角色，遵循教师的劳动特点，就能科学有效地实现学前教育目标，促进幼儿身心全面和谐地发展。幼儿园教师的劳动特点体现在以下几个方面：

（一）强烈的示范性

教育是一种培养人的社会实践活动，这一本质特点决定了教师的劳动必然带有强烈的示范性。教师劳动与其他劳动一样，要利用和通过一定的工具或手段来进行，但教师劳动与其他劳动最大的不同点，就在于教师主要是用自己的教育思想、学识和言行，通过示范的方式去直接影响劳动对象。所以，"师者，人之模范。"教师本人是学校里最重要的师表，是学生最直观的榜样。

幼儿园教师的劳动之所以具有强烈的示范性，也是由幼儿身心发展特点决定的。幼儿天真烂漫、善于模仿和易受暗示，对教师有一种特殊的信任和依恋的情感，他们的学习往往是通过对教师的模仿来进行的，模仿是幼儿最重要的学习方式，因此，幼儿园教师劳动的示范性，表现在教育活动的各个方面。在幼儿的日常生活、游戏、学习活动中，教师的思维方式、言谈举止、行为习惯等都无形中对幼儿起着示范作用。

（二）独特的创造性

幼儿园教师劳动的创造性是由教育对象的特殊性和教育情景的复杂性所决定的。幼儿园教师的劳动对象是幼儿，由于每个幼儿的个性特点、生活经验、身体健康条件、家庭生活环境等情况不同，因此每个幼儿都是独特的不断发展的个体，每个幼儿又具有主观能动性。这就要求幼儿园教师在教育教学活动中创造性地选择不同的教育方法和内容，创造性地整合各种教育资源，创设良好的环境，在复杂多变的教育情景中促进幼儿的发展。幼儿园教师劳动的创造性还表现在教育机智上，教育机智就是对突发性教育情景做出迅速、恰当处理的随机应变能力。在幼儿的一日生活、游戏和学习探究活动中，随时可能发生突发或偶发事件，教师要正确分析判断，创造性地发现教育契机，有效促进幼儿的发展。

（三）时间与空间的广延性

幼儿园教师对幼儿的影响不仅局限在幼儿园里，它会渗透到幼儿成长的全过程，甚至影响幼儿的一生，因此幼儿园教师的劳动没有时空的限制。幼儿园教师在具体的教育过程中，也不能机械地受时间和地点的限制，而应整合利用各方面的教育资源。

教师要把教育对象培养成社会所需要的人，这是一个长期的、连续的过程。一个幼儿身体、认知和良好个性的形成与发展，不是一朝一夕的教育所能实现的，需要幼儿园教师反复、连续和长期地进行，可见幼儿园教师的劳动具有空间的广延性和时间的连续性。这就要求幼儿园教师必须广泛深入幼儿的活动范围中去，挖掘利用各种教育资源，协调家庭、社区等各方面的影响，使幼儿园教育始终能够发挥主导作用，有计划、有步骤地实现幼儿园教育目标。

（四）内容的全面性和综合性

首先，幼儿园教师劳动内容的全面性和综合性是由幼儿园教育目标决定的。《幼儿园工作规程》第一章第三条规定：我国幼儿园保育和教育的总目标是"对幼儿实施体、智、德、美等方面全面发展的教育，促进其身心和谐发展"。这一目标就决定了幼儿园教育任务的全面性。幼儿园教育任务是保育与教育相结合，因而，幼儿园教育内容必须是全面的，必须能满足幼儿身体、认知、语言、情感、社会性各方面发展的需要。幼儿园教育任务和教育内容的全面性决定了教师劳动的全面性。《纲要》中把教育内容划分为健康、语言、社会、科学、艺术五个领域，因而幼儿园教师要通晓五大领域的知识，整合各教育要素，如将幼儿日常生活、游戏、教学等活动加以综合，将小组活动、集体活动、个人活动有机结合，全面、综合实施教育影响。

其次，幼儿园教师劳动内容的全面性和综合性是由学前教育的特点决定的。学前儿童处于生长发育期，身体各器官及机能比较稚嫩、发育不成熟，对外界的适应能力和对疾病的抵抗能力较差。这就决定了幼儿园教育必须将保育和教育结合起来，实现保教合一。幼儿园教师的工作必须是全面的、综合的，在做好教育教学工作的同时，也要做好生活管理和卫生保健工作,使幼儿身心得到全面健康发展。

> **真题链接**
>
> 1. 第斯多惠曾说:"教师本人是学校最重要的师表,是最直观的、最有教益的模范,是学生最活生生的榜样。"这说明教师劳动具有( )。(2012年下半年)
>   A. 创造性　　　　B. 示范性　　　　C. 长期性　　　　D. 复杂性
> 2. 王老师在给孩子们讲故事时,讲到"大象用鼻子把球卷起来"时,用手做出"卷"的动作。说到"大象把球扔到河里去了",又用手做出"扔"的动作,孩子们跟着做动作,脸上洋溢着笑容。这体现出教师的什么特点( )(2016年下半年)
>   A. 复杂性　　　　B. 示范性　　　　C. 长期性　　　　D. 创造性
> 3. 吃午饭时,孩子们吵吵嚷嚷,不能好好吃饭,李老师说:"咦,教室里怎么飞来这么多小蜜蜂,嗡嗡的好吵呀!快把他们请出去,别打扰我们吃饭",孩子们听后变安静地吃饭。李老师的语言具有( )。(2017年上半年)
>   A. 教学性　　　　B. 趣味性　　　　C. 鼓励性　　　　D. 示范性
>
> ➤ 答案及解析见本章首页二维码

四、幼儿园教师的专业素养与专业成长

幼儿园教师的专业素养是提高学前教育质量的核心因素。幼儿园教师必须清楚其所应具备的专业素养,并具备规划个人职业生涯和促进自身专业成长的能力。

四有好老师

(一) 幼儿园教师的专业素养

专业素养是专门职业对从业人员的整体要求。作为专业人员的幼儿园教师必须具备多方面的专业素养。

1. 专业知识

关于教师专业知识的建构研究是教师教育研究领域中的重要内容,依据有关的研究成果,参照我国2012年颁布的《幼儿园教师专业标准(试行)》,幼儿园教师应具备的专业知识为:通识性知识、幼儿发展与教育理论知识、幼儿保育和教育知识,三方面的知识是相互结合和交融的。

(1) 通识性知识

幼儿园教师工作是一种培养人的教育活动,完成这种活动需教师创造性地整合各种资源,科学地实施于幼儿,整个过程渗透着人文精神,具有人文性特点。因此,幼儿园教师应掌握宽广的科学文化基础知识,具备社会科学、自然科学、哲学艺术等方面的知识,并将这些知识内化为个体的人文素质,有效地促进幼儿身心全面和谐的发展。

(2) 幼儿发展与教育理论知识

幼儿发展与教育理论知识是幼儿园教师开展保教活动必备的专业知识。幼儿园教师

的职责是育人,是促进幼儿身心全面和谐发展,因此,幼儿园教师必须掌握幼儿发展与教育理论知识,否则就无法很好地实现育人的职责。

幼儿发展与教育理论知识主要包括:学前儿童卫生与保健、学前儿童心理和学前教育等专业知识。通过学习这些知识,幼儿园教师可以了解和掌握各年龄段幼儿身心发展的特点,掌握学前教育发展的规律和促进幼儿发展的教育策略与方法,并根据幼儿身心发展规律、学前教育发展的规律及原则,科学、适宜、有效地开展保教工作。

（3）幼儿保育和教育知识

由于幼儿园教师的劳动具有全面性和综合性,幼儿园教育任务和内容也是全面和综合的。因此,幼儿园教师与中小学教师有所不同,幼儿园教师不仅要熟悉幼儿园教育的目标、任务、内容、要求和基本原则,还要掌握幼儿保育和卫生保健、幼儿游戏、环境创设等知识,通晓健康、语言、社会、科学、艺术五大领域教育活动策略与方法等。

2. 专业能力

专业能力是幼儿园教师有效实施教育教学活动的重要保障,是教师专业素养的核心内容,一名专业的幼儿园教师必须具备较强的专业能力。幼儿园教师的专业能力包括以下几个方面:

（1）基础性能力

这一能力是幼儿园教师专业能力中最为基础的能力,是幼儿园教师从事教育教学活动必须具备的能力,主要包括:语言表达能力、沟通能力和教育教学设计能力。其中教育教学设计能力主要有:观察与评价幼儿的能力、各类活动的组织与指导能力、教玩具的制作与使用能力、环境创设能力、意外事件的处理能力。

（2）发展性能力

这一能力是幼儿园教师专业能力中进一步发展的能力,是较基础性能力高一层次的能力,主要有:教育教学反思能力、研究能力和信息能力。其中信息能力是现代信息社会所要求的能力,主要指对信息的分析、判断、选择和加工能力及信息技术的应用能力。

（3）拓展性能力

这一能力是幼儿园教师专业能力中最高层次的能力,是促进幼儿园教师专业可持续发展的能力,主要有:终身学习的能力、职业生涯规划能力和知识的管理能力。

3. 专业品质

如果说专业知识、专业能力强调的是会不会、能不能教,那么专业品质强调的则是愿不愿教,教得好不好。专业品质是基于对从事专业的价值、意义深刻理解的基础上,形成的追求卓越的精神,有时又被称为专业精神。如果说专业知识和专业能力是教师专业发展中技术和物质层面的发展,那么专业品质就是教师专业发展中精神和哲学层面的发展,是教师专业发展的最高层,也是促进教师专业发展的更深层的动力支持。专业品质主要包括专业情操与专业性向。

（1）专业情操

专业情操是教师对教育教学工作带有理智性的价值评价的情感体验,包括理智情操

(教育审美)和道德情操。其中理智情操的形成是以正确的教育价值观为基础的，道德情操的形成是以教师职业道德为基础的。在教育教学实践中，一个具有专业情操的幼儿园教师，能在实施自己教育理念的过程中形成自身独特的教育教学风格。一名教师如果缺乏专业情操，既不能形成自身独特的教育教学风格，也不会体验到职业幸福，甚至会出现职业倦怠、职业道德失范的情况，成为幼儿成长的"刽子手"。

(2) 专业性向

专业性向是教师成功从事教育教学工作所应具有的人格特征，或适合教育教学工作的个性倾向。苏联教育学家乌申斯基特别强调教师的人格因素，他曾指出："在教育工作中，一切都应以教师的人格为依据，因为，教育力量只能从人格的活的源泉中产生出来，任何规章制度，任何人为的机关，无论想得如何巧妙，都不能代替教育事业中教师的人格的作用。"可见，要成为优秀的教师，需具备良好的人格特征。如果一名幼儿园教师具备了专业知识，拥有了专业能力，但人格特征中表现出冷漠、脾气暴戾、无亲和力等特征，对幼儿缺乏爱心、细心和耐心，那么也不能成长为一名优秀的专业教师。

(二) 幼儿园教师的专业成长

幼儿园教师的专业成长已成为世界教师教育的发展趋势，幼儿园教师应顺应这一发展趋势，规划好自身职业生涯，不断促进自身的专业成长。

1. 幼儿园教师专业发展的阶段

幼儿园教师的专业成长是一个长期的、动态的发展过程，需要经历一系列的发展阶段。许多国内外学者对教师专业发展阶段进行了研究，我国学者叶澜提出了"自我专业发展意识"与"自我更新"取向教师专业发展理论。该理论把教师的专业发展划分为五个阶段。

(1) 非关注阶段

这一阶段指未进入正式教师教育之前的阶段。处于这一阶段的人，只是有从教的潜在可能，没有专业意识，也谈不上专业发展，但这一阶段的经验对今后真正从事教师工作的专业发展的影响不可忽视，甚至会延续到教师的正式执教阶段。

(2) 虚拟关注阶段

这一阶段指在校学习的阶段，也是职前培养阶段。这一阶段的学生对教育教学的认识带有某种虚拟性，但通过见习、实习等活动，他们开始对自己原有的经验和专业认识进行反思，逐步建构自己的专业意识和专业素养。

(3) 生存关注阶段

这一阶段指初入教师职业的阶段。环境的变化、角色的转换，激起初任教师强烈的自我发展的忧患意识，迫使他们特别关注专业发展中的最低要求——专业活动的生存技能。这一阶段的教师迫切需要在教学技巧上获得指导，在精神上获得肯定与鼓励。

(4) 任务关注阶段

这一阶段的教师由关注生存技能，转到更多的关注教学上来，转到更广范围的专业发展上来，由关注"我能行吗？"转到关注"我怎样更好？"。这一阶段的大多数教师自觉地寻求各种教师专业发展活动，如参加进修、与同事交流，努力形成自己的教学风格。

(5) 自我更新关注阶段

这一阶段的教师已经自觉地自我规划，以谋求最大限度的自我发展。他们已不满足于关注教学技巧、教学方法等细节，而是对教育问题给予整体、全面的关注，重视对自身教育理念的梳理和澄清，在教育教学中追求卓越。

从这一理论出发，纵观幼儿园教师专业发展的全过程，就可发现，幼儿园教师专业发展的过程也是连续的、动态的发展过程，每一阶段发展，都对后一阶段的发展产生影响。幼儿园教师专业成长必须经历由低到高的三个阶段，即新手教师到合格教师，再到优秀教师。要促进幼儿园教师专业发展，需认真分析影响教师专业发展的各种因素，找出对策，帮助教师顺利渡过专业发展的每一阶段，使其成长为优秀的专业教师。

2. 幼儿园教师专业发展的基本途径

我国幼儿园教师专业发展的基本途径主要包括职前教育和职后培训两个阶段。

(1) 职前教育

职前教育阶段是学前教育专业的学生进行专业准备与学习，初步形成幼儿园教师职业所需知识与能力的关键期，是幼儿园教师专业发展的起点和奠基阶段，影响着今后专业发展的可能性。当前，我国高等师范院校都设置了完善的人才培养方案，建构了科学合理的课程体系，重视实践性课程，强化实践环节。因此，学前教育专业的学生在校学习期间，应认真学习每一门课程，在见习与实习过程中，细心观察幼儿的行为及教师的教育教学行为，做好反思总结，逐步树立正确的儿童观、教育观和教师观，形成先进的学前教育理念。

(2) 职后培训

学前教育专业的学生进入工作岗位，成为幼儿园教师后，都会面临适应期和发展期两个阶段。适应期的教师主要面临的问题有：角色的转化，间接经验到直接经验的转化，理论与现实的融合等。面对这些问题，目前我国已采取了许多相关手段予以帮助和干预，如集中培训班、"师徒帮带"的方式，使新任职的幼儿园教师尽快适应教育教学工作，缩短成长周期，加快专业成长的速度。发展期的教师已掌握了教育教学技术，适应了现实环境，但在将来的职业生涯中又会面临其他各种问题：如经验如何上升为理论并转而指导实践等，有些教师会因长期从事幼儿园教育教学工作而缺乏热情，甚至产生职业倦怠，这就需要对这一时期的幼儿园教师进行职后培训，如课程进修、实践反思等。幼儿园应营造一种积极的学习氛围，促使幼儿园教师不断学习与反思，不断优化自身的知识结构，形成自主专业发展的需要和意识，使幼儿园教师的专业成长真正成为可能。

真题链接

1. 某幼儿园经常组织老师们相互观摩保教活动，针对活动过程展开研讨，提成完善活动的建议，这种做法体现的教师专业发展途径是（　　）。（2015年上半年）

　　A. 进修培训　　　　B. 同伴互助　　　　C. 师徒结对　　　　D. 自我研修

2. 焦老师积极参与各种教师培训活动,返园后主动与同事们交流学习的心得体会,并将其运用于保教实践。关于焦老师的做法,下列说法不正确的是(　　)。(2015年上半年)
   A. 体现了终身学习的自觉性　　　　B. 有利于师幼的共同发展
   C. 推动了幼儿园的园本教研　　　　D. 有利于增进家园合作
▶ 答案及解析见本章首页二维码

第二节　良好师幼关系的建立

微课 11
良好师幼关系的建立

幼儿园教师与幼儿之间的关系既是教育活动赖以存在和发展的重要因素,也是教育活动过程中重要的教育因素。幼儿园教师和幼儿之间的良好关系,是幼儿园教育活动顺利开展的重要条件,对幼儿身心全面和谐的发展起着重要的教育作用。

一、师幼关系

所谓师幼关系,是教师和幼儿在教育活动和交往过程中形成的比较稳定的人际关系,是幼儿园教育活动过程中最基本、最重要的人际关系。与亲子关系、同伴关系等幼儿的其他人际关系相比,师幼关系的特殊之处在于它蕴含着教育的因素,是幼儿成长的一种特殊的教育关系。师幼关系对幼儿认知、情感、社会性发展和性格形成起着重要的作用,是保证幼儿园教育活动顺利开展的重要条件。

在幼儿园教育活动中,良好的师幼关系能使幼儿产生归属感、安全感,从而产生愉快的情绪体验,可使幼儿在愉悦中不知不觉地接受教育影响,健康快乐成长。分析学习师幼关系,可使幼儿园教师建立正确的教育观,有效开展幼儿园教育活动。幼儿园教师与幼儿之间有以下几种关系。

(一) 教育与被教育的关系

我国 2001 年颁布的《幼儿园教育指导纲要》中指出:幼儿园教育是基础教育的重要组成部分,是我国学校教育和终身教育的奠基阶段。幼儿园教师在社会的发展中承担着教育幼儿的社会职责,幼儿园教师作为成熟的社会成员,是代表国家意志的教育者。幼儿园教师依据幼儿园教育目标,有目的、有计划、有组织地对幼儿实施教育影响,从而促进幼儿身体、认知、情感和社会性等方面全面和谐的发展。幼儿则是身心均不成熟的、正在发展中的社会成员,是受教育者,幼儿在幼儿园教育活动中接受教师的教育影响,从而获得身心全面和谐发展。因此,师幼关系是一种教育与被教育的关系。

(二) 保育与被保育的关系

幼儿园教育与中小学教育最大的不同在于,幼儿园教育具有保教合一的显著特点。

我国2016年修订的《幼儿园工作规程》中明确规定："幼儿园是对3周岁以上学龄前幼儿实施保育与教育的机构。"幼儿园教师担负着保育与教育的双重任务，在教育实践中，幼儿园教师应遵循保教合一的原则，不仅要开展教育教学活动，还要全面负责幼儿的一日生活，照料幼儿的饮食起居，指导幼儿的生活习惯和卫生保健等。因此，师幼关系又是一种保育与被保育的关系，幼儿园教师是幼儿健康成长的保育者，幼儿年龄幼小、身体稚嫩、不能独立生活，因而是被保育者。

(三) 平等的朋友关系

从社会大范围来看，幼儿园教师和幼儿都是社会的基本成员，其相互关系是平等的社会成员关系，这种平等的社会成员关系是幼儿园所有人际关系中首要且基本的关系，是师幼关系的基础。虽然幼儿园教师是代表国家意志，对幼儿进行教育与保育的教育者、保育者，但幼儿在人格与地位上与教师是平等的，不因年幼弱小，而处于从属地位。幼儿园教师不能把幼儿仅仅视为纯粹的"受教育对象""被保育者"，应把幼儿首先看作是一个独立的"人"，平等地对待幼儿。《纲要》中明确指出："建立良好的师生、伙伴关系，让幼儿在集体生活中感受温暖、心情愉快，形成安全感、信赖感。"所以，师幼关系更是平等的朋友关系。幼儿园教师应以民主的、平等的朋友的身份与幼儿展开交流讨论，共同学习。离开了平等与尊重，教育和保育就会成为一句空话。

(四) 密切的合作伙伴关系

《纲要》中指出："教师应成为幼儿学习活动的支持者、合作者、引导者"，并进一步提出了一些指导性建议："耐心倾听，努力理解幼儿的想法与感受，支撑、鼓励他们大胆探索与表达"，"敏感地察觉他们的需要，及时以适当的方式应答，形成合作探究式的师生互动"。由此可见，师幼关系不仅是教育与被教育、保育与被保育的关系，还应发展成为协商、互动、合作的关系。幼儿园教师是幼儿成长的合作者和促进者，其作用不再只是"讲"和"直接告诉"，不再是拿出范例或操作实验向幼儿分步讲解和示范；不再是"居高临下"地向幼儿"灌输"知识，而是以合作者的身份平等地参与到幼儿的探索活动中，以关怀、合作和开放的态度与幼儿相处，与幼儿共同营造温暖、宽松、和谐的学习氛围。

二、影响师幼关系的因素

一般来说，师幼关系主要受以下因素的影响。

(一) 传统文化

中国自古以来就有"尊师重教"和维护"师道尊严"的传统，将"天""地""君""亲""师"并为一个高度，进行顶礼膜拜。因此，在中国古代师生关系中教师为"贵"，学生为"轻"，提倡学生对教师的尊重和绝对服从。同时，还因受封建等级制度的"管、教、养"等封建意识的影响，中国古代的师生关系是一种"上"与"下"的"授受"关系，强调学生对教师必须尊重和服从，这样的师生关系中不存在平等、互动的关系。这种传统文化对人们的影响深重，认为师幼关系是一种被动的教与学的关系、管与被管的关系。

当然，我们也应该看到，中国传统文化中对师生关系的认识也有一些先进的因素，如韩愈《师说》中："弟子不必不如师,师不必贤于弟子。"这就反映了当时韩愈也倡导师生之间是平等互动、相互学习的关系。

(二) 国家教育政策

国家的教育政策直接体现时代对幼儿园教师社会价值的认识,从而也影响师幼关系的变化发展。例如,清末政府对学前教育机构蒙养院的设置规定,蒙养院须设在育婴堂和敬节堂内,以堂内乳媪和节妇经过训练后充当保姆。可见,当时幼儿园教师就是受过专门训练的保姆,师幼关系就是保育与被保育的关系。之后很长一段时期,我国不重视发展学前教育,学龄前儿童的教育大都在家庭中进行,幼儿园教师的工作没有受到社会的重视,加之受传统观念的影响,人们将幼儿园教师称之为"保姆""阿姨",因此师幼关系也一直停留在保育与被保育层面。

新中国成立以后,幼儿园教育工作者被纳入"人民教师"的行列,1993年10月31日,我国政府颁布了《中华人民共和国教师法》,幼儿园教师的社会职责也进一步明确,幼儿园教师担负起了教育与保育的双重任务,这时的师幼关系也发生了很大的变化,师幼关系既是教育与被教育的关系,也是保育与被保育关系。2001年颁布《幼儿园教育指导纲要(试行)》,2012年颁布《幼儿园教师专业标准(试行)》,2012年颁布《3~6岁儿童学习与发展指南》,2016年修订的《幼儿园工作规程》,随着这一系列学前教育行政法规和章程的颁布,师幼关系又进一步发生了变化,幼儿园教师与幼儿之间不仅是教育与被教育、保育与被保育的关系,更是平等的朋友关系、互动的师生关系。

(三) 幼儿园教师的专业素养

幼儿园教师的专业素养是影响师幼关系的重要因素。首先,教师专业知识的深度和广度影响着师幼关系的质量。如果幼儿园教师具备扎实的学前教育理论知识,熟悉幼儿身心发展的规律,具有正确的儿童观、教育观和教师观,那么,在教育过程中就能自觉尊重幼儿的人格和权利,遵循幼儿身心发展的规律和学习特点,关注个别差异,满足幼儿多方面发展的需要,建立民主、平等、和谐的师幼关系。相反,如果缺乏精深专业知识,就会从"专制的教师中心"出发,在教育活动中体罚、侮辱幼儿,导致师幼关系紧张与恶化。其次,教师的专业能力影响着师幼关系的发展。幼儿园教师的劳动对象是天真活泼的幼儿,每个幼儿又具有主观能动性,因此,在教育活动过程中,需要幼儿园教师专业能力的支持,幼儿园教师的沟通、活动组织与设计等能力的高低,都影响师幼关系的质量。再次,教师人格特征也影响着师幼关系的发展。幼儿园教师的工作实质是人与人的交流、生命与生命的对话,教育活动的过程是教师与幼儿进行对话与交流、沟通与合作过程。因此,幼儿园教师与幼儿之间的关系不是单纯的教育者与被教育者之间的事务性的关系,而是带有明显的情感性特征,在教师与幼儿的交互作用中,教师的人格特征对幼儿人格的发展及师幼关系有着重要的影响。有研究者发现,幼儿园教师的细心、体谅、耐心、合作、亲和力等人格特征对于幼儿安全感、自信心以及探究能力的发展密切相关。

(四) 幼儿的个性特征

师幼互动是一个双向交流的过程,教师和幼儿各自的特点都会对对方产生影响。首

先,幼儿的个性特征会影响师幼交往的机会,从而影响师幼关系。例如,淘气、好动的幼儿容易吸引教师的注意;外向、活泼、喜欢亲近教师的幼儿容易赢得教师的欢心;内向、沉默少言的幼儿就容易被教师忽视。在师幼交往中,教师不能因个人喜好偏爱少数幼儿,而要把爱的种子向全体幼儿播撒。其次,幼儿的个性特征会影响师幼交往的内容。如一个细腻敏感、渴望被关注的幼儿可能会引发教师更多的情感支持;一个爱动脑筋、善于发问的幼儿也许会推动教师对教育活动的深入思考;而一个活泼好动、个性开朗的幼儿则会把愉快的情绪传给身边的教师与同伴。

三、幼儿园教师应树立正确的教育观

教育观是指教育者在理论学习和教育教学实践过程中逐步形成的对教育现象和教育问题的看法和认识。幼儿园教师不同的教育观对自身的教育教学行为及师幼关系会产生不同的影响,幼儿园教师应树立以下教育观:

(一) 幼儿是学习发展的主体,尊重幼儿的心理需要

在幼儿园教育活动的过程中,幼儿是学习发展的主体,幼儿园教师起主导作用。幼儿虽然生活经验少,知识贫乏,但他们是一个鲜活的独立个体,与教师在人格上是平等的。因此,幼儿园教师应充分重视幼儿的主体地位,不能把自己的角色定位成管理者和控制者,更不能将幼儿看作盛装知识的容器,以绝对权威,把自己的知识、经验强行灌输给幼儿,而忽略幼儿的主体感受与需要。教师应尊重幼儿的需要,平等对待每一位幼儿,应从"领导者"的位置上走下来,俯下身,带着一颗充满好奇的童心与幼儿交流,站在幼儿的角度去观察幼儿,了解幼儿,尊重幼儿已经形成和拥有的一切,包括知识经验、能力水平、个性特征、劳动成果,甚至是"错误",更要尊重并了解幼儿内心的种种需要,这样才能达成真正意义上的平等交流与互动。

(二) 关注个体差异,理解幼儿独特的学习方式

每一个幼儿都是独立的个体,各具特点,有的好动,有的安静,有的细心,有的沉稳,幼儿园教师应关注每个幼儿的个体差异,不能用统一的标准去要求所有的幼儿,更不能对达不到教师所谓的"标准与要求"的幼儿进行苛责,甚至体罚,幼儿园教师应以理解、宽容的心态对待每一位幼儿的个体差异。对于一名成功的幼儿园教师来说,仅有对幼儿的一腔热爱是实现不了真正的教育的,教师如果不理解幼儿独特的学习方式,也不能取得好的教育效果。幼儿园教师了解幼儿的学习方式,是教育活动中和幼儿有效交往的前提,影响着师幼交往的深度。

(三) 幼儿园教师扮演多重角色,充分发挥间接主导作用

在幼儿园教育活动过程中,良好的师幼关系是互动合作的关系,幼儿是活动的主体,教师是活动的主导。幼儿园教师应在教育活动中准确定位角色,充分发挥其间接主导作用。过去,尤其在师幼关系的处理上,许多幼儿园教师都存在着一些错误的认识,认为幼儿弱小、没有生活经验,幼儿园教师占绝对的权威地位,对幼儿的活动控制和管理较多。有研究发现:幼儿园里师幼互动的内容和表现形式上,存在着"几多几少"的现象,即由幼

儿发起的下对上的请求、征询、展示、汇报、寻求帮助和告状等情况较多，具有明显的上行型特点，而平等的、同等水平上的互动，如发表个人见解、与教师共同游戏，主动替教师做事等情况较少；由教师发起的上对下的要求、提醒、帮助、指导等情况较多，具有明显的下行型特点，而对幼儿的关心、抚慰、平等的交流、征询和让幼儿帮助做事等情况较少；对幼儿生活照顾较多，留给幼儿自理、自立的机会，鼓励、引导他们独立、自主较少；有计划地对幼儿进行教育指导较多，适时、灵活地把幼儿的兴趣和意愿转变为教育内容，引领幼儿进行自我建构较少；在教学活动中发生的互动较多，在生活和游戏中发生的互动较少；教师与幼儿集体发生的互动较多，与小组和个别幼儿发生的互动较少。

幼儿园教师的角色定位会影响和幼儿之间的交往模式，而交往模式一旦形成习惯，对班级管理程序、教学效果、心理环境等都会产生影响。因此这就要求幼儿园教师慎重思考自己扮演的角色，应根据幼儿的年龄特征、认知特点和班级实际情况等选择扮演多重角色。如扮演幼儿心声的倾听者：以微笑和耐心倾听幼儿的需要、想法，并适时给予积极的反馈；扮演幼儿行为的观察者和分析者：悉心观察并领悟幼儿的言行，分析了解其普遍的年龄特点和个性差异；扮演交往机会的提供者：给幼儿提供充分的时间和机会，引导鼓励他们和教师、同伴进行平等的自由的交往；扮演幼儿发展的支持者、帮助者和指导者：根据幼儿的发展需要和现有的水平以及教育目标的要求来制订教育计划、选择和调整教育内容，并适时地把幼儿的兴趣和关注的问题生成为课程内容，引导幼儿主动地富有个性地发展。总之，幼儿园教师应认识到自身角色的多重性并准确定位，始终要尊重幼儿主体性，以民主、平等的态度，对待每个幼儿。

四、建立良好师幼关系的策略

幼儿园的一切教育活动过程都是教师和幼儿的互动过程，师幼互动是幼儿园教育的基本表现形态。《纲要》中明确指出："建立良好的师生、伙伴关系，让幼儿在集体生活中感受温暖、心情愉快，形成安全感、信赖感。"建立良好的师幼关系需要幼儿园教师以正确的儿童观、教育观和教师观为基础，从幼儿的实际情况出发，从以下几个方面着手。

（一）尊重与关爱幼儿

教师对幼儿的关爱，可以消除幼儿对教师的顾虑，从而敢于亲近教师。关爱是师幼情感沟通的桥梁，是学前教育的基本要求，只有在关爱幼儿的基础上，才有可能与幼儿建立良好的师幼关系，使幼儿信赖教师，形成安全感。关爱就是使幼儿得到来自教师的关注、关怀和爱的感情。教师关爱幼儿的方式多种多样，比如，对幼儿的行为表现表示赞赏，可用亲切的微笑、赞赏的语言、鼓励的表情、爱抚的动作表示。当然，针对不同年龄的幼儿，可以采取不同的方式。如，年龄较小的幼儿宜采用语言和动作的方式表示关爱，而对年龄较大的幼儿，表情和动作则更有效。

（二）与幼儿平等交往

在人际互动或交往过程中，交谈或谈话是常用的沟通交往手段。教师应在日常生活中对幼儿感兴趣的食物、话题，与幼儿一起平等、真诚地交谈，这种形式的互动有利于良好师幼关系的形成。从目前的情况看，师幼之间的交谈往往发生在教学活动中，而日常生活中的随意交谈并不多。教学中的交谈常常不在于相互理解和沟通，而在于幼儿园教师对教学内容的解说，日常生活中的交谈是建立良好师幼关系的重要时机。在日常生活中，有计划地安排一些师幼谈话活动，能促进教师与幼儿之间、幼儿与幼儿之间良好关系的建立。如幼儿晨间谈话，即教师和幼儿围坐在一起，谈论发生在生活中的一些事情，这不仅是一种语言活动的形式，更是师幼之间的一种互动和交往形式。之所以强调教师与幼儿在日常生活中进行交谈或谈话，是为了增强交谈或谈话的随意性、自由性、平等性，因为随意、自由、平等的交谈，有利于师幼之间的良性互动，有利于师幼之间良好关系的形成。

（三）参与幼儿的活动

师幼关系是以教师与幼儿之间一定的互动或交往活动为基础的，离开师幼之间的互动或交往活动，师幼关系就不复存在。教学活动固然可以说是师幼之间的互动或交往活动，但这只是教师的主导活动，对于建立优质的师幼关系是远远不够的。在幼儿园的教育活动中，有许多是幼儿自主的活动，如游戏活动、区角活动和幼儿的个别活动等。因此，教师应积极参与到幼儿自主的活动中，即在幼儿自主的活动中，教师不能只是一个指导者，更应该是一个参与者、学习者。师幼关系虽然包括教师对幼儿进行指导的关系，但师幼之间并不总是指导与被指导的关系，而应该是平等的人与人之间的关系。教师以普通的活动参与者的心态参与到幼儿活动中，有利于与幼儿建立平等的师幼关系。

（四）与幼儿建立个人关系

教师与个别幼儿之间的关系，尤其与班里较典型、特殊的幼儿之间的关系，常常会影响教师与其他幼儿的关系。教师应该设法与个别幼儿建立良好的个人关系，并以个人关系影响与其他幼儿的关系。比如，一个体重和身高较其他幼儿突出的男孩子，在日常生活中常常欺负弱小的幼儿，如果老师设法与他多接触，与这个幼儿建立良好的个人关系，不仅能够让其在有关活动中充分展示他活跃的一面，也能使幼儿感受到教师对他的期望，从而加强自律，改正自己的不良行为。但值得注意的是，教师要处理好自己与个别幼儿和其他大多数幼儿之间的关系，以个别关系带动与其他的普遍关系，而不能因与个别幼儿的关系去损害与其他大多数幼儿的关系。

（五）积极回应幼儿的社会性行为

无论是在日常活动还是在教育教学活动中，幼儿园教师都应对幼儿的行为做出适当反应，尤其是一些社会性行为，如具有合作、谦让、互助、友好、勇敢等特征的行为，教师应对幼儿的社会性行为做出反应，给予积极的关注和回应，对幼儿积极的社会行为应给予肯定和赞赏，并设法引起社会性赞同，扩大其影响。对幼儿消极的社会性行为，教师也应该做出恰当的反应，使幼儿感受到教师的态度和价值取向。教师对幼儿的行为做出积极的回应，不仅是对幼儿行为本身的一种评价，而且可以加强师幼互动，强化师幼关系。

（六）保持良好的心态

幼儿园教师工作的复杂性、全面性和综合性决定其工作强度大，担负的责任重，而且工作内容也比较琐碎。同时,由于幼儿园教师行业的特殊性又使得女性成为职业主体,她们在工作之外往往要承担家务劳动、养育子女的责任。因此,一些幼儿园教师在工作中常常感到压力大,体验不到价值感和幸福感,有些教师在工作中找不到被认可和尊重的感觉。由此就会产生不良情绪,甚至产生职业倦怠,从而影响良好师幼关系的建立。因此,幼儿园教师要及时调整自己的心理状态。如果一个人总是被消极的情绪所困扰,就永远不可能发现工作和生活中的快乐,也不可能得到幼儿的认可与赞许,良好师幼关系的建立也无从说起。幼儿园教师是幼儿身心健康发展的促进者,对幼儿的人格塑造有巨大的影响力,这就要求教师不能精神疲惫地出现在幼儿面前,而应以健康、乐观和饱满的状态去面对幼儿。

总之,建立良好的师幼关系,是培养独立的人及健全的人格的需要,也是实施全面素质教育的需要,对幼儿个性及创造性的发展具有深远的意义。

真题链接

1. 每次在与幼儿交流过程中,吴老师都会全神贯注地看着幼儿,有时候她也点头、微笑、询问和鼓励,这反映了吴老师与幼儿相处所遵循的原则是( )。(2015年下半年)
   A. 个体性原则   B. 适时性原则
   C. 公平原则   D. 尊重原则
2. 活动课上,赵老师特意邀请几个平时不太合群的孩子表演"找朋友",被邀请的孩子面带微笑与其他小朋友愉快的完成表演。赵老师的行为( )。(2017年上半年)
   A. 恰当,教师应当培养幼儿遵守纪律习惯
   B. 不恰当,教师应当遵循幼儿身心发展规律
   C. 恰当,教师应当关注每个幼儿发展
   D. 不恰当,教师应当保护幼儿的自尊心

▶ 答案及解析见本章首页二维码

拓展链接

和幼儿沟通的技巧[①]

教师和幼儿说话时所持的态度、所使用的语言,都是沟通的技巧。以下是与幼儿沟通是需要注意的事项:

---

① 香港理工大学学前教育系列教材.幼儿课程[M].北京:北京师范大学出版社,1994.

要熟记每个幼儿的名字

和幼儿讲话时,如果叫出他们的名字,幼儿会感到自己受重视倍感亲切,从而对教师的话做出积极的回应。教师呼唤幼儿的名字时,应以他们在园中登记的名字为准,不要以绰号呼唤他们(绰号多少含有取笑成分,对幼儿不够尊重),也不要以乳名呼唤他们,老师应该是有别于他们家里的人,幼儿也需要习惯自己的名字。

说话的语调和速度要恰当

说话的语调和速度都要恰当,音调自然。有时可以用高低缓急等表达方式来使语言形象化;音量不要大得令人听起来不舒服或过小听不到,在重要的地方要加强语气;有时也可以运用停顿,幼儿听到教师停下来不说话,会觉得好奇,这就达到了制造悬念,吸引幼儿注意的效果。

要选用适当的语言

幼儿的语言仍在发展阶段,较难听懂复杂的语句,因此教师使用的语言要简单明确,用词生活化而不流于庸俗,容易被幼儿理解和接受;教师也要时常提醒自己,不要说得太多,说话太多,会使幼儿感到厌倦从而无心听讲。

说话态度要友善

教师说话时,态度要友善,尽量用语言表达自己对幼儿的支持。例如,"我很喜欢听你的描述,相信小朋友也会喜欢。""××这次说的比上次进步多了。""你这次说得很清楚!"等。当遇到幼儿有不好的行为时,切忌用语言去伤害他们的自尊心。例如,不宜说:"××的耳朵丢了,根本没听到老师说过些什么。"

要注意与幼儿的目光接触

没有经验的老师可能因紧张而没有望向幼儿,切勿让这种行为成为习惯。目光接触本身便是一种沟通方式,教师要保持与幼儿的目光接触,而且不要只停留在个别幼儿的脸上,要让每一个幼儿都感觉到教师在注意他。和幼儿讲话,要尽可能蹲下来,使彼此的目光接触保持同一水平。进行教学的时候,教师站立着就不太恰当,因为幼儿要仰起头才能看到教师的脸孔,这会使他们感到不舒服。教师坐下来会较合适。

要善于倾听

教师如能耐心倾听幼儿的讲话,幼儿便会乐意与教师沟通,也会对教师发出的信息做出积极的回应。教师如果期望幼儿用心听她的话,那么她要以身作则,在幼儿面前树立好榜样。

 **本章结构**

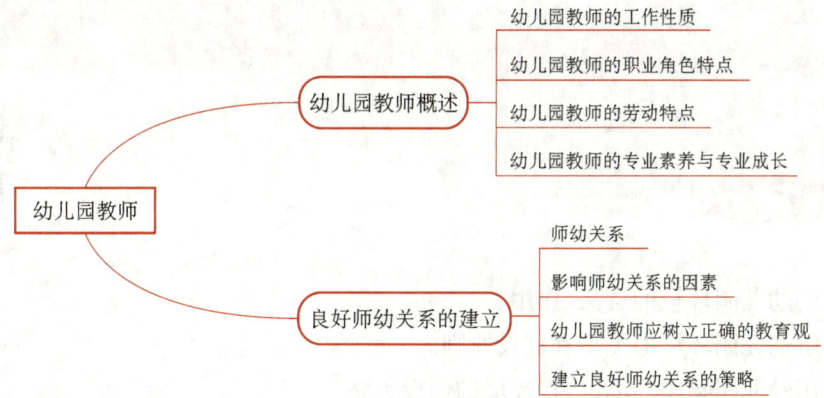

 **回顾与思考**

1. 简述幼儿园教师的劳动特点。
2. 简述幼儿园教师的职业角色特点。
3. 简述幼儿园教师应具备的专业素质。
4. 简述师幼关系及其影响因素。

实践与训练

1. 走访幼儿园教师,观察思考一个优秀的幼儿园教师在教育活动中扮演的角色有哪些?并分析评价该教师扮演的效果如何?
2. 设计一份调查问卷,通过调查,分析影响幼儿园教师专业发展的因素。

第六章 幼儿园环境

真题参考答案

1. 了解幼儿园环境的含义、作用。
2. 理解幼儿园环境的类型和创设原则。
3. 应用幼儿园物质环境、精神环境的创设策略。

我班的环境创设

我园共有15个班,每班的布置都不同。老师们都追求形式多样化,突出自己的特色。就拿我班(大恐龙班)来说吧,活动室里到处都充满了老师和孩子们别出心裁的布置。我们根据季节的变化,不断地更新室内环境的内容,以此给孩子一个舒适的生活和学习的环境。与此同时,教师还为孩子们提供了丰富的材料,有各色皱纹纸、报纸、蜡光纸、手工纸、图画纸等。通过师幼共同操作,既培养孩子们参加活动的兴趣,又提高他们动手动脑的能力,使孩子们懂得了任何材料的运用和表现都不是固定不变的,从而为孩子们打开一个千变万化创造美的窗口,使他们在活动中真正体验到成功合作的喜悦和快乐。

我们还根据孩子们的年龄特点和教学内容,创设活动角并不断补充新的活动内容。如观察角、图书角、美工角、语言区、表演区、益智区、探索区,各个区角都有各自的特点,都是为孩子们的活动服务的。在观察角,孩子们从家里带来了盆花,种植了白菜根、大蒜、豆子,养了金鱼。孩子们给植物浇水,看老师给鱼换水、喂食,他们仔细观察着植物的生长变化,观察着鱼的变化。观察角的创设既美化了活动室,又使孩子们学到了不少知识,还为孩子们创设了一个净化、绿化、美化的自然环境。这样的活动激发了孩子们积极操作的愿望,挖掘了他们内在的潜力。孩子们在这样的环境中学习和生活,可以愉悦身心,并培养他们欣赏美、爱护美、追求美的情感。①

---

① 赵旭云.幼儿园的环境创设及功能[J].甘肃教育,2005(10):16.

上述材料是幼儿园教师对自己创设并利用幼儿园物质环境的经验回顾。案例中强调，环境创设拒绝千篇一律，要体现教师环境创设的个性化，要随着时间变化而变化，给幼儿提供的活动材料要丰富，特别是在区角材料，要及时更新；环境创设要注重师幼互动，通过师幼共同参与的环境创设，为幼儿成长提供一个适宜的环境。从学前儿童的发展来说，环境是影响他们成长的重要因素，幼儿园能否创设良好的环境，关系到幼儿园保教工作的质量。《纲要》中明确要求："环境是重要的教育资源，应通过环境的创设和利用，有效地促进幼儿的发展。"可见，作为一名幼儿园教师，应该具备幼儿园环境创设的知识与能力。本章将围绕上述问题展开论述。①

第一节 幼儿园环境概述

一、幼儿园环境的概念及价值

（一）幼儿园环境的概念

环境，泛指生物有机体生存空间内的各种条件的总和。对于幼儿园教育而言，广义的幼儿园环境是指支持与影响幼儿园教师与幼儿在园活动的一切外部条件的总和，它包括幼儿园内部的小环境，又包括园外的家庭、社会、自然、文化等大环境。狭义的幼儿园环境是指在幼儿园中对幼儿身心发展产生影响的物质和精神要素的总和。

微课 12
幼儿园环境概述

（二）幼儿园环境的价值

1. 环境是组成教育的必要因素

环境是教育的一个重要因子，既是教育的场所，又是教育的内容，蕴含着丰富的教育信息和资源，对学前儿童的学习起着促进、激发的作用。② 被称为"全世界最好的学前班"的瑞吉欧学前教育机构认为，环境是"第三位老师"。受建构主义的影响，瑞吉欧模式强调知识是不断地在与环境的相互作用中形成的。教育是否成功，有赖于环境的各个要素是否具有教育的成分、是否充分地参与到教育的过程中、是否有助于互动、是否有益于学前儿童的知识建构。作为"第三位老师"的环境具有重要的教育作用，但它不是一成不变的，而是根据学前儿童和教师的需要不断地修正。教育任务的完成正是通过创设和调控环境，促进学前儿童与环境相互作用来实现的。

2. 环境是课程设置和实施的重要组成部分

环境是课程理念得以实施、课程目标得以实现的资源保障。创设良好的环境是幼儿园课程实施的一个重要内容，环境生成课程，课程又创造环境。幼儿园环境是课程的具体

---

① 朱宗顺，陈文华.学前教育学[M].北京：北京师范大学出版社，2013：152.
② 屠美如.向瑞吉欧学习什么[M].北京：教育科学出版社，2002：28.

体现。首先，幼儿园环境体现课程理念和目标，它是课程理念和学前教育总目标的具体化。就某个具体的保育教育活动而言，其特定的环境创设反映出教师对课程理念与目标的理解程度，也是教师专业水平的综合体现。其次，幼儿园环境体现课程内容。当课程理念与目标融入环境的每一个细节时，环境就是课程，学前儿童在精心设计的环境中获得教育经验。课程环境建设对教师而言就是让文本课程转化为活动课程的一个过程。最后，环境体现课程实施过程。环境的设计与发展过程很大程度上也反映了教师和学前儿童积极、主动建构教育经验的过程。因此，教师要创设和利用好环境，组织好各种保教活动，将课程融入环境的每一个细节中，真正让环境成为学前儿童亲身体验的课程的一部分。

3. 环境是促进互动的关键性因素

"教育乃是由复杂的互动关系所构成，也只有'环境'中的各个元素的参与，才是许多互动关系实现的决定性关键。"[1]幼儿园的教育中，幼儿园与社区之间、幼儿园与家庭之间、幼儿园与其他幼儿园之间、园内领导和教师之间、教师和教师之间、教师和学前儿童之间的互动必不可少，环境是互动的桥梁。展示区、活动区、生活区等各个场所的布置都是幼儿园与家庭、与社区、与其他园所、与学前儿童进行交流的媒介，大到园所的地理位置，小到教室内每一个小物件的摆放，都要为各种互动提供便利条件。此外，环境建设中有许多资源来源于幼儿园、社区与家庭，是学校文化、班级文化、社会文化、家庭文化的缩影，这些超越班级的环境资源，使得环境又成为不同班级、不同园所学前儿童相互学习的信息中心。

4. 环境是"记录、展示"的重要方式

记录和展示无论对学前儿童、教师还是家长都具有重要作用。对于学前儿童，记录和展示让他们觉得自己受成人的重视，会更热情地投入各项活动中。同时，记录和展示也为学前儿童提供了重新检视、反省和解释的机会，有助于知识的自我整合和整体建构。对于教师，记录是一面镜子，可以再现教师的想法，促进教师自我反省，增加教师之间的经验分享，取长补短。对于家长，可以了解到孩子在学校的行为，不仅了解孩子学习的成果还可以了解他们学习的每一个过程。此外还为家长之间、家长与老师之间探讨教育提供素材，促进学前教育更好地进行。对于幼儿园，环境记录和展示着园内儿童与成人的生活。展示栏上贴着教师认真挑选的活动记录、活动照片、教师对作品的评价和建议，甚至还有关于活动方案的反思和个性想法，最大程度上发挥了空间展示的作用。

真题链接

"孟母三迁"的故事说明，影响人的成长的重要因素是（　　）。（2012年下半年）

A. 环境　　B. 邻居　　C. 母亲　　D. 成熟

▶ 答案及解析见本章首页二维码

---

[1] 马拉古奇.孩子的一百种语言—意大利瑞吉欧方案教学报告书[M].张军红等译.台北:光佑文化事业股份有限公司,1999:33.

二、幼儿园环境的类型

幼儿园环境是一个非常复杂的体系,可以从多个维度分类。从学前儿童活动的形式来分,幼儿园环境包括语言环境、运动环境、劳动环境和游戏环境;从幼儿园的主要工作内容来分,可以分为保育环境和教育环境;从幼儿园潜在课程的结构及特征分,分以分为物质空间环境、组织制度环境与文化心理环境;从幼儿园日常生活的主要类型分,可以分为生活活动环境、游戏活动环境和学习活动环境;从幼儿园环境中构成的内容与性质差异分,可以分为物质环境和精神环境。本书主要从幼儿园环境中构成的内容与性质差异维度进行分析。

(一) 物质环境

广义的物质环境是指对幼儿园教育产生影响的一切天然环境与人工环境中物的要素的总和。包括自然风光、城市建筑、社区绿化、家庭物质条件、居室空间安排、室内装潢设计等。

狭义的物质环境是指幼儿园内对学前儿童发展有影响作用的各种物质要素的总和。包括园舍建筑、园内装饰、场所布置、设备条件、物理空间的设计与利用及各种材料的选择与搭配等。可以分为自然物质环境和物质文化环境。自然物质环境是指幼儿园里与学前儿童发展相关的各种自然条件的总和。如幼儿园里的水、空气、阳光、动植物、微生物等。自然物质环境既是影响学前儿童身心发展的因素,又是一种可以直接利用的教育资源。物质文化环境主要是物质空间环境,代表着一定的精神和灵魂,是物化的思想、观念或教育价值观,主要包括幼儿园园舍建筑、活动室、户外活动场地、其他各种设备等各方面物化的精神观念。这些环境的布置反映了幼儿园的教育理念,其空间形式以及构成要素的数量和质量直接影响着幼儿园教育教学活动的内容、形式与质量。物质文化环境与自然物质环境相辅相成,一起构成了幼儿园活动的物质条件基础。

幼儿园教育需要一定的物质环境,它是幼儿园赖以进行的物质基础。物质条件的好坏与教育质量的关系密切。良好的物质环境能陶冶学前儿童的性情,激发学前儿童的好奇心,鼓励幼儿的探索行为,使学前儿童在操作和摆弄各种材料的过程中,学习知识,获得各种社会行为,实现个人的发展。

(二) 精神环境

广义的精神环境泛指对幼儿园教育产生影响的整个社会的精神因素的总和。主要包括社会的政治、经济、文化、艺术、道德、风俗习惯、生活方式、人际关系等。

狭义的精神环境指幼儿园内对学前儿童发展产生影响的一切精神因素的总和。主要包括教师的教育观念与行为、幼儿园人际关系、幼儿园文化氛围等。

幼儿园精神环境一般分为两种类型:幼儿园素质文化环境和幼儿园心理环境。[①] 所谓素质文化环境是指幼儿园工作人员实际上已拥有或正在拥有的信念、价值观、态度和行为

---

① 学前教育专业教材编写组.幼儿教育学[M].南京:河海大学出版社,2005:164.

方式。如幼儿园教师的儿童观、教育观、道德观；幼儿园的室内外环境布置、文化氛围、活动气氛、园风、教风和工作作风等。幼儿园的心理环境是指与学前儿童有关的人际关系及其性质，如幼儿园内部师幼之间、学前儿童之间、家长与教师之间等各种人际关系。这些人际关系和氛围直接影响到幼儿园教育活动以及学前儿童参与活动的主动性和积极性，影响他们认知、情感、行为习惯的形成和个性发展。

在具备基本的物质条件后，对幼儿园教育起决定作用的是精神环境。因为学前儿童年龄小，可塑性很大，纷繁复杂的社会生活对他们来说是那么新奇有趣，而其对学前儿童的影响是无孔不入、经年不断、潜移默化的，因此其作用是巨大的。精神环境对学前儿童的影响是两方面的，良好和谐的精神环境有利于学前儿童的发展，不良的精神环境，如大众传媒中不宜学前儿童收听、收看的内容，成人不当的教养态度等也会对学前儿童的发展产生负面影响。因此，幼儿教育工作者要善于创设与利用各种有利的精神环境，控制各种不利因素，保证学前儿童顺利健康的成长。

真题链接

1. 幼儿园环境分为物质环境和（　　）。（2012年上半年）
   A. 社会环境　　B. 精神环境　　C. 城市环境　　D. 局部环境
2. 什么是幼儿园环境，为什么要创建良好的幼儿园环境？请联系实际说明。（2017年下半年）

➤ 答案及解析见本章首页二维码

三、幼儿园环境的特征

（一）环境的教育性

幼儿园作为专门的幼儿教育机构，其环境创设与其他非教育机构有显著的区别，它是根据幼儿园教育的目标及学前儿童的发展特点有目的、有计划、有组织地精心创设的。

在幼儿园教育中，环境创设不仅是美化的需要，更是教育者实现教育意图的中介。教育者把教育意图隐含在环境中，让环境去说话，让环境去引发学前儿童应有的行为。因此，幼儿园的环境具有教育功能，是为实现教育目标服务的。

真题链接

幼儿园环境创设中，使用易于识别的生活行为规则标识图，其最主要的目的是（　　）。（2017年上半年）

A. 美化环境　　　　　　　　　　B. 便于幼儿看图说话
C. 便于幼儿认识各种符号　　　　D. 便于幼儿习得生活技能和行为准则

➤ 答案及解析见本章首页二维码

（二）环境的可控性

幼儿园内部环境与外界环境相比具有可控性，即幼儿园内部环境的构成处于教育者的控制之下。具体表现在两个方面：一方面，社会的精神、文化产品，各种学前儿童用品等在进入幼儿园时，必须经过精心的筛选甄别，取其精华，去其糟粕，以有利于学前儿童发展为标准进行选择。比如，市场上大量出售附带很多游戏功能的文具盒，幼儿非常喜欢，但它也容易使学前儿童在学习时分散注意力，不利于学前儿童养成良好的学习习惯。于是教师通过与家长合作，让学前儿童选择合适的文具盒，从而避免了文具盒的负面影响。

另一方面，教师根据教育的要求及学前儿童的特点，有效地调控环境中的各种因素，维护环境的动态平衡，使之始终保持在最适合学前儿童发展的状态。如某教师精心观察活动区中学前儿童的活动，发现幼儿对某活动不感兴趣，因为这个活动区的操作材料过于简单，于是教师将材料进行调整，一下子就引起了学前儿童的兴趣。教师通过对环境的调控，给学前儿童的发展创造了条件。

如上所述，幼儿园环境具有教育性与可控性。另外也不难看到，环境的教育性与可控性之间是相互联系的，环境的教育性决定了环境的可控性，使可控性有了明确的标准和方向。而可控性又保证了教育性的实现，二者具有相互依存、相互制约的关系。

(三) 环境的生活性

生活性是指幼儿园作为学前儿童生活的场所，在环境设置上要贴近儿童的生活、充满生活情趣。在这样的环境中，学前儿童可以自由、方便、快乐地进行各种活动，无论有没有教师的帮助，学前儿童都能便捷地利用环境中的设施，潜移默化地受环境的影响。幼儿园的环境要适应学前儿童的生活，能与学前儿童形成交流互动。例如，主题墙的设计无论是春天的繁花、夏天的虫鸣，还是秋天的落叶、冬天的雪花，都会让孩子感受到一年四季的变化。总之，幼儿园环境的内容和形式都应体现学前儿童生活的特点，从他们的生活实际出发，具有童真、童趣。

(四) 环境的美观性

与中小学校园环境相比，幼儿园的环境更加丰富，更富有美感特征。幼儿园重视营造具有造型美、色彩美、艺术美和富有童趣美的氛围来感染学前儿童。幼儿园环境重视给学前儿童以美的感受：室内、室外墙饰画的人物和动植物形象逼真，色彩鲜明，搭配协调，布局合理，造型富有童趣。这既可以让学前儿童在美的环境中获得身心的愉悦，又可以培养学前儿童的审美情趣，还可以提高感受美、欣赏美、表现美的能力。幼儿园的环境既具有教育价值，又具有艺术价值，幼儿园就是一所美丽的儿童乐园。

第二节　幼儿园环境创设

一、幼儿园物质环境的设计

幼儿园物质环境包括园里所有人为的和非人为的各种场所材料：园舍

微课 13

幼儿园环境创设

建筑、设施设备、活动场地、教学器材、玩具学具、图书资料、环境布置、空间布局以及绿化等有形的条件,因此又称为显性环境。一个良好的物质环境不仅能保障幼儿园教育工作的实施,还能陶冶性情、激发好奇心、鼓励学前儿童的探索行为,在与物质环境的交互作用中实现个人的发展。

(一) 幼儿园物质环境的设计原则

幼儿园的空间、设施、活动材料和常规要求等应有利于引发、支持学前儿童的游戏和各种探索活动,有利于引发、支持学前儿童与周围环境之间积极的相互作用。要达到这些要求,幼儿园物质环境创设时必须遵循以下基本原则。

1. 安全性原则

安全性原则指幼儿园的园舍建筑、设施设备、活动场地、玩教具等有形的物质条件必须要符合相关的卫生和安全标准,对学前儿童的身体和心理没有危害和安全隐患。由于学前儿童年龄小,生活经验不足,而且缺乏对安全隐患的预知和判断能力,安全意识和自我保护能力较差,因此幼儿园环境创设应首先考虑安全性。它既是学前儿童身心健康的基本保障,也是促进他们全面发展的基本条件。

落实安全性原则,必须要积极主动地消除环境中可能存在的不安全因素,具体包括:① 注意园舍建筑的安全性。幼儿园园舍建筑要坚固,建材要经久耐用,层数、楼梯、护栏等都应符合国家标准,活动室的大小、人数等都要符合相关的要求。② 注意设施设备、玩教具等的安全性。在设计和使用时要考虑学前儿童使用中可能出现的危险,家具尽量用圆角,玩具和教具严禁使用有毒的材料,大型玩具要注意牢固性,低年龄段的幼儿要避免使用体积过小的玩具,以免孩子吞食。③ 重视室外活动场地的安全性。室外游戏场地尽量用软垫或草坪,以防学前儿童跌倒摔伤。④ 注意危险物品的放置。电线、开关、插座、热水瓶、消毒液等应放置在学前儿童伸手不可及的地方。

2. 适宜性原则

适宜性原则是指幼儿园环境创设既要符合学前儿童的年龄特征和身心发展的需要,又要符合幼儿园的实际,做到因人而设,因地制宜。

(1) 符合学前儿童的特点和发展需要

幼儿园环境是否适宜,应看环境中的元素及其蕴含的要素是否符合学前儿童的学习特点和规律,是否符合他们的审美标准,是否有利于促进学前儿童的发展。首先,环境的设置要被学前儿童喜欢和接受,能引起他们的关注,激发他们探索和学习的欲望。其次,环境空间作品内容要尽可能来源于学前儿童的生活世界。无论是对生活和学习经验的梳理、对身边事物的观察,还是绘画、手工、艺术等作品,都应首先选择那些学前儿童原创的、充满稚嫩但又纯真的作品。再次,幼儿园的环境是否适宜,还要看是否体现学前儿童的年龄差异,满足不同层次发展的需要。小班环境要突出结构简单、色彩鲜艳、富有感官刺激等特点,中班环境要在小班的基础上突出操作性,大班环境要突出探索性和实验材料的丰富性。

(2) 符合幼儿园自身特点、能力和发展需要

创设物质环境应最大限度地以促进学前儿童发展为前提，考虑经济实用性。一方面，要根据当地实际情况布置和创设环境，充分利用当地资源，就地取材。例如农村幼儿园可以充分利用自然优势，运用农村美丽的自然风光引导孩子认识各种植物、动物，促进认知、情感发展。另一方面，要注意节俭，提高物质条件的效能，尽量做到废物利用，一物多用，不奢侈浪费。此外，用学前儿童自制的玩具来装扮教室也别有一番情趣，如孩子们用蛋壳制成的灯笼、金鱼、小企鹅等，可悬挂于教室的四周，起到点缀的作用。

3. 参与性原则

参与性原则是指幼儿园环境创设需要教师、学前儿童和家长共同参与。教师除了要积极创设学前儿童熟悉和喜爱的环境之外，还要调动学前儿童和家长的积极性，让他们主动参与到环境的布置中。

(1) 积极引导学前儿童参与环境创设

幼儿园环境的教育性不仅蕴含于已形成的环境里，还体现在环境创设的过程中。学前儿童参与到环境创设中，不仅能给他们提供参与活动的机会，培养动手操作的能力，满足自我表现的愿望，还能促进学前儿童与环境、教师之间的沟通，使他们更加爱护环境。学前儿童的参与主要体现为在环境创设中能说出自己的想法、发表见解；能收集和准备相关材料，愿意操作、摆弄、运用环境中的各种资源；能够及时关注环境中的变化，按照教师的要求完成任务。

(2) 调动家长和社区的力量参与环境创设

家长和社区的参与，对幼儿园环境创设具有积极意义。首先，家长和社区的参与有利于优化幼儿园教育资源的配置。家长和社区成员来自社会各界，他们各有所长，可以为幼儿园环境创设提供人力资源。家庭和社区的许多废旧材料都可以运用到幼儿园环境创设中，利用这些资源可以变废为宝，提高资源的利用率。其次，家庭和社区资源的介入，还可以使幼儿园环境变得更加多元化，这种多元化的环境可以让老师获得全新的视角，学前儿童也将拥有更宽广的视野。最后，家长参与幼儿园环境创设可以增强教师、家长，以及学前儿童之间的互动。"幼儿园利用家庭资源优化物质环境时，不仅促进了人与环境之间的互动，也带动了各种角色之间的互动。"[1]

4. 可变性原则

环境的可变性是指环境的创设要根据教育要求和学前儿童的发展需要不断发展变化。传统的幼儿园物质环境创设较多运用一些静止不动、陈列式的材料。由于学前儿童年龄较小，有意注意维持的时间较短，一成不变的环境、单调枯燥的活动容易引起疲倦，难以发挥应有的作用。变化的事物、丰富的活动更容易引起他们的注意和兴趣，因此，现代幼儿园环境创设要尽量考虑环境的变化。落实可变性原则要注意以下几点：

---

[1] 刘国丽.幼儿园利用家庭资源优化物质环境的研究[D].华东师范大学,2011.

(1) 环境随着季节、节日、幼儿园学习的主题的变化而变化

例如，春天来了，可以在教室内主题墙上画上婀娜的柳树、飞翔的燕子、碧波荡漾的池塘、戏水的鸭子等。秋天，室内天花板吊挂各种黄、红树叶做成的装饰物，墙上画上棵棵大树、纷纷落叶、金色的稻谷等。冬天，将美术课上剪出的雪花贴在窗户上，墙上画一幅大雪压青松、孩子玩雪的图画等。这些做法不仅能美化环境，还有利于直观教学。

(2) 根据学前儿童的兴趣及时改变或创设新的活动区

当学前儿童对已有的环境表示出厌倦时，就应及时更换材料，创设新的环境，以维持兴趣，满足学前儿童的需求。新的变化会生成新的事物，依据学前儿童的兴趣、需要、能力生成的新环境对促进学前儿童新的发展必定是有益的。

5. 经济性原则

经济性原则是指幼儿园物质环境的创设要坚持低费用高效益的原则，考虑幼儿园自身经济条件，勤俭办园，因地制宜办园，力求以最小的投入，发挥最大的经济效益。

所有的幼儿园都应当发扬艰苦奋斗的精神，勤俭办教育。给学前儿童提供物质条件时，应以物质条件对学前儿童发展的功能大小和经济实用性为依据。如图书架主要是放置图书供幼儿阅读的，可取几根木条，做成可以放书的许多小格，钉在墙上，学前儿童易拿易放，又不占地方，墙边再放几把小椅子，幼儿看书也方便。

要根据地域特征来布置和创设环境，切忌盲目攀比和盲目追求。要根据本园需要，就地取材，一物多用，也能够少花钱，多办事，办好事。有的山区盛产竹子，利用它可以做一些竹子积木、高跷，供学前儿童玩游戏；农村幼儿园用三合土铺的活动场地，就比水泥地省钱又安全。要根据地域的文化特征来布置和创设环境，切忌脱离实际，照搬照抄。如果农村幼儿园也模仿城市幼儿活动室设置"自然角"，不仅浪费时间和精力，也浪费活动空间和资金。

6. 开放性原则

开放性原则是指创设幼儿园环境，不仅要考虑幼儿园内环境要素，同时也要重视园外环境的各要素，两者有机结合，协同一致地对幼儿施加影响。

利用开放的教育环境对学前儿童进行教育，是教育者应该树立的大教育观。面对外界环境的复杂影响，幼儿园应采取积极的态度，主动与外界结合，让家庭、社区更进一步了解学前儿童和幼儿园，使幼儿园教育获得家庭、社区的支持和配合，有针对性地对学前儿童进行教育。同时，也促使家长和社区从幼儿园习得教育知识和技能，改进自身的教育观念和行为。

幼儿园又要举行环境布置比赛了，王老师正为如何布置环境发愁呢！按往年，自己只要在画报上找些精美的图案往墙上精心装饰，定能赢得赞美。可贴上不久就会发现，孩子们会偷偷撕毁老师的这些"成果"，而且屡禁不止。今年，王老师是课改小组成员，她改变

了往年的做法,根据主题的需要,让孩子与自己一同布置环境,实现了孩子与环境的"对话",受到孩子们的欢迎。

王老师的做法是这样的:当"汽车"主题确定后,她与幼儿商量,一起确定了网络图,并决定让幼儿根据主题收集材料,自己布置环境。在家长的帮助下,幼儿带来了许多有关汽车的挂历、台历、图书、玩具模型以及自己与车合影的照片。活动空余之时,孩子们经常在一起捧着书和玩具,交换自己对汽车的认识,讨论以往的经验以及自己了解的知识。接着,便分工协作,通过绘画、涂色、粘贴等方法,共同布置了"汽车图片"展,"马路上的车""我最喜欢的车"等墙饰。许多幼儿还和家长合作,亲子共同绘画。当看到自己亲手制作的作品展示在墙上时,孩子们动手的热情更加高涨,不时地向同伴和家人介绍自己的成果。此外,师生还共同布置了"汽车城"区角,里面摆放各种不同种类的汽车模型,供幼儿观察、摆弄和学习。

王老师行为的转变不仅为幼儿提供了表现的机会与条件,提高了环境的利用价值,而且为融洽师幼间的关系筑起了桥梁。通过此类活动,大家充分感到,凡是幼儿设置的环境,就是他们最感兴趣、最乐意参加活动的地方,在这里,幼儿动手动脑,能力得到提高,积极性、主动性得到发挥,真正成为环境的主人。

(二) 幼儿园室内环境的设计和利用

1. 活动室

学前儿童在园内的大部分活动都是在活动室内进行,因此活动室的环境布置对学前儿童的影响很大。在具体布置时要注意以下几个方面:

(1) 空间大小

足够的空间是在室内开展各种活动的必要条件。过于拥挤的环境可能会增加学前儿童的攻击性行为,减少其社会性交往,导致观望、不主动参与活动等行为。因此,设计活动室应注意要有足够的空间。按照《城市幼儿园建筑面积定额(试行)》规定,若寝室与活动室分设,活动室的使用面积不宜小于54平方米。如果寝室与活动室不分设,活动室使用面积要求达到90平方米。按每班25~30人计算,人均3平方米以上。另外,要求活动室向阳、干燥、空气流通,室内采光的面积应占地面面积的15%,并保证室内有足够的照明。

(2) 室内环境结构

活动室一般划分成几个活动区以方便学前儿童从事各种活动。活动区的形式有些是固定的,如阅读区、娃娃家、美工区、自然角等;有些是临时性的,如表演区等。区域的设置要根据活动的要求,考虑每种活动的特殊性;每个活动区占据一定的空间,彼此互不干扰;各区域间的过道要清晰,大小合适。

(3) 墙面布置

苏霍姆林斯基说:"一所好的学校连墙壁也能说话。"幼儿园墙面既是环境的一部分,也是学前儿童进行学习的一种载体。活动室内墙面的设计要强调教育性、直观性和艺术性的融合;墙面环境的创设同周、月和学期的教育目标、内容相融合;与语言、社会、科学、健康和艺术等各领域的教育活动有机地融合；注意形象、色彩、形式、空间等造型要素之间的和谐，给人以美感；墙面色彩要注意整体协调，一般以柔和色调为宜；墙面不宜布置过满，应留出空白不致使人产生拥挤、杂乱的感觉；墙面布置的高度应以学前儿童的视线为准，平视时能看清楚。此外，布置墙面时还应注意让学前儿童参与其中，增加他们的自主意识并懂得珍惜和爱护。

真题链接

下图是大班美工区的一个墙面环境设计，请分析它对促进幼儿学习的积极作用。（2013年上半年）

材料：折一折，变一变（小猫头还能变成什么动物呢），玩一玩（哈！让手指娃娃一起玩吧）。

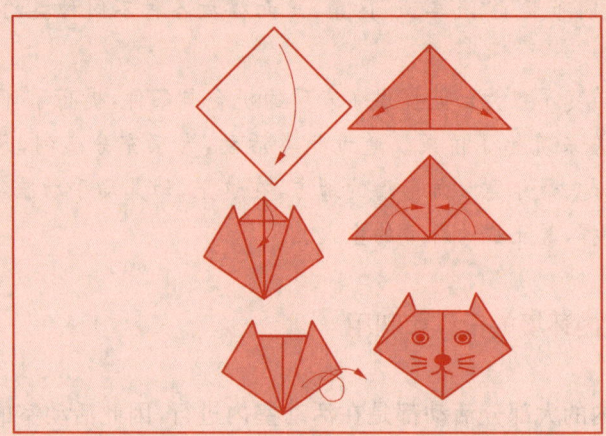

▶ 答案及解析见本章首页二维码

2. 休息室

休息室是学前儿童休息的重要场所，充足的睡眠是学前儿童发展的重要条件，也是保障儿童有充足的精力参加各种保教活动的基础。幼儿园的休息室要求具备相关的基础设施和空间条件：保证每人有一张床铺、漂亮的小被子、存放衣物的贮藏空间、良好的通风条件等。休息室的布置要注意安全性和适用性，床铺的高低考虑安全性，床铺排列应符合睡眠行为所需要的面积；为防止睡眠时受凉，床不能紧贴外墙，床与外墙和窗的距离不应小于0.4 m。为便于保教人员照管，每个床位一般靠近过道。寝室的光线、墙面的装饰要柔和，利于入睡。

3. 盥洗室

盥洗室通常包括盥洗和厕浴两个部分，这两个部分要合理分区。盥洗室应该注意通行方便、相对开放，而且要提供各种相关设备，如毛巾架、水杯架等。注意使用流动水，做到一人一巾一杯。厕浴部分则要相对封闭，保证有安全感。如果可能的话，要尽可能地用不同的方式进行装饰，尽量营造一个令人愉悦的氛围。

4. 楼道、走廊

楼道、走廊是连接不同空间的一个纽带，也是学前儿童游戏、交往、互教互学的综合性空间。它既可扩大学前儿童的活动范围,而且还可为不同班级、不同年龄段学前儿童的交往提供空间。走廊应尽量相互贯通、联系性要强,同时要尽量做到简单明了、方向明确。走廊和楼道边的墙壁也可以充分利用。譬如,在楼梯的墙壁上,可以呈现有关文明礼仪、行为规范、安全教育等内容的图片,把楼梯设置成会"说话"的展示长廊,学前儿童每天在上下楼梯时潜移默化地接受影响;也可以展示各班的美术作品及参加各类活动的照片。除了美观和实用外,楼道和走廊尤其要注意安全性,注意护栏的高度和宽度不易于攀爬。

(三) 幼儿园室外环境的设计和利用

受到欧美教育理念的影响,现代幼儿园教育特别重视开展学前儿童的户外活动。《幼儿园工作规程》(2016)规定:"在正常情况下,幼儿户外活动时间(包括户外体育活动时间)每天不得少于2小时,寄宿制幼儿园不得少于3小时;高寒、高温地区可酌情增减。"户外环境是幼儿园里以学前儿童为中心的一定空间范围内,由实体构件围合的户内空间之外的活动领地,是学前儿童接触自然、游戏活动、与人交流的场所,也是幼儿园教师开展教学的场所。幼儿园的户外环境由多个区域组成,从功能上主要分为:自然生态环境、集体活动区、器械设备区和种植养殖区四大类。

1. 自然环境区

幼儿园应该是一个鸟语花香、绿树环绕的场所。必须有较高的绿化率,一方面可以净化空气,另一方面可以让学前儿童更好地贴近自然,感受自然美。需要注意的是,幼儿园严禁种植有毒、带刺的植物,以免对学前儿童造成伤害。

2. 集体活动区

这是学前儿童集体做操、体育游戏、大型室外活动的场所。《托儿所、幼儿园建筑设计规范》(2019)规定:"幼儿园每班应设专用室外活动场地,人均面积不应小于 $2\ m^2$;各班活动场地之间宜采取分隔措施;托儿所室外活动场地人均面积不应小于 $3\ m^2$;城市人口密集地区改、扩建的托儿所设置室外活动场地确有困难时,室外活动场地人均面积不应小于 $2\ m^2$;地面应平整、防滑、无障碍、无尖锐突出物,并宜采用软质地坪;共用活动场地应设置游戏器具、沙坑、30 m 跑道等,宜设戏水池,储水深度不应超过 0.30 m。"

3. 器械设备区

器械有助于学前儿童进行大肌肉活动,可以满足其活动的兴趣和欲望,体会运动的愉快,促进各种感知运动能力的发展,对培养勇敢大胆的性格也有积极的作用。因此,幼儿园应设有足够数量的运动器械,如秋千、滑滑梯、攀登架、钻爬筒等。设置器械设备时,一方面,注意器材的选择要兼顾学前儿童感官训练和肌肉技能的发展;另一方面,注意器械活动的安全性,既要选择质量好且安全性强的器械,又要在活动前配合安全教育,避免因拥挤抢夺或使用器械不规范而带来伤害。

4. 种植养殖区

种植与养殖有助于学前儿童学会识别植物、动物的特征和种类,了解它们的生长过程,培养一些简单的操作能力。具体地点应设置在幼儿园墙角等周边地区,以免占用活动场地。要让学前儿童参与种植区的管理和养殖区的喂养活动,饲养的动物应建立定期免

疫制度，可以鼓励家长和社区志愿者参与，以获得更多的支持。

以上这些户外环境的构成要素直接影响幼儿园功能的完善和环境质量的提高，因此要精心设计，使学前儿童生活在安全、健康、漂亮而又富有教育意义的环境中。

二、幼儿园精神环境的设计

（一）幼儿园精神环境的作用

与物质环境相比，精神环境的影响是无形的，但却是深刻长远的，它对学前儿童的发展起着多方面的暗示和支持作用。

1. 影响学前儿童情绪情感的健康发展

近年来，学前儿童的心理健康逐渐被人们关注和重视。研究表明，生活在和谐、健康、温暖的精神环境中的儿童容易产生积极情绪和良好行为。幼儿园里正确的教育理念和保教行为、平等和谐的人际关系能使学前儿童产生信赖、轻松愉快的心理，产生安全感和自由感，获得积极的情绪情感体验并养成良好的行为习惯。专制、冷漠、粗暴的环境容易使学前儿童产生紧张焦虑情绪进而诱发不良行为，如退缩性、攻击性行为等，甚至有研究认为，学前儿童的许多不良习惯如吮手指、口吃、精神性遗尿等与紧张情绪有关。

2. 影响学前儿童创造潜能的发展

专制与严肃的环境会压抑和束缚学前儿童的创造性发展。宽松和谐的精神氛围有利于学前儿童的主动学习和探索创造。在宽松自如的环境中，老师不多干涉，不指责、不呵斥，而是在观察、了解学前儿童的基础上给予适时的帮助、鼓励与指导。学前儿童可以自由地表达或交流思想与情感、自由地选择老师为他们提供的材料，按照自己的想法去活动。在没有压力的情境下，通过自己的主动活动满足好奇心，创造性潜能也得到了自由充分的发展。

3. 影响学前儿童人格的形成

蒙台梭利认为学前儿童具有"吸收性心智"，这种对周围环境的吸收能力奠定了学前儿童早期人格形成的基础。幼儿园教育既要重视知识技能的获得，更要重视兴趣和习惯的养成。娇宠、放任的环境容易使人任性，专制的环境容易使人抑郁，民主的环境则有利于形成活泼开朗的性格。幼儿园是学前儿童离开家庭的保护与外面的世界接触的第一个环境，这个环境是接纳还是排斥，是压抑还是快乐，是严厉还是亲和，都会影响学前儿童早期对这个世界的判断，形成某种"印刻效应"，不仅影响学前儿童对幼儿园的态度，影响在园生活的质量，最重要的是影响人格的形成。

> **真题链接**
> 简述幼儿园心理环境创设的重要意义。（2011年下半年）
> ▶ 答案及解析见本章首页二维码

（二）幼儿园精神环境设计的基本原则

良好的精神环境是幼儿园顺利进行保教活动、促进学前儿童发展的保障，同时还在很大程度上影响学前儿童在园的生活质量。因此，需要创设一个和谐的幼儿园精神环境，以最大限度地促进学前儿童的发展，具体而言要遵循以下基本原则：

1. 无条件积极关注原则

和谐的幼儿园精神环境要求教师无条件积极关注幼儿园里每一个学前儿童。首先，要求教师关注所有的学前儿童。不论出身、家庭条件、外貌，不管是"听话乖巧"或是"顽皮捣蛋"，不管是聪明还是"愚笨"、俊美还是丑陋都要一视同仁。其次，要求教师不仅关注"结果"还要重视"过程"。幼儿园的教育更着重的是兴趣和习惯的培养，重视学前儿童体验的过程，因此，教师尤其要关注学前儿童学习的过程，重视发展性评价。最后，教师不仅要重视教学活动，还要重视生活活动。幼儿园的教育着重保教结合，一日生活皆课程，因此教师不仅要关注教学活动，还要关注进餐、睡眠等生活活动。每个学前儿童都期望得到教师积极的关注，教师一句充满希望的话、一个点头微笑、一个亲昵的动作都表示着对学前儿童的重视和关心，这是建立良好师幼关系的基础，也是幼儿园和谐环境形成的重要条件。

2. 尊重性原则

尊重是一切教育的前提。首先，尊重学前儿童的自主性。学前儿童是一个独立的个体，有自己的经验、有自主活动的愿望。教师要把他们当成活动的主人，发挥他们的独立自主性，尊重他们的经验，不带任何偏见，不居高临下地审视。在保教活动中多让他们自己去做、去看、去想、去体验、自由地表达、自动积极地反应。其次，要尊重学前儿童的独特性。每个人都有独特的个性，有自己的需要、兴趣，教师要尊重个性差异，并根据差异因材施教。最后，教师要尊重学前儿童的发展性。学前儿童是发展中的个体，由于年龄小、心智发展不完善，难免产生错误行为，教师要以耐心的态度接纳过失，引导他们产生正确的认知，以发展的眼光看待他们。

3. 鼓励性原则

鼓励性原则是指幼儿园教育过程中教师要多接纳、多支持、多赏识学前儿童。首先，要支持学前儿童合理地表达自己的情感、态度、思想观点。其次，当学前儿童遇到失败、挫折时，要给予支持和鼓励，引起他们再尝试、再行动，获得新的成功机会。再次，多进行肯定性评价。肯定性的评价更能够鼓励学前儿童的积极性，发展和保护自尊，帮助他们树立自信。因此，教师要善于观察、善于发现，对学前儿童积极的言行、情感等多给予肯定、积极的评价，多给学前儿童以成功的体验。

4. 互动性原则

互动性原则就是在创设精神环境时，教师要与学前儿童、家长、其他教师进行有效的沟通，建立良好的师幼关系、家园关系、同事关系。互动不仅是精神环境建设的必要条件，良性的互动也是良好的幼儿园精神环境的重要特征。可以让学前儿童体验到教师的关心、父母的爱护、社区的支持，体验到周围和谐的交往氛围、对自身主体性的肯定。因此遵循互动性原则需注意：首先，建立积极主动的师幼互动。学前儿童的认知、情感、社会性行为等是在与教师的有效互动中逐步形成的，教师在保教活动中要注意关注学前儿童的心理需要，引导他们积极参与互动，在互动过程中进行积极的引导和反馈。其次，幼儿园应

与家庭、社区密切沟通合作。幼儿园加强与家庭、社区沟通，才能得到更多的理解和支持，才能综合利用各种教育资源，创设良好的合作氛围，共同为学前儿童的发展创造良好的条件。最后，加强幼儿园内教师之间的联系与合作。教师开放课堂、开放思想、相互合作有利于集思广益、取长补短，也为学前儿童建立良好的同伴关系、学会交往与合作树立榜样。

（三）幼儿园精神环境设计的基本策略

1. 构建以人为本的组织文化

幼儿园组织文化是幼儿园组织在一定的环境背景下，在长期发展过程中形成的，为该组织所特有，由幼儿园组织内部所有成员认同的共同思想、作风、价值观念、信仰及生活准则，是幼儿园倡导的，要求其成员共同遵守的一种行为模式和准则。① 它从根本上决定着幼儿园园风、班风、领导和教师的价值观、规章制度，为学前儿童在幼儿园中的成长提供着或积极或消极的环境。营造良好的以人为本的组织文化是幼儿园可持续发展的重要条件。

（1）形成以人为本的办园理念

幼儿园和谐的精神环境必须依靠人的主体性的发挥来实现，领导要充分认识和调动每个人的积极性，充分尊重学前儿童的主体性，以"一切为了孩子的发展，为了一切孩子的发展，发展为了孩子的一切"为宗旨，形成以人为本的办园目标、园风、园训、教风等。

（2）建立人性化的管理制度

幼儿园制度是以书面文件形式规定幼儿园内部组织结构和人员的权限、职责、任务等，以约束、引导幼儿园师生的行为规范，具有指令性和强制性。以人为中心的幼儿园管理制度既是幼儿园精神环境的有机构成要素，同时也是一个国家关于学前儿童教育的方针政策、阶段培养目标的具体体现。人性化的管理制度要求制定要民主，实施要科学，应尊重学前儿童这一特殊群体的特殊权利，建立一个具有关爱特点的制度环境。管理制度的设立和实施应使教师体验到一种自身价值的实现和满足。②

（3）创设人文的物质环境

物质环境和精神环境是相互影响的。在幼儿园里创设一些体现幼儿园精神文化的人文景观，不仅可以大大丰富幼儿园的物质文化，而且对幼儿园组织成员的精神风貌、观念和行为方式都有潜移默化的作用。

2. 建立和谐平等的人际关系

幼儿园的人际关系主要包括园内的群干关系、教师之间的同事关系、教师与学前儿童之间的关系、学前儿童之间的同伴关系，还包括家园关系。这些人际关系是决定幼儿园精神环境质量的主要因素。创设积极健康、轻松愉快、尊重信任的人际关系和精神氛围是学前儿童愉快生活、积极主动发展的重要条件。建立和谐平等的人际关系，需要做好以下几方面工作：

（1）建立平等和谐的师幼关系

师幼间的人际关系，是一个班级的精神环境的主要方面。首先，教师在与学前儿童接

---

① 王普华.幼儿园管理[M].北京：高等教育出版社，2000：170.
② 郭学毅.构建和谐幼儿园教育环境[J].河西学院学报，2008(1)：96-98.

触过程中,要全面地认识对学前儿童的兴趣、爱好和个性差异,善于对学前儿童做出积极的行为反应;其次,教师应当以民主的态度对待学前儿童,善于疏导而不是压制,尊重他们的权利、思想、已有的知识经验,要理解学前儿童,理解他们的各种需要,肯定他们的积极行为,理解和宽容他们的错误并能及时地指导;再次,在教师与学前儿童交往中,要尽量采用多种适宜的身体语言动作,例如,微笑、点头、注视、肯定性手势、抚摸、轻拍脑袋、肩膀等,表示自己对学前儿童的关心、接纳、爱抚、鼓励或者不满意、希望停止当前行为等,且教师在与学前儿童交谈时,最好保持较近的距离和视线的接触。

午睡时,荧荧突然哭了起来,朱老师走到荧荧床前,对荧荧说"怎么了,荧荧?哭什么呀?"荧荧没有说话,看到朱老师似乎更觉得委屈,肩膀不停地抖动着。"荧荧,有什么不开心的事?告诉朱老师好吗?"朱老师拿出纸一边帮荧荧擦泪水,一边轻声地对荧荧说。

"我妈妈、我妈妈出差了,好、好几天也不回来、回来……"荧荧断断续续地抽泣着说。

"呵,原来是为这个事情啊!妈妈出差不是因为要工作吗?等工作做完了,就会回来了呀!"朱老师轻声细语地安慰着荧荧。

荧荧依旧抽泣着,过了一会儿,问朱老师:"我妈妈会回来吗?"

"当然会回来了!你想妈妈,妈妈肯定也在想你,她一定会回来的,而且回来的时候还会带礼物给你呢!"朱老师微笑着说。

在本案例中,教师以一种平等的态度与幼儿沟通,理解幼儿的各种需要,并且在本案例中,在教师与幼儿交往中,采用多种适宜的身体语言动作,例如微笑、抚摸等,表示自己对幼儿的关心、爱护,在交流中较近的距离和保持视线的接触,使幼儿获得了一定的情感归属和安全感。

(2)建立互助友爱的同伴关系

随着年龄的增长,学前儿童的交往需要不断发展,他们不会仅仅满足于和双亲、老师之间的交往,更渴望有好的朋友,被小伙伴重视和接纳。因此,教师要重视和鼓励同伴交往,并对他们的交往技能进行引导,引导学前儿童学会处理同伴关系,学会合作、分享、互助、遵守规则等技能,形成良好的同伴关系。

(3)建立融合共生的教师人际关系

幼儿园领导要实施民主管理、知人善任,尊重理解教职员工,调动每个人的主动性,并努力创造条件促进教职员工发展。教师之间、教师与保育员之间相互尊重,彼此合作分享,注重沟通。建立包容互助的人际互动氛围,不仅为保教任务的顺利完成提供保障,还为学前儿童学会合作与分享提供榜样示范。

（4）形成尊重互补的家园关系

在幼儿园环境创设中，家长是重要的参与者和建构者，积极良好的家园关系对学前儿童、家长和教师具有独特的价值。因此应充分利用家长资源，建立一种相互尊重、平等合作的家园关系。教师要以平等、合作、谦虚的态度对待家长；积极主动地通过各种方法与家长联系沟通，虚心听取家长的可行性意见，引导家长参与幼儿园教育活动，对家长的教育理念和行为进行必要的指导，有效一致地对学前儿童发展产生影响。

3. 提高教师修养

教师是幼儿园环境中重要的人的因素，是幼儿园精神环境的核心。教师的教育观念、心理素质、专业知识和技能深刻地影响着他们对待学前儿童的态度、教养方式、幼儿园的各种人际关系乃至整个幼儿园的精神风貌。因此，提高教师的修养，实际上就是在创设幼儿园良好的精神环境。

（1）树立正确的教育观和儿童观

教师的观念决定着对待学前儿童的态度、教养方式，决定着师幼之间、学前儿童同伴之间、教师之间、家园之间的关系。教师要通过多渠道努力学习，树立正确的教育观与儿童观以指导自己的保教活动。

（2）提升教师心理健康水平

教师的精神状态影响着整个幼儿园的风貌，影响学前儿童的心理发展。由于学前儿童年龄小、喜欢模仿、情绪容易受老师暗示，教师不健康的心理状态也会导致学前儿童不良行为的产生。所以，教师要学会合理地控制、表达和宣泄自己的情绪，觉察自己的心理状态并努力维护心理健康。

（3）不断提升业务素养

教师具有丰富的知识和良好的教育艺术有利于树立威信，会激发学前儿童的好奇心、求知欲，所以，教师必须不断学习，提高知识文化修养和保教能力，采取高效的方法，激发学前儿童的兴趣，形成良好的向善精神氛围。

真题链接

1. 教师和幼儿是否建立良好关系，关键在于教师能否正确地看待幼儿，即（　　）。（2012年下半年）

　　A. 是否树立了正确的儿童观
　　B. 是否树立了正确的师生观
　　C. 是否树立了正确的教学理念
　　D. 是否树立了正确的知识观

2. 作为幼儿教师，如何在保教活动中营造良好的心理氛围？（2017年上半年）

➤ 答案及解析见本章首页二维码

拓展链接

中华优秀传统文化元素融入幼儿园环境创设的实施策略①

1. 园所环境中融入中华优秀传统文化元素

幼儿园环境作为幼儿教育活动的重要资源和实施媒介,在幼儿园教育中常充当隐性媒介。传统文化元素的使用,已成为幼儿园环境创设中的一项重要内容。我们将传统文化元素渗透到幼儿园环境中时,注重营造教育性、丰富性、艺术性、参与性、操作性的氛围,以此激发幼儿感知、参与、探索、发现、表达的欲望。我园位于唐大明宫国家遗址公园内,园所建筑整体风格色调与遗址公园建筑融为一体,教学楼体上有唐大明宫丹凤门等主建筑图案,入目古朴雅致;游戏拓展区墙体手绘"一带一路"的历程,感知历史,重启未来;后围墙上的传统体育游戏彩绘,形象逼真,充满童趣;地面绘制传统游戏方格,幼儿积极参与,乐在其中;种植园中认知二十四节气变化中的农耕作物,让孩子们在体验劳动的艰辛和收获的喜悦的同时,感知先人的智慧和农耕文明。

2. 楼层环境中融入中华优秀传统文化元素

我们结合地域文化特点,以蓝色、白色、原木色为主色调,运用中国传统纹样为装饰点缀,一楼以中华传统礼仪为主题,二楼以陕西传统美食为主题,三楼以传统艺术欣赏为主题,不仅烘托了浓浓的传统文化氛围,而且也增强了楼道空间的层次感。选择适宜孩子们操作的塑形泥、纸盘、皮影、马勺脸谱、笔墨纸砚、服装、麻绳等材料,进行有层次感的装饰,把幼儿的作品如面塑、泥工、剪纸、扎染等自然陈列其中,激发幼儿主动参与环境创设的积极性、主动性。

3. 班级主题墙融入中华优秀传统文化元素

在幼儿园节气主题活动中,我们设计出体现建筑文化的主题墙,用灰瓦白墙的设计风格打造,让幼儿从视觉上感受中华建筑之美;同时还对传统节气活动认真挖掘、筛选,选择积极向上的、适宜幼儿园孩子的童谣、故事、皮影、剪纸、泥塑、手工作品布置到主题墙上,这些都成为幼儿了解和欣赏传统文化的窗口和展台。

4. 班级区角环创融入中华优秀传统文化元素

我园各班都设有一个传统文化特色区域。如小小传承人:欣赏中华传统手工艺刺绣、脸谱、编织、绘本、花馍、虎头鞋、扎染艺术品等作品,再通过剪、缠、画、做等形式,在做中学、玩中学的过程中感受传统文化之美;丹青阁(巧手坊):以传统水墨

---

① 杨文英.中华优秀传统文化元素有效融入幼儿园环境创设的探索——以西安市新城区大明宫幼儿园为例[J].陕西教育(教学版),2021(Z1):15.

为主,让幼儿认识笔墨纸砚,还能借助水、墨、彩在纸上作画;皮影小剧场:布置皮影小舞台,放置幼儿喜闻乐见的故事人物皮影,投放皮影用的灯具、小音箱、背景若干及手影图等,让幼儿看一看、摸一摸、做一做,探索皮影特点,了解中国传统的皮影戏。

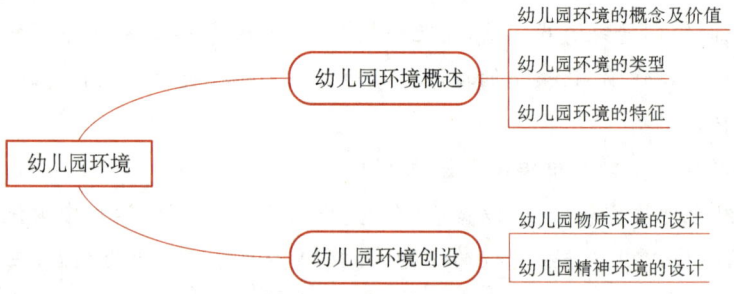

1. 名词解释:狭义的幼儿园环境、幼儿园物质环境、幼儿园精神环境。
2. 简述幼儿园环境对学前儿童发展的作用。
4. 简述室内物质环境的创设要点。
5. 结合实际理解幼儿园精神环境创设的基本原则。

1. 走进幼儿园,观察并评价其环境创设,模拟创设幼儿园环境。
2. 观察、记录并分析班级里的师幼关系及同伴关系。

第七章 幼儿园课程

1. 了解课程的含义,掌握幼儿园课程的含义与特点。
2. 把握经典的幼儿园课程模式,理解幼儿园课程设计的基本要素。
3. 树立正确的幼儿园课程观,能对幼儿园的课程现象和问题进行初步的评价。

真题参考答案

问题情境

某幼儿园大班的一日活动作息表,从上午9点到下午4点,一共排了六节课。该幼儿园大班每周进行一次周考,周考由两张试卷组成,一张语文,一张数学,考试内容就是小学一年级的拼音和数学,每次教师都会将孩子的成绩公布到家长群里,如果哪个孩子"成绩"不好,还要找家长谈话。这种现象你怎么看?

第一节 幼儿园课程概述

一、课程的一般含义

微课 14

幼儿园课程

课程一词虽然被人们广泛运用,但是纵观课程研究的发展,对于课程到底是什么却没有统一的界定。由于不同学者其价值倾向、课程观、教育观等方面的差异,导致了对课程的界定众说纷纭、莫衷一是。无论是在国外还是在国内,都存在着多种不同的课程定义。课程的定义种类繁多,比较典型的定义有以下四种。

(一)课程即科目

将课程等同于所有的科目活动教材,这个观点在历史上由来已久。我国古代的礼、乐、射、御、书、数，就有将这些科目当作课程的意味。欧洲中世纪初的七艺课程——文法、修辞、辩证法、算术、几何、音乐、天文学，也有将科目当作课程的含义。最早使用课程一词的斯宾塞，就是将课程看作是由系统的知识构成的学科或科目，认为学校的任务就是把有价值的知识传递给学生。我国的一些主要工具书和教育学教材也较多持这种观点。历史上，这种课程观长期占据主导地位，对教育实践产生了深远影响。

将课程作为科目实质上是将课程看成是由静态的学科知识或知识体系构成的，它注重的是知识的科学体系，关注的是学生对于学科知识的系统掌握。通常将课程具体外化为课程标准、教学计划、教学大纲、教科书等。这种观点只重视学科知识传授，忽视学生的兴趣、需要和个性发展特点。事实上，学校教育不单是只给学生提供知识，而是尽可能地促进学生的全面发展。这种课程观念下，学校的教育不可能培养出全面和谐发展的人。

（二）课程即目标

将课程看作是预期的目标或结果，它关注的教育者试图达成的一些教育教学目标，或者希望学习者通过学习而获得的学习结果。教育教学目标的选择和制定是课程的核心任务，整个课程的运行都围绕目标来进行，目标既是选择和组织教学活动的指南，又是监控、评价教育教学结果的标准。这种课程观强调教育的目的性，可操作性强，但过分强调教育的预先计划性而缺少灵活性，忽视了教育环境的变化及客观要求，也将课程目标与课程过程人为地割裂，且片面强调目标。

（三）课程即经验

将课程看作是学生在教师指导下所获得的经验或体验，以及学生自发获得的经验或体验。它起源于杜威的观点，认为儿童的经验应该是课程的起点和基础，儿童需要在经验中学习，而专家编制的教材是比较抽象的，课程需要把各科教材转化为儿童的直接经验，才能被其理解和掌握。这种观点将学生的直接经验放在课程的中心位置，消除了课程中"没有人"的倾向，它把课程的内涵转移到学生身上，关注个体的兴趣和需要以及所学知识的意义，是课程定义的一个突破，也扩大了课程的范围。

（四）课程即活动

将课程看作学生各种自主性活动的总和，学生通过自身的主体活动而获得全面发展。它强调学生是课程的主体，以及学生主观能动性的重要性；强调以学生的兴趣、需要、能力经验为中介来实施课程，强调活动的完整性、突出课程的整体性和综合性；强调活动是人的心理发生发展的基础，重视学习活动的水平、方式、结构以及学生与课程各因素的关系。认为活动是教学的根本，没有学生的自主活动，也就没有教学的发生，课程的目标就无法实现。这种观点是比"课程是经验"更加新颖的观点，也是当前课程改革背景下，广受关注和认同的观点。

从狭义上来理解课程，将课程看作是学校为实现教育目标而开设的学科及其教育目的、内容、方法等的总和，这是一种静态的课程观。然而学生从学校获得的却不仅仅是学科知识和与学科有关的一些能力，而是在教师指导下通过各式各样的学习活动获得了多方面的发展，这些各式各样的学习活动就是形态各异的课程。大多数课程研究学者基本认同课程是一个动态的概念,是指在学校的教师指导之下出现的学习者学习活动的总体。

二、幼儿园课程的含义及其特点

(一)幼儿园课程的含义

幼儿园课程是学校课程的一个分支,它与学校课程体系的课程有相同,也有明显的差异。差异主要是由不同阶段的教育目的和任务以及教育对象的身心发展特点决定的。幼儿园课程是实现幼儿园教育目标的手段,应充分体现幼儿教育的特点,反映幼儿学习的特点。《指南》中提出的幼儿教育要"关注幼儿学习与发展的整体性;尊重幼儿发展的个体差异;理解幼儿的学习方式和特点;重视幼儿的学习品质"等教育理念,都要落实在幼儿园课程当中。因此,幼儿园课程绝不仅仅是以系统的传授知识为中心,幼儿教育家张宗麟先生提出:"幼稚园课程者乃幼稚生在幼稚园一切之活动也。"综上所述,我们将幼儿园课程定义为:为实现幼儿园教育目标而采取的各种教育手段,是帮助幼儿获得有益的学习经验,促进其身心全面和谐发展的各种活动的总和。也就是说,幼儿在园的一切活动都属于幼儿园课程的范畴。

(二)幼儿园课程的特点

幼儿园课程与学校课程相比,有其特殊之处,表现为幼儿园课程更多地关注到个体幼儿身心发展的需要,而不是十分强调社会需要和知识体系;幼儿园课程更多地关注幼儿的直接经验和实践操作,而不是间接知识的传授;幼儿园课程更多关注"整体幼儿"的发展,而不是某个方面的发展。幼儿园课程肩负着促进幼儿全面、和谐发展的任务,具有以下特点:

1. 根基性与启蒙性

学前教育阶段是人一生发展的奠基阶段,也是人发展最为迅速的阶段,学前教育的质量关系亿万儿童的健康成长,关系千家万户的切身利益,关系国家和民族的未来。幼儿园课程是实现幼儿园教育目标的载体,它直接影响着3~6岁儿童在这一阶段的所获得的经验和能力,为其将来的发展打下基础。学前教育阶段也是人一生的启蒙阶段,要对幼儿发展抱有合理期望,支持和引导他们从原有水平向更高水平发展,让幼儿度过快乐而有意义的童年。幼儿园课程不宜追求更高的目标,尤其是过高的认知目标。

2. 全面性与整合性

幼儿的身心发展特点决定了幼儿园课程应该是全面的、整合的。《指南》中指出:儿童的发展是一个整体,要注重领域之间、目标之间的相互渗透和整合,促进幼儿身心全面协调发展,而不应片面追求某一方面或几方面的发展。幼儿教育阶段是全面发展幼儿身心素质的阶段,因此幼儿园课程必须以充分促进幼儿身体、情感、认知、社会性等方面全面和谐发展为目的,有机整合幼儿成长过程中所需要的各项要素,并使之相互联系,相互促进,最终构成推动幼儿健康成长的发展整体。

3. 生活性与游戏性

对于幼儿来说,生活中的课程能培养他们良好的生活卫生习惯,提高其自我服务能力，也能促进社会交往能力。幼儿在园的一日活动都是幼儿园课程的内容，幼儿园教育保教结合的原则也决定了幼儿园课程具有生活性的特点。游戏是幼儿的基本活动，是幼儿园课程的内容，也是课程实施的途径。游戏中蕴含着丰富的价值，是幼儿重要的学习方式。幼儿园课程实施过程中要珍视游戏和生活的独特价值，创设丰富的教育环境，合理安排一日活动，最大限度地支持幼儿的发展需要。

4. 活动性与经验性

幼儿的学习是以直接经验为基础的，他们通过直接感知、实际操作和亲身体验获取直接经验，只有建立在直接经验基础上的学习才是真正理解性的学习。活动是幼儿学习的基础，在活动中，幼儿借助具体的情境、具体的事物，通过探索、参与、思考、交流获得真实的体验，积累解决问题的经验。幼儿园课程实施的关键在于为幼儿提供大量丰富的机会，让幼儿能置身充满挑战和潜力的情境中，与周围的人和事发生互动，在具体的操作过程中获得有益于身心发展的经验，因此活动性和经验性是幼儿园课程的重要特点之一。

三、幼儿园典型的课程形态

课程的形态指的是课程的存在和表现形式。纵观我国幼儿园课程的改革与实践，从分到合，从合到分，中间历经了许多形态，但最典型的主要有学科课程、综合课程和活动课程。

(一) 学科课程

学科课程又叫分科课程，是指以科学知识为中心设计的课程。如我国古代的"六艺"和古希腊的"七艺"，可以说都是学科课程最早的形式。至今，学科课程仍被广泛地采用。学科课程在幼儿园也是一种被广泛采用的形式。我国幼儿园传统的六科：常识、语言、计算、体育、音乐、美术就是典型的学科课程形态。目前，我国幼儿园实行的领域课程，将幼儿园教育内容分为健康、语言、社会、科学、艺术，从形式上来说，仍有学科课程的影子。

受苏联课程模式与体制的影响，自20世纪50年代开始，我国幼儿园课程形态中学科课程一直占主要地位。学科课程的教育目标明确，教学计划性和控制性强，操作性强，评价简易。学科课程注重知识的系统性和逻辑性，课程的编排充分体现了学科本身的规律和特点及各学科的教学规律和特点，有助于幼儿较快地掌握比较系统的学科知识体系，也有利于教师组织教学，发挥教师的主导作用。

但是，学科课程本身也存在着明显的缺陷。学科课程的计划性和控制性使其缺乏灵活性与过程性，因而会忽视课程实施过程中幼儿的兴趣、需要、经验、个体差异等个体性因素。过分强调知识的传授、技能的训练，以教师为中心，忽视非智力因素的培养及幼儿的学习方式，这种课程形态不能让幼儿在各方面充分获得发展，有小学化教育倾向。学科课程也违背了幼儿学习是一个整体的理念，人为地割裂了知识的联系，使幼儿缺乏对事物的整体认识和在具体情境中融会变通解决问题的能力。

受整体教育思潮的影响，人们对学科课程有了新的认识。目前幼儿园的学科课程已经融入了许多新的思想和理念，如进一步优化课程内容体系，精选与幼儿生活联系密切的知识，在课程实施过程中考虑到幼儿的认识规律，加强对幼儿情感、体验、个性等因素的关注，同时也关注到教学组织形式的变化。当今，我国幼儿园普遍采用的领域课程，它的综合化水平远远高于传统意义上的学科课程。但应该看到的是，领域课程在组织与实施过程中，还存在着部分领域内容割裂明显，不能有机整合，存在学科界限的现象，这也是我国幼儿园课程改革要继续研究的问题。

> **真题链接**
>
> 简述幼儿集体教学的利与弊。（2014年下半年）
>
> ➢ 答案及解析见本章首页二维码

（二）综合课程

综合课程是指打破传统分科课程的知识领域，组合两个或两个以上的学科领域构成的课程。在幼儿园课程领域，综合课程是以主题或单元为核心的课程形式，把教育的主体、客体、中介及家庭、社会环境等各种教育要素综合起来，以五大领域的核心经验为主导线索，对幼儿实施教育的整个过程。综合课程所倡导的综合是合理的综合，并非东拼西凑、强合硬拼；是有效的综合，即通过综合能最大限度地促进幼儿的发展，而不是让幼儿无效重复；是适度的综合，并非所有的知识都必然地有联系，并非只要有联系就可以综合在一起，综合要根据幼儿学习的特点、课程的进度合理处理和安排。为寻求幼儿教育的最优化路径，打破学科课程存在的弊端，自20世纪80年代以来，全国开展了一系列对于综合课程的研究和实践，目前存在的"整合课程""渗透课程""主题课程"等从本质上来说，都属于综合课程的范畴。

单元主题活动是综合课程中最为明显的形式，是指在一段时间内围绕一个单元或一个中心主题来组织教育教学活动。主题可以是一个自然事物，如动物（植物）世界，也可以是一个问题，如分类；还可以是一个社会事件，如逛超市，通过让幼儿参与主题活动，获得对于自身发展有利的核心经验和解决问题的能力。例如，上海地区大班幼儿学习活动主题：我是中国人、有趣的水、我自己、有用的植物、我们的城市、春夏和秋冬、动物大世界、上小学等。国外常见的主题有：优秀的我、我和我的家、我的社区、家庭、友谊、关爱和分享、季节、天气、我的五种感觉、世界的颜色和形状、质地、生长的事物、环境、植物和种植、动物、宠物、交通工具等。

综合课程十分重视各领域之间的联系，各教育要素之间的联系，力图充分调动各种要素，形成教育合力，共同推进幼儿经验水平的提升和能力的发展。它从幼儿发展的整体性出发有意识地运用两种或两种以上学科知识和方法论去探究一个主题，有机地整合了幼儿的学习经验，使幼儿园教育能发挥出整体功能。在课程实施过程中，选择幼儿熟悉的、喜欢的主题，邀请幼儿共同参与和设计课程，关注幼儿的兴趣、需要和个体差异，从而促进幼儿学习的主动性和积极性。

综合课程实施过程中，主题的确定是否适宜是决定课程成功与否的关键。因此，在课程中,首先,要选择贴近幼儿生活的主题,各领域的知识才有可能整合。其次,在课程实施过程中,要避免各个学科之间知识点简单叠加的"拼盘"现象,如以动物主题为例,分为美术活动"画动物"、音乐活动"唱动物的歌"、语言活动"讲与动物有关的故事"等。这种设计过于简单、表面,没有体现综合课程的核心理念。幼儿园教育实践要避免综合课程流于学科活动的形式,更要避免"为了综合而综合"的现象。由于综合活动的主题相对独立,系统性、连贯性不强,容易导致幼儿出现获得的知识零碎、缺乏系统性等问题。

(三)活动课程

活动课程又叫作经验课程,是指以活动或经验为中心设计的课程形态,强调幼儿的兴趣和需要,其根本目的在于丰富和完善幼儿的经验。活动课程选择与幼儿生活相关的、幼儿感兴趣的社会生活问题以及学科知识作为课程内容,将这些内容通过一个个活动转化为幼儿的经验。活动课程的基本着眼点是幼儿的兴趣和动机,它取消了传统的分科教学、"上课"的形式,强调教师要为幼儿创设有意义的教育环境,为幼儿提供丰富适宜的操作材料,通过区域学习、游戏、社会实践等活动,让幼儿在活动中充分发挥主体性,进行有意义地学习。如幼儿园开展的种植、养殖课程、爬树体验课程等,都属于活动课程。

活动课程使幼儿园教育变成一个了解幼儿、发现幼儿、支持幼儿、促进幼儿发展的动态过程。幼儿教育领域比较活跃的方案教学、项目教学、探索性课程等从本质上来说都属于活动课程的范畴。

活动课程有以下几个特点:首先,活动课程中幼儿是活动的主体,是课程的开发者和实践者。重视幼儿主体性的发挥,关注幼儿的兴趣、需要、动机、情感等个体性因素是活动课程最为典型的特征。其次,活动课程以幼儿的直接经验为课程设计的基点,幼儿在具体的情境当中,在与周围的人、事、材料等因素的互动当中建构经验,获得能力的提升。再次,活动课程在实施过程中,组织形式多样,幼儿能在课程中自由选择活动,自由安排自身活动的节奏,整个课程的过程性和灵活性突出,课程持续的时间也较长。

在活动课程实施的过程中,应注意给幼儿充分的时间参与活动,满足其好奇心和探索欲;要充分理解和尊重幼儿发展进程中的个别差异,支持和引导他们从原有水平向更高水平发展,按照自身的速度和方式达到最佳发展水平;要仔细观察,科学判断,适时地给予幼儿支持和引导,不要人为地加速幼儿认知结构的变化,更不要放任自流,教师应尽量用观察、提问、谈话、讨论、合作等间接指导的方法引导幼儿积极思维,解决问题,提升能力。

德国的幼儿园课程

对于一个德国孩子而言,他们要在幼儿园里度过将近 4000 个小时。在这期间,德国孩子都学到了些什么呢?

3年中,孩子们参观了警察局,学习了如何报警,如何处理遇到坏人的情形,了解警察是用来做什么的;参观了消防警察局,跟消防警察们一起学习灭火知识、躲避火灾的常识;参观了邮局,看看一封信是如何从家里到达邮局,又被投递出去的;参观了市政府,认识市长,看看这个为他们服务的市长是什么样子的。

他们去自由市场,拿着钱,学习怎样买东西,区别自由市场跟商店的不同。

他们去花圃,参观花圃的种植,学习分辨花草植物。

他们去看马戏、儿童歌剧和魔术。

他们参观图书馆,学会了如何借书、还书。

他们去坐有轨电车,学会记住回家的路线。

他们每周都跟老师去超市买东西,学习付钱,选择货物。

樱桃收获的时节,孩子们跟老师去采摘樱桃。

南瓜收获的时节,孩子们跟老师一起做南瓜汤。

圣诞节,这是最激动的日子,他们焦急地等待圣诞老人的来临以及那份神秘的礼物。

圣马丁节,要跟老师一起糊纸灯,游街来纪念这位骑士圣人……

3年过去了,孩子学会了自己修理玩具,自己管理时间,自己约会,自己制订计划,自己搭配衣服,自己整理东西,自己找警察,一个6岁的孩子,生活能力很强。

德国的幼儿园实施的课程就是活动课程。他们关注幼儿的兴趣和生活,关注幼儿周围的环境,在课程实施中关注幼儿的直观感受和实践操作。德国的幼儿园教育通过有意义的情境活动设计拓展幼儿的生活经验,提升幼儿在生活中必备的技能。

四、中外幼儿园课程经典方案

(一) 五指活动课程方案

五指活动课程是由陈鹤琴创编的。他以南京鼓楼幼稚园的课程编制为实验对象,根据研究结论提出了五指活动课程:课程内容由五方面组成,它犹如人的五个手指头,是活的、可以伸缩的,也是整体的、连通的、互相联系的。五指活动在儿童生活中结成一个教育的网,有组织、有系统,合理地编织在儿童的生活中。陈鹤琴提出的"活教育"理论体系是五指活动课程的理论基础。

1. 课程目标

做人:要有合作的精神,同情心,服务的精神。

身体:要有健康的体格,养成卫生习惯,并有相当的运动技能。

智力:要有研究的态度,充分的知识和表意的能力。

情绪:能欣赏自然和艺术美,养成欢天喜地的快乐精神,打消惧怕的情绪。

2. 课程内容

对课程内容的选择,陈鹤琴一贯倡导"活教材"的理念,要求幼儿园课程内容要与儿童的实际生活相结合,以"五指活动"来规定内容,具体指的是:

健康活动：包括静养、饮食、睡眠、早操、游戏、户外活动、健康检查、散步等。

社会活动：包括升降旗、朝夕会、周会、纪念日集会、每天的谈话及社会常识等。

科学活动：包括植物的培植、动物的饲养、自然现象的观察、研讨、计数、当地自然环境的认识等。

艺术活动：包括音乐（唱歌、节奏、欣赏）、图画、手工等。

语文活动：包括故事、儿童、谜语、图画书、读法等。

3. 课程组织

陈鹤琴认为课程应以儿童的环境为中心来组织。他认为儿童的环境一共分为两种，一是自然环境，包括动植物和自然现象；一种是社会环境，包括个人、家庭、集社等类的交往。自然和社会这两种环境是儿童天天接触到的，幼儿园课程可以从这两大类环境中选择儿童感兴趣的而且又适合儿童的人、事、物，以单元主题来组织，各项活动都围绕单元进行，使各科之间构成内在联系，形成整体。这种课程组织的方法，陈鹤琴称之为"整个教学法"，后来改称为"单元教学法"。

4. 课程的编制与实施

关于课程的编制，陈鹤琴提出了三种方法：

第一，圆周法。即各班课题相同，而要求由浅入深。

第二，直进法。即各班课题和内容均不相同。如小班研究猫和狗，中班研究羊和牛，大班研究马和虎。

第三，混合法。就是在编制课程的时候，以上两种方法均需采用。在编制课程时，通常混合法运用最多。

在课程实施过程中陈鹤琴提出，教师应注意计划性与灵活性相结合；创设充分、适宜的物质环境；多采用游戏、操作、演练等教学方法；采取合作学习方式；多提供户外活动的机会；关注、支持、引导活动持续开展；适时、恰当地评价活动以明晰并进一步拓展幼儿的经验等。

此外，陈鹤琴还提出了比较法、替代法、观察法等，通过多样化的方法，生动、形象、具体地向儿童进行教育。同时，教学中都要以"做"为出发点，在做的过程中去学，在做的过程中去教，在做的过程中去追求进步。

（二）幼稚园行为课程方案

1. 行为课程的目标

张雪门早期的教育思想将儿童的个体发展置于首位，提出幼稚园课程的目标就是要满足儿童身心发展的需求，培养儿童"扩充经验的方法与习惯"，培养其生活的能力与意识，从而使儿童的身心得到全面发展。

后期张雪门提出课程要兼顾社会需要与儿童身心发展的需要。将实现改造社会放在与关注幼儿需要同等重要的地位；提出培养体格健全、能适应社会生活的新国民的教育目标。确立了以社会需要为远景，以儿童个体发展需要为近景的幼稚教育任务。

2. 行为课程的内容

张雪门在行为课程内容方面使用了"教材"一词，他认为幼稚园的教材就是儿童在幼稚园的时候生活的经验。这种经验来源于三个方面，一是儿童本身个体发展而得，二是和自然环境相接触而得，三是从社会交际而得。行为课程的内容就是儿童周围生活的自然环境和社会环境中能为儿童所接受并有助于其身心发展的各种经验。张雪门把幼稚园行为课程的内容划分为：

（1）儿童自发的诸般活动，即儿童自身发展中所进行的一些活动；

（2）儿童的自然环境，即儿童周围生活中一切有关自然界的事物与知识，如动物、植物、旅行，儿童对各种自然现象的探索活动；

（3）儿童的社会环境，即儿童现在生活与未来生活相关的社会生活知识，如家庭、邻近的地方、各种职业活动等。

3. 行为课程的组织

张雪门认为幼稚园行为课程的组织与中学、大学有所不同，它有自己的特点与要求。在课程组织上他关注以下几点：

（1）整体性。幼稚园的课程不应是分科的，而应该是整体的，是一种具体的整个的活动。

（2）偏重于儿童个体的发展。在编制幼稚园课程时不能忽略社会的需求，但须极力注意"儿童现在的需要和能力"。在幼儿教育阶段，教育应偏重于个体的发展。

（3）注重儿童的直接经验。幼稚园的课程，须根据儿童自己的直接经验，虽然这种经验不如传授的经验整齐、经济，但对于儿童来讲，通过直接的学习价值更大。

4. 行为课程的实施

张雪门指出，行为课程的要旨是以行为为中心的，强调"做"即行动的价值，提倡"做学教"融合。他反对给幼稚生灌输抽象的"死知识"，要求重视儿童的实际行动在课程实施中的作用。经过多年的实验研究及不断改进，他确立了设计教学法来拟定行为课程计划，并采用单元教学来进行，具体包括：

（1）动机。行为课程要引发儿童主动学习的内在动机。要变环境为情境以激发兴趣，要引导儿童设计活动以延续兴趣，还要为儿童提供"发表"的机会以保持兴趣。

（2）目的。行为课程要有目的，这种目的不是儿童自己学习的目的，而是指教师希望儿童在这一行为中所获得的效果。教师只有确定了教学目的以后，才能有效地指导儿童在课程中的行为，教学也才能有一定的标准。

（3）活动。为了达到教学目的，必须认真设计"活动的要领、参加的人数、活动的时间和地点以及每一小段的程序"等。这一步骤主要是计划预设活动，所以只做大体轮廓的估量，在之后的行为实践中，就应做详细的计划，以便能符合实际需要。

（4）活动过程。活动如何开始，如何展开，如何结束，是课程实施中一种极重要的工作。然而它只是行动的要点，尚缺乏具体的内容，所以必须拟定具体的活动流程，便于教师进行指导。

(5) 工具及材料。在线索范围内,力求切合儿童操作上的需要,当然要进行必要的材料准备。虽然仍旧根据固有的各种科目拟定具体应用的工具和材料,但由于行为不是机械的,所以材料也要有一定的变化。

张雪门还建议采用"真实环境中的观察和体验""模拟环境中的操作与演练""真假参半环境中的交流与想象"的方法来实施课程。幼稚园行为课程提出以行动为中心,其基本思想就是"生活即教育""行为即课程",体现了教育生活化、生活教育化的基本理念。

(三) 蒙台梭利理论及其课程方案

1. 课程目标

蒙台梭利课程方案的主要目标是协助儿童开发自己的潜能,帮助儿童发展出自发性人格,养成一种独立、自信、自律、自足及自我管理的活动习惯,并为儿童进入成人世界做准备。她希望通过培养具有良好道德素养的"新人类",来创造一个和平、幸福的未来社会。

2. 课程内容

蒙台梭利根据儿童发展敏感期的特点,以感官教育为核心建立了一整套系统化的、包含读、写、算、科学文化等方面的课程内容,涉及日常生活练习教育、感官教育、语言教育、数学教育及文化教育五大方面。

日常生活练习是课程内容重要的组成部分,主要有三种类型:第一,儿童的自我服务,包括穿脱衣服、刷牙、洗脸、洗手、梳头等盥洗活动。第二,儿童初步的动作练习,如做、走、站及抓握等。第三,管理家务的工作,包括扫地、拖地、擦桌子、倒垃圾、整理房间等。

感官教育是蒙氏课程内容中最重要,也是最富有特色的部分。主要由十六种系列感官教具组成,其目的主要是帮助儿童建立几何图形意识,自由拼组;训练幼儿辨别力及手眼协调能力;训练幼儿观察、分类能力;训练幼儿各种感官能力,如视觉、听觉、触觉、嗅觉、味觉等。

语言教育包括三部分,一是听说的教育,包括口语经验的发展,如语言游戏、分类卡游戏等;口语表达与理解力的发展,如讲故事、背诵诗歌等。二是写的教育,包括书写预备和书写的练习。三是读的教育,包括阅读练习与语言常识。

数学教育主要包括:数数、数字练习、用书写符号表示数、数的记忆练习、从1到20的加减乘除、10以上的算术运算等。数学教育方面,除了运用感觉教育的教具外,蒙台梭利还设计了一套数学教育的教具,旨在增进儿童逻辑思考,解决问题的能力。

文化科学教育包括天文与地质、地理与历史、植物与动物及人类艺术等,它会随着各地的环境文化的不同而有所变化。

3. 课程的组织

蒙台梭利的课程是以儿童的内在需求为出发点,要求必须仔细观察儿童并充分了解可以帮助他们发展的活动。其课程内容的组织以教具为中心,教具依据儿童的各敏感期设计,其顺序性很清楚,儿童只要按照自己的进度去操作;也不必特别按年龄计划,儿童可以按照自己的能力去发展,不需要他人指定。

蒙台梭利认为任何教育计划的施行,首要的是提供真实且适合儿童的环境,教师应为儿童提供一个有准备的环境以激发儿童引起自我知觉、自我支配的动机,做到自我发展。

4. 课程的实施

在课程实施过程中,蒙台梭利提出要把握儿童的敏感期,分阶段为儿童提供感觉训练教具,感觉训练要通过具体的步骤和程序。她认为不论训练何种感觉,都要按照"三段式"练习法进行:第一,命名,即建立感知觉与其名称的联系。第二,确认,即按照老师说的名称拿出相应的物体。第三,记忆,儿童自己说出物体的名称。在教学方法的选用上,蒙台梭利建议采用感官精细度训练法及反复操作法,以实现其课程目标。

蒙台梭利强调教师要耐心等待幼儿,其课程的核心在于观察、了解儿童发展的内在需要,以确定其个别化教学的目标,而后提供适宜的环境,满足不同儿童的需要。

(四)海伊斯科普课程方案(High/Scope)

海伊斯科普课程又译为高瞻课程或高宽课程,它是由美国著名的儿童心理学家戴维·韦卡特创立的海伊斯科普教育研究机构于1962年开始发展起来的课程,它是一个以皮亚杰的认知发展理论为基础而形成的课程方案。

1. 课程目标

海伊斯科普课程最初的课程目标是促进儿童认知能力的发展,具体反映在儿童认知能力的5类49条关键经验中。到了1995年,海伊斯科普课程以"主动学习"为其教学设计的核心,所以后期的课程强调以主动学习为中心,促进儿童在认知、情感、社会性等方面的协调发展,并将关键经验扩充为10大类58条。

2. 课程内容

海伊斯科普课程的内容是围绕关键经验所提供的各种类型的活动。具体反映在教室内外的环境设置中,它们往往是以"活动区"为中介展开的,其中有积木区、娃娃家区、美工区、安静区、音乐区、木工区、玩沙玩水区、动植物区、户外活动区等。

该课程特别注意教室物质环境的布置和各个区域材料的选择,强调环境及其材料必须引发指向关键经验的多种学习活动。强调通过创设的活动区,为儿童提供一个主动学习的环境,提供给儿童不断选择与决定的机会,在此过程中帮助儿童获得各种经验,促进其各方面能力的提高。

海伊斯科普课程具体化了主动学习的要素,包括:

(1)材料:要提供丰富的,能适应儿童不同发展需要的材料。

(2)操作:要给儿童提供进行操作、转换、组成等活动的机会。

(3)选择:儿童能自由地选择自己操作的材料与活动。

(4)儿童的语言表达:儿童有机会在活动中描述事物、表达自己的想法,以及儿童之间能很友好地交流。

(5) 来自成人的支持：通过与儿童讨论他们正在做的事情，参与儿童游戏及协助儿童解决问题，成人可以鼓励儿童的努力，并拓展他们的活动。

3. 课程组织

海伊斯科普课程的组织是具体落实在一日活动安排中的，在一日活动中将关键经验反复出现在许多不同的活动中，以促成儿童能力的主动发展。具体的活动类型主要包括三种：

(1) 兴趣区(自选)活动：儿童自主活动的过程，整个活动过程由计划、操作、回忆三个环节组成。教师的任务就是鼓励和帮助儿童学会计划自己的活动，并实现它。

(2) 小组活动：5~8个儿童在一组，完成教师事先计划好的，能提供"关键经验"的活动。教师根据本组儿童的兴趣和能力来制订小组活动计划，然后提供活动的内容和材料，精心安排活动过程，从而保证每个儿童都能获得对其发展来说最必需的那些"关键经验"。

(3) 团体活动：全部儿童在同一时间里从事同样的活动，如一起玩游戏、唱歌、跳舞、讲故事等。集体活动为儿童提供了参与大组活动，交流和表达自己的思想，尝试和模仿别人的想法，以及了解、观察同伴和自我的机会。

4. 课程实施

海伊斯科普课程的实施是通过每日的例行活动来完成的，主要是由计划、操作、回忆三个环节及其他一些活动组成。

(1) 计划时间：儿童自己来决定在操作活动的时间干什么，并把计划告诉教师，教师帮助他们思考和充实计划，并帮助他们开始执行计划。

(2) 操作活动时间：儿童完成他们计划的项目和活动。教师在儿童中间走动，支持和指导他们，并帮助他们充实活动内容。

(3) 回忆时间：儿童和教师一起回忆和表征他们在操作活动时间的活动，重温儿童在活动中所遇到的问题。

除此之外，海伊斯科普课程中还有一些其他的活动，包括小组活动、户外活动和团体活动等。教师可根据自己的时间和程序来把这些环节安排成一日生活时间表。

(五) 瑞吉欧教育课程方案

1. 课程目标

瑞吉欧教育并不追求教育外在的目标，而是更注重其内在品质，也让学校中的儿童、教师，包括家长都能生活得幸福愉悦。瑞吉欧的幼儿教育课程目标用其所描述的今天儿童的内在特征来表达更为恰当，就是让儿童"更健康、更聪明、更具潜力、更愿学习、更好奇、更敏感、更具随机应变的适应能力、对象征语言更感兴趣、更能反省自己、更渴望友谊"。

2. 课程内容

瑞吉欧没有明确规定好的课程内容，更没有预先设计好的教育活动方案。正如马拉古奇曾经说过"我们没有真的计划或课程，但是若说我们只依赖那种令人羡慕的技巧，像临时起意的课程,那也不正确,我们并不依赖机会,因为我们深信我们也可以期待某些我们尚未了解的事物。我们知道的是,与儿童一起共事,是三分之一的确定,以及三分之二的不确定与新事物……我们可以确定的是,儿童随时准备好要帮助我们,他们可以提供给我们想法、建议、问题、线索以及遵循的途径。"瑞吉欧的课程主题来自儿童生活中感兴趣的事物、现象与问题,来自他们的经验及所进行的活动。

3. 课程组织

瑞吉欧的课程与教学主要是以"项目活动"或"项目工作"的方式展开的。所谓项目活动是指一群儿童以小组形式,运用多种接近客观事物与主观经验的方式方法,对于真实的生活事件和日常情景中的现象所进行的长期而深入的探索活动。从课程发生来看,一个项目,或视为一次冒险的钻研活动,可来源于成人的一个建议、儿童的一个观点、一次突发的事件,如一次客人的来访或者下雨等。但每个项目探讨什么,怎么探讨,如何结束,都无法事先规定,它完全依赖于儿童与教师双方的互动、沟通与交流。项目活动从设计上来看,主要是协助儿童全面、深入地理解他们周围环境及经验中值得注意的事物与现象,使儿童通过主题的探索活动获得周围的人、事、物的互动,从而自主建构、积累一些知识、经验,发展儿童的主动探索、自由创造、共享、对美的事物的敏感性等方面的情感与态度品质。

4. 课程实施

在实施过程中,瑞吉欧课程围绕项目活动,体现了以下特点:

(1) 弹性计划。教师在开始项目活动之前只有一般化、笼统的目标,并不提前设计好每一个项目和每次活动的具体目标。教师依据他们对儿童的了解及之前的经验,对活动开展形成一定的假设,依赖这些假设形成灵活的、适应儿童兴趣和需要的目标。

(2) 小组活动。项目活动是以小组的形式展开的。小组活动一般是3~5人,有时是2人。小组活动为每个幼儿提供机会,瑞吉欧工作者认为小组活动中儿童之间应有适当的差异,才能产生交流与沟通,但这种差异又不能太大,以免产生过度的失衡。

(3) 合作教学。瑞吉欧项目活动中体现出的是合作教学,即强调师幼合作对某一问题进行探讨研究。这一互动合作过程被瑞吉欧人比喻为"打乒乓球"游戏。教师必须能够接住幼儿丢来的球,并以一种让幼儿想要继续与教师玩,过程中有可能发展出其他游戏的方式把球抛回给孩子。这种说法不仅说明了教师在教学中的地位,更形象地说明了教师与儿童之间的合作关系。

(4) 记录的支持。记录是指教师通过持续、细心的观察,运用照片、录音、幻灯、录像、文字说明及实物等形式,从不同角度对儿童在不同项目活动中的情况进行材料的收集、整理及记载。记录活动贯穿于项目活动的始终。

(5) 多种"语言"的表达。在项目活动探究的过程中,瑞吉欧鼓励儿童运用视觉与图像语言来自由表达与相互交流,包括语言、绘画、雕刻、泥工、建造、肢体动作、表情等。瑞吉欧教育工作者极力倡导让儿童运用多种语言,尤其是视觉与图像文字来表征他们对世界的认识。

在教学方法的选择上,瑞吉欧课程侧重研究、实验、交流、记录几种方法的采用。教师在瑞吉欧教育体系中扮演着重要角色,教师不是权威,不是传统意义上的知识、技能的拥有者、传授者,幼儿也不是被动地接受教师的语言文化传递,他是行为活动的发起者、具体执行者,幼儿的兴趣、需要、经验是一切活动的出发点。

第二节　幼儿园课程设计

从静态的角度来看,幼儿园课程设计是依据一定的课程目标,选择一定的内容、方法、组织形式,对幼儿施加教育影响的方案。从动态的角度来看,幼儿园课程设计是一个分析教育问题、解决教育问题的过程。幼儿园课程主要包括目标、内容、实施、评价四个要素。幼儿园课程设计主要从这四个方面进行讨论。

一、幼儿园课程目标

课程目标是教育目的在课程领域的具体化,明确了特定阶段课程所要达到的预期效果。课程目标在课程结构中居主导地位,它既是课程设计的起点也是课程设计的归宿。幼儿园课程目标是指幼儿园教育阶段的课程要达到的预期效果。从幼儿园课程目标的地位上看,课程目标可以说是幼儿园课程的"指南针"和"方向盘"。课程设计的第一步,也是最关键的一步就是制定科学、合理的课程目标。

(一) 课程目标制定的依据

课程目标必须建立在科学性和合理性之上。目前,对于幼儿园课程目标的依据比较一致的看法,主要涉及三个方面:一是儿童发展,二是社会生活,三是人类知识。要制定科学的课程目标,必须综合考虑这三个方面的因素。

1. 儿童发展的需要

幼儿园课程的服务对象是幼儿,最终目标也是促进幼儿的和谐发展,幼儿的成长需要是课程目标制定的最基本依据。课程目标在设计时必须要考虑幼儿的兴趣、需要,尤其是学习与发展的基本规律和特点,这样才会建立对幼儿发展的合理期望,实施科学的保育和教育,让幼儿度过快乐而有意义的童年。《指南》从健康、语言、社会、科学、艺术五个领域描述幼儿的学习与发展,每个领域按照幼儿学习与发展最基本、最重要的内容划分为若干方面。每个方面都明确了幼儿学习与发展的目标。可见,只有建立在对幼儿研究的基础上,才可以帮助我们确定哪些目标对于幼儿来说是可能的、适宜的。

2. 社会发展的需要

儿童的发展总是与社会发展交织在一起,由于儿童的成长本身就是一个由自然人向社会人转化的过程,他们生活的家庭、社区、幼儿园等也都离不开社会环境的影响。另外,学前教育一个重要的任务就是要为幼儿积极适应未来社会的生活做准备,因此,当今社会的发展需要必然是幼儿园课程目标制定的一个重要依据。幼儿园课程在制定目标时与时俱进,既要考虑国家的各种政策法规,又要考虑当今社会经济、文化发展的现状,把握社会发展的变化,提高幼儿教育对社会的适应性。

3. 知识发展的需要

知识是人类智慧的结晶。随着科技的发展、社会的进步,知识也在进行不停地存储与更迭。对于幼儿来说,哪些内容对他们来说最有价值,应该学什么知识,也是幼儿园课程目标制定要考虑的依据。知识一般来说相对具有两种价值,学术专业价值和一般发展价值。幼儿的年龄特点和幼儿园课程的性质决定了幼儿园课程注重的是知识的一般价值。从知识的角度考虑幼儿园课程目标制定的依据,我们需要考虑的是:这个学科知识里哪些是幼儿在其成长过程中必不可缺的核心知识经验,这些知识经验能够促进幼儿哪些方面的发展,如何结合幼儿的身心发展特点,采用适合幼儿学习的方式,将学科知识转化为幼儿的知识经验。

(二) 课程目标的层次与结构

幼儿园课程目标具有不同的层次,高层次的目标必须经过一轮轮低层次目标的转化才可能达成。课程目标的每一个层次,也有横向的结构问题,不同的结构类型也决定了课程目标的不同类型。

1. 课程目标的层次

幼儿园课程目标从宏观到中观再到微观,体现出多层次性。从纵向上来分,从上到下一般可以分为以下四个层次:

(1) 幼儿园课程总目标

这里的总目标既指《纲要》和《指南》中阐述的幼儿园教育总目标:"满足幼儿多方面发展的需要,使他们在快乐的童年生活中获得有益于身心发展的经验,为其一生发展打下基础。""以为幼儿后继学习和终身发展奠定良好素质基础为目标,促进幼儿体、智、德、美各方面的协调发展为核心,让幼儿度过快乐而有意义的童年。"又集中表现为幼儿园课程分领域的目标。总目标从宏观角度概括了健康、语言、社会、科学、艺术五大领域发展的总的要求(具体见《纲要》《指南》),这类目标一般比较宏观,表述较为概括、抽象,它是通过幼儿在园三年生活与学习实现的,属于长远目标。

(2) 年龄阶段目标

年龄阶段目标依据每个年龄段幼儿的发展水平是将总目标分解成幼儿园小、中、大班三个年龄段的目标。例如,《指南》中的目标部分就是由 3~4 岁、4~5 岁、5~6 岁三个年龄段末期幼儿应该知道什么、能做什么、大致可以达到什么发展水平提出的合理期望构成。具体的年龄阶段目标指明了五大领域中幼儿学习与发展的具体方向,它们彼此之间承上启下,衔接紧密。如《指南》中健康领域动作发展的子目标:具有一定的平衡能力,动作协调、灵敏,年龄阶段目标表述如下:

表7-1 《指南》中健康领域动作发展子目标

3~4岁	4~5岁	5~6岁
1. 能沿地面直线或在较窄的低矮物体上走一段距离。 2. 能双脚灵活交替上下楼梯。 3. 能身体平稳地双脚连续向前跳。 4. 分散跑时能躲避他人的碰撞。 5. 能双手向上抛球。	1. 能在较窄的低矮物体上平稳地走一段距离。 2. 能以匍匐、膝盖悬空等多种方式钻爬。 3. 能助跑跨跳过一定距离,或助跑跨跳过一定高度的物体。 4. 能与他人玩追逐、躲闪跑的游戏。 5. 能连续自抛自接球。	1. 能在斜坡、荡桥和有一定间隔的物体上较平稳地行走。 2. 能以手脚并用的方式安全地爬攀登架、网等。 3. 能连续跳绳。 4. 能躲避他人滚过来的球或扔过来的沙包。 5. 能连续拍球。

(3) 单元目标

单元目标是对年龄目标的再分解。在幼儿园课程实践中通常表现为主题活动目标或者月目标、周目标。如某幼儿园在实施"秋叶飘飘"的主题活动中,将目标定位为:

① 感知秋天的季节特征,发现自然界的变化。

② 了解秋季是人们收获的季节,感知收获的意义,体验收获的喜悦。

③ 感受秋天的色彩美,能用自己的"语言"表达对秋天的感觉。

④ 欣赏自然界、故事、诗歌及艺术作品中所表现的秋天美丽景色,萌发热爱大自然的情感。

单元目标表述的是较短时间内所期望达到的成果,是年龄阶段目标得以实现的保证。

(4) 具体教育活动目标

它是指某一个具体的教育活动所预期的效果,是课程目标中的最小单位。一般要求制定得非常具体、明确、可操作性强。例如,小班综合活动"毛毛找朋友"中的活动目标:

① 在找找、摸摸的过程中,发现生活中有毛的物品,感受它们的作用。

② 乐意把自己的生活经验分享给大家,感受有毛的物品给生活带来的方便。

这类目标指明了幼儿在活动中以及活动后所产生的知识、情感、能力上的变化,是由实施活动的幼儿园教师直接参与制定与完成的。

2. 课程目标的结构

课程的每一纵向层次目标都有一个横向的结构。一般来说主要由三个角度构成:幼儿身心发展结构、领域目标结构以及教育目标与内容结构。

美国教育家布鲁姆为建立教育目标体系提供了一个比较规范化、清晰化的标准,他以人身心发展的整体结构为框架,将教育目标分为认知、情感、动作技能三大类。每个领域又包含了儿童发展的不同内容,如认知领域包括识记、理解、应用、分析、综合、评价等;情感领域包括兴趣、态度、价值观、适应性等;技能领域包括感知动作、运动协调、运动技能等。幼儿园课程目标的结构广泛借鉴了布鲁姆的目标分类学理论,将情感、认知、能力作为课程目标构成的重要组成部分。在制定课程目标时要考虑幼儿全面发展,保证幼儿在基本知识、基本能力方面得到全面提高。

从领域目标结构角度来看,我国幼儿园课程基本上还是按照五大领域来实现幼儿园课程目标的。从教育目标和内容角度来看我国幼儿园课程目标按照《规程》中提出的保教目标,按照体育、智育、德育、美育四个方面来构建。这四育目标相互联系,有机结合,既符合幼儿年龄特点,又符合我国教育的总目标。以下是《上海市学前教育纲要》中的教育目标:

(1) 初步了解并遵守共同生活所必需的规则,体验并认识人与人相互关爱与协作的重要和快乐。

(2) 初步形成文明卫生的生活态度和习惯,独立自信地做力所能及的事,有初步的责任感。

(3) 积极活动,增强体质,提高运动能力和行动的安全性。

(4) 亲近自然,接触社会,初步了解人与环境的依存关系,有认识和探索的兴趣。

(5) 初步接触多元文化,能发现和感受生活中的美,萌发审美情趣。

(6) 积极地尝试运用语言及其他非语言方式表达和表现生活,具有一定的想象力和创造性。

二、幼儿园课程内容

课程内容是实现课程目标的载体,它解决的是学什么、教什么的问题。从幼儿园课程的概念出发,不难发现幼儿园课程不仅包括知识、能力、价值观念和行为等显性内容,还包括大量的隐性内容,如幼儿园的环境、制度、师幼关系、园风等。幼儿园课程目标决定了在选择与建构内容时既要考虑幼儿身心发展的特点与规律、社会的期望与要求,又要精选适宜幼儿学习的知识经验,要以终身学习、可持续发展为指导,最终促进幼儿身心全面、和谐发展。

(一) 课程内容选择的要求

课程内容范围广泛,如何选择适宜的幼儿园课程内容,使幼儿能够有效地、有意义地学习?《纲要》中明确地提出了幼儿园课程内容选择应该遵循的三个原则:第一,既适合幼儿的现有水平,又有一定的挑战性。第二,既符合幼儿的现实需要,又有利于其长远发展。第三,既贴近幼儿的生活来选择幼儿感兴趣的事物和问题,又有助于拓展幼儿的经验和视野。

基于上述原则,在选择幼儿园课程内容时应尽量满足以下要求:

1. 课程内容要与课程目标相一致

内容是为目标服务的,课程内容的范围应以目标的实现为基础,要体现目标的方向和要求。从宏观的终极目标,再到微观的具体活动目标,可以说幼儿园课程目标为内容的选择提供了一个基本的范围。但是,目标和内容并不是一一对应的关系,一个目标可以对应多个课程内容,一个内容也可能指向多个目标。另外,有些目标如幼儿的学习品质培养,在具体的课程中没有明确的内容对应,这就需要教师考虑通过哪些活动可以让幼儿获得相关的经验,为幼儿的成长提供支持,确保课程目标的实现。

2. 课程内容要立足幼儿的发展

幼儿能否在课程中获得身心发展是选择课程内容的一个重要标准。幼儿园课程内容既要考虑幼儿身体、认知、情感、社会性等方面全面发展,又要考虑能否有利于幼儿的长远发展和可持续发展。幼儿园课程内容涉及的是幼儿发展最基本的问题,如良好的学习品质、适宜的行为方式、积极的情感等,课程内容要为幼儿的发展提供一个支撑,支持和引导每个幼儿从原有水平向更高水平发展。

3. 课程内容要基于幼儿的生活

幼儿的兴趣、需要和已有经验是其学习的动力和基础。课程内容选择要符合幼儿的兴趣和需要,符合幼儿的已有经验基础,贴近幼儿的生活。只有幼儿熟悉、喜欢、乐于参加,才能够全身心地投入。如在上海二期课改大班主题活动中,我自己、有趣的水、动物世界等内容,都是幼儿身边的事物和现象,这些内容可以既满足幼儿的好奇心,又有助于培养其主动学习的品质。幼儿所处的社会、文化、本土资源和人文资源环境都是课程内容选择的重要来源。要充分利用信息技术和各种教育资源,从不同的角度运用多种方式、方法,发挥课程的整体效应,关注课程的动态生成。

4. 课程内容要有利于幼儿获得直接经验

幼儿的学习是以直接经验为基础,通过直接感知、实际操作和亲身体验获取的。课程内容选择还要考虑内容本身是否能够经验化,能否在具体的、生动的活动中,让幼儿通过操作体验、游戏、活动等方式有效地获得经验。目前一些幼儿教育者进行核心经验研究,正在积极探索各个领域适宜幼儿学习的核心经验。这些核心经验必须能够满足幼儿探索和操作的要求。

(二) 课程内容组织的形式

课程组织就是对选择出来的课程内容按照一定的序列进行安排,构成比较可行的教育方案或计划的过程。由于价值观念和逻辑起点的不同,幼儿园课程内容的组织形式也存在不同的类型。

1. 以学科为中心的组织形式

以学科为中心组织课程内容强调按照知识的体系来组织教学,把着眼点放在知识或学习结果上来,通过这种组织形式帮助幼儿在短时间内获得大量的知识。以学科为中心组织课程有其合理的一面,至今仍被广泛采用。但这种形式存在着明显的局限性,如幼儿的心理顺序要服从知识的逻辑顺序,知识理论重于实践操作,学习结果重于学习过程等,许多的观念与做法与当今的幼儿教育理念与实践相悖,因此在幼儿园课程内容组织时不被提倡。

2. 以幼儿为中心的组织形式

这种组织形式是以幼儿的经验为中心来组织课程内容,它强调个体的兴趣和需要,注重让幼儿在具体的情境与当下的生活中去构建自身的经验。教师的任务是为幼儿提供学习的材料和机会,为幼儿创设一个富有教育性和支持性的环境,通过让幼儿充分地与环境、材料、人员互动,去积累经验、发现知识、获得发展。活动课程是这种形式的典型代表,目前世界上学前教育比较发达地区的幼儿园课程方案大多基于此。这种组织形式强调"做事"、强调个体,没有统一的内容,也没统一的教学进度。幼儿按照自己的节奏,自主地进行学习。教师的角色就是支持者、合作者和引导者。这种形式充分尊重幼儿,体现个性,重视实践与操作,有利于幼儿个性的发展,但是也存在幼儿获得的经验不够概括化,知识缺乏衔接性和系统性等问题。

随着教育不断改革,课程的不断发展,各种形式也在根据自身存在的弊端进行针对性的改革,如学科课程中强调幼儿的兴趣和需要,活动课程中强调知识的系统性。在幼儿园课程的实践过程中,课程组织不可能只采用单一的形式,几乎所有的课程组织形式都是混合型的。课程内容的选择与组织应该综合考虑多方面因素,多角度、全面性地去考虑,使之既有序,又有利于幼儿整体发展。

三、幼儿园课程实施

幼儿园课程实施是经由编制的幼儿园课程计划付诸教育实践的过程。它是教师和幼儿亲身参与与体验课程的过程,是课程的再调整活动。幼儿园教师是课程的实施者,要根据《纲要》等文件的要求,从本地、本园的条件出发,结合本班的实际情况,制定切实可行的工作计划并灵活地执行,以达到预期的教育目的和课程目标。

(一) 幼儿园课程实施的途径

幼儿园课程实施是通过多种途径实现的,具体包括以下几种:

1. 生活活动

幼儿园课程必然要通过幼儿一日生活的各个环节来实施。幼儿在园的一日生活中,生活活动占据了最长的时间,具体包括盥洗、进餐、睡眠、交往等。这些日常的生活活动隐含了巨大的教育价值,是幼儿园课程目标实现的重要途径。

2. 游戏活动

游戏是幼儿最喜欢,也是最适合其年龄特点的活动,对幼儿的身心发展具有重要意义。《纲要》中明确提出,幼儿园要以游戏为基本活动。幼儿园课程要更加贴近幼儿的实际发展水平,贴近幼儿的学习特点,贴近幼儿的生活及兴趣与需要,必须要以游戏为突破口,走近幼儿,实现课程的价值。

3. 教学活动

教学活动是有目的、有计划设计和安排的,以幼儿的集体学习为主要形式,引导幼儿获得有益学习经验的过程。它的目标明确,内容精选,计划强,教师组织作用明显。这类活动可以帮助幼儿获得新知识、新技能,短时间内有效提升幼儿的知识经验水平。在集体教学活动中幼儿要学会倾听和表达,学习遵守集体活动规则,学习与同伴交往的技巧,这些对于幼儿的社会性发展和入学准备都具有积极的意义。

4. 环境创设

幼儿园的环境作为隐性课程也是课程实施的有效途径。这里的环境既包括物质环

境,也包括心理环境。《纲要》中明确指出:"环境是重要的教育资源,应通过环境的创设和利用,有效地促进幼儿的发展。"创设一个生动、丰富、利于幼儿主动学习的支持性环境是幼儿园课程在实施过程需要重点解决的问题。

5. 家园合作

幼儿教育家陈鹤琴先生曾经说过:"幼儿教育是一件很复杂的事情,不是家庭一方面可以单独胜任的,也不是幼儿园一方面可以单独胜任的,必定要两方面共同合作方能得到充分的功效。"家庭是幼儿生活、学习的主要场所,幼儿园课程理念与目标实现过程中要充分利用家长资源,只有幼儿园教育和家庭教育形成合力,才能真正有效地促进幼儿的发展。

(二) 幼儿园课程实施的原则

1. 整体性原则

《指南》中指出,要关注幼儿学习与发展的整体性。儿童的发展是一个整体,要注重领域之间、目标之间的相互渗透和整合,促进幼儿身心全面协调发展,而不应片面追求某一方面或几方面的发展。整体性原则是指幼儿园课程的实施中,应该将幼儿教育看作是影响着幼儿发展的整体,将各种教育活动、教育形式与方法、手段有机结合形成整体对幼儿进行影响。同时,还应将课程实施看作一个完整的系统,不同内容、各种方法之间具有密切的联系,不可分割。

遵循整体性原则在教学实施时应该注意以下几点:第一,注意各领域教育实施之间的交叉影响、综合影响、整体影响,注意利用它们的合力对幼儿进行良好的教育。第二,注意各种教育活动形式的有机结合。在课程实施时,要将生活活动、游戏活动、教学活动安排有机结合在一起,将课程实施的集体活动、小组活动、个别活动三种形式有机地结合在一起。第三,综合运用各种教学方法、教学手段为幼儿提供教育服务,促进幼儿身心全面和谐发展。

2. 生活化原则

教育生活化是一种开放型的课程观念,符合幼儿生命存在、学习与发展的实际。众所周知,学前儿童生命存在几乎完全依赖于成人,年龄越小越是如此,教育与生活的关系也越密切。对学前儿童来说,生长是首要的。教育离不开生长,不能脱离生活,甚至可以说,"生活即教育"。教育生活化有利于教师和幼儿组织与实施课程活动。正因为如此,我国教育家陶行知提倡生活教育,陈鹤琴倡导活教育,张雪门实行行为课程,都特别注重教育的生活化,强调在幼儿的日常生活中实施课程内容。

3. 活动化原则

活动化原则实质是指在课程的实施中,活动应该是幼儿教育的基本形式,教师创设多样的环境,让幼儿在活动中学习,在活动中发展。贯彻这一原则应做到:根据幼儿的身心发展水平来设计与实施课程,把活动当作幼儿学习的主要形式;在活动中,贯穿课程内容,达到课程目标,让幼儿在活动中获得全面发展;游戏是幼儿活动的主要形式之一,应重视游戏在课程实施中的重要作用。

4. 主体性原则

主体性原则是指课程实施的出发点和根本点应该是幼儿,应该根据幼儿的身心发展水平与需要来实施课程。课程实施从内容到方法都应面向全体幼儿,同时考虑照顾个别差异,使每个幼儿在不同的起点上都得到一定的发展。摆脱以往课程实施中教师的"高控制"现象,多给幼儿提供一些探索与表现的空间。

> **真题链接**
>
> 列出幼儿园课程生活化的实施要求并分别举例说明。(2019年上半年)
> ➢ 答案及解析见本章首页二维码

四、幼儿园课程评价

课程评价是对课程的价值做出判断的过程。幼儿园课程评价是幼儿园课程设计、开发和实施中的重要环节,它贯穿于课程发展的全过程。

(一) 幼儿园课程评价的内容

幼儿园课程评价的内容分为三个部分:课程方案评价、课程实施过程评价、课程效果评价。幼儿园课程方案从宏观来说包括整个课程的规划与设计,从微观层面来说,则指一个具体的教育活动设计。评价幼儿园课程方案一般三个方面进行:一是课程目标是否与教育目标相一致,目标是否可行,目标的来源是否科学;二是课程内容结构是否合理,各个要素之间是否有较高的统一性,是否符合课程目标的要求;三是课程编制是否有科学的依据,是否以正确的理论为指导,是否符合幼儿的发展规律和学习方式等。

课程实施过程的评价主要是对幼儿园课程实施过程中幼儿"学"的评价(学习的主动性、创造性、参与性和情绪态度、过程体验);教师"教"的评价(态度、行为、教育方法与机智等)以及师幼互动质量、学习环境的创设等方面的考察。

课程效果评价是对课程实施后所获得的实际效果进行验证的方式,是对课程实施后在幼儿和教师身上所引起的发展变化进行分析和判断,是衡量课程方案和课程实施过程是否适宜的最终性环节。一般以对幼儿的发展评价来确定,不仅包括幼儿是否掌握与课程相关的具体知识情况,还包括幼儿的态度的变化、学习方式、学习能力等方面的转变,评价幼儿的发展状况是否达到了课程目标,产生了哪些非预期的效果等。

(二) 课程评价的主体

《纲要》中明确提出:"管理人员、教师、幼儿及其家长均是幼儿园教育评价工作的参与者""幼儿园教育工作评价实行以教师自评为主,园长以及有关管理人员、其他教师和家长等参与评价的制度。"教师、幼儿、家长、园长、行政管理人员都是课程评价的人员,在这些主体中,教师与幼儿是主体中的主体。

(三) 课程评价的类型

按照不同的标准,课程评价有不同的分类。按照评价的功能和进行的时间来分,课程评价分为形成性评价和终结性评价。形成性评价也称过程性评价,是在课程系统运作、发展过程中收集课程各个要素的相关材料,加以科学分析和判断,以此调整和改进课程方案,使正在运作中的课程更为完善的一种评价方式。终结性评价也称总结性评价、结果性评价,是一种对课程实施以后所获得的实际效果进行验证的评价方式。按照评价的方法将课程评价分为定性评价和定量评价。定性评价是指评价者用语言文字作为收集和分析评价资料,呈现评价结果的主要工具的评价方式。定量评价是指评价者收集被评价对象的数量性的实证信息,用数量化的指标来显示评价结果的评价方式。按照评价主体的不同来分,可以将课程评价分为内部评价(自我评价)和外部评价(他人评价)。按照评价对象的范围来分,可以将课程评价分为整体评价(宏观评价)、局部评价(中观评价)、单纯评价(微观评价)。

(四) 幼儿园课程评价的过程

幼儿园课程评价过程从宏观来说分为以下五个阶段:

(1) 确定目的:课程评价人员要确定评价什么,并由此确定如何设计评价方案,尤其要详细说明评价的目标,评价的内容,如何进行评价,说明评价时间等。

(2) 搜集资料:课程评价人员要认清评价所需的信息来源,以及搜集信息的方法、手段和途径,全面搜集所需要的相关信息资料。

(3) 组织材料:在这一阶段,课程评价人员要筛选、审查、组织各项材料,通过对所搜集的信息进行编码、组织、存储、归类等方式,使之有效运用于评价。

(4) 分析材料:课程评价人员要选择和运用适当的方法和技术对处理过的材料进行解释说明。

(5) 报告结果:课程评价人员要根据课程评价方案决定报告的性质和形式(是正式的还是非正式的;是描述性的,还是数据分析式的),最终反馈给相关人员。

> **拓展链接**
>
> ## 全美幼教协会(NAEYC)编制的
> ## 《幼儿园课程整体评价标准(价值标准)》[①]
>
> 1. 课程是否能够促进幼儿与伙伴和成人之间的互相作用和学习,并有利于幼儿对知识的建构?
>
> 2. 课程是否能促进幼儿在社会性、情感、身体和认知方面的发展,有助于幼儿掌握民主社会的价值观?
>
> 3. 课程在帮助幼儿学习知识和掌握技能的同时,是否能使幼儿形成对学习的积极态度?
>
> 4. 课程对于幼儿来说是有意义的吗?是否与幼儿的生活有关?是否注重与幼儿个性经验的联系并强化这种联系?

---

① 王海燕.幼儿园课程[M].北京:教育科学出版社,2015:145.

5. 对幼儿的期望和要求是否合理,切实可行?在以后学习或掌握这些内容时是否会更容易、更有效?

6. 幼儿和教师对课程是否都感兴趣?

7. 课程是否对多元化和语言尊重、敏感?课程是否期望、允许和欣赏个性差异的存在?是否有利于形成与家庭的良好关系?

8. 课程是否以幼儿现在的知识和能力为基础,并促进他们的发展?

9. 课程是否注重促进各学科之间的联系和综合?

10. 给幼儿介绍的知识按照有关的学科标准来看,是否准确、可靠?

11. 课程是否在有意义的背景中,帮助幼儿形成对概念的理解?

12. 幼儿有没有必要学习这些知识?在现阶段学习这些知识是否有效?

13. 课程是否能够促进主动学习并且允许幼儿做出有意义的选择?

14. 课程是否能促进和鼓励幼儿探究和提出问题,而不是着重"正确"的回答或者完成任务的"正确"方法?

15. 课程是否能促进较高水平的能力,如思维、推理、问题解决和判断能力的发展?

16. 课程是否能促进和鼓励幼儿与成人开展社会性交往?

17. 课程是否尊重幼儿对活动、器官刺激、新鲜空气、休息、健康和营养代谢等的生理需要?

18. 课程是否有利于幼儿形成心理安全感,信任感和归属感?

19. 课程是否能使幼儿获得成就感和对学习的兴趣?

20. 课程对幼儿和教师来说,是否具有灵活性?

本章结构

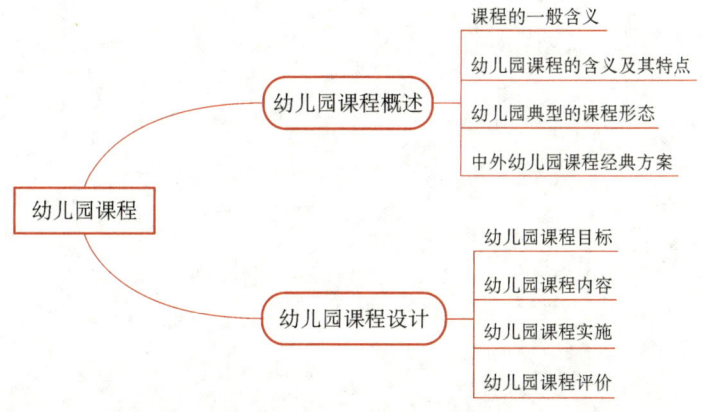

1. 简述幼儿园课程的含义。
2. 举例说明幼儿园课程的特点。
3. 自选一种幼儿园课程形态,查找案例,结合案例分析说明这种课程形态的特点,尝试分析其优缺点。

实践与训练

1. 运用书籍或者网络资源,梳理不同的流派对于课程的解释与说明,要求小组合作制作 PPT,并展示分享。
2. 选取一所幼儿园调查其课程设置,运用幼儿园课程设计的基本理论对其进行分析与评价,提交分析报告。

第八章 幼儿游戏及其指导

真题参考答案

1. 理解游戏的含义,掌握游戏的特征与分类,能把握游戏对于幼儿的价值。
2. 明确游戏在幼儿园教育中的地位,掌握游戏指导的基本要求与策略,能初步地进行游戏指导。
3. 树立正确的游戏观,认同并坚持"幼儿园教育以游戏为基本活动"的理念。

幼儿园的数学活动,老师为每个小朋友准备了一个小筐,筐里放着五颜六色的塑料片。老师对小朋友说:"下面老师请小朋友做个游戏,请小朋友把相同颜色的塑料片放在一起。看谁做得又快又好。"随着老师的一声令下,小朋友立刻开始动手操作起来。

案例中的活动是游戏吗?为什么?

第一节 游戏概述

游戏是一种复杂的社会文化现象,从动物到人类,从室内到户外,从古至今,游戏行为广泛存在,活动形式丰富多样。游戏的含义与特征是游戏本质属性的表现,科学地理解游戏的概念,把握游戏的基本特征是实践中有效组织游戏活动,发挥游戏价值的保证。

微课 15

学前儿童游戏概述

一、游戏的含义

儿童游戏最初是在家庭中进行,游戏的形式简单,多以儿童的主体性、运动性活动为主。19世纪初,随着最早的一批幼儿园的建立,儿童游戏开始在专门教育机构中进行。在教育理论领域,教育学家非常关注儿童游戏的问题,对儿童游戏的含义进行了解释和剖析。

（一）早期教育家对于游戏含义的理解

古希腊思想家柏拉图最早提出"寓学习于游戏"。他把儿童游戏看作是一项单独的行为类别，认为游戏是幼儿的重要活动，主张在游戏中了解每个孩子的天性和自然才能。亚里士多德认为游戏是儿童应有的活动，游戏可以为作业做准备。罗马教育家昆体良认为游戏可以使儿童的头脑得到积极的休息，他认为儿童的游戏行为应该鼓励，对儿童来说，应通过游戏来学习。捷克著名教育家夸美纽斯在《母育学校》中指出游戏的价值，他认为儿童游戏的时候，智慧总是在紧张地活动，甚至可以得到磨炼；游戏可以使儿童自寻其乐，并可培养身体的健康、精神的活泼和肢体的灵活。

（二）近现代教育家对于游戏含义的理解

英国教育家洛克提出儿童应该多做体操与游戏，这样不仅对身体健康有利，而且也可以让儿童试验自己的能力，知道自己能做什么，不能做什么。法国教育家卢梭将游戏摆在前所未有的位置，他提出要让儿童远离折磨他的书本，让儿童多游戏，让儿童在游戏中，在与大自然融为一体的生活中度过自己的童年。他认为，对于孩子来说，工作与玩耍是一回事，他的游戏就是他的工作。我国明代教育家王守仁在论述童蒙教育时指出，要顺应儿童乐于嬉戏的性情并进行诱导，提出教育必须顺应儿童喜欢嬉戏的天性来开展才有效果。这一时期的观点与早期思想家的观点一致，都是从儿童的天性以及游戏对于儿童的作用角度来理解游戏的含义。

19世纪初，随着幼儿园教育实践的开展，教育家们对于游戏的理解越来越深刻。德国教育家福禄贝尔是世界上第一个系统研究游戏，并把游戏引入教育系统的教育家。他认为游戏对于儿童来说是一种令人愉快、自由的活动，无论是用物做游戏，还是与人做游戏，都能产生巨大的教育价值。游戏是能够发展儿童内在生命力的活动，应该让儿童在游戏中获得发展。美国教育家杜威在他的教育理论中提出，游戏是幼年期儿童主要的活动方式，儿童在游戏中获得经验，形成对周围世界的认识与理解。儿童现有的生活经验本身就有价值，教育不应是为未来生活做准备，而对于儿童来说，游戏就是他的生活。俄国的教育学家乌申斯基从生理学和教育学的基础上去理解游戏的含义，建立游戏的理论。他认为游戏是以儿童的想象力、求知欲和独立活动的欲望为基础产生的。游戏对于儿童的发展具有重要作用，对于儿童来说，游戏比学习有更重要的意义。现实生活是游戏内容的源泉，游戏具有社会性。我国幼儿教育家陈鹤琴对游戏高度提倡，他认为游戏有益于儿童的身体、智力和道德的发展，要发展儿童活泼的精神，必须让儿童进行游戏。游戏就是儿童的生活，学前儿童的教育尤其应当通过游戏来进行。

（三）当代对于游戏含义的理解

随着幼儿教育实践的不断深入，基于对已有游戏概念的认识，我国幼儿教育工作者对于游戏含义的认识渐趋一致化。在《教育大辞典》中，游戏被界定为幼儿的基本活动，是适合幼儿年龄特点的一种有目的、有意识的、通过模仿和想象、反映周围现实生活的独特的社会活动，具有趣味性、具体性、虚幻性、自由自愿性、社会性的特点。当前幼儿教育工作者对游戏的含义的理解主要有：游戏是幼儿的主体性活动，这种活动现实直观地表现为人的主动性、独立性和创造性的活动;游戏是学前儿童喜欢的、主动的活动,是学前儿童创造性反映现实生活的活动;游戏是幼儿有目的、有意识、积极的反应活动;游戏是在假想的情景中反映周围生活。珍视游戏,充分发挥游戏的价值,把游戏作为幼儿生活的重要内容,将游戏作为幼儿教育的重要手段成为当前学前教育领域普遍赞同的观点。

二、游戏的特征

1. 自由性与自主性

在游戏情境中,儿童首先拥有的权利就是根据自己的需要和兴趣自愿参加游戏活动;其次,儿童对游戏的场地、游戏的材料、游戏的玩伴都拥有自由选择的权利。自主性是游戏最本质的属性。游戏中的儿童对于玩什么和怎么玩有自己的决定权,不需要成人过多的限制和包办代替。只有当儿童能自主决定游戏的过程和游戏中材料的使用时,才有活动方式的多样和活动方法的灵活,儿童的兴趣性和自主性体验才更加明显。

2. 无目的性与过程性

儿童在游戏中没有外在的功利目的,游戏本身就是游戏的目的。游戏的动机是直接动机,"玩即目的",游戏过程的本身就能使儿童感到满足。游戏没有社会实用价值的目的,没有来自外部的压力,儿童无须担心玩得不好会受到批评,更不是为了得到奖励去玩游戏。游戏就是活动的内容,吸引儿童的是游戏过程。

3. 生活性与假想性

游戏的内容源于儿童的生活,又融入他们的生活。游戏中,我们经常看到儿童模拟生活中的情景,他们像妈妈一样照顾宝宝,像医生一样为病人看病打针,像司机一样遵守交通规则,儿童在游戏的过程中实现着对生活规则、社会规范的认同和接纳。儿童游戏的内容虽源于周围的现实生活,但又不是现实生活的翻版。儿童游戏是想象活动与现实生活结合的结果,它是儿童依据自己对于现实生活的理解,通过自己的想象和加工,创造出来的一种假想活动。儿童常常通过强调"不是真的、是假的、只是玩玩而已"来表明游戏假装和想象的特点。

4. 愉悦性与创造性

愉悦与创造是游戏本身固有的特性。儿童在游戏中能自主地控制所处的环境,满足自己的愿望,表达与表现自身的发现,体验成功与创造的快乐。对于儿童来说,游戏是一种享受,能给他们带来无穷的快乐。在游戏中,儿童以不断重复的方式,自娱自乐。他们没有任何心理负担,不受日常生活规则的束缚,全身心地投入,身体处于最佳、最自然、最轻松的状态,在整个游戏过程中获得愉悦的身心体验。游戏中儿童可以按照自己的想法尝试各种新的可能性,运用自己的方式创造性地解决各种问题,潜移默化地得到发展。

真题链接

幼儿园集体教学活动和游戏的涵义分别是什么?试述两者的区别与联系。(2019年上半年)

▶ 答案及解析见本章首页二维码

三、游戏的类型

儿童游戏的形式丰富多样,站在不同的角度,对游戏的认识和理解不同,参照的标准不同也会产生不同的分类。

(一)按照儿童的认知发展分类

根据皮亚杰认知发展理论中对于游戏的分类方法,将学前儿童游戏分为感觉运动游戏、象征性游戏、结构游戏和规则游戏四种。

1. 感觉运动游戏

感觉运动游戏也称为机能性游戏或练习性游戏,主要发生在0~2岁儿童。这一时期儿童主要通过感知和动作来认识环境,游戏的驱动力就是获得"机能性的快乐",表现形式为徒手游戏或重复地操作物体游戏,典型游戏如兜兜飞、反复拍打水、拨弄物体的开关、上下楼梯取乐等。

2. 象征性游戏

象征性游戏是2~7岁儿童最典型的游戏形式。在这一时期,儿童的象征游戏表现为运用"替代物",以假想的情景和行动方式将现实生活和自己的愿望反映出来。游戏表现形式为"假装",儿童通过以物代物、扮演角色、情景转变等形式来反映认知经验,典型游戏如娃娃家、小医院等。

3. 结构游戏

结构游戏也称建构游戏,是指儿童操作各种不同的材料,使之呈现出一定的造型或者结构的活动。该游戏需要儿童具有一定的形状、空间知觉能力和实际操作技能,也需要儿童具有一定的表征能力。典型游戏有搭积木、插雪花片、玩沙等。

4. 规则游戏

规则游戏是两个或两个以上的游戏者在一起按照预先规定的规则进行的,具有竞赛性质的游戏。规则是在游戏开始前就确定了的,每个游戏者都同意的,在游戏中必须严格遵守。典型的规则游戏有老鹰捉小鸡、下棋、捉迷藏等。

真题链接

幼儿以积木、沙、雪等材料为道具来模仿周围现实生活的游戏是(　　)。(2015年下半年)

A. 表演游戏　　　　B. 结构游戏　　　　C. 角色游戏　　　　D. 规则游戏

➢ 答案及解析见本章首页二维码

(二)按照儿童的社会性发展分类

美国学者帕顿以儿童在游戏中社会行为的表现以及参与游戏的程度将游戏分为四类,并介绍了两种儿童游戏前的活动行为。

1. 偶然的行为或无所事事

儿童无所用心的行为,大量时间花费在了随机的、偶然的行为活动当中,兴趣易被偶然的活动所吸引。有时行为变化快且无目的，有时发呆或无所事事，情感精力投入少，目光四处漂移。这种行为不属于游戏。

2. 旁观

大部分时间都在观看他人游戏，偶尔和他人会有些交流，如提出问题或者提出建议，但行为上却不主动参与游戏。

3. 独自游戏

儿童独自一个人专心地玩玩具，所使用的玩具与周围人不同。他只专注于自己的活动，不跟周围的人交谈，也不管别人在做什么，很少注意或关心他人的接近或游戏活动。

4. 平行游戏

儿童与周围的同伴玩着相同或相近的玩具，偶尔观看其他人的行为，相互模仿，但彼此没有交流，他们仍是独自游戏，在游戏中没有联合的意识或行为。

5. 联合游戏

儿童和同伴一起游戏，相互交谈，游戏中经常会发生彼此互动的事件，如自发地配合、借还玩具，但游戏中儿童以自身的兴趣和需要为中心，相互之间的互动没有推动游戏的发展，游戏主题不明确，没有分工与组织。

6. 合作游戏

几个儿童围绕一个共同的主题开展游戏，活动中有组织、有分工、有明确的集体活动目标，常有明显的领导者或组织者。

以上六种行为中，真正属于游戏的只有后四种。其中独自游戏和平行游戏由于没有或者较少体现社会性游戏的行为特点，故合称为非社会性游戏，联合游戏和合作游戏合称为社会性游戏。

（三）按照游戏与教育的关系分类

根据游戏与教育教学任务或目的的结合程度的不同，游戏可以分为两类：

1. 本体性游戏

本体性游戏体现的是以儿童自身为主体的、自发、自主、自由的游戏，或称为自主性游戏。这种游戏关注的是游戏本身的内在价值，注重游戏本身是儿童可以主动支配自己的行为，自由参加的活动，真实自然地反映着儿童发展的水平和兴趣爱好。如幼儿园活动区里的自选游戏、儿童的自由游戏都是本体性游戏。

2. 手段性游戏

手段性游戏突出游戏对于幼儿园教育教学的手段价值，把游戏作为一种活动形式，以游戏的方式达到教育教学的目的。这类游戏的直接目的不在于游戏本身，而是在于通过游戏的形式促进教育活动的有效进行和教育目标的顺利实现，所以也被称为教学游戏或者工具性游戏。如教学环节中的练习型游戏、益智游戏、体育游戏等。

（四）按照游戏的教育作用分类

依据游戏的教育作用分类是幼儿园游戏最为常见的分类，它将游戏分为两大类，一是创造性游戏，包括角色游戏、建构游戏、表演游戏；一是有规则游戏，包括益智游戏、体育游戏和音乐游戏。

1. 角色游戏

角色游戏是儿童根据自己的兴趣和愿望,通过扮演角色,运用想象和模仿,创造性地反映个人生活印象的一种游戏,如儿童扮演爸爸妈妈接待客人、扮演服务员招呼顾客、扮演医生给病人看病等。

2. 建构游戏

建构游戏也称结构游戏,是儿童利用各种不同的结构玩具或材料,如积木、积塑、沙石、泥土等,创造性地构造物体形象,反映现实生活场景的一种游戏,如搭建积木、插雪花片、用废旧的盒子垒高等。

3. 表演游戏

表演游戏是模仿或改编童话、故事、影视作品中角色、情节和语言,进行创造性表演的游戏,如手偶游戏"西游记"、故事表演游戏"喜羊羊与灰太狼"、歌舞表演游戏"中国好声音"等。

4. 益智游戏

益智游戏是以儿童增长知识和发展智力为目的的游戏,如下棋、拼图、数学匹配、词语接龙等。

5. 体育游戏

体育游戏是指以提高儿童身体素质和发展儿童基本动作为主要目的的有规则游戏,如丢手绢、滑滑梯、追逐跑、拍球、荡秋千等。

6. 音乐游戏

音乐游戏指按照一定的规则,运用音乐元素进行的游戏,如跟着音乐做动作、听旋律猜歌名等。

四、游戏对于儿童的价值

心理学研究证明游戏是儿童的第一心理需要,我国著名教育家陈鹤琴说过:"小孩子生来是好动的,是以游戏为生命的。"这句话充分说明了游戏对儿童的重要作用。游戏融合了儿童多方面的发展潜能,可以切实地满足儿童发展的需要,并对于儿童的发展具有重要的价值。

(一) 游戏促进儿童的身体的发展

1. 游戏促进儿童身体生长发育

游戏是儿童自发的运动形式。儿童游戏时总是活跃的,身体各器官组织处于高度兴奋状态,身体各部分协调配合,在游戏过程中,儿童身体各部分不断发育并走向成熟,各种生理机能不断增强并协调发展,这对儿童的发育和成长具有重要作用。实践证明,身体健康的儿童比身体不健康的、营养不良的儿童更喜欢游戏。

2. 游戏推动儿童基本动作和技能的发展

儿童的游戏总是与身体运动和肢体动作的练习密切相关。儿童在游戏中会反复练习各种基本动作,如抓、爬、滚、跑、跳、攀登、投掷等。这些运动不仅能促进他们骨骼、肌肉系统及体内新陈代谢和运动机能的发展,还可使儿童动作的协调和控制能力得到提高。儿童基本动作和技能的日趋成熟,又会积极推动儿童身体动作协调能力的发展,不仅锻炼了身体,还增强了体质。

3. 游戏增强儿童的身体适应能力

儿童身体适应能力的发展,包括机体对外界环境的各种变化,如对冷、热、干燥、潮湿、风雨、噪音等的适应能力以及机体对各种疾病的抵抗能力和病后恢复能力。儿童的户外游戏为其提供了阳光、空气、水三大自然因素,长期的户外活动也会使儿童的身体越来越适应外界的气候变化,促进儿童的身体健康。

(二) 游戏促进儿童的认知发展

"认知"是心理学家常用的术语,指人类获取并运用知识解决问题的求知活动和心理过程,主要包括注意、感知觉、记忆、想象、思维等。游戏是儿童天生的认知方式,在游戏中儿童感知事物、探索世界、体验发现,其感知力、注意力、记忆力、思维力、想象力都得到发展。

1. 游戏促进了儿童感知能力的发展

感知觉是人最早出现的认识过程,是儿童认识外界世界、增长知识、发展智力的通道。儿童通过眼看、耳听、口尝、手摸等去认识外界事物,获得感官能力的发展。游戏为儿童提供了充分的综合各种感官进行实践和练习的机会。在打雪仗的过程中,儿童认识了"冰"和"雪"的各种属性;在玩水的过程中,儿童体验了物体在水中的沉浮等。

2. 游戏促进了儿童思维能力的发展

儿童的游戏活动始终伴随着他们积极的思维活动,在游戏中伴随着大量的问题,儿童通过思维活动的内部操作不断地解决问题,获得游戏经验,同时也改进着自身的思维方式和问题解决能力。游戏是心智锻炼的重要途径,它好比是一个实验室,儿童在这里可以通过动手操作,试试自己的力量,验证一下思考的结果,它使儿童懂得了许多事物之间的关系、物体的性质。

3. 游戏促进了儿童语言能力的发展

儿童语言发展的关键在于使儿童有机会以各种方式练习说话。游戏是放松、愉快的活动,它能激发儿童表达的欲望,为儿童自由表达,与同伴交流提供了适宜的语言环境。在语言实践的过程中,儿童不是简单的学习语言,而是学习用组合的方式把语言作为思想和行动的工具,更发挥了语言学习对于儿童本身的意义。另外,儿童天生就有一种通过游戏练习获得技能的冲动。在语言游戏中,儿童的吟唱、富有创意的改编有利于他们充分感知语言的韵律,更加全面地理解语言。

4. 游戏促进了儿童想象力的发展

游戏中替代物使用由单一化到多样化,促进儿童对物的想象从无意到有意,从被动到主动;儿童一开始由看见什么玩什么到后来有计划地设想角色的行为,促进了想象力稳定性的发展;儿童可以在摆弄玩具的过程中进行一场情节丰富的游戏,可以用语言编出离奇

的故事,游戏又能使想象力逐步脱离外在活动状态,向内在活动转化。游戏中有成人预想不到的太多富有创造力的想象,这也为儿童创造性思维和发散性思维的发展打下了基础。

(三) 游戏促进儿童社会性发展

1. 游戏促成了儿童的社会交往关系

在游戏中儿童能表达自己的意愿、主张、态度;同时,通过与同伴的交往也能渐渐地理解别人的意愿、主张、态度,并做出反应。同伴交往是童年生活的重要内容,游戏是学前教育儿童同伴交往的主要形式,游戏促成了儿童早期的社会交往关系。

2. 游戏提供了儿童社会实践的机会

游戏中的角色扮演是儿童学习社会角色、掌握社会行为规范的最好实践机会。在游戏中由于儿童在扮演不同角色时模仿不同身份角色行为,使其逐渐理解人与人交往的基本规则。另外,对于儿童在游戏中模仿的社会生活中人们的文明行为,可以缩短儿童掌握道德行为规范的过程,如医院游戏中理解和关心别人;娃娃家中的体谅父母、尊老爱幼等。

3. 游戏帮助儿童摆脱了自我中心

自我中心是学前儿童一个典型的年龄特点。在游戏中,由于扮演了角色,他必须以别人的身份出现,这时,他既是"自己",又是他人。在这种自我与角色的同一与守恒中,儿童会发现自己与他人的差别,使自我意识得到发展。同时,在扮演他人角色时,儿童也懂得了站在他人的立场上看问题,逐渐克服自我中心的观点和思维的片面性。

(四) 游戏促进儿童情绪情感发展

1. 游戏使儿童体验积极的情绪情感

积极的情绪情感包括放松、快乐、喜欢、感动、爱、满足、温和、成功感等。游戏是一种轻松、愉快、充满情趣的活动,它不仅能够给幼儿以快乐,而且也可以丰富和深化儿童的情绪情感,陶冶儿童的性情。

2. 游戏能帮助儿童控制消极的情绪情感

消极的情绪情感包括焦虑、伤心、生气、烦躁、紧张、恐惧、厌恶、恨等。在生活中,儿童易受外界环境影响,常会产生一些消极的情绪情感,如果消极的情绪情感长期积压得不到宣泄,会影响到儿童的心理健康。游戏是儿童表达自我情感的自然媒介,游戏的假想情景给儿童营造了一个安全的心理氛围,使儿童在玩的过程中有机会发泄郁积起来的紧张、挫折、不安、攻击性、恐惧、迷惑和混乱等情感。

3. 游戏使儿童产生高级情感

游戏是对现实生活的反映,游戏中儿童模仿成人的文明行为,如扮演给老人让座、同情并护送病人等,通过对角色情感的体验,儿童渐渐发展了爱心、同情心和道德感。在游戏中儿童思维积极活跃,不断提出问题和解决问题,积累经验,发现知识,认识事物,从而不断体验和发展理智感。游戏中儿童能够主动选择和接触各种颜色各异、造型生动的玩具;能够进行一些和创造美直接相关的活动,这些游戏活动都有助于儿童美感的发展。

真题链接

操场上新安装了一个投篮架。幼儿经常在这里玩投篮游戏。一天,几个幼儿带着笔刷和水桶来到这里,他们先是快乐地粉刷投篮架,之后开始往篮筐里灌水,有的从上面灌,有的在下面灌,再灌,再接……相互配合,反反复复,忙的不亦乐乎。(2017年下半年)

问题:是否应支持这些幼儿的行为?请说明理由。

➤ 答案及解析见本章首页二维码

第二节 游戏与幼儿园教育

游戏是儿童最喜欢的活动,是儿童的工作。脑科学的研究证明了游戏对于人一生发展的价值并得出结论:早期教育方案应当以儿童为中心,以游戏为基础。把游戏运用于幼儿园教育实践当中,实现教育与游戏的有机结合是当今幼儿教育发展的重要趋势。

微课 16
学前儿童游戏与幼儿园教育

一、游戏在幼儿园教育中的地位

(一) 游戏在幼儿园教育中的法规地位

我国学前教育理论历来强调和重视游戏对于幼儿学习与发展的独特价值,把游戏看作对幼儿进行全面发展教育的重要形式,主张和倡导幼儿园"以游戏为基本活动",并把这个理念一直贯穿在幼儿教育领域主要的政策法规当中。《幼儿园工作规程》中就明确提出,幼儿园以游戏为基本活动,寓教育于各项活动之中;游戏是对幼儿进行全面发展教育的重要形式。2001年颁布的《纲要》提出,幼儿园教育应尊重幼儿的人格和权利,尊重幼儿身心发展的规律和学习特点,以游戏为基本活动,保教并重,关注个别差异,促进每个幼儿富有个性的发展。2010年在《国务院关于当前发展学前教育的若干意见》的第八条中关于坚持科学保教,促进幼儿身心健康发展中提出,坚持以游戏为基本活动,保教结合,寓教于乐,促进幼儿健康成长。2012年颁布的《幼儿园教师专业标准(试行)》在专业理念与师德部分提出,重视环境和游戏对幼儿发展的独特作用,创设富有教育意义的环境氛围,将游戏作为幼儿的主要活动。在专业能力部分又把"游戏活动的支持与引导"看作是幼儿园教师应当具有的七大项专业能力之一。2012年颁布的《指南》中更是再一次强调与突出了游戏的地位,提出幼儿的学习是以直接经验为基础,在游戏和日常生活中进行的。要珍视游戏和生活的独特价值,严禁"拔苗助长"式的超前教育和强化训练。游戏在幼儿教育中的法规地位,使得幼儿园以游戏为基本活动的实施得到有力保障,有利于避免和纠正幼儿园教育小学化、成人化的倾向。

(二) 游戏是幼儿园的基本活动

基本活动指对一个人来说最经常、最适宜、也是最必需的活动。在幼儿园的教育中,游戏对于幼儿来说就是最基本的活动。

一方面,游戏是幼儿最喜欢的活动,符合幼儿身心发展的特点。由于小孩子生来就是活泼好动的,游戏中各种自由的动作、自在的状态正好满足了幼儿好动的需要。幼儿也正是依靠各种动作维持了生长发育的需要。另外,喜欢游戏是每个儿童的天性,游戏是童年生活的重要内容。游戏不仅是一种顺应幼儿天性的法则,一个观照童年文化的视角,更是一条向童年生活回归的道路。游戏对于幼儿来说不仅是一种放松和娱乐,更是一项基本权利,是其身心发展的基本需要。

另一方面,游戏是幼儿最必需的活动,幼儿的身心发展在游戏中实现。多项研究证明,游戏对于幼儿的身体、认知、情感、社会性等方面的发展具有重要价值。游戏也是最适合幼儿的学习方式。在游戏中,幼儿通过直接感知、亲身体验、动手操作、相互合作交流等形式获得直接经验,并通过反复运用新经验,不断挑战自我,小步递进地自我发展。游戏满足了幼儿自我探究的需求,满足了幼儿身心发展的需要,是幼儿生命成长必不可少的经验。

(三) 游戏是幼儿园课程的灵魂

课程与游戏在幼儿园教育实践中相互交织、不可分割。游戏与课程的关系就好像血液与身体的关系,游戏渗透在幼儿园课程的方方面面。幼儿园一日活动的基本内容包括生活活动、游戏活动、教学活动等,游戏是幼儿园课程的重要内容之一。幼儿园课程的根本目的在于帮助幼儿获得有益经验,促进其发展。幼儿园课程中占有很大比例的"发展幼儿智力,提升幼儿能力"的内容,是借助游戏活动来实现的。游戏中幼儿获得的知识经验、亲身体验、社会经验等对于幸福快乐的童年来说是不可或缺的重要经验,也有益于幼儿的健康成长和全面发展。

另外,游戏是幼儿园课程的手段,它是幼儿园课程内容实施的最佳途径。幼儿身心发展和学习特点要求幼儿园课程实施"以游戏为基本活动"而不是以集体教学为基本活动。在游戏中,幼儿不仅能快乐地玩,还能有效地学。游戏就是幼儿的学习,游戏是幼儿最自然、最有效的一种学习方式。在幼儿本体性游戏活动中,幼儿园课程的隐性目标得以实现。例如,在积木游戏中,幼儿获得了关于空间概念、数量关系、艺术造型等多方面的经验,而这些经验正是幼儿园课程中需要帮助幼儿获得的有效经验。教育教学的全部过程和所有环节都可以把游戏的手段运用于其中,借助游戏的活动形式得以组织和完成,把游戏作为教育教学的手段,又利于幼儿园课程显性目标的实现。

二、幼儿园以游戏为基本活动的实现

虽然我国学前教育界一直重视和强调游戏的独特价值,国家的政策文件中也一再地突出游戏的地位。但是,幼儿园以游戏为基本活动的实现现状还是令人担忧。很多农村幼儿园缺乏玩具材料,无法形成供幼儿自发探索的活动区;普遍采用课桌椅秧田式排列的空间结构,开展集体教学活动为主的小学化教学活动。很多城市幼儿园虽然设置了活动区,但有的活动区往往成为摆设,幼儿很少有机会进去玩;有的活动区成为集体教学活动的附庸,教师往往要求幼儿在活动区通过操作完成枯燥的作业。在强调安全的前提下,幼儿的大部分户外活动也成为过度保护下的不自由活动。为保证幼儿园以游戏为基本活动的实现,我们建议应着重做到以下几点:

(一) 以游戏为基本活动的条件保证

1. 时间保证

要真正落实"以游戏为基本活动"的教育原则,必须改变以"上课为中心"安排时间和空间的做法。保证充分的游戏时间,是实现幼儿园以游戏为基本活动的条件之一。以游戏为基本活动的时间保证要体现在幼儿园一日生活的作息安排表上。幼儿园根据自身条件制定作息制度表,保证一天1小时室内自由游戏活动2小时户外活动时间;合理安排来园、离园时段的自由游戏和过渡环节的游戏的时间。这样在时间上完全能够保证以游戏为基本活动的实现。目前,我国有些省市已经在文件上规定了幼儿园一日活动的游戏时间,如上海市规定每天幼儿自主游戏时间不少于1小时,户外活动不少于2小时。以下是上海市某幼儿园一日生活作息表:

表8-1 上海市某幼儿园一日生活作息表

小班		中班		大班	
8:00~9:00	生活与游戏	8:00~9:00	生活与游戏	8:00~9:00	生活与运动
9:00~10:00	运动活动	9:00~10:00	运动活动	9:00~9:40	生活与游戏
10:00~10:20	学习活动	10:00~10:30	学习活动	9:40~10:10	学习活动
10:20~10:50	游戏活动	10:30~11:00	游戏活动	10:10~11:00	游戏活动
10:50~14:30	生活活动	11:00~14:30	生活活动	11:00~14:30	生活活动
14:30~15:30	生活与运动	14:30~15:30	生活与运动	14:30~15:30	运动与生活
15:30~16:00	游戏活动	15:30~16:00	个别化学习	15:30~16:10	个别化学习
16:00~16:30	生活活动	16:00~16:30	生活活动	16:10~16:30	生活活动

2. 空间保证

2018年颁布的《中共中央 国务院关于学前教育深化改革规范发展的若干意见》中指出:"支持引导幼儿园充分利用当地自然和文化资源,合理布局空间、设施,为幼儿提供有利于激发学习探索、安全、丰富、适宜的游戏材料和玩教具。"以游戏为基本活动在空间上的保证即教师应创设适宜幼儿发展的游戏环境,给予幼儿自发探索、自主学习的机会,保证幼儿在不同水平上富有个性地发展。活动区活动是幼儿园实践"以游戏为基本活动"的基本途径。教师应当根据班级的空间条件、幼儿的人数等因地制宜来规划活动区的空间结构和功能,为幼儿创设丰富多样的游戏活动区,并提供数量充足、种类丰富、结构化程度低、能有利于幼儿获得有益经验的、可玩性的游戏材料,为幼儿自主游戏和学习探索提供机会和条件。要让区域游戏活动(室外和室内)成为一日生活中的主要活动。

3. 教师的专业化水平保证

2012年颁布的《幼儿园教师专业标准(试行)》把"游戏活动的支持和引导"作为幼儿园教师应当具有的七大专业能力之一。幼儿园教师的游戏观和游戏活动的组织能力是幼儿园实现以游戏为基本活动的最为核心的条件。幼儿园教师应当理解游戏对幼儿学习和发展的独特价值,相信游戏是适合幼儿身心发展特点的学习方式,教育应当寓于幼儿的游戏和生活之中,认同并坚持幼儿园教育以游戏为基本活动的教育理念,掌握组织和引导幼儿开展游戏活动的方法和技能。教师应为幼儿创设能够激发他们探索、思考、表达、合作的丰富的游戏环境,支持、引导、丰富和扩展幼儿在游戏中的经验建构,并通过游戏观察幼儿、分析幼儿、解读幼儿,切实提升游戏方面的专业素养,这样幼儿园以游戏为基本活动才有了真正实现的可能。

(二) 非游戏活动游戏化

游戏精神体现在幼儿园一日活动的方方面面,让幼儿的集体活动中充满大量的游戏,将生活活动和教学活动中渗透游戏的因素,这是实现幼儿园以游戏为基本活动的一个途径。

1. 生活活动

在生活活动中,要以多种形式的游戏充实进幼儿园的一日生活,尽量减少不必要的集体行动和过渡环节,减少和消除消极等待的现象。不少幼儿园在组织幼儿洗手、如厕、吃点心、进餐等环节有过多的等待现象,先进行完的幼儿往往无所事事。这时,教师可以和幼儿一起玩一个手指游戏或经典的民间游戏,以一个简单的游戏来贯穿整个生活活动,这样可以使幼儿保持良好的情绪体验,在与同伴的相互作用中分享经验,获得发展。

2. 教学活动

幼儿园教育教学的活动性、直观性、情境性、行动性等原则要求在教学活动中尽可能地运用游戏的因素。要把游戏的手段运用于教育教学的全部环节,借助游戏的活动形式以确保教育教学的目标实现和任务完成。将教学活动游戏化,即在教学实施的过程中,尽可能地淡化教育目的,强化游戏的手段价值,看轻结果,看重过程。教师在组织集体教学活动时,应利用游戏的主动性和挑战性等特点,保证幼儿的积极参与和学习过程的体验。要利用游戏的手段价值,给幼儿提供丰富的材料,让幼儿能自主探索。只有将教学与游戏二者恰当地结合起来,才能收到最好的教学效果。

(三) 游戏活动优质化

游戏最本质的属性是自主性,幼儿园以游戏为基本活动的关键就是发挥游戏真正的本体性价值,让幼儿按自己的需要自发开展的本体性游戏在幼儿园占有一席之地。幼儿自发自主的活动是本体意义上的游戏,是幼儿最喜欢的活动。这类活动中虽没有发展的特定指向,但它却凝聚着发展的全部趋势。经常参加这类活动,有助于幼儿的心理健康和个性的和谐发展。因此,幼儿园必须给幼儿提供充分开展这类游戏的机会。

1. 自主性游戏

游戏本体价值的实现,就在于将幼儿自己的游戏,或者说是自发或自由状态下的游戏引入或转化为幼儿园课程的内容与过程。就操作的方式或实践路径而言,实际上就是合理安排幼儿园自选游戏的组织与实施,即幼儿园需提供时间、空间与机会,给予幼儿自主活动的权利,鼓励与支持幼儿自发的游戏活动。自选游戏可以发生在班级幼儿任何可以自由支配的时间和空间里。在时间上包括幼儿入离园等待时间;常规教学活动之间的间隔里;幼儿生活活动时间里;班级专门安排的自由活动时间里。空间上包括室内和室外;楼道里,走廊上,班级里,特别是区域环境中。自选游戏发生依托于活动区(又称区角或区域),活动区活动是幼儿园实践"以游戏为基本活动"的基本途径。幼儿园教师要正确定位活动区的游戏,保证活动区中的幼儿是自由的、自主的。教师要成为幼儿活动的支持者、合作者、引导者,以欣赏、接纳、尊重的态度对待幼儿的游戏行为,不能只看见自己预设的学习成果,也要能看得见孩子自发游戏中的学习因素。

2. 户外游戏活动

学前期是人的基础运动能力形成和发展的关键时期,游戏活动与幼儿的运动能力的发展之间是相互作用、相互促进的关系。户外游戏活动是幼儿认识自我、探索和体验世界的重要方式,它对于幼儿身心发展具有重要价值。对于幼儿来说,户外游戏活动意味着比室内游戏活动更多的自由和快乐。幼儿园以游戏为基本活动的实现,不仅要注重室内的活动区游戏,更要关注幼儿的游戏意愿,保证幼儿户外游戏活动的时间,让幼儿在广阔的空间里尽情地探索与玩耍,解放自身的想象力和创造性。

例如,在户外游戏活动中,有的教师让孩子们统一玩跳绳,让孩子们只能在指定的范围内按教师的口令做相应的跳绳游戏,教师指挥的不亦乐乎,但一部分孩子实在不喜欢这项体育活动,从而充当了游戏的旁观者。有的教师在组织户外游戏活动时是这样做的:向孩子们提出应该注意的安全事项及自我保护的方法后,让他们自由游戏,此时的孩子们像撒欢的小马驹,有的在秋千上潇洒地荡来荡去;有的在攀爬墙上奋力攀爬;有的在平衡木上勇敢地走跳;有的在叠起的轮胎上做跳马游戏,时而滚动着五彩轮胎,时而又蹲下站起;还有几个孩子提一小桶水将水倒在沙池里看水是怎样渗到沙子里的。

其实,让所有的幼儿按照教师的要求统一地做一样的事情,这本身就不是游戏活动,活动中的幼儿难以发挥其主动性和创造力。为幼儿松绑,让其自由呼吸,还给孩子自主游戏的权力是幼儿教师应尽的职责和义务。

第三节 幼儿游戏的指导

幼儿自主游戏与教师游戏指导之间并非对立的关系,而是辩证统一的关系。教师适时、适度地指导游戏,不但不会破坏幼儿游戏的自主性,反而能够帮助幼儿提高游戏水平,使其从中获得更好的发展。

微课 17
幼儿园游戏的指导

一、幼儿游戏指导的基本要求

(一) 尊重幼儿游戏的自主性

教师对游戏的指导必须以保证幼儿游戏的特点为前提。游戏是幼儿自主、自由、自愿的活动。幼儿是游戏的主人,是游戏的主宰。在游戏中,幼儿按照自己的计划,按照自己的节奏,按照自己的方式操纵着游戏的进程。教师在进行游戏指导时要明确游戏活动的主体,尊重游戏中幼儿的兴趣,不能因为幼儿的兴趣、能力、行为不符合教师的期望或者实际生活,就不予理睬,妄加干涉或者强行阻止。在游戏面前,教师只是一个"局外人",要让真正的"主角",玩得开心,游戏指导的艺术在于保持而不破坏游戏的纯真色彩,保持游戏的愉悦性,充分发挥幼儿的主动性、积极性,最终促进幼儿的发展。

(二) 观察是指导的前提

观察游戏是指导游戏的前提。只有建立在观察基础上的指导,才能有的放矢,切实地推进幼儿游戏水平的提升。游戏观察是理解幼儿的最佳途径,是改进游戏活动的基础,是有效指导游戏的前提,是正确评价游戏的依据,也是提高教师提升自身专业素质的重要途径。教师要有观察与记录的意识,通过观察,了解幼儿游戏的兴趣和需要、游戏的水平和存在的问题,并以此作为教育的依据,做出适宜的指导,有效发挥教师的作用。

(三) 以间接指导为主

间接指导是指在幼儿主动活动的前提下,教师在游戏过程中对幼儿进行启发引导,将教育要求转化为幼儿的内部动机和游戏行为的过程。教师在进行游戏指导的过程中,不要干扰幼儿游戏的顺利、正常进行,不要限制幼儿积极性、创造性的发挥,要通过参与游戏、启发提问、示范演示、交流讨论、材料提供等方法,激发幼儿的思维力,引导幼儿探索与解决问题,给予幼儿支持。

(四) 科学定位教师在游戏中的角色

在幼儿游戏过程中,教师的角色是动态变化的。当幼儿出现无助、不安、无所事事等情况时,教师的角色可能是一个高于幼儿的教师;当幼儿在游戏中专注、投入、表达、创造时,教师的角色可能是低于幼儿的学习者或欣赏者;当幼儿需要伙伴、需要引导时,教师的角色可能是平等的参与者、合作者和玩伴。多种角色的定位,也体现了教师多样化的指导方式。只有科学地定位教师在游戏中的角色,选择适宜的指导游戏的方法,才能在指导中达到事半功倍的效果。

二、幼儿游戏指导的基本策略

按照游戏的进程,可以把游戏分为准备阶段、进行阶段和结束阶段。

(一) 游戏前的准备

游戏前准备的内容包括时间、空间、材料、幼儿的经验、观察工具等。游戏的时间多少直接影响着游戏的数量和质量。因此,游戏前教师要合理规划游戏的时间,一般保证幼儿一次自主游戏的时间不低于半小时。游戏场地是幼儿游戏时必备的空间条件。游戏区的地点与数量、各游戏区容纳的人数、空间密度和结构特征都会对幼儿游戏产生影响,所以科学地安排游戏场地,也是游戏前要准备的一项内容。游戏材料是幼儿游戏的载体,没有材料,游戏很难进行,在游戏开始前,教师要充分考虑不同年龄段幼儿游戏材料的种类、数量、投放的方式、投放的时间等,提前做好材料的选择与投放,保证幼儿游戏的顺利开展。游戏的内容与幼儿的经验呈正相关,要提升游戏的质量就要重视幼儿的日常生活经验。游戏前教师可以通过直接(参观、集体教学)或间接(引导家长、随机教育)方式,通过多种途径丰富与拓展幼儿的经验,在前期做好游戏的铺垫工作。另外,教师观察目的的确定、观察工具的选取、游戏指导基本流程的设计都是在游戏前的重要准备工作。

(二)游戏过程的介入与支持

1. 介入的时机

教师介入幼儿游戏的时机取决于两个方面:一是教师的期待,二是幼儿的需要。一般出现以下一些情况时需要教师及时介入:当幼儿的游戏停滞时、当幼儿难以与同伴互动时、当幼儿缺少游戏材料时、当幼儿游戏存在困难时、当幼儿在游戏违反规则时、当幼儿主动寻求帮助时、当游戏中出现不安全的因素时等。并不是以上所有情形,只要一出现,教师就要介入。有研究者指出,当教师状态不佳、不想参与游戏、感到自己在干扰儿童游戏时,或者其他情形下,可以选择不介入。总之,教师要把握好介入游戏的时机,在学前儿童最需要支持时给予其能起关键作用的支持,用最少、最适宜的干预推动幼儿游戏的发展。

2. 介入的方式

教师在介入幼儿游戏时一般有平行介入、交叉介入和垂直介入三种方式。平行介入指教师在幼儿附近操作与幼儿相同或不同的游戏材料,目的在于引导幼儿模仿自己的行为。介入的过程中教师起暗示指导的作用,这种指导是隐性的。当幼儿对教师新提供的材料不感兴趣或者不会玩、不喜欢玩、只会一种玩法时,可采用这种介入方式进行指导。交叉介入指,教师作为游戏中的某一角色或教师自己扮演一个角色进入幼儿的游戏,通过与幼儿角色之间的互动,起到指导幼儿游戏的作用。垂直介入指当幼儿游戏出现严重违反规则或攻击性等危险行为时,教师直接介入游戏,对幼儿的行为进行直接干预。这种方式容易破坏游戏气氛,甚至使游戏中止,因此要慎用。在不同的介入方式下,教师有时与幼儿同为游戏者,有时又作为旁观者。

3. 介入的方法

教师在介入游戏时可采用多种多样的方法,概括起来主要包括以语言为媒介的指导和非语言指导两种。在幼儿游戏的过程中,教师要综合运用多种方法进行指导。当运用语言作为媒介进行指导时,教师可采用角色式的语言与幼儿进行谈话、询问、建议、商讨等;还可以以局外人的语言对幼儿进行建议、鼓励、描述、讲解和评价。在垂直介入中,也有时会使用指令性的语言。在选取非语言指导方法时,教师可通过材料提供、范例支持、行为示范、同伴引导等方法为幼儿游戏提供支持。总之,在游戏指导的方法选择中要注意方式方法的多样化和以间接指导为主两个原则。

> **真题链接**
>
> 阅读材料,并回答问题。(2018年下半年)
>
> 教师在户外投放一些"拱桥",希望幼儿通过走"拱桥"提高平衡能力。但是,有幼儿却将他们翻过来,玩起了"运病人"。游戏他们有的拖、有的推、有的抢……玩得不亦乐乎。对此,两位教师反应不同。A教师认为应立即劝阻,并引导幼儿走"拱桥";B教师认为不应阻止,应支持幼儿新玩法。
>
> 问题:
> (1)你更赞同哪位老师的想法?为什么?
> (2)你认为"运病人"游戏有什么价值?
>
> ➢ 答案及解析见本章首页二维码

(三)游戏结束后的评价

游戏结束阶段教师首先要采用适宜的方式让幼儿在愉快自然的状态下结束游戏。如在游戏时间快到时,提前提醒幼儿,让幼儿做好结束的心理准备。最好在幼儿兴致降低但还保持游戏兴趣时,给幼儿一些提醒。在方式的选取上,注重选用幼儿感兴趣的形式结束游戏,如火车到站了、医院下班了、娃娃睡觉了等。同时要引导幼儿做好游戏后的整理工作。游戏结束后整理场地,收拾玩具既是方便游戏下次开展的必要条件,又是培养幼儿良好生活习惯的重要时机,教师千万不能包办代替。

游戏结束阶段还有一项重要工作就是师幼共同评价与总结游戏。一般评价的主要内容为游戏过程中存在的问题和成功的经验。评价的主要形式有情境再现、讨论、现场评议、汇报展示、作品展示等。评价过程中经常采用的问题的类型有:

(1)回顾性问题:今天你玩了什么?怎么玩的?有什么有趣的事情要告诉大家?

(2)体验性问题:今天和谁一起玩的?高兴吗?为什么?

(3)创新性问题:今天在游戏中发现新问题了吗?找到解决问题的办法了吗?怎样解决的?

(4)发展性问题:下次想怎样玩会更有意思?你还想怎么玩?还缺什么材料吗?

需要教师注意的是,评价的内容与主题要具体、准确、重点突出,能有针对性地拓展幼儿的游戏经验;其次,教师要注重发挥评价的激励作用,在评价过程中多鼓励、少批评,引导幼儿下次玩得更尽兴,更有意义;还要注重以幼儿为主体,给予其充分发表意见的机会,让每个幼儿都从中能体会到游戏的乐趣。

三、幼儿园典型游戏的指导

在众多的游戏活动中,角色游戏和建构游戏最受幼儿的喜爱。它们也是幼儿园里最为典型的两种游戏。教师在指导这两种游戏的过程中,要明确实施要点,按照幼儿的年龄特点与不同类型游戏自身的特点,施以不同的指导。

(一)角色游戏

角色游戏是幼儿自然游戏的一种,在儿童两三岁时产生,学前晚期达到最高峰,是幼儿期特有的最典型的游戏。角色游戏全面地反映了游戏的特点,心理学家们研究幼儿心理时,也常以角色游戏为主要样本。

1. 小班幼儿角色游戏的指导

小班幼儿的角色游戏主要表现为以下特点:直接依赖玩具;幼儿正处于独自游戏和平行游戏的高峰期,喜欢和同伴玩同样或相似的游戏;游戏时没有组织者,角色间缺乏合作性;游戏没有明确的主题,往往是重复某个同样的动作,在游戏的时候往往意识不到自己正在扮演角色。

> **真题链接**
>
> 小班同一个"娃之家"中,常常出现许多"妈妈在烧饭,每位幼儿都感到很满足"。这反映小班幼儿游戏行为特点是(　　)。
>
> A. 喜欢模仿　　　　　　　　　　B. 喜欢合作
> C. 协调能力差　　　　　　　　　D. 角色意识弱
>
> ▶ 答案及解析见本章首页二维码

在指导小班幼儿进行角色游戏时,教师要为幼儿提供种类少、数量多,而且形状相似的成型玩具;多采用平行介入的方式指导游戏,也可以以角色的身份参与游戏,以游戏的口吻来指导幼儿,帮助明确主题和角色,挖掘生活经验;还要引导幼儿与同伴进行各种游戏内外的交往,同时注意游戏常规的培养;培养幼儿独立游戏的能力。

案例研讨

如何帮助、引导小班幼儿按自己的意愿提出游戏主题

一天,当我看到几个幼儿都坐在娃娃家玩单纯的吃饭游戏时,我就对他们说:"娃娃家有这么多的客人在吃饭,谁烧给你们吃的呀?谁是娃娃家的爸爸和妈妈呀?"孩子们都说:"我是,我是。"于是,招待客人的主题游戏在我的语言启发下产生了,他们主动拿来了灶具、餐具等进行分工合作,游戏便开展得更加深入、细致、丰富起来了。

有一阶段,我班幼儿玩起了"哭死人"的游戏。对此,我并没有立刻制止他们,而是采取了转移注意力的方式。当他们再次玩该游戏时,我就走过去把手放在"死人"的鼻子前说:"哎呀,这人鼻子里还有气,没死呢,我们赶快把他送到医院进行抢救吧!"这对旁边"哭"的幼儿都纷纷响应,做"死人"的幼儿也连忙站起来走到了医院,他们纷纷拿起了医疗器械,帮病人这里查查,那里看看,不知不觉中,医院的主题游戏产生了。

三岁多的幼儿有模仿成人活动的愿望,但还不能明确地把游戏的主题说出来,往往只停留在对动作的模仿上,因此需要教师利用玩具以及富有情感的语言,启发幼儿有做游戏

的愿望,帮他们明确主题并去实现它。当幼儿已经能自立主题开展游戏后,我们要对他们提出的主题提供支持,但也少不了必要的指导、引导。如对其中一些思想不够健康的,可采取适当转移的方法加以引导,但不能打击,挫伤孩子的主动性和积极性。

2. 中班幼儿角色游戏的指导

中班幼儿角色游戏的主要特点有:游戏的内容比小班丰富,幼儿在游戏中表现出一定的创造力,持续的时间延长;游戏主题还不稳定,经常出现半路换场的现象,游戏情节也比较简单;中班幼儿有较强的角色意识,有了角色归属感;由于幼儿正处于联合游戏的阶段,有了与同伴交往的愿望,但交往技能还比较欠缺,因此常常与同伴发生纠纷;中班幼儿有了初步的规则意识。

在指导中班幼儿角色游戏时教师应在提供成型玩具的基础上,增加半成品以及废旧物品材料的提供;引导幼儿拓展游戏主题,设计游戏情节,学会分配角色,加深对角色的理解;引导幼儿在游戏中学会解决简单纠纷的办法,掌握交往技能以及相应的规范;同时要引导幼儿展开讨论,在讨论中寻找答案,解决问题。

3. 大班幼儿角色游戏的指导

大班幼儿角色游戏的主要特点有:游戏内容丰富,主题新颖而多样;角色增多并能反映较为复杂的人际关系;游戏的独立性、计划性、合作性都明显加强,能够按照自己的意愿主动选择并有计划地游戏;游戏规则也显得更为复杂。另外,大班游戏处于合作游戏阶段,喜欢并且善于和同伴一起游戏,解决问题的能力进一步加强。

教师在指导大班幼儿进行角色游戏时应着重培养幼儿独立开展游戏的能力;多用提问、建议等语言形式指导游戏;要关注幼儿的合作程度,引导幼儿在游戏中展开更多、更深入的沟通交流;在游戏评价环节中,教师应给予大班幼儿更多表现的空间,培养他们分析问题和评价游戏的能力。

(二) 建构游戏

建构游戏是一种操作活动伴随始终的游戏活动,材料是建构游戏的基础,同时,建构游戏是一种以创造想象为特质的造型艺术活动,需要幼儿掌握艺术造型的简单知识和技能(如对称、平衡、空间位置等)。

1. 小班幼儿建构游戏的指导

小班幼儿建构游戏的主要特点有:选择材料具有盲目性和简单性,幼儿建构技能简单;游戏进程易中断,幼儿的坚持性较差;游戏主题建构无计划性。小班幼儿需要掌握的建构技能包括:认识建构材料,能叫出其名称,如积木、积塑片等;认识建构材料的形状、大小、颜色;学习铺平、延长、围合、盖顶等技能;识别上下、中间、旁边等方向;会用材料建筑简单物体,并能表现出物体的主要特征。

结合小班幼儿建构游戏的特点与建构技能的要求,教师在指导幼儿建构游戏时要注意引导幼儿认识材料,有意识地提供范例,增加幼儿对建构材料的熟悉度;同时要有意识地让幼儿命名,慢慢帮助其明确建构的目的性,使主题渐渐明确;还要教会幼儿整理和保管材料的简单方法,让幼儿参与玩具整理部分的工作,加强幼儿的常规习惯培养。

2. 中班幼儿建构游戏的指导

中班幼儿建构游戏的主要特点有:幼儿能从建构物体的特性来选择材料;建构技能主要以架空和叠高为主;幼儿能与同伴交流,坚持性增强;有建构主题,但易变化。中班幼儿需要掌握的建构技能包括:认识高低、宽窄、薄厚、轻重、长短、前后;会选择和利用建构材料;能较正确地建构物体;能与同伴合作,围绕同一主题共同游戏等。

结合中班幼儿建构游戏的特点与建构技能的要求,教师在指导中班幼儿进行游戏时要注重有意识地为幼儿提供材料,使其针对性地练习建构技能;丰富幼儿的生活经验,加强幼儿对生活中建筑、事物的观察;要创设利于幼儿小组合作的环境,为幼儿提供共同游戏的机会,提高幼儿的社会交往技能;同时,还要培养幼儿设计建构方案的能力,引导幼儿学习有目的地选材,学会看平面图等。

3. 大班幼儿建构游戏的指导

大班幼儿建构游戏时的计划性、目的性和持久性都有所增强;他们能合作选取丰富多样的材料进行建构;幼儿的建构技能日趋成熟,能根据游戏情节需要,不断产生新的主题。大班幼儿需要掌握的建构技能包括:会区别左右;建构的物体要精细、整齐、匀称;建构的物体结构更复杂、更有创造性;会用辅助材料装饰物体或建筑。

结合大班幼儿建构游戏的特点与建构技能的要求,教师在指导大班幼儿进行游戏时要注重培养大班幼儿的独立建构的能力,并按要求有计划、有顺序地构造;在进行主题建构时,要鼓励幼儿表现细节和特征;要引导幼儿会选择合适的材料表现构思;帮助幼儿在欣赏自己和他人作品的过程中,逐步发展自我评价与评价他人的能力。

拓展链接

游戏是孩子的工作

孩子每天都在玩,而且很卖力地玩,从不觉得疲劳,更不会感到厌烦。很多人认为,玩只不过是孩子无聊打发时间用的,事实上,"玩"真的是这样的意义吗?孩子从玩乐中得到什么呢?

1. "玩"是为成长做准备

在不同的阶段里,孩子的玩,可以帮助他反复练习这个时期需发展的能力,并为未来的能力奠定基础。例如,刚刚学会走路的孩子,他常推着椅子走来走去、爬上爬下、在不同房间跑来跑去……你知道他们在忙什么吗?他正忙着充实这时期的走路能力,配合手脚动作,让未来能走得更稳、跑得更快、跳得更高。

学龄前的孩子又在忙些什么呢？3岁左右的孩子开始发现男女有别，有了模仿的兴趣，小男生玩车、玩刀剑、玩扮演爸爸的角色游戏；小女生则开始对小娃娃产生兴趣，喂娃娃吃饭、洗澡，玩扮演妈妈的游戏。在玩过家家的过程中，他们可以体会并学到社会文化对不同性别的要求，而且演练社会中待人处事的规则与价值观。

所以"玩"是孩子成长过程中不可缺少的一环，也是有意义且有不可取代的价值。它不仅为孩子带来快乐，更能帮助他们发展脑神经、运动功能、感觉机能及彼此间的协调。更重要的是通过玩，滋长孩子的社会互动性，发展他们的自发性与创造性，并作为表达情感、思想与想象的重要媒介、途径和工具。尤其是年纪越大的孩子，他的游戏方式和类型越精巧，也越有组织，例如，3岁左右的孩子，会将生活中的点滴带入他的游戏中，他会假装自己是爸爸或妈妈，这种新的玩法将会让孩子更喜欢假装且更有意义，通过这种角色扮演的行为控制，会让孩子的玩产生计划性及持续性。

2. 玩出智慧，玩出聪明

"玩"既然有这么重要的功能，是不是要买些市售的现成玩具，或有教育意义的教具提供给孩子呢？事实上，这些现成的玩具，价钱不便宜，同时也剥夺了孩子发展自发性、创造力的机会，减少自己做出一样东西后的愉悦和成就感。建议您如果真是想让孩子玩出智慧和价值，不妨抽出时间和孩子一起玩，从准备材料、解说及制作，直到一起玩的过程，孩子一定能充分享受到亲子间无可取代的语言和情感的交流。

本章结构

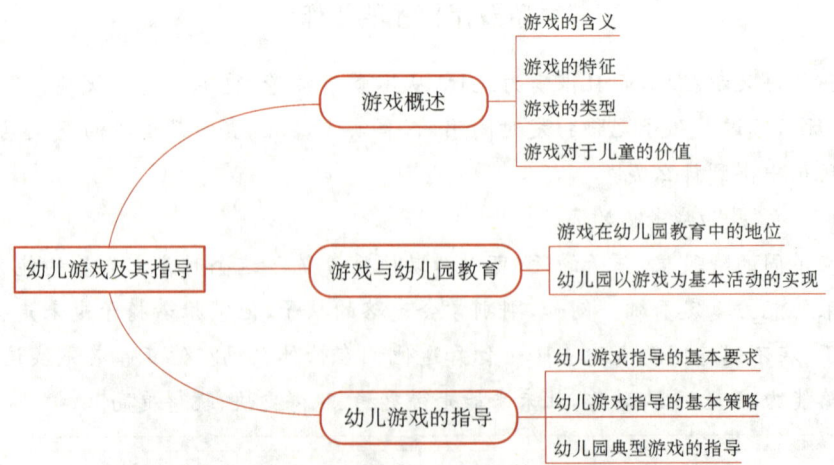

回顾与思考

1. 举例说明学前儿童游戏的主要特征。
2. 介绍三种游戏的分类方式及其内容。
3. 论述游戏与幼儿园教育的关系。

实践与训练

1. 观摩与剖析幼儿园中的一个游戏现场，观察与记录游戏中幼儿的行为表现，从多个角度分析游戏对于幼儿发展的价值。
2. 观察与记录教师指导幼儿角色游戏或建构游戏的现场，运用所学理论评析教师的游戏指导行为。

第九章 幼儿园生活活动及指导

真题参考答案

1. 熟悉幼儿园一日生活活动的主要环节,理解一日生活活动的教育意义。
2. 了解幼儿生活常规教育的要求及培养幼儿良好生活、卫生习惯的方法。
3. 基本能够根据幼儿园一日生活的组织原则组织生活活动。

问题情境

教师在组织幼儿洗手,其中有个孩子洗手时用手指堵塞水龙头,水从手缝中喷出来,弄湿了衣服。教师并没有批评他,而是叫其他小朋友过来。

教师:"小朋友,你们看,为什么水从手缝里喷出来而不是流出来?"

幼儿眼睛睁得大大的,有的说:"不知道。"有的说:"手指堵塞水龙头,水只好从手缝里喷射出来。"……

教师:"原来,当小朋友用手指堵塞水龙头时,水流动的空间变小了,水受到挤压,就产生了一种压力,有压力的水是喷出来而不是流出来的。消防队的叔叔在救火时,手里抓着大水管,水管里的水可以从地面喷射到几层楼高,这是因为在大水管出水的地方加了压力器,就和小朋友手指堵塞水龙头的道理一样。不过,小朋友洗手时还是不要用手指堵塞水龙头,因为喷射出来的水很容易弄湿衣服,也浪费水。"听完老师的话,小朋友点点头,似乎懂了其中的道理。

教师(接着说):"其实在我们的生活中,隐藏着许多知识,如蚂蚁为什么要搬家?为什么雷阵雨的雨点很大?只要我们平时多注意观察各种现象,多动脑筋思考,就可以发现其中的奥妙"。

第一节 幼儿园生活活动概述

幼儿园生活活动是幼儿每天都要进行的活动,是对学前儿童进行全面发展教育的重要途径和手段。《纲要》总则第四条指出:"幼儿园应为幼儿提供健康、丰富的生活和活动环境,满足他们多方面发展的需要,使他们在快乐的童年生活中获得有益于身心发展的经验。"

微课 18
幼儿园生活活动概述

一、幼儿园生活活动的含义及价值

(一) 幼儿园生活活动的含义

幼儿园生活活动是指幼儿一日活动中的各个生活环节,是满足幼儿一天基本生活需要的活动。主要包括入园、晨检、早操、进餐、饮水、睡眠、盥洗、如厕、离园、散步等常规性活动。

幼儿一日的大部分时间都是在幼儿园中度过的,幼儿园应该让幼儿每天在幼儿园的生活过得丰富多彩,始终紧扣幼儿发展为本的目标,科学合理地实施多种教育手段,顺应不同年龄段幼儿的身心发展规律、不同特点幼儿的发展需求,最大限度地促进每个幼儿充分、富有个性的发展。

(二) 幼儿园生活活动的价值

1. 促进幼儿的生长发育

幼儿身体各个器官的生理机能尚未发育成熟,对各种自然环境和社会环境的适应能力差,对疾病的抵抗能力和对压力的承受能力较弱。幼儿园生活活动保证了幼儿有充足的睡眠、合理的营养,满足了幼儿生活的需要,为其生长发育提供了保障。如充足的睡眠对幼儿的大脑、恢复幼儿的体力尤为重要。因此,能否开展合理、科学的生活活动,不仅关系到他们现在的健康,而且影响其一生身心的健康发展。

2. 培养幼儿良好的生活卫生习惯和生活自理能力

学前期是学前儿童形成各种习惯的关键时期。学前儿童的可塑性大,培养良好的生活卫生习惯,将使其一生受用无穷。有些家长非常重视孩子的智力开发,却往往容易忽略孩子生活卫生习惯的养成,父母、祖父母包办代替多,幼儿的生活卫生习惯较差,生活自理能力水平低下。

幼儿园生活活动为幼儿提供了反复训练生活卫生习惯和生活自理能力的机会,如饭前便后洗手、不随地吐痰、幼儿独立进餐等,有助于幼儿养成良好的生活卫生习惯,有利于幼儿提高生活自理能力,形成文明的生活方式,促进幼儿身心健康和谐发展。

> **真题链接**
>
> 制定班级幼儿生活常规的主要目的是（　　）。(2012年下半年)
> A. 帮助幼儿学会自我管理　　　　B. 便于教师管理
> C. 让幼儿学会服从　　　　　　　D. 维持纪律
>
> ▶ 答案及解析见本章首页二维码

3. 养成幼儿良好的心理素质

幼儿园合理有序的生活活动不仅能够保证对幼儿身体的照顾,还有利于幼儿健康心理素质的养成。老师精心照顾幼儿的每一个生活环节,能为幼儿创造良好的心理氛围,可以让幼儿积极地参加各项活动,增加同伴和师幼间的交往和合作,使孩子在安全愉快的环境中健康成长。如按时午睡、进餐等生活活动,让幼儿在养成遵守作息制度的良好习惯过程中,逐渐形成遵守制度、纪律的倾向,同时可增强幼儿动手做事、克服困难的能力和信心。幼儿在形成良好习惯的过程中,健康心理素质也在积累和发展之中。

4. 实施品德教育的有效途径

幼儿品德的获得需要结合具体的、与幼儿直接需要相关的事情进行,将幼儿德育贯穿于幼儿的日常生活之中,是实施幼儿德育最基本的途径。幼儿园一日活动中生活活动与幼儿的关系最直接、最密切,活动中反映的都是幼儿最基本的需要,结合这些生活活动培养幼儿良好的道德意识、道德情感、道德行为能取得显著的教育效果。

二、幼儿园生活活动的目标

(一) 基本目标

幼儿园生活活动主要着力于培养幼儿良好的作息习惯、睡眠习惯、排泄习惯、盥洗习惯、整理习惯等;帮助幼儿了解初步的卫生常识和应该遵守的生活秩序;帮助幼儿学会多种讲卫生的技能,逐步提高生活自理能力;帮助幼儿学会用餐的方法,培养良好的饮食习惯。

(二) 年龄阶段目标

小班生活活动的目标:了解盥洗的顺序,初步掌握刷牙、洗手等的基本方法;知道穿脱衣服的顺序;学习保持自身的清洁,会使用手帕;形成坐、站、行等正确姿势及良好的作息习惯;学会在轻松自然的气氛中进餐,保持情绪愉快;初步形成良好的进餐习惯,懂得就餐卫生,不挑食,养成主动饮水的习惯。

中班生活活动的目标:学习穿脱衣服、整理衣服;学习整理玩具,保持玩具清洁;有初步的生活自理能力;不挑食,知道喜欢吃的东西不宜吃太多,身体体重超标也会影响健康;巩固良好的饮食习惯。

大班生活活动的目标:学会保持个人卫生,并能注意生活环境的卫生;巩固良好的生活卫生习惯和生活自理能力;正确使用筷子就餐;知道有些食品不能吃,有些不宜多吃,否则会影响身体健康。

三、幼儿园生活活动的指导原则

（一）保教结合原则

保教结合是幼儿园教育的基本要求,在幼儿园中对幼儿进行教育的同时,重视对幼儿生活上的照顾和保护,才能确保幼儿真正健康、全面地成长。幼儿生活习惯的形成和自理能力的培养是长期的教育过程,幼儿园教师应坚持保教结合的原则,在细心照料幼儿生活的同时,结合生活活动的各个环节进行教育,以实现生活活动的目标,促进幼儿的全面和谐发展。如组织幼儿进餐时,一方面教师要为幼儿营造良好的进餐环境,保证幼儿顺利进餐;另一方面,教师可以利用进餐环节指导幼儿正确使用餐具,引导幼儿养成吃饭细嚼慢咽的好习惯。只有教师树立牢固的保教结合观念,认识到时时处处都有教育,有意识地寓教育于生活之中,才能发挥生活活动的最佳效益。

（二）儿童主体性原则

幼儿园是幼儿自我学习、自我发展、自我服务、掌握独立生活技能的重要场所。教师应当处理好照顾幼儿生活和发展幼儿独立性的关系,凡是幼儿力所能及的事情,教师不要代替去做。同时,教师要像父母一样,注意观察并体会幼儿的心理需求,把握每个幼儿的性格和习惯。针对不同的幼儿寻找情感因素的纽带,满足幼儿情感需求。切忌为了便于管理,采用高压手段,控制幼儿的行为,使幼儿失去自主性。

> **真题链接**
>
> 活动区活动结束了,可是曼曼的"游乐园"还没搭完,他跟教师说:"老师,我还差一点儿就完成了,再给我5分钟,好吗?"老师说:"行,我等你。"一边说,一边指导其他幼儿收拾玩具……该教师的做法体现了幼儿园一日生活安排应该（　　）。(2016年下半年)
>
> A. 与幼儿积极互动　　　　　　　　B. 根据幼儿的活动需要灵活调整
> C. 按照作息时间按部就班地进行　　D. 随时关注幼儿的活动
>
> ▶ 答案及解析见本章首页二维码

（三）一致性原则

一致性原则是指教育要求的一致性。幼儿园生活活动要遵循一致性原则主要体现在以下两个方面。一方面,从小班到大班,对幼儿的要求在逐步提高的过程中应保持一致,保教人员之间也应相互协调,要求一致;另一方面,幼儿园还应与家庭相互协调、步调一致地做好幼儿生活活动的指导。① 幼儿园应通过多种途径,了解幼儿在家庭中的生活情况,有的放矢地开展家庭教育辅导,争取让家长与幼儿园保持一致,家园共同对幼儿实施生活教育,培养良好的生活卫生习惯。

---

① 阎水金.学前教育学[M].上海:上海教育出版社,1998:151.

第二节　幼儿园生活活动的组织与指导

微课 19
幼儿园生活活动的组织与指导

一、入园与晨间活动环节的组织与指导

（一）常规要求

（1）喜欢教师和自己的同伴，愿意上幼儿园。
（2）衣着整洁，情绪稳定愉快，乐意接受晨检。
（3）不带危险品、零食入园，中、大班幼儿能把衣帽等叠好放到固定处。
（4）能用普通话主动地、有礼貌地向老师、同伴问好，向家长说再见。
（5）积极参与晨间活动，活动后能整理、摆放玩具。

（二）组织与指导

幼儿园一日生活，从幼儿入园开始。当幼儿来到幼儿园，教师要接待幼儿入园，组织幼儿开展晨间活动。

1. 接待幼儿入园

幼儿入园是幼儿园一日生活的开端。凡事开端最为重要，一日生活有良好的开端，可以使幼儿心情愉快、精神饱满地开始一天的活动。幼儿教师要做好幼儿入园的接待工作。接待幼儿入园，主要包括以下三项工作内容。

（1）接待幼儿

教师要以热情、亲切的态度主动向幼儿问好。教师热情、亲切的态度，会使幼儿感到老师喜欢他、欢迎他，从而喜欢上幼儿园。教师要注意向每个幼儿打招呼。对幼儿的问候不注意或爱理不理、没反应，是不适宜的行为。

（2）接待家长

教师在接待幼儿的同时，也要有礼貌地向家长问好。用简洁的语言向家长了解幼儿在家的情况，和家长交换意见、交流情况。做好需要在幼儿园服药的幼儿的药品交接工作，包括问清楚药名、药的作用、服法与剂量，并和家长一起在记录本上签名。

（3）晨检

晨间检查根据各园的情况，可以由带班教师负责，也可以由专门的保健教师负责。晨检是为了了解幼儿的健康状况，检查幼儿个人的清洁卫生，做到对疾病的早发现、早隔离、早预防和早治疗。

晨检的方法是：

① 看幼儿的脸色、皮肤、眼神、咽喉。
② 摸摸幼儿的额头，看是否发烧，摸腮腺是否肿大。
③ 问幼儿在家吃饭情况，睡眠是否正常，大小便有无异常。

④ 查查幼儿是否携带了不安全物品来园。

教师应当利用晨间接待、晨检等时间,与幼儿亲切交谈、聊天,了解幼儿在家的情况,有计划地与幼儿交往,进行个别教育。尤其要注意关照性格内向、不爱说话的幼儿。

2. 组织幼儿晨间活动

组织幼儿进行晨间活动,主要包括以下三项内容。

（1）值日生工作

在中、大班有计划地组织幼儿参加活动室的清洁整理工作,培养幼儿热爱劳动、爱护公物、保护环境、做事认真负责的行为习惯。

（2）自由活动

幼儿可以根据自己的兴趣爱好,选择不同的游戏活动,如看图书、搭积木、下棋、折纸、画画等。

教师在和幼儿的个别交谈过程中,要注意观察全班幼儿的活动情况。比如,有没有幼儿异常的表现,如发呆、情绪不高等情况。要及时了解并采取适宜的措施。

（3）晨间谈话

晨间谈话是指一般在晨间自由活动结束时,由教师组织全班幼儿进行的活动。内容可以多种多样,如让幼儿报告"新闻",对今天的活动提出建议,讨论与评价晨间活动时发生的事情等。

晨晨入园已经有一个多月了,但是每天都闹着不上幼儿园,姥姥好不容易把他带到幼儿园,晨晨要么赖在地上不肯进幼儿园,要么不停地嘱咐姥姥:"你在门口等着我,下午早点来接我。"

上幼儿园是幼儿迈入社会生活的第一步,幼儿由家庭的中心成员变为集体中的普通一员,角色发生了重大变化,所以他们很不适应。入园是幼儿在园一日生活的开始。教师要紧紧抓住这一环节,在入园准备、晨检、晨间活动中,有计划地组织各种有趣的活动,让幼儿以愉悦的情绪开始,以充满自信的自我服务开始,以不断增强的各种能力开始,投入到一天丰富多彩的生活中。

二、进餐环节的组织与指导

（一）常规要求

（1）餐前自觉洗净手、脸,方法正确,愿意与同伴一起进餐。

（2）独立进餐,细嚼慢咽,不边吃边玩。

（3）正确使用餐具,保持桌面、地面和衣服清洁。

(4) 不挑食、不剩饭菜，不过量进食，养成良好的进餐习惯。

(5) 餐后将餐具放到指定地点，擦嘴、漱口。

(二) 组织与指导

进餐是幼儿一日生活中的重要内容之一，进餐不仅能满足幼儿的生理需求，还可以满足幼儿的社交及情感需求。加强教师对进餐环节的组织与指导，对促进幼儿身心健康发展具有不可替代的作用。

1. 进餐前的准备

幼儿的进餐活动应在整洁、轻松、愉快的氛围下进行。这就要求教师做好餐前准备。餐前准备可以分成两个方面。

(1) 物质准备

进餐前半小时左右结束角色和区域游戏，请幼儿收拾玩具，整理活动室。教师安排餐桌，用消毒水擦餐桌，分发碗筷、餐巾。餐具的摆放要统一要求：饭碗靠近桌沿，菜碗放在饭碗的前面，筷子放在碗的右边，餐巾放在碗的左边。中、大班幼儿可以安排值日生协助老师分发餐具。

组织幼儿如厕、洗手。对于小班幼儿，教师应帮助他们卷衣袖，并认真仔细地组织、指导他们如厕、洗手。可以请他们一边唱儿歌一边洗手，这样有利于他们掌握洗手的正确顺序和方法，避免玩水和洗不干净手的情况出现。对于中、大班幼儿，要求他们相互帮助卷袖子，并在洗手后擦干手上的水，不要胡乱抓一把毛巾就跑掉。教师着重对他们进行提示和检查，提醒幼儿洗手后要保持手的清洁，不能乱摸其他东西。

(2) 心理准备

在等待进餐的时间里，可以放一些优美、轻松的音乐或故事，也可以进行一些语言或手指的安静游戏，安抚幼儿的情绪，培养他们安静等待同伴一起进餐的习惯。对于那些吃饭较慢的幼儿，可以让他们提前进餐。盛第一碗饭的时候，给他们盛得略少些，鼓励他们自己来添饭。

在进餐前，教师还可以向幼儿介绍当天的食物，以此来引起他们的食欲，帮助他们克服挑食和偏食的毛病，培养他们良好的饮食习惯。

2. 进餐过程的组织与指导

幼儿进餐时，环境应是安静、愉快、轻松的。教师应认真细致地观察幼儿进餐的情况。如餐具的使用方法(特别是中、大班幼儿筷子的使用方法)，进餐时的坐姿，幼儿嚼、咽食物的方法及进餐时的情绪状态，等等。

对于进餐情况不佳的幼儿，教师应先弄清楚原因，然后针对幼儿的实际情况给予照顾、指导或帮助，切勿大声呵斥幼儿。不要随意催促幼儿"快吃、快吃"，也不要不问原因任意批评吃得慢的幼儿，更不要举行类似"比一比谁吃得快"的竞赛。

对于挑食的幼儿，不要强迫，可以慢慢改进，鼓励幼儿先尝一点，然后再慢慢增加；对于吃得太快的和体型较肥胖、饭量大的幼儿，要提醒他们细嚼慢咽；对于饭量小、吃饭慢的幼儿，要注意个别照顾；对于身体弱、有特殊需要的幼儿(如生病、对某种食物过敏等)，要告知厨房做"病号饭"。

幼儿来添饭的时候,要求他们把碗里的饭吃干净、嘴里的饭咽干净,不要拿着勺子和筷子来添饭。

在进餐过程中,对小班幼儿主要应注意培养他们独立进餐的习惯,对中、大班幼儿则注重进餐习惯的养成。

3. 进餐结束后的组织与指导

进餐结束后,要求幼儿收拾自己的餐具,放在指定的地方,然后有礼貌地轻轻地搬椅子回位。小班幼儿可以先吃完先离开,中、大班幼儿则可以请值日生在指定地点收拾整理餐具。

进餐后,可以举行"谁的小碗最干净""比比哪桌最干净""谁是爱惜粮食的好娃娃"之类的比赛,培养幼儿爱惜粮食、珍惜成人劳动成果的良好品质。

让幼儿养成饭后洗手、漱口、擦嘴的好习惯,先吃完的幼儿可以请他们看看图书或自然角等。若班上有生病的幼儿,教师还应协助保健教师按时定量给病儿服药。

三、饮水环节的组织与指导

(一)常规要求

(1)愿意定时饮水,需要时会主动取水喝。

(2)正确取水,不浪费水;不喝生水;喝水时不说笑,不边走边喝水。

(3)剧烈运动后稍作休息再喝水;饭前、饭后半小时少量饮水。

(4)用个人专用水杯喝水,水杯用后放回固定的地方。

(二)组织与指导

为幼儿准备温度适宜的白开水,指导幼儿有序、独立地接水;提醒幼儿接水时眼睛看着水杯,通过示范、图示等方法引导幼儿学习正确使用水杯接水,并注意接水量;对于个别不会用水杯和容易洒水的幼儿多加关注,进行个别指导。

提醒幼儿安静喝水,不要边走边喝。对喝水时的聊天、打闹现象及时提醒、纠正,通过开展谈话等活动,让幼儿了解喝水的注意事项,避免呛水。设计"喝水记录表",激发幼儿主动喝水的兴趣;保教人员根据喝水记录,及时提醒幼儿喝水,保证每个幼儿都能适量喝水。

视幼儿需要组织集中喝水、分散喝水。比如,可在集体活动、户外活动、起床后等时间组织幼儿集中喝水,也要鼓励、提醒幼儿随时喝水(尤其是生病的幼儿)。

四、睡眠环节的组织与指导

(一)常规要求

(1)喜欢在幼儿园午睡,能自然、独立入睡。

(2)逐步学会有顺序地穿脱衣物,衣物放指定位置。

(3)不带玩具上床,养成良好的睡姿与习惯。

(4)睡眠过程中有便意或身体不适要及时告诉老师。

(5) 按时起床，按顺序穿衣服，学习整理床铺。

(二) 组织与指导

幼儿期正是生长发育的重要时期，保证幼儿充足的睡眠，对他们身体、大脑的发育有重要作用。

1. 睡眠前的准备

在幼儿睡觉前，教师应做好准备工作，如开窗通风换气、拉好窗帘、铺好床铺等，为幼儿创设一个舒适、安静、温馨的睡眠环境。睡眠的准备活动可以分成以下两个部分。

(1) 物质准备

冬天和夏天可以打开空调，适当调节寝室内的温度，但一定要注意室内空气的流通。夏天若打开窗户或电扇入睡，要注意风量适度，不要让风直接对着幼儿的头部吹。

在为幼儿准备床铺的时候，应根据季节及气温的变化适当调节被褥的厚薄，并及时通知家长为幼儿更换被褥。

睡前应检查床铺上有无杂物。禁止幼儿将小绳、橡皮筋、串珠、纽扣等物品带进寝室，以免幼儿玩弄，将之塞入鼻子、耳朵造成危险。

提醒幼儿根据季节气温穿合适的衣服入睡，如夏季穿短裤背心；秋春季穿一条棉毛裤和一件棉毛衫；冬季可以穿一件薄毛衣和一条薄毛裤。

中、大班幼儿要求他们自己脱衣服和鞋袜，并折叠整齐，摆放在指定的地方。小班幼儿则需要教师的帮助和个别指导。在睡前提醒幼儿先大小便。

(2) 心理准备

睡前可组织幼儿散步或进行安静的游戏活动，要保持他们情绪的稳定和安静。

新入园的小班幼儿会有恋家、恋床、恋物等表现，比如，有的幼儿要抱着家中的枕头或需要摸着大人的脸、耳朵、头发等才能入睡。对于这样有特殊需要的幼儿，教师可给予特殊关照，允许他们一开始保持自己的入睡习惯，并陪伴他们入睡，慢慢帮助他们改变和克服这样的习惯。

对于全托园的幼儿，教师更应帮助幼儿顺利渡过睡眠这一难关。教师不应用惩罚睡觉或独处睡觉来恐吓和惩罚幼儿，不应对幼儿说"你再不听话就让你去睡觉""你再不赶快睡觉，等会儿其他小朋友起床，你就不要起来了，爸爸妈妈来接你也不要走"之类的话。

2. 睡眠过程中的组织与指导

在幼儿整个睡眠过程中，教师要时刻关注他们的睡眠情况，如睡姿是否正确、是否盖好被子等。

对于入睡晚和入睡困难的幼儿，教师应坐在他身边小声督促他尽快入睡；对于爱做小动作的幼儿，教师可以握住他的小手帮他入睡。注意不要让他影响其他幼儿。

对于尿床的幼儿，要细心地照顾，并找出原因，如是否睡前太兴奋或身体不适等。不可因此斥责幼儿或表现出不耐烦、厌恶等情绪。

对于生病的幼儿，教师尤其要细心照顾，对于他们体温的变化、是否咳嗽、是否呕吐等情况要时刻关注，细心护理。

案例研讨

幼儿园每天中午的午睡对于张老师来说成了一个难题,小朋友们一个个在床上翻来覆去,不是伸手,就是跷腿,偶尔还能听见一些小朋友伸头叫一下自己旁边的小伙伴,更聪明的是以想小便为理由,干脆到厕所去转一圈。这样一来,中午就再也没有几个小朋友能睡好觉。这怎么能行?休息不好会直接影响到他们的成长发育!于是张老师想出了一个妙计——请他们做梦!首先张老师编了一个有趣的梦讲给他们听,在他们听得津津有味时,问道:"你们想做梦吗?""想!"孩子们异口同声地回答。"那好,让我们一起闭上眼睛吧,这样梦精灵就会把最好的梦送给睡得最香的孩子!"老师的话音未落,孩子们就把自己眼睛紧紧地闭了起来。寝室里一片寂静,只能听到孩子呼吸的声音!他们睡得香极了!起床后孩子们争先恐后地给老师讲述着他们做的美梦……

在这个案例中,老师从孩子们的心理出发,利用孩子们爱听故事、爱讲故事的特点,将日常生活中简单的午睡变成了一个可爱的童话"梦精灵"。孩子们带着这样美丽的故事进入梦乡,午睡后又可以满足他们讲故事的愿望,既提高了午睡的质量,同时也锻炼了幼儿的语言表达能力。

3. 睡眠结束后的组织与指导

睡眠结束后,小班幼儿可以逐个起床,让身体弱需要睡眠的幼儿和入睡晚的幼儿多睡一会儿;中、大班幼儿则可以让他们在规定时间内同时起床,并学习自己整理床铺。

起床前,提醒幼儿根据天气情况增减衣物。鼓励先整理完床铺的幼儿帮助其他幼儿整理床铺,也可以请幼儿相互帮助整理衣物,如扣纽扣、拉拉链、系鞋带等。起床后应先让幼儿小便、喝水,稍作调整后,再组织幼儿进行户外活动。

五、盥洗环节的组织与指导

(一) 常规要求

(1) 逐步养成饭前、便后及手脏时洗手的习惯。
(2) 洗手前挽好袖子,掌握正确的洗手方法,洗净双手。
(3) 餐后能主动漱口,掌握运用鼓漱的方法漱口。
(4) 洗手时,不玩水,学会擦香皂,能有秩序地洗手。

(二) 组织与指导

1. 洗手环节的组织与指导

帮助、指导幼儿挽袖子,防止衣袖弄湿;帮助或指导幼儿打开水龙头并调至合适的水流。关注幼儿洗手的过程,提醒幼儿用正确的洗手方法洗手,可以和幼儿一起洗手,为幼儿提供模仿学习的机会;对于搓洗不仔细的幼儿及时给予指导。提醒幼儿在洗手时保持安静有序，发现有打闹、玩水等情况，及时提醒和纠正。

发挥环境的教育作用，张贴正确的洗手图示，呈现洗手方法的分解动作及流程。中、大班阶段，还可以引导幼儿自己制定洗手的规则，引导幼儿学习自我管理。

两个托班的老师在运用相同的儿歌、相同的示范教儿童洗手，"小肥皂，手中拿，手心手背搓一搓，冲一冲，甩一甩，擦擦毛巾小手白。"两周后，甲班的幼儿完全掌握了洗手的正确方法，而乙班的幼儿却还未能掌握。究其原因，原来甲班的老师感到一首短短的儿歌里包含了许多洗手的动作和要求，对于托班的儿童来说，他们是不能一下就掌握的。于是，甲班教师根据儿歌内容把洗手分成许多步骤，每天教一步，所以幼儿很快就学会了正确的洗手方法。而乙班的教师却将儿歌和洗手的动作一次性全部教下去，每天反复念诵。于是就出现了两种截然不同的结果。

2~3岁的幼儿可以听懂成人的话，也可以和成人用语言交流，但其语言能力毕竟是有限的。当成人一次要求幼儿做太多事，他们是无法记住的，更谈不上按要求去执行。甲班的教师正是掌握了小班幼儿的年龄特点，把洗手分解成了一个一个具体的动作，一次只讲一个动作，突出重点，这一方法值得借鉴。

2. 漱口环节的组织与指导

为小班幼儿准备漱口所需的温开水，随着幼儿能做到不吞咽漱口水，逐渐用自来水漱口。

提醒幼儿餐后用自己的水杯接水漱口；将漱口水含在嘴里鼓漱3~5次，再吐进水池；漱口后用餐巾擦干净嘴巴，将水杯放回水杯柜中。

通过各种活动帮助幼儿理解漱口的重要性。中、大班阶段，还可以引导幼儿自己制定漱口的规则，引导幼儿学习自我管理。

六、如厕环节的组织与指导

（一）常规要求

（1）逐步学会自理大小便，大小便有异常情况能主动告诉教师或保育员。

（2）小便时不弄湿自己和同伴的衣裤。

（3）逐步学会便后用手纸自前向后擦屁股，穿好衣裤，用肥皂、流水洗手，整理服装，不在厕所逗留。

（二）组织与指导

幼儿的便池要符合幼儿的身高、体型；便池的数量要足够幼儿使用；厕所内应常备卫生纸等物品。

带领刚入园的幼儿参观、熟悉厕所环境,指导幼儿掌握便池、坐便器等设备的使用方法。介绍男孩、女孩的如厕方式,帮助不同性别幼儿掌握大小便的方式。允许幼儿按需要随时大小便;饭前、外出、入睡前提醒幼儿如厕;随时关注那些不敢表达便意的幼儿,主动询问,及时满足其如厕需求。

对小班幼儿,保教人员要悉心照料,每次幼儿如厕时保证有一名保教人员在旁看护,随时帮助穿脱衣服有困难或不会擦屁股的幼儿,耐心引导,边帮边教。

对中、大班幼儿,组织幼儿分性别如厕;指导幼儿便后独立擦屁股,引导幼儿学习擦屁股的正确方法;可安装试衣镜或张贴正确提裤子的步骤示意图,让幼儿按图示提好裤子并对着镜子检查,学会独立整理衣服;组织幼儿制定"文明如厕公约";及时评价幼儿在如厕中的表现,并进行正确引导。

真题链接

对幼儿如厕教师最合理的做法是( )。(2017 年下半年)

A. 允许幼儿按需自由如厕　　　　B. 要求排队如厕
C. 控制幼儿如厕次数　　　　　　D. 控制幼儿如厕的间隔时间

➤ 答案及解析见本章首页二维码

兰兰进幼儿园小班没几天,就尿床了。老师摸到她湿湿的被褥问:"你尿尿了?"只见她一脸惊恐的表情。老师帮她换掉了裤子。

第二天午睡前,老师特地关照兰兰去小便,并观察到兰兰确实有小便。可午睡起床,兰兰又尿床了。接连几天,兰兰都是这样,为此她一到午睡就神情紧张。于是,老师建议家长带兰兰去医院检查,看看她在生理上是否有问题。没过几天,兰兰的奶奶告诉老师,医生的检查结果是:兰兰的生理年龄比实际年龄小,发育较晚,因此她的小便不能自控。现在,医生已经开始用中医给兰兰进行调理。

老师了解情况后,便开始对兰兰采取特别照顾。把兰兰的床位换到离盥洗室最近的地方;午睡前,提醒她小便,注意观察;在午睡1小时后,唤她起来小便。慢慢地,兰兰每天醒后,都发现自己睡在干干净净的床上,她再也不用担心自己尿床了。兰兰进入中班后,已经能安稳地睡午觉,再也不用老师唤醒她去小便了。

孩子尿床无论是生理原因还是心理原因,都不是孩子的错。尿床以后,孩子一般会神情紧张,就像兰兰。如果有过尿床被指责的经历,以后一旦出现尿床,就会因担心成人的态度而紧张;如果有了尿床难为情这样的常识,以后尽管并没受到批评,也会因害羞而紧张,特别是女孩。教师在处理此类问题时,要注意保护幼儿的自尊心。

七、离园环节的组织与指导

(一)常规要求

(1) 愉快地离园回家,带好回家物品。

(2) 收拾整理好玩具,穿戴好衣帽。

(3) 主动使用礼貌用语向老师、同伴说再见,不跟陌生人走。

(4) 愿意与家长交流当日在园生活及活动情况。

(二)组织与指导

幼儿结束在园的一日生活,由家长接回家。教师要做好离园准备工作。

1. 离园准备工作

教师在幼儿离园前,应组织幼儿做好离园准备工作。包括环境的清洁整理工作、幼儿仪表的整理检查工作、组织幼儿的安静活动,如讲故事、折纸、阅读、画画等,让幼儿一边做这些活动,一边等待家长来接,消除幼儿因等待而产生的不安情绪。

2. 家长工作和幼儿离园

幼儿离园时,根据需要向家长介绍幼儿在园的状况或需要家长支持帮助的工作,听取家长意见等。

教师要主动地向家长打招呼,向幼儿和家长话别。对于家长不能按时接回的幼儿,教师应继续组织他们开展愉快的活动,避免他们因等待亲人而产生急躁不安的情绪。幼儿全部离开后,保育老师及时清洁、整理活动室;清洁用具(如扫帚、拖把、抹布等)分区域专用,用后及时清洁、消毒、晾挂;和带班教师共同做好次日各项活动准备;关好门窗、关闭水龙头和电源。

拓展链接

幼儿园一日生活常规儿歌

同学们在见实习时,要面对几十个孩子们,各种手忙脚乱怎么办?别怕,这里有吸引孩子注意力,让孩子乖乖听话的法宝——常规儿歌。大家赶紧来学一学吧!

吃 饭

小饭碗,扶扶好,

小调羹,拿拿牢,

一口一口自己吃,

不让米饭地上掉。

扫码了解更多

刷 牙

小牙刷,手中拿,

上下刷,里外刷,

早上晚上都要刷,

刷白牙齿人人夸。

洗 脸

小毛巾,手中拿,

擦擦小脸擦嘴巴,

我是干干净净的好娃娃。

午 睡

脱下鞋子和外衣,端端正正放整齐。

铺好被子上床去,小被暖和盖身体。

闭上眼睛手放好,不吵不闹睡午觉。

房间里面静悄悄,一觉醒来精神好。

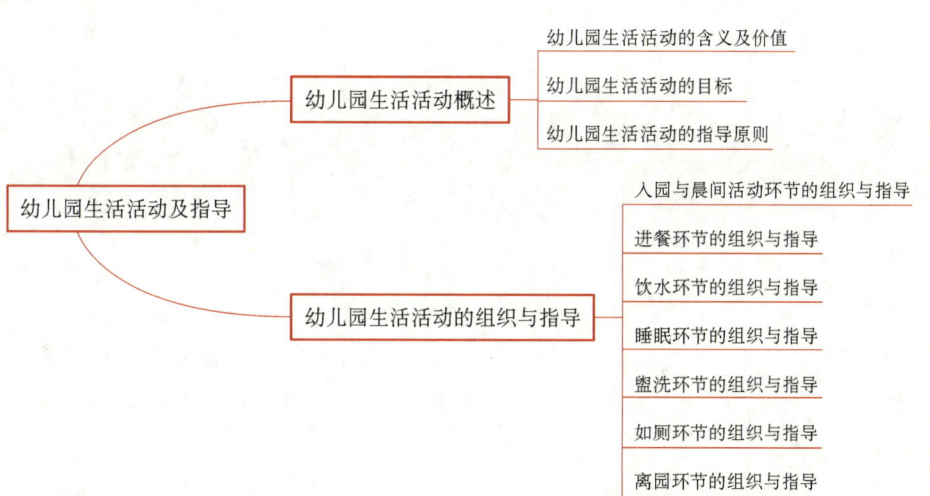

1. 简述幼儿园生活活动的含义。
2. 简述幼儿园生活活动的组织原则。
3. 简述幼儿园生活活动的意义。

结合本章所学内容,实习做一名保育员,提升一日生活的组织能力。

第十章 幼儿园教学活动

真题参考答案

1. 了解幼儿园教学活动的概念、特点和方法。
2. 理解幼儿园教学活动设计和实施要点；初步尝试拟定教学活动方案，开展教学活动。
3. 运用所学理论对幼儿园的教学活动进行分析和评价。

苹果给谁吃

在中班阅读活动"小乌龟看爷爷"中，俞老师讲到小鸟们飞来吃小乌龟带给爷爷的青苹果时，提出了一个两难问题："要不要给小鸟吃呢？爷爷没有苹果吃了怎么办？"之后，俞老师挥舞双臂做小鸟飞的样子来到孩子们的面前问："小乌龟，你的苹果给我吃点好吗？"孩子们的回答五花八门，有的说："不行！我的苹果要留给爷爷吃！"有的说："苹果还没有熟呢，你过几天再来吧！"有的说："好的，好的，你来吃吧！"还有的说："要不小鸟你吃两个，剩下的我留给爷爷吃。"在相互倾听、辨析的过程中，孩子们渐渐开始达成一致意见：给小鸟吃点，给爷爷留点……①

《小乌龟看爷爷》是一个经典的儿童故事，故事虽简单却蕴含着丰富的教育价值。但是，这些教育价值能否实现、实现程度如何还有赖于教师的组织与管理教学活动的能力。此外，目前教学活动是我国幼儿园教育的主要实施途径，是实践学前儿童全面发展教育的重要手段。因此，对于幼儿园一线教师而言，教学活动的设计、组织管理、实施能力是其必备的核心能力之一。

---

① 俞春晓.幼儿园集体教学活动设计方法和实例[M].北京：中国轻工业出版社，2012：92.

第一节 幼儿园教学活动概述

幼儿园教学活动是实现教育目标、提高保教质量的有效途径，是落实幼儿园教育任务的重要手段之一。对幼儿园教学活动理念的正确认识，能够提高教师教学设计能力，改善教育教学行为，促进幼儿全面、健康发展。

一、幼儿园教学活动的含义与特点

（一）幼儿园教学活动的含义

幼儿园教学活动是以幼儿为主体，在教师创设的符合幼儿身心发展规律、需要和特点的多种形式的活动中，在与环境材料相互作用的过程中，引发幼儿积极参与、主动探索、大胆表现的活动，是以促进幼儿全面和谐发展为最终目的的活动。

幼儿园教学活动是幼儿园教育的基本形式，是幼儿园课程的主要实施载体。《纲要》第三部分"组织与实施"第二条指出，幼儿园教学活动是教师以多种形式有目的、有计划地引导幼儿生动、活泼、主动活动的教育过程。根据我国的实际情况，可以把幼儿园教学活动理解为，幼儿园教师和幼儿在《纲要》的指导下，有目的、有计划地展开健康、语言、社会、科学、艺术等领域的活动，目的在于促进幼儿身心健康和谐发展。

（二）幼儿园教学活动的特点

学前儿童的身心发展特点决定了幼儿园的教学活动在目标、形式和内容等方面与中小学的教学活动有着显著的差别。幼儿园的教学活动具有以下特点：

1. 整合性

所谓整合性，是指幼儿园教学活动是综合性的，而非分科的、单一的。幼儿园教学活动的整合性主要表现在以下两个方面：一是内容选择上的整合性。幼儿园教育内容相对划分为健康、语言、社会、科学、艺术五个领域，每个领域都是整合性的，而非"分科"的；同时，要在分领域的基础上，考虑不同领域内容的相互渗透与整合。二是形式选择上的整合性。在同一个教学活动中，可以选择多种教学形式，形成教育合力，促进幼儿发展。

2. 生活性

所谓生活性，是指幼儿园教学紧贴幼儿的生活，紧扣幼儿的直接经验。幼儿园教学活动的生活性主要表现在以下两个方面：一是内容主要源于幼儿的生活。学前儿童的生活包括家庭生活、幼儿园生活和社会生活，幼儿园教学活动的内容选择要尽量贴近孩子们的生活经验、经历，只有这样的经验、知识，才是他们比较熟悉和容易掌握的，也是他们逐渐适应社会生活所必须掌握的。二是幼儿园教学活动环境的创设应生活化。要努力营造与幼儿生活相一致、密切贴近幼儿生活的环境，让幼儿在生活中学习，在生活中发展。

> **真题链接**
>
> 1. 为什么幼儿园教育要贴近幼儿的生活?(2017年下半年)
> 2. 教师在重阳节组织幼儿到敬老院探访老人,这反映幼儿园教育内容选择的什么原则?(　　)(2018年下半年)
>   A. 兴趣性　　　　B. 时代性　　　　C. 生活性　　　　D. 发展性
>
> ➤ 答案及解析见本章首页二维码

3. 发展性

所谓发展性,是指幼儿园的教育教学活动要能促进幼儿个性的全面发展,即智力、体力、道德、意志、情感等的发展,使幼儿从现有的发展水平向最近发展区发展。只有走在发展前面的教学才是良好的教学,即教学不应跟在发展的后面或在已达到的发展水平上进行,而应在没有完全成熟但是正在形成的心理功能的基础上进行。贯彻发展性原则,就必须在充分了解幼儿已有知识和理解能力、智力水平的基础上提出"略为超前"的适度教育要求,把幼儿发展的可能性与积极引导幼儿发展二者辩证地结合起来。既不宜低估或迁就幼儿的年龄特点,错过发展的机会;又不可揠苗助长,超过发展的可能性,这样才能使幼儿在最近发展区获得尽可能的发展和提高。

4. 趣味性

所谓趣味性,是指幼儿园教学活动的内容和形式应生动有趣,能吸引幼儿主动、活泼地参与学习活动。学前儿童由于其年龄特点,不能保持长久的注意力,但喜欢游戏和运动,新奇、有趣是幼儿探究和加入活动的最直接而朴素的缘由,因此,生动有趣、丰富多样就成了幼儿园教学活动的显著特点。幼儿园教学活动的趣味性主要体现在以下四个方面:活动内容的选择、活动形式的组织、活动环境的创设以及活动材料的投放等方面,其中,为使教学活动富有童趣,应让教学"游戏化"。

5. 灵活性

所谓灵活性,是指教师在教育教学过程中要根据各种因素的差异和变化,机智、灵活、富有创造性地组织活动。也就是说,保证幼儿园教育教学内容丰富多彩、形式活泼多样、方法灵活多变和过程随机应变。在幼儿园教育教学全过程中,无论是教育环境的选择和创设,还是教育教学计划的制定和执行,教师都会遇到许多复杂多变的情况,特别是受教育者生理、心理、知识经验、认知能力等方面的差异。因此,教师不仅要认真研究幼儿教育的规律和特点,而且要认真研究幼儿的年龄特点和个性差异,正确估计幼儿的实际水平,深入了解不同幼儿的发展状况,结合本地区、本园的实际条件,制定出切实可行的计划,并随着各种因素的变化不断地调整计划。同时还要灵活运用多种教育手段和方法,因地制宜,因人因材施教。只有这样才能充分利用任何一个教育的机会,取得良好的教育教学效果。

真题链接

在幼儿园领域教育活动中，为什么要关注幼儿学习与发展的整体性？请结合实例说明。（2014年下半年）

➢ 答案及解析见本章首页二维码

二、幼儿园教学活动的组织形式和方法

（一）幼儿园教学活动的组织形式

幼儿园教学活动时间短，只占幼儿一日生活的一小部分，根据其组织形式可分为三种：集体教学、分组教学和个别教学。

（1）集体教学活动

集体教学活动是由幼儿园教师有目的、有计划地组织全班幼儿在同一时间、同一空间下进行的教与学的活动。集体教学的优点表现在：计划性较强，组织比较严密，时间比较固定，可同时对全体幼儿实施教育，省时省力。其缺点表现在：教师容易把精力放在知识的传授和组织幼儿的注意力上，而对幼儿的学习过程、学习效果和个别幼儿的学习特点等顾及不到。

（2）分组教学活动

分组教学活动是由幼儿园教师创设一定的环境，提供相应的材料并给予一定的间接影响的教学活动。如课堂集体教学之后的分组，幼儿在各种活动区角的活动等。分组教学活动的优点表现在：幼儿可以在比较宽松的环境中，在同一时间单元里选择不同的活动内容相互合作或个别学习。其缺点表现在：同时展开多种教学活动，分散了教师的精力，不利于发挥整体教学活动的效果。

（3）个别教学活动

个别教学活动是根据个别幼儿的特殊需要进行的教学活动，一般包括具有特殊才能或有发展障碍幼儿的个别教学以及个别幼儿自由选择的区域活动。个别教学活动的优点表现在：教师可以关注到每一个幼儿的个别差异，并对其因材施教地进行教育。其缺点表现在：费时费力，对班级人数的规模有限制，人数过多就无法开展个别教学活动。

在幼儿园教学活动的组织中，要尽量将多种教学形式混合在一起，充分发挥每种教学活动的优势，以及避免因单一教学形式造成不良后果的出现。

（二）幼儿园教学活动常用的方法

1. 游戏法

游戏法是指幼儿园教师在教学中借助游戏帮助完成教学任务的方法。游戏法是幼儿园教学活动中使用的主要方法。游戏是学前儿童的基本活动方式，运用游戏的方法来组织教学，符合学前儿童好奇、好动的心理特点，能够激发学前儿童的学习兴趣，集中他们的注意力，充分调动其学习的主动性、积极性，让幼儿在玩中学。在教学中，有效运用游戏法,真正实现教学游戏化,有助于教学目标的充分实现。

在使用中应注意:① 游戏既可以是教师教学活动的一个环节,也可以贯穿教师教学活动的整个环节。比如,在语言领域"小花猫"教学活动的开头,教师可以设计小花猫白天睡觉,晚上抓老鼠的情境游戏,吸引幼儿对语言学习的兴趣。② 教学中的游戏为教学活动服务,教师在组织教学游戏时,千万不能舍本逐末,过多关注幼儿的游戏,而忽略教学活动原定的教学目标和要完成的教学任务。比如,音乐活动"摇篮曲",教师利用"哄宝宝睡觉"的游戏引导幼儿感受音乐的轻柔与美妙。在实际游戏中,许多幼儿只专注于哄宝宝睡觉了,而忽略了对音乐的感受。③ 游戏时应紧扣教学内容,符合游戏的特征,具有游戏性。避免在教学中出现"名为游戏,实为变相的知识传授"的现象,注意教学内容对幼儿的吸引性。

2. 实操法

实操法是幼儿在教师的指导下,按照一定的要求和程序通过自身的操作活动进行学习的方法。具体运用中可分为开展实验和操作练习两种方法。运用实操法来组织教学,符合学前儿童好模仿及以具体形象思维为主的心理特点,通过具体操作,学前儿童获得更多的感性经验,有利于他们对经验、知识、技能等的理解和掌握。

(1) 实验法

实验法是通过为学前儿童提供材料,指导他们通过一定的方法亲自动手来验证他们在生活中的某些疑问,从而获得知识和经验的方法。运用实验法应注意:① 实验所选用的材料和工具必须符合安全、卫生的原则,实验的程序应当是幼儿在教师的指导下独自操作的。② 教师事先体验实验的过程和结果,在指导幼儿实验时要做到心中有数,并能对幼儿的各种实验结果做出科学解释。③ 实验法运用贵在提倡幼儿自己动手,教师千万不可包办代替。

(2) 操作练习法

操作练习法是指教师为了让学前儿童掌握和巩固某种技能或知识,指导他们通过自身的操作练习获得经验与技能的方法。使用操作练习时应注意:① 教师要注意观察和适当引导,对有困难的幼儿要给予帮助,如提供不同的材料、进行示范等。② 教师在引导幼儿的操作活动时要明确其目标,不可盲目进行。③ 教师在引导幼儿的操作活动时,要注意趣味性,使其在愉快的氛围中进行。

3. 直观法

直观法是一种让学前儿童直接感知认识对象的方法。在幼儿园的教学中一般会用到三种直观的教学方法:

第一,演示法,即教师通过向幼儿展示各种实物或直观教具,引导幼儿观察物体的特征或现场的操作环节,从而获得对某一事物操作活动的完整经验与认知。

第二,示范法,即教师通过自己的表演,现场提供给幼儿可以参照的榜样,常常分为语言示范和动作示范两种。

第三,范例法,即教师按照教学要求提供给幼儿学习范本,如教师事先准备好的绘画、泥工、手工的样本,出示给幼儿作为学习、模仿的对象。使用直观法时应注意:① 演示、示范、范例要求教师做到色彩鲜明、速度适当、动作到位,并与语言相结合,便于全体幼儿能正确地理解和模仿。② 在三种直观法的运用中,教师可以根据需要,挑选幼儿参与示范的过程,以此来激发幼儿自己动手的欲望,提高他们参与活动的兴趣。

4. 口授法

口授法是教师运用语言开展教学活动的方法。幼儿园常用的口授法有讲述法和谈话法。

第一,讲述法,是教师通过口头语言,描述、讲解某一事物、现象或作品的一种方法,是幼儿园常用的教学方法。

第二,谈话法,是教师根据幼儿已有的知识或经验,通过相互提问、问答、谈论、延伸,引导儿童交流、分享并获得相应的知识经验的一种互动性很强的教学方法。在使用口授法时要注意:① 讲述法使用中要求教师语言生动、形象、清晰准确,富有情感,重在让幼儿听清楚,激发他们学习、探究的兴趣。② 谈话法的使用必须是在幼儿具有了相当丰富的知识的基础上进行的,谈话过程中,教师要做到心中有数,正确引导幼儿的思路;谈话结束要小结,以便帮助儿童整理获得的经验和知识。

幼儿园教学活动方法很多,但具体到某一次教学活动时,要根据教学内容、组织形式的特点选择恰当的方法。同时,不应拘泥于某一种方法,可灵活综合使用多种方法,以期达到最好的教学效果。

三、幼儿园教学活动组织的原则

幼儿园教学活动组织的原则就是指幼儿园教师在组织幼儿园教学活动时必须遵守的基本要求,主要包括以下几点:

(一) 直观性原则

直观性原则是指教学活动过程中,教师运用直观形象的教学手段、生动形象的语言,丰富学前儿童感官经验与感性知识。直观性教学原则的使用需要注意以下几点:

1. 选择适当的直观手段

通常用的直观手段有五种:① 实物直观。包括观察实物、标本,实地参观,做小实验等。② 模具直观。包括观察图片、图书、玩具、模型、教具、沙盘等。③ 电化教育直观。包括幻灯、录像、电影、电视、录音、唱片等。④ 语言直观。指教师生动、形象、准确的语言描述。⑤ 动作直观。包括演示、示范、教态等。每种直观手段都有其特定的使用范围,在教学中要根据教学的任务、内容和学前儿童的年龄特征正确选择直观手段。使用直观手段要注意它的典型性、代表性,要符合教学要求,又有助于学前儿童形成清晰的表象。

2. 直观手段要与讲解相结合

教学中的直观不是让学前儿童自发地去看,而是在教师的指导下有目的地观察。即通过提问引导学前儿童去把握事物的特征,发现事物间的关联;通过讲解来解答学前儿童在观察中的疑问,使之获得比较全面的感性认识,从而更为深刻地掌握理论知识。

3. 要重视运用语言直观

语言直观的特点是不受实物直观或者模具直观所需的设备和条件的限制,只需要借助学前儿童的表象储备就可以起到直观的作用。所以,教师生动的讲解、形象的描述,能给学前儿童以感性知识,形成生动的表象,诱发学前儿童的想象,从而起到直观的作用。但是,如果学前儿童对学习对象毫无相关经验,运用语言直观则不会起到帮助学前儿童理解的作用。

直观手段的运用要以教学为主,它只是一个辅助手段,不能喧宾夺主,分散学前儿童的注意力。

(二)活动性原则

活动性原则是指在教学活动过程中,学前儿童能够运用多种感官获取直接经验,做中学,学中做。贯彻活动性原则,教师在组织教学活动时要注意以下几点:

1. 准确理解"活动"

活动,既包括外显的操作活动,也包括内隐的心智活动。学前儿童动手操作是活动,但更重要的是学前儿童的思维参与,那才是真正的活动。

2. 活动的材料、时间等要充足

在教学时要注意准备足够的材料,保证每个学前儿童都在参与,而且保证有充分的时间给学前儿童活动。同时,要注意让每个学前儿童都有机会参与活动,尽可能提供与同伴、老师交往的机会。

3. 适度指导

避免教师在活动中放弃指导,同时也要注意过度的、不恰当的指导会干扰学前儿童思维的连贯性,从而降低活动的发展价值。另外,要鼓励学前儿童积极主动地参与活动。

学前儿童在活动中学习,活动本身既是目的,又是手段。但任何活动都有特定的保育教育目的,其最终目的是促进学前儿童的全面发展。因此,不能为了活动而活动。

(三)启发性原则

启发性原则是指在教学过程中,教师要尽可能地避免直接告诉学前儿童现成的、结论性的知识,而是要引导学前儿童探索怎么做,激发学前儿童的思维。贯彻启发性原则应注意以下几点:

1. 坚持正面引导

应引导学前儿童可以怎样做、怎样做更好,坚持从正面引导学前儿童的行为,而不是从负面制止学前儿童的行为,更不能说反话。

2. 学会等待

教师应判断所提问题的难易程度,若问题较难,候答时间就应该适当延长一些,耐心等一等,留给学前儿童充裕的时间思考。

3. 安排多样化的活动

组织安排学前儿童参加丰富多彩的活动,寓教育与具体、生动、形象与兴致勃勃的活动当中,促使学前儿童对周围事物和现象产生热爱、兴趣、好奇心,产生吸取知识的要求和内在动机,主动地开动脑筋,思考问题。

4. 培养相关能力

培养学前儿童初步的抽象能力和创造能力,充分调动他们运用已有的知识,通过自己的智力活动去获取更多的知识和技能。

真题链接

教师对幼儿说:"不准乱跑,不准插嘴,不准争吵……"这样的话语,所违背的教育原则是(　　)。(2017年下半年)

A. 正面教育　　　B. 保教结合　　　C. 因材施教　　　D. 动静交替

▶ 答案及解析见本章首页二维码

(四) 发展性原则

发展性原则是指通过教学活动,使学前儿童获得个体的全面发展,学前儿童获得的不仅仅是知识,而是知识、经验、情感体验或态度的和谐发展。运用发展性原则应做好以下几个方面工作:

1. 了解学前儿童现有的知识水平和经验

教育者要读懂学前儿童,理解学前儿童。对学前儿童的智力水平、知识储备、心理状态、生活经验等有一个准确的了解。尊重学前儿童发展的不同节奏、不同水平,以开放、接纳的态度对待学前儿童的个体差异,这样才能运用恰当的手段高效地促进学前儿童的发展。

2. 选择具有一定挑战性的内容

选择的学习内容,应有一定的难度,而且是逐步加深的,需要做出一定的努力才能学会的。同时要求学前儿童不断地努力,从而促进他们不断地发展。

除了完善教学内容外,还要改进教学方法。如采用比较的方法、创造问题情景的方法、启发学前儿童思维的提问法等进行教学。

(五) 趣味性原则

趣味性原则是指在教学活动中,教育者应使教学的各环节充满趣味,以引发学前儿童浓厚的学习兴趣,促使学前儿童在兴趣的驱动之下,带着喜悦的情绪全身心地投入活动中,在不知不觉中获取知识和技能。具体而言,可从以下两方面入手提高教学活动的趣味性。

1. 补充富有趣味性的教学素材

尽管教学活动的内容与主题是相对固定的,但为了增加教学活动的趣味性,在教学活动设计时可以增加一些富有趣味性的材料,使教学内容变得形象生动,适合学前儿童的年龄特点,以吸引学前儿童对教学活动的兴趣。

2. 开展各种形式的游戏活动

运用形式多样的教学游戏开展活动。游戏是学前儿童最感兴趣的活动,可借助游戏的形式传递教学内容,引发学前儿童参与活动的积极性。

第二节 幼儿园教学活动的组织与指导

微课 21
幼儿园教学活动的组织与指导

幼儿园教学活动的指导是指幼儿园教师对教学活动各环节的组织、引导。幼儿园教学活动一般包括幼儿园教学活动的设计、实施、反思三个环节,幼儿园教学活动的指导包括对这三个环节的指导。

一、幼儿园教学活动的设计

(一) 幼儿园教学活动设计的含义

幼儿园教学活动设计是对师幼双方教与学的目标、内容、实施与评价方法等的选择与规划,从而提出具体的实施方案。它要求幼儿园教师充分分析和把握幼儿的学习特点,有计划、有目的地制定适宜的教育活动目标,合理选择教学活动的内容和形式,创设适宜的教学活动的环境,并能预备教学活动的过程。

幼儿园教学活动的设计是幼儿园教师进行教学的蓝图,也是其取得良好的教学效果的必要准备工作,教学活动设计的好坏直接关系到教学活动的效果。

幼儿园教学活动的设计由两部分组成:一是对幼儿园教学活动的整体设计。由幼儿园根据《纲要》的要求和本园的实际,统一安排幼儿园各年段的教学活动,如设计每学期、每月、每周、某一主题的教学活动计划。二是具体教学活动的设计,即编写教案。一般由幼儿园教师根据幼儿园整体教学活动计划和本班儿童特点,对某项具体教学活动的目标、内容、过程、方法等设计出具体的实施方案。就具体教学活动的教案而言,幼儿园教师一般要考虑一节集体教学活动的内容、目标、准备、过程与方法等多种要素的有机组合。以下主要介绍幼儿园教师教案设计时应注意的策略。

(二) 幼儿园教学活动设计的策略

1. 选择教学内容

幼儿园教师在设计具体教案时,要考虑选择什么内容,即某一集体教学活动的主题是什么。教学主题选择的依据有两个:一是《纲要》和幼儿园整体教学计划。《纲要》中将幼儿园活动相对划分为健康、语言、社会、科学、艺术五个领域,这为幼儿园教学内容的选择提供了大的方向。而幼儿园每学期、每月、每周的教学安排,则提供了比较具体的教学内容的选择范围。二是本班儿童的特点。各班孩子的认知发展与学习特点、已有经验和知识准备等,是选择最终教学主题的重要依据。幼儿园教师在选择、设计具体的教学主题时,应注意以下策略:

(1) 从幼儿的兴趣入手

从幼儿的兴趣入手,是幼儿园教师设计教学活动的一条基本原则。如果所选内容或主题,不符合幼儿的兴趣,教学活动就很难在幼儿积极、主动的参与中展开。当然,在幼儿园实际的教学活动中,不乏教师"虚构兴趣"的现象,即把兴趣当成教学活动开始时的点缀,仅仅成为教师利用的手段和满足幼儿即时娱乐之需的工具。实际上,兴趣应当是活动设计之初就已经深思熟虑的,教学内容乃至整个教学活动过程,都应立足于幼儿的活动与学习的兴趣,并指向促进幼儿自身发展的目标。

(2) 从幼儿的经验入手

学前儿童的学习离不开他们的活动以及已有经验。因此,具体教学内容的选择必须考虑从幼儿的经验出发,所设定的教学主题应贴近他们的生活,应是他们比较熟悉或接触过的内容、主题。只有来自幼儿生活的内容才能引起他们的探究兴趣,符合他们的认知水平,唤起他们的表现欲望,进而获得可能的发展。

(3) 从幼儿园提供的教材入手

除了整体的教学计划外,有的幼儿园还会提供某个教学领域可以选用的教材,这是教师选定具体教学内容的依据之一。教材能够提供给教师一个内容范围以及教学活动的具体内容,提供给教师不同的主题素材和活动提示,但要把它真正变为适合本班幼儿需要、促进他们发展的活动内容,还需要教师的再次筛选、加工和设计。需要教师通过自己的研究,将教材内容所蕴涵的意义、背景和内在关系转变为幼儿的学习需要和学习过程。

(4) 从知识、经验的关联性入手

在设计和安排具体教学活动内容时,从知识和经验的关联性入手包括两层含义:第一,必须关注活动内容中所涉及的经验、知识之间的纵向联系,确保由已知到未知,由整体到部分,由一般到个别,由初级到高级,不断丰富、分化。第二,要注意不同教学活动内容之间的横向联系,从横向方面加强不同领域的内容所涉及的相关经验、情感、知识、技能等部分之间的协调衔接,促进幼儿经验、态度、知识、技能的融会贯通、协调发展。

> **真题链接**
>
> 幼儿教师选择教育教学内容最主要的依据是(　　)(2014年上半年)
> A. 幼儿发展　　　　B. 社会需求　　　　C. 学科知识　　　　D. 教师特长
> ➢ 答案及解析见本章首页二维码

2. 设计教学活动的目标

幼儿园教师选定了具体的教学内容以后,就要设计该项教学活动的目标。所谓具体教学活动目标是指某一具体的教学活动所要达到的结果。它是月、周、主题单元教学目标的具体化,是对某一集体教学活动所要达到的要求的描述,具有对性和可操作性。具体教学活动目标的设计可注意以下策略:

(1) 目标的表述要清晰、准确

一个完整的教学活动目标表述包括行为、条件和标准等,其中核心要素是行为的表述,即幼儿通过本次教学活动在行为方面的预期结果,它应该是清晰、准确的。幼儿园教师在设计活动目标时容易出现用活动过程或方法手段代替行为结果的现象,比如,科学、社会活动"去菜市场"目标之一:"在观察、游戏的过程中,把对菜市场的兴趣转化为了解菜市场的好奇心",很明显,这里的目标设计中教师在表述目标时混淆了活动过程、方法手段与行为的区别。

(2) 目标要体现综合性、整体性

幼儿身心发展具有整体性、综合性,幼儿园具体教学活动目标的设计也应体现这一特点。幼儿园教师设计具体教学活动的目标时,既要从幼儿的情感、态度、经验、知识、技能、能力等多个维度去考虑,同时也应在满足某个学习领域目标的同时,适当兼顾、融合其他领域的目标。教师应该善于根据具体教学活动的内容与特点,围绕某个核心目标,有机统整其他学习领域或发展纬度的目标,最大限度地发挥某一教学活动的功效。

(3) 目标的设计要具有可操作性

从幼儿园教育的目的体系来看,从低到高各层次目标是越来越抽象、概括、笼统,作为最具体、最底层的幼儿园具体教学活动的目标,其特点就是具体、可操作性强,能切实指导、调控师幼双方的教学过程。否则,就丧失了其作用。比如,健康领域"鼻子流血怎么办"活动的目标之一:"知道如何保护自己的鼻子",这样的目标就比较具体,具有可操作性。

3. 教学活动准备的设计

教学活动准备指幼儿园教师对具体教学活动开展所需前提、条件的筹备和规划,即考虑从哪些方面为教学活动的开展准备条件。教学活动的准备应从以下三方面入手。

(1) 材料的准备

一项具体教学活动的开展,需要为师幼双方提供教具、玩具等活动材料,如与教学主题相关的实物、模型、挂图、照片、录像、图表、半成品作品等。教师必须设计好,应做哪些教学活动材料准备、准备的数量、分配和使用的方式等。

(2) 知识经验的准备

具体教学活动必须以幼儿已有知识、经验为基础。因此,幼儿园教师在设计教学活动时,也要考虑从知识经验的角度做好准备。一是教师自己知识经验的准备,要充分考虑在教学过程中,幼儿可能遇到并提出的一些关键知识和经验,事先做好准备。二是幼儿知识经验的准备。根据本班幼儿的学习特点考虑事先需要为他们提供哪些经验、知识的准备,怎样做好这些准备等。

(3) 学习情境的创设

幼儿的学习兴趣和学习愿望总是在一定的情境中发生的,适宜的情境,能够引发幼儿参与活动的兴趣。在教学活动准备的设计中,教师可以根据教学内容、幼儿年龄和生活经验,考虑如何为师幼双方教学活动的展开,创设一个丰富、生动的教育情境,以保证教学活动顺利实施。

4. 教学活动过程的设计

幼儿园教学活动过程的设计是指幼儿园教师对教学活动展开过程的预想和规划。教师在设计中,要整体考虑一节集体教学活动的展开需要哪些环节、师幼双方如何互动、采用怎样的教学方法、教师语言如何使用、分组如何进行、教具材料如何分配等细节。详细的过程设计,才能保证教学活动的有效实施。设计教学过程要注意两点:

(1) 活动过程的设计要全面

教学过程一般包括导入环节、展开环节、结束和延伸环节，教师要全面考虑各个环节如何展开、如何衔接。尽量设想在教学过程中可能会出现的问题，如幼儿可能提出的问题、遇到的困难等，只有全面、细致地设计出教学的过程，才能确保教学实施时做到有的放矢。

(2) 双方在各环节的互动是教学过程设计的重点

幼儿园教学活动是由教师与幼儿的教与学共同组成的，在这一过程中，幼儿园教师和幼儿的互动是关键。因此，在教学过程的设计时，要充分考虑每一环节师幼如何互动，包括语言的互动、行为的相互影响等。没有互动，教学不能算是有效的教学，没有师幼互动的设计，教学过程的设计就不算完整。总之，一个好的教学活动方案的设计既是教师创造性劳动的成果，也是教师综合能力的再现，更是教师教育观念的体现。幼儿园教师只有不断地努力学习、潜心研究、勇于实践、勤于思考、不断反思，才能不断提升自己的专业能力，设计出一个个成功的教学活动方案。

二、幼儿园教学活动的实施

教学活动实施是指幼儿园教师与幼儿一起根据预先设计好的教学方案完成既定的教学任务的过程。教学实施过程包括开始、展开和结束三大环节。

(一) 导入环节

导入环节是教学实施的起点，关系到整个教学活动的完成效果，幼儿园教师应该认真对待。幼儿园教学活动是教师有目的、有计划、有组织地引导、施行的活动，幼儿园教师作为活动的组织者、指导者，自然应承担引导幼儿进入学习主题的责任。教学过程的导入环节，要解决的主要问题就是如何尽快将幼儿引入将要开始学习的主题，在较短时间内吸引幼儿的注意力，激发他们参与活动的兴趣，引导他们主动探究与思考。为确保开始环节合理、有效，幼儿园教师可以采用以下方法设计教学过程：

1. 兴趣导入

兴趣是幼儿参与活动最好的动力，幼儿园教师运用激起幼儿兴趣的方式导入，是常用的教学策略。激发兴趣的形式可以根据幼儿的年龄特点、他们所要进行的活动内容以及他们所要操作的活动材料等来决定。对较小年龄的幼儿来说，可以更多地借助于新奇的玩具、材料、学具、教师生动夸张的语言及行为表演等外部因素的新奇性激发他们的兴趣；对年龄稍大的幼儿，教师可以更多地借助于对他们内在参与态度和情感的激发来引起他们参加活动和探究的兴趣。

2. 游戏导入

游戏是幼儿最喜欢的活动方式，游戏是幼儿园教学的基本途径。在教学的开始环节，可以结合教学内容，创设相应的小游戏，在游戏所带来的愉快情绪中，将幼儿导入学习的主题。教师应根据不同种类教学活动的特点，选择诸如语言游戏、音乐游戏、手指游戏、建构游戏等不同的游戏活动来启动教学的开始环节。

3. 情境导入

在教学活动实施的开始环节,创设情境导入学习主题,也是幼儿园教师常用的策略。导入活动的情境可以是真实的生活情境,也可以是教师预设的相关情境。通过情境导入,可以避免幼儿因为对教学活动形式的厌倦而出现"慢热"现象,同时也给他们提供了一个思考和解决问题的背景,顺利调动已有经验,在迁移性的学习中促进新经验的获得。

4. 问题导入

好奇、好问、好动、好模仿是学前儿童的天性,利用巧妙设计的问题引发幼儿思考,可以帮助他们尽快进入新的学习主题。作为教师,利用问题导入的方法,可以有效地调动幼儿的参与热情,使他们在积极、互动的问答活动中,不经意地进入学习主题。[1]

(二) 展开环节

展开环节是一个教学活动实施的核心环节。在这一阶段,幼儿园教师要根据设计好的教案和幼儿现场的实际反应,将所要完成的教学任务逐一展现,通过师幼之间的积极互动,让幼儿在主动参与的教学活动中受益。展开环节作为教学过程的中心环节,其成功与否,取决于教师能否对教学进程巧妙把握、对师幼互动有效运用。要达到这一目标,绝非一日之功,需要幼儿园教师扎根实践,从实践中提升自己的教学艺术水平。以下三个方面的工作,是确保幼儿园教师有效展开教学过程的关键。

1. 注意观察,及时捕捉教育契机

教学展开环节,参与活动的幼儿随时会出现教师无法预料的新情况,比如幼儿对设计的情境没有兴趣、所用词语他们不能理解,有时甚至会发生一些冲突。因此,教师在实施教学过程中,要注意观察,及时捕捉幼儿的反应,抓住他们身上出现的稍纵即逝的困惑、冲突、疑问、语言、动作等信息,随时调整教学的进程、策略,确保整个教学过程的有效、顺利。

2. 善于提问,推进教学进程

提问是幼儿园教师在组织教学活动过程中最常见的教学方法。教学展开环节,幼儿园教师根据设计好的环节,通过提问,将幼儿对学习主题的注意力一步步引向深入;也可以根据幼儿在活动过程中出现的新情况,提出相应问题,激发师幼互动,将教学进程保持在正常的轨道。在教学活动的不同情境中,教师的提问策略是灵活而多变的,有时是前置式的问题,有时是后置式的问题;有时是设问,有时是反问、追问;有时是启发性、开放性的问题,有时是简单的、封闭性的问题。教师通过层层深入的问题情境,不断推进幼儿的学习活动。

3. 积极回应,激发互动

回应是指幼儿园教师在教学展开过程中,对幼儿的言行给予及时的应答、反馈。这是师幼在教学过程中的"对话",是一种积极的互动。教师作为教学活动中的一个有目的、有意识的组织者、指导者,其指导的一个重要策略就是捕捉恰当的教育契机以对幼儿做出积极的回应。教师对幼儿在教学过程中的反应,可以即时回应,也可以让其稍微等待。通过

---

[1] 黄瑾.幼儿园教育活动设计与指导[M].上海:华东师范大学出版社,2007:146-147.

回应,师幼之间的互动技能被激发起来,尤其是幼儿的活动积极性能够得到很好的发挥,有助于提高教学的有效性。

> **真题链接**
> 1. 为了让幼儿在户外运动中一物多玩,最适合的做法是( )。(2016年上半年)
>   A. 教师集体示范　　　　　　　B. 幼儿自主探索
>   C. 教师分组讲解　　　　　　　D. 教师逐一训练
> 2. 在"秋天的树"美术活动中,教师不适宜的做法( )。(2016年上半年)
>   A. 让幼儿按照教师的范画绘画
>   B. 组织幼儿观察幼儿园的树
>   C. 提供各种树的照片,组织幼儿讨论
>   D. 引导幼儿观察有关树木的名画
> ➤ 答案及解析见本章首页二维码

(三) 结束环节

结束环节是幼儿园教学活动实施的收尾阶段。收尾阶段能否巧妙、完整,也会影响教学活动的效果。幼儿园教师做好教学的结束环节,应注意以下工作:

1. 注意结束的策略

教师对教学过程的结束,可以采用语言和行为两种方式。

第一,教师用语言结束教学活动。可以简单总结教学内容,归纳学习的关键经验,明确告诉幼儿教学活动结束。

第二,教师用行动结束教学活动。可以通过带领幼儿做游戏,或引导他们在收拾玩具、整理场地的活动中结束教学活动。

2. 做好延伸活动

一次成功的教学活动往往不会戛然而止,延伸型的活动能够扩充幼儿的学习经验,拓展教学效果。因此,在教学的结束阶段,幼儿园教师要将与本次活动相关的延伸活动嘱咐给幼儿,有的活动就是在延伸活动中结束,更多的延伸活动是让幼儿在活动结束后至家中去完成的。

3. 及时做好教学评价

教学评价是幼儿园教学活动的重要组成部分,可以诊断、评估幼儿园教师的教学活动,为提高教学活动质量提供依据。对具体教学活动的评价,主要在教学活动的结束阶段通过讲评的方式进行,也可以通过课后教师的交流来评价,评价可以由教师自己和其他同事进行。结束阶段实施的教学评价,主要是对本班幼儿在教学活动中的表现、收获和问题进行反馈。课后的评价则会更多地关注幼儿园教师在教学活动中的表现,可以自我反思,也可以相互评价。

三、幼儿园教学活动的反思

反思是幼儿园教学活动必不可少的重要环节,也是促进教师专业发展的必经途径。通过反思,教师可以对整个教学行为过程进行反思性回忆,对自己的教学观念、教学行为、幼儿的表现、教学的效果等情况进行分析,找出教学活动设计在具体实施过程中的得失,为后续的改进提供必要的参考。那么,应该如何进行反思呢?

(一) 反思目标

对活动目标的反思要注意以下两个问题:

1. 活动目标的表述

活动目标的表述要做到全面、具体、适宜。全面是指教学目标的制定包含情感、能力、知识三个维度;具体是指目标表述时应具有明显的可操作性;适宜是指教学目标以《纲要》和《3~6岁儿童学习与发展指南》为指导,符合学前儿童的年龄特点和认知规律。

2. 活动目标的达成度

目标是教学活动的出发点和归宿,活动结束后应检视教学各个环节的组织以及最后的教学效果,与活动目标之间的吻合度。即在教学活动活动结束后,反思在知识、能力、情感三个维度的目标是否达成。

(二) 反思活动过程

活动的实施策略是幼儿园教学活动反思的重要部分,主要反思三大问题。

1. 活动内容的选择是否恰当

南京师范大学虞永平教授提出可从六个维度评价活动内容,即:内容的年龄适宜性、内容与目标的一致性、内容的科学性、内容的生活性、相关环境材料的适宜性、内容实际的完成情况。

2. 教学方法、组织形式与教学手段的选用是否得当

在过程中是否激发了幼儿的学习兴趣,他们注意力的集中情况如何,幼儿的状态是轻松还是紧张,活动的过程中是否感到心情愉悦等。

3. 活动中的指导策略是否适宜有效

一是策略的制定要符合、适合幼儿的需要;二是教师应具备将预想的策略转化为具体行为的能力。前者要求教师要充分了解幼儿的个性特征和学习特点,特别是要关注到每个幼儿是如何学习的。后者要求教师具备学前教育理论和教学技巧、经验方面的支持。

(三) 反思效果

效果是指教学活动与既定目标的一致程度,即在多大程度上实现了目标。这是教学活动结束后每位老师第一想知道的,所以在反思的步骤上,对效果的反思,即"活动开展得怎么样",往往成为反思的起点。因为通过对效果的反思,可以发现教学活动的得失成败,引导教师进行深入思考。

反思效果有两条路径:一是成功活动的反思;二是尚有不足的活动的反思。前者的反思,重点在于总结目标达成的策略、方式方法,包括随机教育等详略得当地记录下来,供以

后教学时参考使用,并可在此基础上不断地改进、完善。后者的重点是针对目标和策略的反思,在反思中找到需要完善和提高的地方,在不断的反思性实践中提高自身研究幼儿和研究学前教育的能力。

拓展链接

利用信息技术优化教学活动,实现信息技术与教学活动的深度融合是学前教育信息化的内核。然而,尽管幼儿园已配备越来越多的信息技术,仍有许多教师在将信息技术融入教学的实践中处于挣扎境地。采用调查研究法系统探讨幼儿园教师在教学活动中融入信息技术时所面临的障碍类型及影响因素,结果发现幼儿园层面障碍是教师面临的主要障碍,包括幼儿数量很多、缺少时间学习和使用、缺少培训以及缺少硬件、网络和软件等,能力障碍则是教师层面的主要障碍类型;幼儿园支持是影响信息技术融入障碍的决定性因素,年龄、班级幼儿人数、职前培训、信息技术应用频率也是重要的影响因素。幼儿园应为教师制订系统的信息技术融入方案,提供充足且适宜的信息化设备与资源,开展优质的信息技术培训,并保证教师有充裕的学习和实践时间。[①]

本章结构

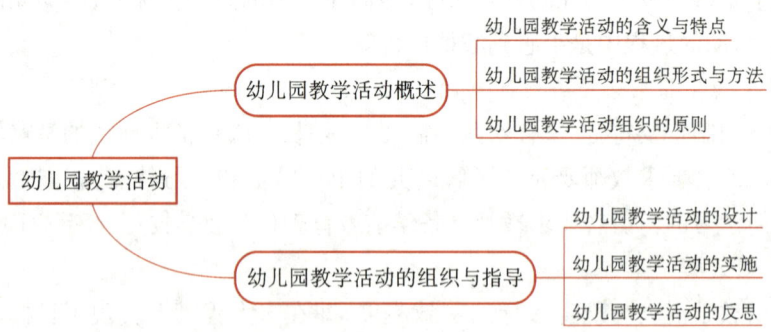

---

① 刘霞,陈蓉晖.幼儿园教学活动中融入信息技术障碍类型与影响因素分析[J].学前教育研究,2019,3:71-84.

回顾与思考

1. 名词解释：幼儿园教学活动、幼儿园教学原则、幼儿园教学活动设计。
2. 简述幼儿园教学活动的原则。
3. 简述幼儿园教学活动常用的导入方法。
4. 简述幼儿园教学活动的设计策略。

实践与训练

1. 观摩幼儿园优秀课例，运用所学理论进行分析和评价。
2. 搜集优秀的幼儿园活动设计方案，分组讨论学习。
3. 尝试设计、拟定教学活动方案，并以小组为单位进行模拟教学。

第十一章 幼儿园区域活动

 学习目标

真题参考答案

1. 了解幼儿园常见活动区功能,掌握基本的设计方法。
2. 能运用相关知识对活动区设置进行分析,学习并掌握幼儿园区域活动的设计。
3. 能根据活动中幼儿的需要,选择相应的互动方式,调动幼儿参与活动的积极性,灵活进行幼儿园区域活动的组织与指导。

 问题情境

建构区里孩子们拼搭游戏玩得正热闹,这时,铭铭小朋友把雪花片按颜色一一摆起来,并大声喊起来:"卖饼干喽,卖饼干喽。"其他小朋友看了看铭铭拼搭的玩具既不像饼干的形状,又不好玩,没人理会她,各自玩弄着自己的玩具。铭铭再次吆喝:"卖饼干喽。"其他幼儿的反应是连看都不看她一眼了。铭铭用手推倒雪花片,坐在一边呆呆地看着别人玩,自己要放弃游戏了。我灵机一动,跑过去问她:"你的饼干怎么卖?多少钱?"她犹豫了一下,边摆好"饼干"边说:"一摞2块钱。""好,来两摞,多少钱?"她正在低头算钱的时候,有个幼儿说:"4块。"铭铭感激地向那个小朋友献上了微笑。这时有的幼儿也学着吆喝起来:"卖冰糖葫芦了,酸酸甜甜的冰糖葫芦哟。"熙熙看了看他们的叫卖,看了看自己刚插好的机关枪,也大声地叫卖起来:"卖机关枪了,卖机关枪了,5块钱了。"……我充当顾客,问问这家,再问问那家,其他小朋友也摆开摊位叫卖起来,期待我去买他们的东西,整个拼插区成了热闹的集市。孩子们为了吸引顾客,叫卖声大了,新鲜的形容词丰富了,其他区域中小朋友投来了赞赏的目光。孩子们拼插的作品花样也比平时多了……

看了这个案例,你对以上幼儿在区域活动中的表现有什么想法?该怎样利用区域活动满足幼儿不同的需求,帮助幼儿在已有水平上得到进一步发展呢?教师又该如何组织和指导幼儿进行区域活动?学习了这章,你将会对区域活动的内涵、特点、设计、组织和指导有所了解。

第一节 幼儿园区域活动及其特点

一、幼儿园区域活动的内涵

区域活动是幼儿园教学中最能体现幼儿自主活动的一种组织形式,对促进幼儿全面发展所起到的作用是不容忽视的,因此各个幼儿园均把它作为教学的重要手段。但由于区域活动依据的教育理念以及教育实践的不同,对区域活动的内涵理解也各不相同。

关于区域活动的内涵,国内外众多学者从不同角度提出了自己的观点。结合各专家的观点及国内的区域研究实践,定义如下:"区域活动,也称为区角活动、活动区活动,是教师以教育目标、幼儿感兴趣的活动材料和活动类型为依据,将活动室的空间相对划分为不同区域,吸引幼儿自主选择并在活动区中通过与材料、环境、同伴的充分互动、充分游戏而获得学习与发展的活动。"区域活动是集体教育活动的延伸和补充,是实施个别教育、促进幼儿个性和谐发展的有效途径。活动区的设置具有开放性、可操作性、灵活性、个性化等特点,有利于幼儿进行个别活动和自由探索,有利于个体的主体性发展。

开展区域活动首先应将幼儿活动室分成若干区域,每一个区域的活动都指向于一定的发展目标,有相对应的活动内容和操作材料,区域活动的内容和材料应随着主题活动的改变、幼儿的发展和探究兴趣定期或不定期地进行调整。

二、幼儿园区域活动的特点

区域活动以开放的区域布局、丰富的操作材料、不同层次的活动难度以及师幼一对一互动交流方式等优势,为幼儿在操作、摆弄等游戏中的学习和发展提供了有利的条件。相对于其他教育形式,区域活动有以下几个特点:

(一) 以幼儿自主性活动为主

区域活动内容丰富,材料多样,幼儿可以充分发挥主体意识,自由决定到哪个区域进行活动,自由选择使用区域里的材料,按自己的探索方法独立或协同进行活动。幼儿在这种自主自愿、独立协作的状态下活动和游戏,容易获得成功感和自信感,从而促使幼儿的自主态度和自主行为进一步得到发展。

在幼儿操作中,教师应关注幼儿的活动过程,是通过借助环境、扩充材料、尝试其他方法等帮助幼儿解决问题。当幼儿依靠自己的力量解决了问题,幼儿会获得积极的情感体验,即成功感和满足感。这个过程就是幼儿的自主学习过程。这种自主学习能力不是教师直接教会的,而是在幼儿自主自愿的探索学习活动中,在不断获得积极的情感体验过程中培养起来的。

（二）以操作摆弄为主

尝试探索、操作摆弄是幼儿在区域活动中游戏学习的主要方法。在布局安排、内容设置、材料提供、组织引导等方面都要给幼儿留有自主的空间，让幼儿在操作摆弄材料中，借助已有经验，通过尝试和探索获得认知和能力的发展。

《纲要》指出："幼儿园的空间、设施、活动材料和常规要求应有利于引发幼儿的主动探索和幼儿间的交往。"因此，区域活动需从空间安排上既体现开放性，又互不影响；从材料提供上既便于个体操作，又兼顾层次发展；从内容选择上既体现和主题的关联，又满足兴趣需要。区域活动具有开放性、操作性和游戏性，并充分尊重幼儿的发展规律，满足幼儿好奇心，激发幼儿的探索欲望，让幼儿不断在和材料的互动中，动手、动脑、动口，在交往中相互学习，在活动中获得满足感和成功感。

（三）以个体和小组活动为主

幼儿园教学活动多为集体性活动，以教师直接指导为主，目的性、计划性更强，教学效果更明显。区域活动以个体和小组活动为主要形式，给幼儿提供了可供选择的机会和材料，使活动面向每个幼儿。

当幼儿在操作材料中遇到困难时，他们会邀请同伴一起完成，增进同伴之间的相互了解。在材料或游戏结束时每个幼儿都收获满满的成就感，帮助幼儿形成分工合作的意识，掌握分享交流的方式，从而建立良好的同伴关系。

（四）以教师间接指导为主

区域活动的内容是幼儿园课程的重要组成部分，是课程中实施主题教育活动的延伸和扩展。在区域活动中，教师要结合主题活动的进程和幼儿年龄特点，配合主题目标的达成，通过不断更新区域活动的内容和材料，引导幼儿自主参与操作探索，在尝试中不断建构经验，促进幼儿个体认知、情感和能力的发展。

区域活动的内容有固定的益智游戏、生活类、角色区游戏，比如，走迷宫、剥花生、娃娃家等；有结合主题活动发展进程需要幼儿探索和发现的活动，如磁铁的妙用、树叶想象画；也有幼儿在主题活动过程中自发产生的兴趣探究内容，如融化实验、小乌龟吃什么等。根据区域活动目标，需要教师提供丰富的、有层次的、多用途的区域活动材料，间接指导，满足幼儿按照自己的需要选用材料，完成自己的游戏。

三、幼儿园区域活动的价值

根据区域活动的特点，其在教育活动中的价值体现在三个方面。

（一）对幼儿的价值

1. 有利于幼儿自主性的发展

幼儿园区域活动以个体和小组活动为主，给幼儿提供了可供选择的机会和材料，幼儿可以自主选择活动材料，自主决定活动内容。区域活动在时间上，允许每个幼儿按自己的认知速度进行学习，幼儿的操作过程是由自己控制的，满足幼儿个体的特殊需要，能更好地促进幼儿学会自主学习。

2. 有利于培养幼儿的创造力和动手能力

幼儿园区域活动的材料具有隐性的操作目标,并且为幼儿提供了充分的动手操作机会和条件。区域活动可以激发幼儿的兴趣和好奇,在不断地尝试和探索的过程中培养幼儿创造力;幼儿可以通过完成活动中预设的操作过程,反复操作练习,以习得新技能,巩固强化已有技能,从而促进幼儿动手操作能力的提高。

3. 有利于幼儿良好社会品质的形成

区域活动为幼儿提供了良好的社会交往环境,幼儿成为自己学习、探索和游戏的主体。在空间上,幼儿可以在一定区域和范围内自由选择自己喜欢的内容,因为有兴趣,在操作中就会专注;操作区域材料活动也为培养幼儿形成独立、讲规则、遵守秩序的良好品质提供了条件。例如,图书区的幼儿安静地阅读、美工区的幼儿细心地完成作品、科学区的幼儿认真地观察记录等。

4. 有利于促进幼儿社会交往能力的发展

集体教学活动中,幼儿多为平行的学习者,较少沟通合作,而区域活动鼓励幼儿通过小范围的合作来实现目标,小组化、个别化的学习方式,有利于幼儿学习主动性的发挥,在幼儿的相互交流合作中,良好的社会交往能力也得到发展。

(二) 对教师的价值

1. 有利于教师了解每个幼儿

区域活动以小组和个体活动为主,使教师从繁杂的教学任务中解脱出来,与幼儿的直接接触增多。走近幼儿,才有可能发现幼儿的最近发展区,去了解不同幼儿的学习特点与方式,有更多的机会观察每一个幼儿,了解幼儿的认知发展水平、优势与不足。

2. 有利于教师制定有效的教育计划

区域活动中,教师有更多的机会去关注幼儿学会学习,关注幼儿能力的增长。教师在了解每一个幼儿的基础上,可以针对每个幼儿的特点制定不同的教育计划,因材施教,这样会使教育计划更加切实有效。

(三) 对教育的价值

1. 有利于教育目标的实现

幼儿教育的目标是促进幼儿德智体美全面和谐发展。区域活动为幼儿提供了自由活动和自主支配行为的条件和机会,活动中教育的影响是潜在的,教育目标是物化于环境材料之中的,使幼儿在积极愉快的氛围中潜移默化地接受教育,促进幼儿身心和谐发展。

2. 有利于改变幼儿教育小学化的倾向

区域活动体现的是以幼儿为本,幼儿借助于操作摆弄,与客体交往,进行发现式学习,以游戏为基本活动,通过开展区域活动,锻炼幼儿自主学习能力,在自由操作、感受、体验中获取知识,有效改变幼儿教育小学化的倾向。

第二节　幼儿园区域活动的设计

微课23
幼儿园区域活动的设计

区域活动是幼儿园课程实施的重要组成部分,是集体教学活动的有力补充。为了更好地开展区域活动,需要对区域活动进行设计。

一、幼儿园区域活动设计的基本原则

(一)遵循年龄特点

区域活动的主要方式是幼儿的个别操作活动。不同年龄段幼儿所表现出的活动方式和喜好特点各不相同,因此,区域活动一定要遵循不同年龄段幼儿的学习和游戏特点来安排和组织。

小班幼儿处于从家庭走向社会的转折期,特别需要情感呵护。他们对成人依恋,喜欢模仿,容易受周围环境影响。营造温馨、安全、干扰少的区域氛围,设置与幼儿认知水平相吻合的生活活动、角色扮演活动、动手操作活动,比如,娃娃家、给动物喂食、串项链等活动,不仅满足幼儿情感需要,还促进了手眼协调能力、小肌肉运动能力等方面的发展,这是这个时期区域活动开展的重点。

中班幼儿活泼好动,行为大胆,好奇心强,这个时期是形成主动、积极探究周围事物的习惯的重要时期。中班的区域活动以建构、美工、扮演、认知等方面的内容为主,比如,调配果汁、系疙瘩。在一定目标的指引下,提供丰富多样的生活化的操作材料,建立基本的游戏操作规则,提供适宜的指导,并在此基础上给幼儿创设自主尝试的操作空间是这个时期区域活动开展的重点。

大班幼儿由于身体、心理、语言等方面的发展,他们的生活经验扩大了,喜欢尝试和探索具有一定挑战性的操作活动。幼儿的学习欲望强,逻辑思维能力、解决问题的能力都有很大提升,并能在合作中或者个别活动中接受同伴的影响。大班的区域活动以科学探究、社会性能力、各领域认知及运用等方面的内容为主。比如,制作降落伞、火箭发射、弹力小车等。操作活动的目标性明确,内容种类宽泛,体现自主和主动,蕴涵科学意义和富有挑战性的活动是这个时期区域活动开展的重点。

(二)激发自主操作

自主操作是区域活动的主要特征,尝试探索、操作摆弄也是幼儿在区域活动中的学习行为,表现为幼儿自主选择活动区域,自主选择区域内容,自主操作区域材料,自主决定操作方式和安排操作进程,自主选择作品展示地点和呈现方式等。区域活动使幼儿有自由活动的时间和空间,有利于幼儿个性的主动发展。

要体现激发自主操作原则,区域活动的内容应是幼儿感兴趣的,能吸引幼儿主动参与的;区域材料应是充足的、多样的、变化的;区域活动氛围应是自由的、宽松的、舒适的;区域和区域是相对分开,互不干扰,且又有一定联系的。

(三) 体现卫生安全

个体活动是区域活动的主要形式，减少或消除环境中的不安全因素，全力保障幼儿的健康和安全，是设置区域活动应考虑的问题。尤其是环境设置、材料投放都要符合安全卫生要求。

要体现安全卫生原则，活动区创设要合理，所有活动区都要设置在教师可以看到的地方，便于教师指导和观察；区域和区域之间要有一定的活动空间，避免过度拥挤造成的碰撞；投放工具材料时，比如，木工区中钉子、锤子，生活区的钳子，美工区的剪刀、压花器、订书机等，需在符合幼儿操作能力的基础上进行投放，并要逐步投放，不断引导幼儿学习和掌握工具的安全使用方法，提高幼儿的安全意识，并加强在活动过程中的指导；废旧物品在使用前要先清洁、干燥再使用；工具物品都要归类摆放，引导幼儿养成良好的操作行为习惯。

(四) 实现区域共享

区域共享，突破传统幼儿园区域活动仅限本班使用的弊端，有效扩大游戏的活动空间。让不同年龄的幼儿一起参加游戏，使材料、经验得到共享，减少班与班之间投放材料的重复性，减少老师的工作量。不同班级、不同年龄段幼儿之间相互学习、相互激发，实现经验的共同分享。

幼儿园在布置娃娃家、商店等活动区时，多提供原材料和半成品，让幼儿有更多机会参与材料制作。区域应根据幼儿的年龄特点设置，幼儿可以随时进入，同时也有专门的小中大班幼儿按不同时段共同进入的时间。教师根据观察及幼儿需要灵活调整、投放材料，区域不仅满足了孩子活动的需要，而且也扩大了幼儿的交往范围，如"农家小院——点心坊"，小班幼儿进行简单的榨果汁、晒柿饼等活动；中班幼儿利用工具进行简单加工，动手剥豆子、炒豆子等；大班幼儿进行食品的加工与再加工，运用各种工具将田野里采购回来的玉米加工成玉米饼，稻谷加工成酒酿圆子，地瓜加工成地瓜羹、粉丝等。活动中，小班幼儿可开展难度低的操作，也可跟着大孩子做一些辅助工作，而中、大班孩子则开展更有挑战性的工作。

二、幼儿园区域活动的种类及其环境创设

划分区域活动没有明确固定的模式，教师可以根据幼儿各种能力发展需要、课程目标内容实施需要，灵活而有创造性地设置和进行区域命名。在设置中，要从全面发展的角度考虑区域的种类，围绕区域活动的环境布局、目标内容、材料提供等方面进行合理设置。

(一) 归类和命名各类活动区

活动区的命名是为了便于分类管理和组织实施而确立的，没有统一的说法，主要视教育功能而定，因此，分类命名的方法多种多样。

常用的分法有三种。一种为教师以《纲要》中提出的五大领域为基础进行扩展分类命名，比如，角色区(社会区)、语言区、数学区、科学区、音乐区、运动区、美术区等。另一种是教师根据幼儿各种能力发展的需要进行分类命名，比如，感官区、益智区、探索区、生活区、

表演区、美工区等。还有一种是教师根据幼儿操作内容或材料进行分类命名,比如,沙水区、玩色区、图书区、建筑区、自然发现区、娃娃家、超市等。有些老师为区域起名时,会把大区域分成若干小组,并用更为形象、具体的名称命名,比如,把感官练习区分别起名为"真好听""真好看""真能干",把动手操作区分别起名为"数一数""拼一拼""画一画"等。在实际工作中,教师常根据需要和喜好结合选择名称。

总之,在归类和命名班级区域时要注意:年龄越小,区域的种类和分支应越少,名称越要符合幼儿理解水平,甚至用情趣化的方式命名,比如,美工区被称为"小巧手"。随着幼儿年龄增长,中大班幼儿可以参与班级区域归类和命名,这样有助于调动幼儿参与区域活动的兴趣。另外,活动区域的数量要适宜,每一活动区域可以有多种内容,这样有助于区域活动计划的制定。

(二)创设合理有序的区域环境

《纲要》中指出:环境是重要的教育资源。《指南》也指出要"创设丰富的教育环境,合理安排一日生活,最大限度地支持和满足幼儿通过直接感知、实际操作和亲身体验获取经验的需要"。区域活动的创设就是要满足各层次幼儿的心理需求,让他们在区域活动中可以按照自己的方式去探索、学习和发展。根据《纲要》要求,在创设各区域时要注意:

(1)根据幼儿的认知特点、年龄特点、兴趣、季节及教学活动的开展,通过与幼儿探讨来设置区角。创设的区角,能够激发幼儿的探索兴趣,引发幼儿主动思考,与幼儿产生互动的区域活动环境,要能够充分发挥幼儿的主体作用,使活动区域成为促进幼儿自主性学习的一片沃土。以幼儿的生活经验、能力水平为基本条件,比如,对于小班的环境创设,由于孩子最典型、最熟悉的生活经验就是家,接触最多的是家人,所以在小班需要创设温馨的、色彩鲜艳的家的环境。

(2)善于利用班级环境现有的活动空间,采用固定与灵活相结合的方式,创设时既要考虑幼儿之间能相互交流、共同合作,又要注意彼此之间互不干扰。教师要注意分析每一活动的教育价值,合理地安排活动区。比如,对需要光线的、需要较大活动空间的、需要交流互动的、需要较长时间安静操作的、需要作品展示的活动做出不同的安排,使区域活动井井有条、畅通方便。尽可能地使活动动静分区,将较为安静的区域安排在教室里面的位置,如语言区、计算区;相对会发出较大声音的活动安排在靠近门口,如表演区、科学区等,并根据游戏情况灵活调整。

(3)让环境说话,让幼儿与环境互动起来。过去布置环境重视的是环境的美化,而现在更重视环境的发展功能,要求环境体现课程的思想,让幼儿与环境实现有效互动。在环境创设中教师应对主题目标烂熟于心,将主题目标细化,并巧妙渗透于环境创设中,依据幼儿年龄特点布置区域环境。如小班幼儿正处于独立游戏、平行游戏的阶段,因此各区域的建立应该要相对独立而不封闭。

总的来说,创设合理有序的区域活动环境,需要使地面、墙面、桌面甚至立体空间都充分利用,使环境氛围、活动材料、硬件设施等蕴涵的教育因素充分发挥,使儿童在充分活动中得到和谐、全面、富有个性的发展。

三、幼儿园区域活动的内容设计和材料投放

区域活动是以幼儿已有经验为导向,通过各种开放性材料的投放,为幼儿提供自我表现与表达的机会。在各类活动区中,幼儿会综合运用已有知识,来表达意愿、展示能力,在充分体现自己天性和潜力的过程中进行各种创造性活动。由他们根据自己的能力、已有经验去探索,去发现,使他们真正成为活动的主人。观察了解幼儿的兴趣、需要和能力,了解各活动区域和操作材料的功能价值,是进行内容设置和材料投放的基础。

(一) 区域活动内容设计

1. 区域活动内容设计应以促进幼儿发展为基础

区域活动内容设计应以促进幼儿发展为基础,根据儿童发展目标和本阶段课程实施目标,在了解幼儿兴趣、需要和能力发展水平的基础上,立足于幼儿生活,确立各个活动区的具体目标并进行相应的内容设计和材料投放。一般来说,小班区域最少为6~7个,中班为8~9个,大班为9~10个。

活动区中的每个内容都应紧扣目标,体现一定的层次性,考虑到幼儿学习能力、兴趣需要等个体差异,从而满足幼儿不同水平的发展需要。活动区进行一个阶段后,伴随课程中一个学习单元的结束或者主题活动内容的变更,活动区内容也需要根据幼儿的发展情况重新进行内容设计和材料更新。

2. 区域活动内容要与主题活动发展目标相联系

区域活动内容应当随着主题活动的改变而不断进行调整。例如,在中班有关秋天的主题活动中,区域活动内容可设置为:数学区:树叶间隔排序;生活区:筷子夹树叶;美工区:用种子装饰彩色蛋糕;建构区:秋天的公园;语言区:编讲有关秋天的故事等。需要注意的是,区域活动在主题与主题之间也要自然过渡。在过渡到新的主题时,上一个主题的内容应该被逐渐取代,而不是一下子全部更换。

(二) 区域活动材料投放

区域活动的教育价值主要是附着在区内的操作材料,幼儿通过直接参与各种活动而获得多种直接、自然的经验。故操作材料是区域活动的灵魂,影响着幼儿活动的内容和进程。投放的材料要能够使幼儿增长知识、获得有益经验、锻炼技能、激发情感。为了更好地实现教育目标,我们可以预设不同区域的不同教育功能,通过投放与教育目标一致、与幼儿能力发展水平适宜的材料,促进幼儿身心全面发展。

1. 区域活动材料投放的原则

(1) 目的性

各种材料在运用到不同区域或者采用不同操作方式后所产生的教育价值是不同的,因此在一个区域活动中所提供的各种材料总是隐含着某种教育功能。教师要明确各个区域的各种材料所隐含的不同教育功能,并在此基础上将幼儿发展目标和材料的教育功能对应起来,有目的地引导幼儿进行操作探索活动,以达到区域活动的预定教育目标。比如,发展小班幼儿感知觉能力,可以提供一只魔袋,装着幼儿平时常见的物品,如:苹果、香

蕉、积木、皮球、娃娃等,让幼儿摸摸、说说、猜猜,感觉物体的形状、物体表面的触觉感,刺激幼儿感知觉反应,发展语言表达能力以及调动已有知识信息的能力。

(2) 适宜性

区域活动的材料和工具要符合幼儿的年龄特点,这样容易引起幼儿操作的兴趣,幼儿也容易在操作中获得成功感。比如,发展幼儿手部灵活运动能力,小班提供瓶子、盖子,玩配对游戏,中班提供钥匙和锁,玩找钥匙游戏,大班提供起子、螺丝,玩组装游戏。

区域活动的材料和工具适宜性还体现为适量和有序。活动区材料的种类和数量能满足幼儿操作需要即可,并非是越多越好。增添的活动材料必须是幼儿熟悉的,在幼儿懂得操作要求的基础上,放置在活动区中,这样既明确体现了材料的功能性,又奠定了活动区有序的基础,有助于幼儿形成使用工具、材料的良好操作习惯。

(3) 操作性

幼儿喜欢操作摆弄,教师所提供的区域活动材料最好是能让幼儿动手做做、摆摆,再配以说说、画画,这样能够吸引幼儿主动地参与操作,激发创造欲望,在操作中使逻辑思维能力、动手能力以及合作能力得到发展。比如,大班科学活动"瓶子里的漩涡",教师提供饮料瓶和水,让幼儿先把瓶子装上水,拧紧瓶盖后,探索如何让瓶子里的水旋转起来。教师可以通过层层递进的问题,不断引发幼儿的探索行为。瓶子里放多少水能很快旋转起来?怎样的运动方向使瓶子里的漩涡更深?是上下运动,还是左右运动?伴随漩涡水有没有变化?……教师让幼儿带着问题探索,鼓励幼儿相互观察和评价,发展了幼儿的观察能力、探索实践能力、分析推理能力以及合作能力。

(4) 丰富性

为满足幼儿操作需要,教师要提供数量充足、形式、功能多样的活动区材料。比如,设置丰富的益智区,让幼儿借助头脑中积累的表象进行抽象思维活动,如按颜色分类、按图形分类、图形接龙等。玩色区里为幼儿准备好棉签、弹珠、印章、瓶盖等,让幼儿用各种材料玩颜色。建构区里为幼儿提供盒子等各种废旧物品和轮子、纸条、吸管等成品、半成品,让幼儿通过撕、折、插、贴等方法自制汽车、轮船,满足幼儿好奇好动的特点,促进他们动手能力和思维能力的进一步发展。

(5) 层次性

材料要具有探索性、层次性、递进性,要能为幼儿提供更多的按照自己的兴趣和能力进行活动的机会,满足幼儿的个别化需要,让他们在没有压力的环境中玩玩做做,生动活泼、主动愉快地操作学习。并且根据幼儿的兴趣和发展的需要及时进行更新和调整。在选择和投放操作材料时,要将所投放的材料与所要达成的目标之间,按照由浅入深、从易到难的要求,分解出若干个能与幼儿认知发展相吻合的层次,投放角度不同、难度不同的材料,满足幼儿个体操作和学习的需要,从而更高效地实现教育目标。

如小班幼儿,根据其年龄特点,要选择颜色鲜艳、形象生动或者是生活化的材料。创设一个逼真的娃娃家,幼儿一进入这里,很自然地就模仿起爸爸妈妈,主动照顾里面的小宝宝。幼儿也常常会选择适合自己能力水平的操作方式投入活动,这样容易获得成功、自信和喜悦。这也是幼儿喜欢区域活动的一个重要原因。

2. 区域活动材料投放的策略

（1）家园合作收集材料

开展区域活动，除了需要幼儿园提供一定的硬件设施，如橱柜、地垫、隔栏外，更需要各种各样的操作材料和半成品材料。这些操作材料仅仅依靠幼儿园的提供和教师的收集是不够的，需要将家长、社区等资源动员起来，共同关心幼儿的发展。

区域活动的材料并非仅需要精美的、成品的材料，更需要有可改造的半成品材料。教师可开发和利用本土资源，比如，秸秆、石头、贝壳、花瓣、蟹壳等都是很实用的操作材料。另外，废旧类材料，大型有的电冰箱、电视纸盒；中小型的有各种包装盒、瓶瓶罐罐；还有各种家庭不用的小物件，如小发夹、装饰物、喜糖包装、丝带等，都应加以利用。教师需要妥善处理和摆放所收集来的废旧材料，并要在区域活动中充分使用这些材料，让家长、社区觉得自己的行为有价值。这也会进一步激发家长、社区更积极地参与区域活动材料的准备中来。

（2）清洁、整理、归类材料

投放的材料要具有安全性、科学性、多样性，这样才能充分挖掘其教育价值，才能发展和调动幼儿内部驱动力。只有在这样的空间里，孩子的心理需求才可以得到满足，幼儿才可以自主选择，才能按照自己的意愿去操作探索。

对收集来的各种物品，首先，要进行归纳整理，按材料的功能进行初步筛选和分类，方便在需要的时候取用；其次，对有价值的物品进行清洁整理，部分物品需要清洗、晾晒，并收藏在卫生、整洁的位置，小件物品归类收放在大盒子里，并做上标签，注明物品类别，以方便使用；再次，对收集来的物品应根据活动区域需要，及时补充或投放到幼儿的区域活动中来，以激发家长对幼儿教育的关注和热情。另外，为了方便幼儿自由取放材料，要把操作材料固定摆放在玩具柜的相应位置，并贴上标记，这样可以促进幼儿学会自主地管理玩具。

（3）循序渐进增添材料

需要根据区域活动目标和内容不断增添操作材料，一般每周要至少补充3个活动内容的操作材料，以满足幼儿发展的需要和配合主题教育的进程。随着操作材料的扩展和幼儿兴趣的转移，需要对原有的区域活动进行调整，取舍一些幼儿不感兴趣的活动内容和操作材料，增添新的活动内容和材料，以保持区域活动的有序性和条理性。

（4）有的放矢替换材料

在提供区域活动材料前，教师已经预设了材料和幼儿发展之间的关系。但在实际运行过程中，教师要用心观察幼儿运用材料的情况，要有意识、主动、及时地补充或替换相应材料，以更好满足幼儿的操作需要，充分发挥材料的教育功能。

（5）灵活运用材料

材料的功能宽泛，进行不同组合运用可以起到不同的教育效果。因此，教师除了要做好材料提供前的功能预测，还要做好材料使用中的指导工作，灵活运用教育机智激发幼儿对材料的创造性运用,激发幼儿好奇、探索的天性,发挥区域活动在幼儿个性全面发展中的价值。比如,利用材料的差异性,体现活动的层次性。大班"给娃娃梳辫子"提供的大小发圈、松紧发夹,自然操作难度各有不同。利用材料扩展教育价值,如大班的纸杯垒高活动,除了鼓励不断垒高,提高动作的控制力和稳定性外,还可提出问题:每一排是多少个纸杯,有什么规律,以激发幼儿在玩中获得更大发展。

四、幼儿园区域活动计划的制定

区域活动是课程实施的一种有效途径。为有序开展区域活动,确保区域活动教育作用的发挥,教师需要根据主题活动目标、儿童发展情况以及区域活动开展的实际状况,撰写有针对性的区域活动计划。

(一)确立区域活动的目标和内容

区域活动的目标既要指向促进幼儿能力发展,又要配合实现一定的主题活动目标。在确立目标时,根据班级区域活动的不同指向和不同内容,可围绕两个维度提出适宜的区域活动发展目标。如大班"建构区"的目标:用架空、垒高的方法建构两层以上的楼房,能合作建构小区或幼儿园。

区域活动的内容既可以从活动区目标中来,又可以从主题活动中来。例如,为锻炼幼儿的自我服务能力,在生活区里提供各种大小的娃娃及配套的衣服、裙子,让幼儿练习穿衣服、扣纽扣、系鞋带。为提高幼儿语言表达能力,在语言区提供主题明确、画面鲜明的单幅图片,让幼儿讲述图片中的故事。另外,还可结合主题活动"能干的小手",在美工区开设编织活动、手印画活动,在手工区进行串项链、手链活动等。

(二)制定区域活动计划

相对集体活动的计划制定来说,区域活动就显得自由和宽松多了,可以用文字表述的方式,按活动区名称、活动内容、材料准备、指导重点来写;也可以用表格的方式,按主题活动的周期对每个区域中的活动目标价值和内容方式的要求,增添和替换的材料以及指导要点进行撰写。区域活动计划文本撰写的重点为:

1. 区域活动的内容和指导要点

区域活动强调幼儿的自主活动,其教育价值蕴涵在活动内容和材料的提供中。教师的指导要适度,在明确指导要点的基础上,提供途径和方式帮助幼儿解决问题,获得成功和满足。

2. 区域活动的材料提供

材料是促进幼儿在区域活动中得到发展的媒介,材料提供是否适宜,是否指向明确,是否丰富、充足和方便操作等,都直接影响区域活动的教育价值。教师应从材料的准备、摆放和使用等方面,引导幼儿关注活动区域中的变化,激发幼儿参与活动的兴趣和能动性。

第三节 幼儿园区域活动的组织、指导与实施

《幼儿园教育指导纲要(试行)》中指出:要关注个别差异,促进每位幼儿富有个性的发展。区域活动是一种个别化的教育形式,在促进幼儿富有个性的发展方面有着得天独厚的优势。教师对区域活动的组织与指导将直接影响区域活动教育价值的发挥,科学适宜的组织与指导是幼儿能否得到较好发展的关键。

微课 24
幼儿园区域活动
的组织与指导

一、幼儿园区域活动的组织

一般来说,区域活动的组织流程由三个部分组成,即引入部分、操作部分和讲评部分。

(一) 引入部分

引入部分是指在区域活动开始时以教师为主体所进行的集体互动环节,通常所起到的作用有两个,一是回顾前期区域活动情况,并提出新要求;二是介绍新活动或者新材料,讨论新的操作方式。引入环节所需时间一般较短,大约3~5分钟。但这并不是绝对的,幼儿年龄越小,引入时间应越短。有新的活动介绍或新方法讨论时,往往应延长一些时间,但仍需要注意控制在 10 分钟之内。

引入部分的目的在于为区域活动做好相应的准备,包括明确区域活动布局、内容、规则,了解新的操作内容,回顾前次学习活动的经验,激励幼儿大胆探索等,以帮助幼儿有目的、有计划地投入活动。为起到启发、引导和帮助幼儿操作的作用,所提出的要求一定要具体、有针对性。如对于语言区阅读的要求为:仔细观察画面,联系前后画面说说故事说了什么,都发生了些什么有趣的事情。教师在提出要求时,语言要精练、简洁,目的指向性强。

(二) 操作部分

操作部分是指在区域活动中以幼儿为主体,由幼儿自主选择区域活动内容、材料所进行的动手操作环节。它是区域活动的核心部分,也是促进幼儿发展的重要环节。操作部分所起到的作用也有两个,对于幼儿来说,它是自主学习和游戏的过程;对于教师来说,它是观察和指导幼儿、体现教育价值的过程。操作环节通常需要较长时间,一般为20~35分钟。根据幼儿年龄特点和班级区域活动安排的总时间的不同,略有差异。

幼儿能否在区域活动中得到发展,可以通过幼儿在操作部分的反应状态看出。影响操作部分成效的因素有很多,如是否有激发幼儿参与的环境氛围,是否有幼儿感兴趣的内容,是否有充足、丰富的可选择的材料,是否有充足的自主操作时间和空间,是否有自主性操作和探究的习惯,是否能得到恰当的指导和帮助等。因此,要使区域活动真正起到启发、引领幼儿在和周围环境、材料互动中得到各方面发展的作用,教师需要在了解幼儿的基础上,做好区域活动开展的各项准备、组织和指导工作。

教师在幼儿操作部分的主要任务是观察幼儿活动状况和指导幼儿进行操作。教师可以用多种身份,介入幼儿学习和游戏操作中,发挥不同的作用。教师在幼儿操作部分实施教育影响时,还可以就幼儿操作中出现的创新或共性问题,采取活动中期的集体讲评方式或者个别指导方式,分享新做法或新作品,以启迪其他幼儿。为不影响幼儿的自由操作,这种讲评和指导需要"短、平、快",点到为止,起到画龙点睛的作用。

(三) 讲评部分

讲评部分是区域活动结束前以教师为主导、幼儿为主体的集体分享环节,这一环节中幼儿介绍操作体验,展示成功作品,在相互学习中提升经验、获得自信。讲评环节在幼儿已经收拾好区域材料后进行,这时,他们的兴趣、注意力等都处于容易分散阶段,因此,讲评环节的时间安排一般为5~8分钟。教师在讲评环节中,是幼儿的召集人,也是主持人,起着导向和控制局面的作用;幼儿则是讲评环节的"主讲"和"听众"。在讲评环节要不断帮助幼儿养成表达和倾听习惯,这将会直接影响讲评部分的效果。

要使讲评部分发挥教育功能,教师要重视讲评部分的组织策略。首先,要形成稳定有序的讲评环境,再进行幼儿操作的集体分享。其次,要唤起幼儿对于探索过程中的体验和回忆,并借此引发幼幼互动,促进幼儿进行充分的表达、交流。如运用问题引发幼儿回忆:你拿的是什么?怎么做的?做的时候遇到什么困难?你怎么解决的?要给幼儿充分表达自己作品的机会,留足时间让幼儿充分分享。

二、幼儿园区域活动的指导

要使区域活动顺利展开,充分体现其独特的教育价值,教师对区域活动的组织和指导必须适宜有序。为此,教师需关注以下几个问题:

(一) 建立与遵守基本规则

区域活动是幼儿自主选择、自由进入各个活动区域的一种个别化操作活动。各个区域并非幼儿独享空间,为保证区域活动的顺畅有序,需要建立一种幼儿一致认同的最基本的区域操作规则,使每个参与成员都遵循规则,这样可以使区域活动更开放、更自由。总之,通过活动规则的建立可以使幼儿的活动有规范、有条理,可以使教师专注于观察和指导,增进幼儿的能力发展。

区域规则的制定可以是教师提出,也可以和幼儿通过讨论制定。讨论中,要让幼儿知道"为什么要这样做",从而增强幼儿的自主性、秩序感和规则意识。

在建立和遵守基本规则时,要注意规则不可以过多,只要能保证区域正常有序进行即可。一旦形成和建立了规则,就要督促每个幼儿在每次活动中都要遵守。遵守规则甚至比建立规则还要重要,它有助于幼儿形成良好的规则意识和习惯。但对不够合理的规则,也要及时调整。

(二) 使用标记图进行材料工具归类和区域规则提示

在区域活动中标记图可起到将材料工具归类的作用。活动中,幼儿可以自由取放材料、工具,使用结束后需要放回到原来的位置。为方便幼儿取放,可以使用玩具橱柜上的标记图进行材料工具归类整理。对于年龄越小的幼儿,越需要使用标记图的方式帮助其养成从哪里拿玩具,用完后放回到哪里的良好习惯。需注意的是,标记图要和玩具形象吻合、制作美观,且大小适宜;玩具更换,标记图也要随之调整;标记图要贴在不会被玩具筐遮挡的地方。

标记图在区域规则提示中的运用。每个活动区域因场地大小不同,容纳的人数不同,一般在3~6人之间。可以用标记图融合进区规则。如幼儿根据标记图或者标记牌的数量,确定自己能否进入区域活动。比如,小巧手作坊只能进5个人,在半开放的栅栏上贴上5只小面包,告诉幼儿:1个小巧手做1个面包,这儿最多只能有5个小巧手。也可以使用挂牌的方式,区域标记牌拿完了,区域人数就满了。

(三) 明确区域指导重点

区域活动组织中都要确立区域指导重点。一些有挑战性的活动内容,往往需要教师进行有针对性的具体的指导。教师在区域里进行引导时,需静下心来和幼儿一起活动,在其他区域有序活动的情形下,有重点地指导某项内容,这样有利于了解区域活动情况,发现区域操作中的问题,奠定区域讲评基础。

一般来说,教师的指导应放在与主题活动相关的新的学习内容方面,并随着幼儿对于活动内容掌握程度的变化,随时进行调整。如果幼儿对于活动内容已经能够独立进行操作,教师应当将指导的重点放在其他有一定难度的或易引起幼儿矛盾纠纷的活动区域上。教师在指导过程中,发现幼儿创新的方法、成功的合作、友善的交往、持久的探索、清晰的表达、良好的习惯等,要及时给予肯定和表扬,这对幼儿以后的活动能起到导向作用。

(四) 把握时机,适时介入

要更好地指导幼儿区域活动,首先,要时刻关注幼儿的活动,准确了解幼儿在活动中的需要和表现,关注、了解幼儿已有的经验是什么,了解幼儿喜欢玩的是什么,然后根据观察的情况,在幼儿探索问题难以深入时,发生纠纷、缺少材料、有破坏性行为等情况下,教师才能及时给予指导。孩子们对区域活动里出现新的新材料很敏感,也乐意尝试,但由于不会玩,孩子的好奇心就会打折,甚至转移目标,离开游戏。幼儿在自主操作活动过程中,会遇到各种各样的问题和困难。有时幼儿依靠自己的力量可以解决问题,有时也会因为一时解决不了而放弃,这时需要教师进行一定的指导。教师在实施指导时,应注意介入方式和介入时机,这样才会事半功倍,凸显指导效益。把握个别指导时机,就要学会观察,并发现幼儿在何种情形下需要得到帮助,在何种情况下需要教师及时给予肯定和鼓励。

(五) 区域活动作品展示

区域活动中丰富的环境与材料,使幼儿产生出众多有形的成果,这些作品可以使教师更好地了解每一位幼儿的心灵。对幼儿来说,作品也是一种交流和示范,它直观形象,在某种程度上比语言更能够激发同伴间的交往,激励幼儿相互学习。同时,作品也使幼儿真正成为活动环境的参与者与创造者。因此,对幼儿的任何一件作品都应该珍惜,都应该尽可能地回归他们的生活,装点他们的空间。

为方便幼儿及时展示自己的作品,可在容易有作品产生的活动区设立展示台或墙;展示作品时,教师应保持幼儿作品的原生态,不需要进行加工修饰,尽量让作品放出自然、稚拙的光彩;教师可用桌面陈列、凌空垂吊、墙上悬挂、展板张贴等各种形式进行平面或立体的布置,让幼儿主动与作品互动。

三、幼儿园区域活动的实施

每一次区域活动都是一个完整的学习过程,更是一次完美的体验感受。对幼儿来说,每一次的区域活动都是一次探究,非常值得期待。因此,教师既要注重区域活动的完整性,也要考虑区域活动实施的程序与技巧。

(一) 幼儿园区域活动方案的设计

1. 幼儿园区域活动方案的结构

区域活动的方案不同于集体教育活动的方案,制定思路相对自由。教师可采用其他活动方案的模式,也可以采用表格的方式来写。一般来说,在区域活动方案中要突出体现两点:一是材料的投放,二是指导要点。方案的结构要素大致如下:

(1) 活动设计意图。活动设计意图要体现活动的总体设计思路,主要包括对活动内容的分析,对幼儿学习能力的分析,活动目标、重点、难点制定依据的阐述以及教学方法和手段的运用说明等方面。

(2) 活动目标。活动目标包括认知、情感态度和行为技能等。

(3) 活动准备。活动准备包括知识经验准备、创设各区域及材料的投放等。

(4) 活动过程。开始部分:集中介绍区域,提出学习要求;展开部分:引导幼儿进区学习;结束部分:集中交流分享各区的学习经验,提出下次区域学习的要求。

2. 幼儿园区域活动方案的示例

主题:生日列车

设计意图:过生日啦! 生日的祝福、生日的礼物、生日的欢乐等是让每个幼儿都兴奋不已的话题。适逢新年伊始,孩子们又长大了一岁,谈论成长和生日的话题应运而生。我们适时地为幼儿制作了特别的"生日列车",呈现了每个幼儿的生日,让幼儿去了解自己的生日、好朋友的生日。制作有意义的生日礼物,准备香喷喷的生日蛋糕,举行集体的生日祝贺会,使幼儿更加深入地了解自己,关心同伴,感受生日的含义,体验父母养育自己的辛劳,激发对父母的感恩之情。

活动目标:

(1) 知道自己生日的月份和日期,理解生日的意义。愿意做自己力所能及的事情和为班级服务,体验成长的快乐。

(2) 会用祝福的语言向同伴祝贺生日,肯定同伴的优点,表达对同伴的喜爱之情。

(3) 初步萌发对生命现象的好奇心,体验理解父母养育孩子的辛苦,萌发对父母的感激之情。

(4) 根据歌曲性质和内容表现不同的情绪,以集体舞、邀请舞的形式与同伴进行歌舞表演。

(5) 学习5以内的序数,巩固对8以内数的认识,感知数字9的实际意义,认识数字8和9。
(6) 有独立生活的能力,会使用筷子和打绳结,学习使用手纸。
(7) 学习操前律动,学听信号四散走,并能较灵活、快速地侧移身体。

活动准备:

益智区	1. 小动物捉迷藏(现阶段关键经验) 2. 小动物连连看(现阶段关键经验)
科学区	1. 自制小电话 2. 瓶子会演奏(幼儿兴趣需要) 3. 纸盒琴(幼儿兴趣需要)
美工区	1. 生日会的准备:生日小帽;生日面具;生日贺卡;生日礼物(主题目标1的拓展) 2. 蛋糕魔方(主题目标1的拓展) 3. 彩色的毯子("温暖的小包被"教学活动铺垫) 4. 美丽的妈妈("漂亮妈妈"教学活动延伸)
生活区	学习系蝴蝶结(主题目标6的拓展、主题区域活动"系一系"铺垫)
数学区	1. 比较高矮(中班上学期经验延伸) 2. 我的生日("我的生日"教学活动延伸)
语言区	1. 儿歌:想妈妈(儿歌《想妈妈》教学活动延伸) 2. 绘本阅读(幼儿兴趣需要)
角色区	1. 娃娃家(主题目标6的拓展) 2. 蛋糕房(幼儿兴趣需要) 3. 建构区(幼儿兴趣需要)

活动内容:

区域名称	游戏名称	指导要点
益智区	小动物捉迷藏	材料:一套动物操作图片、2~3张贴有6~10张动物图片的底图和空白底板一个。如下: 层次一:两人一组游戏,共同选择一张底图。能观察、记忆动物的位置,发现画面中的不同之处,并清楚地摆放。两人轮流游戏,A幼儿仔细观察并记住动物的位置。B幼儿先找出底图中的图片后,将其反过来,放在空白底板上。B幼儿随意说底图中动物的名称,让A幼儿正确地翻出摆放的位置。直到A幼儿将图片全部翻为正面后与B幼儿交换。 层次二:两人一组游戏,图片增加为8~10张。请幼儿根据记忆在空底板上摆出动物的正确位置。
	小动物连连看	材料:提供两套动物操作卡片(12~16张)、两个空底板。 层次一:两人一组游戏,能记忆动物的位置,并能很快找出匹配成对。先将12张卡片反放在底板上,然后两人进行猜拳游戏,谁赢,谁就翻开两张卡片。如果两张卡片是一样的,那么赢的人就拿走这两张卡片;如果不一样,继续猜拳,直至卡片全部拿完。 层次二:两人一组游戏,图片增加为12~16张。提醒幼儿遵守游戏规则。

(续表)

区域名称	游戏名称	指导要点
科学区	瓶子会演奏	材料：6~7个一样的玻璃瓶，内装不同量的彩色水；筷子一根。 层次一：对玻璃瓶会发出不同的声音产生兴趣。幼儿用筷子敲击瓶子，聆听瓶子发出的音阶，并尝试演奏简单的乐曲。 层次二：初步感受水位的变化和声音高低的关系。将瓶子顺序打乱，请幼儿先将瓶子按照水位的高矮排序，然后再演奏。
	纸盒琴	材料：纸质纸巾盒、皮筋若干、一次性筷子、剪刀、步骤图。 层次一：能在教师的指导下，初步了解制作纸盒琴的基本方法，对纸盒琴能够发声产生兴趣。在老师的帮助下用剪刀在纸盒上挖出方形的空洞形成共鸣箱，再将皮筋依次套在纸盒上。最后在纸盒一端的皮筋下插入一根一次性筷子。 层次二：感受皮筋在长度不同的纸盒上发出声音的差异。学习看步骤图选2种不同长度的纸盒进行制作，并拨动皮筋，聆听两个纸盒琴声音的不同。
美工区	生日会的准备	材料：各色扇形的卡纸、水彩笔、毛茛、纸盘、面具、棉签、水粉、彩带等。 生日小帽：在准备好的扇面上用水彩笔运用多种形式（发散、放射、沿边、间隔等）装饰帽子并粘贴成立体的帽子。 生日面具：能大胆地画出夸张的表情，并用对比色添加大的色块。 生日贺卡：能够将长方形的卡纸对折成贺卡，把事先想好对同伴的祝福画在贺卡的内部，并装饰贺卡的外面。 生日礼物：能够选择自己喜欢的包装纸，将纸盒平整地包装好，并用彩带系上蝴蝶结。
	蛋糕魔方	材料：纸盘、纸碗组成的蛋糕模型、各种不同图形的海绵纸片、油泥、皱纸等。 形式一：用水粉颜料有规律地给蛋糕模型涂色，并选择自己喜欢的材料（泡沫纸、皱纹纸、即时贴）自由进行装饰。 形式二：选用（或自己剪出需要的）两种图形海绵纸片，沿蛋糕边缘采用间隔的方式进行蛋糕装饰。 形式三：用各色油泥制作蜡烛、水果、小动物、花等立体的形象，装饰蛋糕魔方的中心和边缘。
	彩色的毯子	材料：画有小格子的方形的纸和彩色画纸、棉签、颜料、水彩笔、油画棒等，格子纹样的毯子范例。 层次一：能在画有 3 cm×3 cm 格子的画纸上用间隔排列的方法装饰小毯子。 层次二：能在多种不同的格子图案里，大胆选择两种色彩，用间隔排列的方法装饰自己喜欢的小毯子。
	美丽的妈妈	材料：废旧时装杂志、幼儿绘画纸、记号笔、糨糊、彩色卡纸等；名画《母与子》图片。 层次一：绘画妈妈头像，从废旧时装杂志上沿轮廓剪下服装并粘贴。 层次二：能事先想好妈妈关心自己的事情，选择合适的服装剪贴，并添画出活动场景（剪贴运动装——我和妈妈拍球；剪贴睡衣——妈妈哄我睡觉；剪贴时装——妈妈旅游）。 层次三：在层次二的基础上，自由选择材料装饰相框，并串联成一组挂件。

(续表)

区域名称	游戏名称	指导要点
生活区	学习系蝴蝶结	材料:小木头鞋、彩色丝带、系鞋带的步骤图。 层次一:看一看、说一说步骤图的图标表示的意思。能在老师边讲解边示范中学习系鞋带的方法。 层次二:尝试独立看图标按照步骤学习系鞋带的方法。
数学区	比较高矮排序(7以内)	材料:用彩纸装饰起来的高矮不同的纸筒(有颜色区别和统一颜色两种)、饮料瓶子(装有不同高度的彩色水和无色的水、数量在7以内)。 层次一:能根据物体的高矮在排序板上将纸筒或饮料瓶子里的水正确地进行正逆排序(采用统一的颜色降低干扰)。 层次二:给不同颜色的纸筒或装有不同颜色水的饮料瓶按照高矮排序。 层次三:幼儿完成排序后能说一说自己排列的顺序是什么,其中谁比谁高几个,谁比谁矮几个。
数学区	我的生日	材料:数字印章、数字卡片、底板、可翻动的日历牌(年、月、日各一本)等材料,自己的生日记录单。 层次一:能在日历牌上正确翻出自己的生日。 层次二:能用数字卡片正确拼摆出自己的生日。 层次三:能用数字印章正确盖印出自己的生日。
语言区	儿歌:想妈妈	材料:《想妈妈》儿歌图标、记录纸、笔。 指导要点:引导幼儿根据图标复述儿歌,并尝试绘制图标创编儿歌。
语言区	绘本阅读	材料:有关成长、生日的绘本(如:《我喜欢我的小毯子》《难忘的生日》《玛蒂娜过生日》《和我一起过生日吧》《小威向前冲》)。 指导要点:引导幼儿坐在桌边一页一页地翻阅图书,并尝试自己讲述故事。
角色区	娃娃家	结合视贺会的活动,在游戏材料中增加筷子、牙刷等物品,引导幼儿练习使用筷子和牙刷的方法。 结合"三八"节,引导幼儿讨论:妈妈过节了,怎样庆祝呢?怎样在游戏中表现出对妈妈的关心?
角色区	蛋糕房	在中班上学期《好邻居》主题开展的游戏基础上,引导幼儿利用增添的生日蛋糕画册、小餐盘、包装盒、数字蜡烛等物品,开展定做蛋糕和配送蛋糕的游戏情节。
建构区	积木搭建	结合自己的寒假见闻,用中型积木搭建有特色的建筑物。

(二) 幼儿园区域活动实施的注意事项

1. 让幼儿自己去探索、发现、思考,不急于提供答案

幼儿是主动的学习者,是学习的主体。教师为幼儿提供材料,让幼儿自主决定"我想玩什么,和谁一起玩,怎么玩,玩到什么程度",让幼儿自己决定游戏的材料、方式、内容及玩伴,按自己的方式和意愿进行游戏。

强调幼儿的自主性,并不否认教师的主导作用,两者是相辅相成的。在区域活动中,

教师是观察者、引导者,支持、鼓励幼儿自发地探索和操作材料,根据幼儿在区域中的表现,随时给予一定的帮助、指导。针对出现的问题,选择恰当的机会参与幼儿的活动,与幼儿共同探索,发现、解决问题。

2. 加强区域间的配合、渗透,加强横向联系

不同区域活动虽是相对独立的,但它们之间可以相互联系起来,以此增强活动的趣味性。如引导幼儿将在美工区印的小鱼、制作的花环等送到娃娃家和表演区,这样可以激发幼儿的表演欲。

3. 保证区域活动的时间和空间

区域活动的时间、空间保证是活动达到预期效果的必要条件。要保证一日活动中稳定的区域活动时间,每班每天安排 40 分钟左右。同时教师可将学习类区域活动时间与游戏类区域活动时间分开,如周一上午可安排安静的学习区活动,动感较强的游戏类活动则可放在周二下午进行。

此外,教师本身还应注意指导幼儿时的音量,尽量不要影响其他正在活动的幼儿。总之,教师尽量不要打扰幼儿自然的行为过程,要与之保持一定的距离。

总的来说,开展任何一项区域活动教师都应预先设计好一定的计划框架,明确目标,将着眼点落在促进幼儿素质的全面提高,尤其是幼儿能力、兴趣的发展上。因此,在区域活动开展之前,教师应预先设定半开放的计划,尤其是与主题结合的区域活动内容,可预先对幼儿的经验准备做先期调查,以便对幼儿区域活动的开展有一个较为准确的把握。然而,对于随时都有可能出现的新的问题,教师应当随时调整和改变指导策略,把握好可促进幼儿发展的机会,以适应幼儿不断变化和发展的需要。在具体的区域活动组织中,教师要力求做到:学会等待,等待幼儿的自我探索,等待幼儿的自我学习;学会转换,在活动进行中不断转换自身的位置,多角度地审视幼儿的学习活动,审视幼儿的心灵世界;学会开放,开放活动的计划、活动的材料、活动的场地,给幼儿一个开放自由的操作空间。这样才能更好地鼓励幼儿合作学习、相互竞争、相互协调,整合多种组织策略,形成积极互动的探究空间,促进幼儿富有个性的成长。

拓展链接

想表演的泽泽[①]

地点:角色表演区　　班级:大班

早晨入园区域活动时,泽泽直奔表演区准备参加表演活动,可是进区的标志已经显示满员了。眼看着同伴穿衣服、戴头饰、戴假发、化妆,泽泽蔫蔫地站在那儿,这时听到一个演员组长说:"泽泽我们要排练了,你躲开点!""我也想玩。"

---

① 张治军.幼儿园大班区域活动[M].北京:中国轻工业出版社,2014.

几个演员一起拒绝:"区角的人数够了,你明天早点来参加吧!"泽泽在附近转了转,用脚踢了一下他们布置的背景牌。顿时表演区炸了窝似的热闹了起来!演员们气呼呼地冲泽泽嚷了起来!泽泽双手抱臂瞪着他们说:"谁让你们不要我玩!"我在一边假装没看见他们所发生的事,想看他们怎么解决。结果当然是游戏暂停,无法进行了,有两个人卸妆走出了区角。泽泽马上把入区卡插到空槽里,不好意思地说:"对不起,我把它修好让我也参加吧!"泽泽边说边把背景重新修好,同伴看到背景修好了,游戏还想继续玩,就同意了泽泽的加入,并安排角色给泽泽。

这个案例中带给我们一些思考,一般在区域活动中,教师看到孩子出现问题时,往往会忍不住直接介入孩子的活动,从而剥夺了孩子自主探索的机会。其实,当我们看到孩子出现问题时,我们不妨再等一等、看一看,还给孩子更多的自由空间,相信孩子,我们将会收获更多。同时,区域活动中教师能否采用有效的指导策略,关键在于他们的观念,因为观念是实践的先导,教师只有先树立了正确的教育观、儿童观、游戏观,并使教育观念转变为教育行为,幼儿才能真正成为游戏的主人,在潜移默化中幼儿才能拥有更多的收获。

本章结构

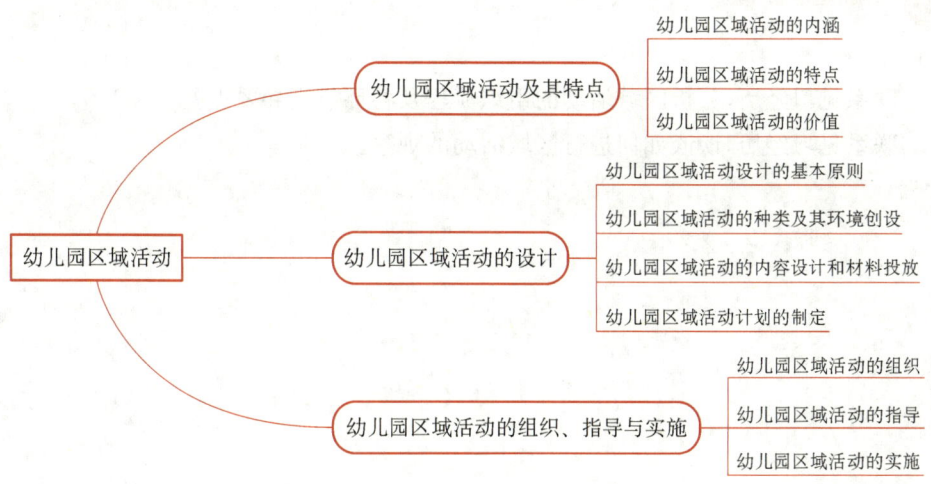

1. 简述区域活动的内涵及其特点。
2. 举例说明区域活动设计时应遵循的基本原则。
3. 举例说明区域活动材料投放应注意哪些问题。
4. 结合某主题活动设计系列区域活动。
5. 结合自己的理解谈一谈如何组织幼儿园区域活动。
6. 案例分析

手工制作

今天,美工区里全是男孩,这么迷人的一幕,我可不能错过。我加入了他们的行列,和他们一起做手工。我们每个人开始了自己的手工制作。我拿了一个很硬的月饼盒,打算做类似盾牌的物品。时间静静地流逝……"老师,我也想做一个。""行,你先把材料准备一下。""这个盒子行吗?""你要想做个相对较软的盾牌就用这个,硬点的就换一个吧。"他换了一个相对硬的。"这个能直接粘到手上吗?""那洗手怎么办?会不会很容易掉?""哦,对……"

分析:在区域活动中,教师应如何指导幼儿进行活动?要注意哪些问题?

1. 联系见习经历,分析区域活动的组织流程及各环节指导要点。
2. 联系见习经历,谈谈如何进行区域活动的观察。

第十二章 幼儿园班级管理

真题参考答案

 学习目标

1. 了解幼儿园班级管理的相关概念，理解其目的与意义。
2. 掌握幼儿园班级管理的原则、内容与方法，能在日常管理中灵活运用。
3. 结合不同年龄班幼儿班级管理的内容与任务，熟悉班级管理的方法。

 问题情境

"小规则"大影响①

某幼儿园的阅读角，为节省空间，铺设了地毯，让幼儿席地而坐，阅读图书。教师在阅读角入口处的地面上贴了六双脚印图，并告诉幼儿进入阅读角要脱鞋，鞋子覆盖在脚印上，没有剩余脚印时，幼儿就应另选他处。

在此，所设计的规则有三点：一是进入阅读角要脱鞋；二是将鞋子摆放整齐；三是满员时不能再进。

这种利用环境设计与布置引导幼儿按规则行事的做法，可免去教师许多语言的提醒，也可使幼儿处处得到暗示，并且把环境中的暗示转化为具体的行为。

在许多幼儿园开展活动区活动时，班级教师会根据各班活动室的面积、活动区的数目，规定进入活动区的人数，这便是一种对幼儿的选择行为加以约束的规则。进入各活动区的人数，可直接告诉幼儿，也可以把它融在环境设计布置中。小规则的制定有利于幼儿园班级管理工作的顺利开展，只要我们细心观察并认真做好各方面的准备，小的规则一定会起到大的影响。

---

① 秦明华，张欣.幼儿园组织与管理[M].上海：复旦大学出版社，2008.

第一节 幼儿园班级管理概述

班级是幼儿园实施教育和保育工作的基本单位,也是幼儿园管理的重要对象。正确理解幼儿园班级管理的内涵是做好班级管理的前提,是实现幼儿教育目标、促进幼儿全面健康发展的基础。

微课 25
幼儿园班级管理概述

一、幼儿园班级管理的概念

幼儿园班级管理的概念是近些年来随着学前教育的发展由幼儿教育工作者在实践中总结出来的。这是学前教育受到重视和获得发展的结果,也是幼儿教育工作者自身成长和提高的现实需要。

所谓幼儿园班级管理(也称班级经营)是指幼儿园班级中的保教人员通过计划、组织、实施、协调等过程,充分利用人、财、物、时间、空间、信息等资源,采取适当的方法以达到高效率实现保育和教育目的,使幼儿获得全面健康发展的管理活动。

从幼儿园班级管理的概念可以分析,这一概念包含了几层意思:

第一,班级管理是由人去实施的,即管理的主体是人,管理者主要指各班级的带班教师。若由园长直接管理班级,一方面会使园长负担过重,同时也易忽视各班级的特殊性;另一方面,班级教师需要结合本班实际情况,才能保证班级的顺利运转。

第二,班级管理是通过计划、组织、实施、调整等环节来实施的,各个环节相对独立,且共同构成了一个整体,呈螺旋上升关系,环节间的相互配合有利于班级管理的正常开展。

第三,班级管理的对象和要素是幼儿园班级内的人、财、物、时间、空间等多重因素。不同的管理活动,其对象不同,可以是人或人和其他要素的综合。教师普遍认为最难把握的是对人的管理,而在班级管理中最重要的工作也是对人的管理,即对幼儿、家长以及配班教师的管理。

第四,班级管理是有目标的活动,班级是实现幼儿园教育目标的基层组织,幼儿园的教育目标也是班级管理的最终目标。当然,各个具体的管理活动也有其特定的预定目标。

幼儿园教育目标的实现依赖于班级管理的有效运行,班级管理的成效直接关系到幼儿园的办园质量和幼儿的发展程度,幼儿园管理者和带班教师都应充分重视幼儿园的班级管理。幼儿园班级是幼儿园实施保教任务的基本单位,是由幼儿和保教人员共同组成的集体。我国的《幼儿园工作规程》和《幼儿园管理条例》均指出:教师和保育员是幼儿园班级管理的主要承担者,他们肩负着对幼儿进行教育和保育的双重任务,因而对幼儿的健康发展起着核心的作用。幼儿园班级管理是搞好幼儿园管理的基础工程,是提高保教质量的基本保证。

二、幼儿园班级管理的目的

班级是幼儿园组织结构的基础,又是幼儿日常行为习惯养成的核心组织。教师对幼儿的教育培养,依靠它来实现;幼儿一天的学习、游戏等各项活动,依赖它来实施;教师与家长的沟通、交流等,也是依托班级这块基地进行的。可见对幼儿园班级管理绝不能等闲视之。那么,我们该如何对待幼儿园班级管理呢?首先,我们务必明确目的与任务,幼儿园班级管理的目的与任务是培养幼儿良好的行为习惯,为他们树立正确的人生观、价值观奠定良好的基础。从小就培养幼儿良好的行为习惯,将使幼儿终身受益。班级管理水平的高低直接决定幼儿园教育教学质量的高低,进而决定幼儿园的知名度、美誉度,决定社会对它的认可度。因此,做好班级管理工作对一所幼儿园来说影响巨大,意义深远。

研究幼儿园班级管理的目的是从理论的高度去探索幼儿园的班级管理,属于基础理论研究,它立足于宏观的分析,可从内在目的论和外在目的论两个层面来进行阐释。

(一) 内在目的——教育幼儿,培养幼儿

幼儿园班级管理中最重要、最直接的管理对象是幼儿,幼儿虽然年龄较小,但他与成年人一样既是自然存在的生命体,又是社会存在的生命体。作为自然人,其成长受天性的制约,对于涉世未深的幼儿更是如此。所以,进行班级管理时首先就要了解幼儿的自然天性,把握其生理特征和心理特征,遵循幼儿成长的发展规律,把幼儿培养成有理想、有道德、有独立精神的个体生活的主体。作为社会人,幼儿的发展又离不开大环境,与各种社会因素有千丝万缕的联系,因此开展班级管理应让幼儿了解自然、了解生活、了解社会,把幼儿培养成有大局意识、是非观念和适应能力强的社会生活的主体。当然,幼儿良好习惯的养成不是一天两天就可以解决问题的,它需要一个过程,这是由幼儿的生理特性决定的。教师应反反复复循序渐进引导他们,让他们在愉悦中学到知识、懂得道理,并逐步理解、逐渐定型,从而主动成为个体生活的主体和社会生活的主体。

班级管理作为一种促进幼儿身心健康、开发幼儿智力、培养幼儿良好习惯和激发幼儿内在潜能的活动,从根本上说就是要培养幼儿适应社会生活、建构美好生活的能力,并在此基础上体会生命的意义、人生的价值。从幼儿的心理来看,他们往往具有好奇心,做事凭兴趣,基于他们的心理特征教师要选择他们有兴趣的活动形式,寓教于乐,潜移默化地让他们学到知识、培养能力,以达到班级管理的目的。

幼儿建构生活需要一个较长且复杂的过程,其中的每一个过程都具有其特定的价值和意义,都是整个发展历程中不可或缺的组成部分。幼儿阶段是建构生活的初级阶段,也是非常重要的阶段,教师尊重和理解幼儿的生活、生长和发展,有意识去教育幼儿、培养幼儿就成为班级管理的内在目的。

(二) 外在目的——形成办园特色,打造办园品牌

一所幼儿园要想得到社会的认可,要有更大的知名度、更好的美誉度就必须办出自己的特色。而一所幼儿园特色的形成最主要的渠道是通过幼儿园的班级管理来实现。大家都熟悉的传统管理模式肯定难以吸引人们的眼球,只有具有创新精神且实施效果好的管

理模式才能出彩,才能得到人们的青睐。因此幼儿园班级管理过程中必须根据幼儿及家长的实际需求,秉持可行性原则,突破传统的束缚,积极探索个性化的班级管理新举措,从而不断提升班级管理的水平,使班级管理工作由规范化管理模式逐步走向特色化的管理轨道,它是幼儿园形成办园特色的关键。诚然,幼儿园的特色不是对已有经验的简单继承,也不是照搬别人的成果,它应该是在总结成功经验的基础上切合时代的发展,与时俱进,不断开拓创新、积极探索。

社会是不断发展的,时代在呼唤教育改革,家长对孩子的期望值愈来愈高,对幼儿园的要求也愈来愈高,幼儿园的竞争是不可避免的。未来幼儿园的竞争就是品牌的竞争,如果幼儿园没有特色,没有品牌,自然就会失去竞争力,因此幼儿园在形成了自己的办园特色后,还必须致力于打造自己的品牌。品牌的力量是潜在的,也是无限的,对幼儿园来说,品牌的塑造不仅关系到幼儿园的生存和发展,还关系到幼儿园在行业中的位置以及社会与家长的认可程度。品牌的形成是一个渐进发展的过程,要经过实践—认识—再实践—再认识的长期过程,它必须是在班级管理的实践中发展起来的,经过特色化班级管理过程中不断创新、不断完善,最后又回归到班级管理上来,通过班级管理的实践活动检验行之有效后,才能形成自己的品牌。

由此可见,幼儿园班级管理的外在目的就是幼儿园在生存和发展的基础上,形成自己的办园特色,打造自己的办园品牌。

三、幼儿园班级管理的意义

幼儿园班级管理是具有特殊规律性的实践活动,搞好班级管理必须通过学习幼儿园班级管理课程,树立先进的班级管理理念,丰富相关的班级管理知识,掌握科学的班级管理规律,并根据班级管理规律指导班级管理工作实践。因此,幼儿园班级管理课程是从事幼儿教育工作者的必修课,是班级管理者掌握班级管理规律、成功开展班级管理活动的基本途径和方法。作为学前教育专业的学生,学习幼儿园班级管理课程具有重要的意义。

(一)学前教育发展的客观需要

学前教育是学校教育和终身教育的奠基阶段,是基础教育的重要组成部分。良好的学前教育对儿童的后继学习和终身发展,对巩固和提高九年制义务教育的质量和效益,提高国民素质,促进社会进步和发展具有重要的战略意义。幼儿园的全部工作都是为了贯彻落实党和国家的教育方针政策、完成教育教学任务、实现教育目标而进行的。而幼儿园的教育和保育工作是以班级为单位进行的,因此班级管理工作对贯彻实施党和国家的教育方针、完成教育任务和实现教育目标起着直接现实的保证作用。管理好幼儿园班级是实现幼儿教育目标、使幼儿全面健康发展的基础,更是学前教育发展的客观需要。

(二)更新观念、促进幼儿全面健康发展

幼儿园教育的对象是3~6岁的孩子,他们天真活泼、聪明可爱。在传统的幼儿园班级管理中,有些教师认为孩子还小,什么都不懂,一味地进行"填鸭式"教育和班级制度的强制执行,教师的关注点更在于幼儿的"补短"。毫无疑问,关注薄弱环节对孩子是有所帮

助的,但这种关注往往伴随着对其优势项目投入的减少。而科学的班级管理,提倡的是民主治理,尊重每一个孩子,让人人都是班级小主人;教师要能意识到,孩子的全面发展只能是一种应然状态,而不是实然状态,我们可以把它作为一种理想,而不是现实,教师应该创造条件鼓励孩子个性的发展。

古语云:"亲其师,信其道。"要想使一个班级有好的面貌,使孩子能得到主动的发展,作为班级管理者的教师就必须把握时代发展的新思想,紧跟孩子发展的脚步。《幼儿园教育指导纲要》中指出:学前教育工作者要确立以幼儿发展为本的理念,突出幼儿发展的自主性和能动性,致力于为幼儿一生的发展奠定基础;要注重早期幼儿的潜能开发和个性化教育,为每一个幼儿的健康成长提供条件,为每一个幼儿的多元智能的发展创造机会;要以素质教育的启蒙为核心,为所有与幼儿教育相关的团体、个人展示幼儿素质教育的方向和途径。

幼儿的发展是在适宜的环境中,以主动、积极、内涵丰富的活动为基础,教师必须根据幼儿爱好和发展特点实施教育。在班级管理实践中,我们应该把理论与实际相联系起来分析与思考,只拥有理论而缺少实际,那只是空想;只有实际而缺少理论,则如同一艘失舵的船,会迷失方向。因此,学习幼儿园班级管理就是学习相关管理知识和新的教育理念,并把新教育理念与实际相结合,这样班级管理才能更好地开展,才能提高教育和保育工作的效率,使幼儿获得全面、和谐、充分的发展。

(三) 培养和提高幼儿园管理队伍素质和管理水平

在幼儿园管理工作中,拥有一支能力强、水平高、素质优的幼师队伍是提高学前教育质量的关键。教育学家陶行知曾说过:"教师必须学而不厌,才能诲人不倦。"幼儿园教师作为教育者又是管理者,必须学习和掌握幼儿园班级管理的相关理论知识,才能去管理和经营好班级,只有通过学习、实践,幼儿园教师才能成为孩子的引路人,教育、保育工作才能正常地运作,教育质量才能得以提高。通过学习和实践,幼儿园教师才能学会观察,向实践和经验学习,善于运用多种手段进行观察,及时记录,碰到问题时能积极思考、分析应对,以积累更多更好的经验。通过学习和实践,幼儿园教师才能善于总结,从反思中提升,在不断地思考与实践过程中,一点点积累自己,丰富自己,逐渐充实和成熟起来。因此,可以说学习幼儿园班级管理是幼儿园培养和提高幼儿园管理队伍素质和管理水平的现实需要,是幼儿园老师自身成长和提高的必由之路。

第二节 幼儿园班级管理的原则、内容与方法

一、幼儿园班级管理的原则

幼儿园班级管理的原则是幼儿教师进行班级管理时必须遵守的基本行

微课 26
幼儿园班级管理
的原则与方法

为准则,是结合幼儿园班级管理的特点、在班级管理过程中的经验总结和概括,它反映了幼儿园班级管理的基本规律,对班级管理工作的开展具有指导意义。幼儿园班级管理过程中需要遵循以下四大原则——主体性原则、整体性原则、参与性原则和高效性原则。

(一) 主体性原则

在班级活动中,教师是幼儿园班级管理的主体,幼儿则是学习和游戏活动的主体,两者的主体地位都需要得到保障。基于此,主体性原则暗含两层含义:一层是指带班教师作为管理者,具有积极、自主、高效地开展班级管理活动的权利和职责;另一层是指幼儿作为学习者,具有满足自身发展需要和兴趣的权利与需求。

在班级管理中,教师和幼儿的主体地位是彼此依赖、相互促进的。首先,教师为了实现其自身管理者的主体地位,就不能不重视幼儿这一重要的管理对象。因此,与幼儿相关的健康状况、特殊需要、发展特点、家长诉求等也都是教师在班级管理中需要慎重考虑的,所以尊重幼儿、满足幼儿需要是教师落实其管理地位的应有之义。其次,班级环境不会自然而然地满足幼儿的发展需要,幼儿的活动兴趣需要教师敏锐的观察和记录,幼儿活动的继续推进需要教师通过有条不紊的班级管理来给予时间、场地、材料以及人际互动等方面的支持,故而幼儿学习主体地位的落实离不开教师管理主体地位的支持与保障。

因此,教师在幼儿园班级管理过程中要做到"以幼儿为本",从本班的实际情况出发,充分运用各种策略来提高班级的管理实效,培养幼儿的自我管理能力,使自身的管理者主体和幼儿的学习者主体得以保障和落实。

(二) 整体性原则

整体性原则是指班级管理应面向全体幼儿,涉及班内所有管理要素并注重班集体的整体影响。遵循整体性原则可保证班级中全体幼儿的共同发展,确保班级中各种管理要素的充分利用。

在班级管理中要做到整体性原则,带班教师首先应把全班幼儿作为一个整体来看待,关注班级中的每位幼儿,从每个幼儿不同的特点和水平出发,提出不同的发展目标,让每个幼儿都平等地享有各种学习资源,给予每个幼儿参与管理的机会,避免在班级管理中"抓两头、忘中间"的现象,避免"偏袒优秀幼儿、忽视一般幼儿、过度保护特殊儿童"的情况。其次,要综合考虑班级管理中所涉及的人、财、物、时间、信息等各个要素,以系统的思维来对待各要素之间的相互联系和制约作用。再次,教师要注重发挥班级整体的教育作用,"在集体中""通过集体"来进行教育。"在集体中"意指集体是教育的基础,对幼儿的教育(包括对个别幼儿的教育)应该在集体中进行,如果离开集体就很难获得良好的教育效果;"通过集体"意指集体是教育的手段,教师不是单枪匹马地凭个人的力量去教育幼儿,而是凭借集体去影响幼儿。

(三) 参与性原则

班级管理的参与性原则是指教师在管理过程中不以管理者的身份高高在上,而是以多种形式参与幼儿的活动并民主、平等地对待幼儿,与幼儿共同开展各种有益的活动。

在贯彻参与性原则时,教师要依据活动的内容、形式及具体的问题情境,注意角色身份的转换,以便适时、适宜地对幼儿的活动进行指导。在幼儿的个别化探索活动中,教师扮演的更多的是"观察者"的角色,教师必须尊重幼儿的自主探索、自然发展,发挥幼儿学习的主动性与能动性;在小组的活动中,教师扮演的角色更多的是幼儿的"合作者",即与幼儿一起运用过去已有的知识经验,通过实际操作,获得新的经验,对幼儿的指导不宜超前,以便充分发挥幼儿团体合作的积极性;当幼儿遇到困难需要帮助时,教师要走在幼儿的前面,组织幼儿在集体中讨论,并引领更多的幼儿共同参与和思考,或者向他们提出一些质疑和挑战,进而发掘幼儿的潜在能力,此时的教师就必须扮演"引导者"的角色,给予幼儿适当的帮助以推动活动的发展。

无论教师以何种身份卷入幼儿的活动中,教师都应时时把握好"参与度",以免因过度指导所带来的负面影响,从而削弱幼儿参与活动的兴致。参与活动前,教师应该询问幼儿的意愿,尊重幼儿的想法,经过同意以后才能参与幼儿的活动。

(四)高效性原则

管理的根本目的是提高效益,而班级管理的高效性原则是指以最经济的人力、物力和时间等投入,使幼儿获得更全面、更好的发展。如何使班级内的有限资源发挥最大功效、提高班级管理的效益,是作为班级管理者的教师必须考虑的。

在贯彻高效原则的过程中,幼儿园教师要明晰班级管理的主要矛盾、关键问题,切忌"眉毛胡子一把抓",让自己苦不堪言。带班教师在管理班级中需要实施每天的教育教学活动、接待家长并与之沟通、准备教具玩具、布置室内外环境、编制园本课程和设计教育活动方案、做文档材料(思想汇报、观察记录、成长档案等)、教研科研……这么多的事情上,不分大事小事,不分需不需要,不分轻重缓急,全部压在带班教师的身上,以至于教师在管理过程中感到力不从心,有时忙得一团糟,甚至是出力不讨好。对此,教师要清楚在幼儿园班级管理中的主次。

作为以培养人为目的的幼儿园教育,班级管理中的主要内容自然是教育正向功能的发挥与实现,具体包括政治、道德优先,文化传承为要,社会适应为旨,身心发展为依,有了这些,班级管理就有了根本,其他事情才可以找到放置的位置。

二、幼儿园班级管理的内容

为了实现幼儿园的保育和教育目标,幼儿园的班级管理体系必须包含合理而完备的管理内容。幼儿园班级一日活动的各个环节所涉及的材料、场所、时间、人物的行为反应、情感需求等诸多因素无不在幼儿园班级管理的范畴之内。综合考虑班级管理的各个方面,总结出班级管理主要包括以下几方面:

(一)生活管理

班级中的生活管理是幼儿保育工作的重要内容,是幼儿教育工作的前提,构成了班级管理的基础。一日生活的顺利开展需要班级常规的约束和保障,班级生活管理的好坏,直接关系到幼儿和教师的班级生活质量。班级生活管理涵盖了幼儿从来园到离园的整个过程,涵盖班级生活的方方面面。从涉及的活动范围来看,主要有幼儿饮食、睡眠、活动场地及生活设施用品等方面,这些生活方面的管理,可以提高幼儿的生活自理能力,同时也是实现班级教育管理的必要条件。生活管理贯穿于幼儿园班级管理的整个过程,在学期的各个阶段分布着不同的职责内容。

1. 学期初幼儿园班级生活管理内容

(1) 填写班级幼儿名册,填写幼儿家庭情况登记表,明确家长联系方式。

(2) 家访并调查幼儿家庭教养情况,初步了解幼儿生活习惯,做好记录。

(3) 安排幼儿个人用的床、衣柜、毛巾架、水杯格,写上姓名并做好适于幼儿识别的标记。

(4) 初步布置活动室环境,安排室内器物,准备活动设施等。

(5) 观察幼儿一日生活的言行举止,并记录分析。

(6) 依据幼儿一日生活表现的观察分析与家访调查,制定班级幼儿生活管理计划与措施。

2. 学期中幼儿园班级生活管理内容

(1) 每日做好幼儿上下午来园、离园的交接记录。

(2) 每日保管好幼儿生活用品。

(3) 每日做好班内外幼儿活动场地的清洁工作和各项设备的安全检查。

(4) 每周对活动玩具进行消毒,更换生活用品。

(5) 每周检查班级幼儿生活管理计划的实施情况。

(6) 每周初,班级教师碰头,总结上周经验,调整本周幼儿生活管理的工作内容与措施,分工负责。

(7) 观察幼儿生活行为,记录好其表现。

(8) 对幼儿计划免疫、疾病、传染病情况做登记。

(9) 体弱幼儿的生活护理。

3. 学期末幼儿园班级生活管理内容

(1) 汇总平日对幼儿生活表现的记录。

(2) 总结班级幼儿生活管理工作,找出成绩与问题。

(3) 向家长发放幼儿在园生活情况小结,指导家长对幼儿假期生活进行管理。

(4) 整理室内外环境,对集体用品、材料进行清点登记。

(二) 教育管理

班级中的教育管理是保教人员在了解班级幼儿年龄特点及发展水平的基础上,对教育过程精心设计组织,对教育结果进行细致评价的一系列管理工作。建立班级教育管理的终极追求是:促进幼儿的全面发展。在此价值信条的指导下,教师可以根据班级的实际情况和幼儿的内在需求灵活采取多种方式来建立班级教育管理:利用积极方式提出管理要求;运用环境因素隐含管理细则;调动幼儿主动性参与管理规则的制定;发挥教师及幼儿榜样的示范性,带动教育管理的落实。同时,注意落实班级教育管理中的各个关键点,如结合幼儿特点制定、实施管理,循序渐进;帮助幼儿理解、记忆管理要求,寓教于乐;根据幼儿的个性特征和实际需要灵活调整管理规则,因材施教,对幼儿的发展情况及表现做出科学合理的评价等。

1. 学期初幼儿园班级教育管理内容

(1) 结合家访和对幼儿的观察分析,完成对班级幼儿发展水平的初步评价,并做好分析记录。

(2) 根据幼儿情况及班级条件,制订详细的幼儿教育计划,包含阶段性的班级教育教学目标及完成进度的日程安排,要考虑特殊情况的处理方法,如对发展较差幼儿的补差措施,对发展较快幼儿的提高措施,对短缺材料的替代制作措施,如何针对问题开展教研活动等。

(3) 根据教育教学计划,征集或领取幼儿的绘画、手工材料、卡片、游戏工具等,预先设计好幼儿作品的存放处和幼儿教育档案,布置好班级教育教学的小环境(如墙壁、器物的装饰等)。

(4) 班级保教人员共同制定各项教育活动的组织形式及基本常规,建立班级教育活动的运转机制,带领幼儿熟悉环境,认识工作人员,了解基本的班级情况及管理常规,初步建立师生友好、协调的关系。

2. 学期中幼儿园班级教育管理内容

(1) 每日事务。主要包括:检查教育教学计划,了解当日活动内容,准备好当日班级教育活动材料,掌握好材料的分配情况;针对前一日教学情况进行巩固、复习、新授,保证教育教学的连贯性;具体实施当日的教育教学方案,严格按计划和规则进行教育教学活动;做好教育教学效果的记录,做好个别幼儿辅导工作,记录活动中幼儿的反应;整理教学现场,清点公物,完成教育教学任务。

(2) 每周工作。主要包括:提前两周,根据年级教研组备课计划,制定周教育进度与各活动安排;制定班级每日教育教学活动方案,对幼儿一周的学习表现记录在册;写教育笔记,其内容可以是教育效果记录、教学活动记录,也可以是教育方法的心得记录等。

(3) 每月工作。主要包括:月初制定好月教育目标、月教育教学活动进度;召开班级教师会议,研究班级教育工作的具体内容和措施,做好分工与配合;做好个别儿童教育的计划与修订措施;月末整理各种教育材料与资料;根据教育内容适当调整活动室安排,布置更新环境。

3. 学期末幼儿园班级教育管理内容

(1) 整理教育活动方案、教育笔记和幼儿作品档案。

(2) 做好幼儿全学期的评价工作,写好幼儿发展情况及表现的小结。

(3) 完成教师自身的评价,总结个人教育目标的实现、教育方法的运用情况。

(4) 教育活动剩余材料的清点与登记。

(三) 其他班级管理工作

幼儿园班级管理除了着重进行生活、教育管理外,还有许多与之相关的其他管理,如班级间交流管理、家庭教育管理、幼儿社区活动管理等。这些管理工作或弥补生活、教育

管理的不足,或加强生活、教育管理的效果,构成了幼儿园班级管理的重要组成部分。具体管理工作主要有:

1. 班级间交流管理

班级交流活动是幼儿园内班级之间进行的各种活动,如园内运动会、班级联谊会、节假日园庆活动等。两个或更多班级的幼儿一起生活、游戏,必然给班级管理提出更多的问题。幼儿园是社会的组成部分,做好班级间交流的管理工作,可以更好地引导幼儿学习如何进入社会角色,如何处理简单的社会问题,以及如何进行复杂的人际交流。对班级间交流活动的管理,可促使幼儿走出班集体,进入小社会,懂得与他人分享、竞争与合作的技巧,懂得情感交融的重要性。

2. 家庭教育管理

家庭是幼儿的第一学校,幼儿园班级保教工作要取得良好的效果,运用专业知识指导家庭教养是非常重要的。对幼儿家庭教养的管理正是由此出发,使家庭教养与园内教养协调起来,明确共同目标,统一教养方法,从而优化幼儿园的保教环境。

3. 社会活动管理

幼儿园有时要组织幼儿参加社会活动,因此,保教人员还要进行班级社会活动管理。班级幼儿的社区活动,是幼儿教育的一种实践活动,是使幼儿进入自然和社会的最直接方法。社会活动管理可以加强幼儿对共同居住区域的环境、社区结构及其简单职能的了解。大多数城乡幼儿都是就近入园,他们必然受到所在区域的政治、经济、文化的影响,通过管理,幼儿对居住地区的地理气候、社会习俗等会产生一定的认识,有助于培养他们爱家乡、保护环境、遵守公德的品质。

> **真题链接**
>
> 试述幼儿园班级管理工作的主要内容。(2020 年下半年)
>
> ➢ 答案及解析见本章首页二维码

三、幼儿园班级管理的方法

在幼儿园班级集体中,一般有二三十个幼儿一起生活、学习和娱乐,他们虽然具有相同的年龄特征,但各自的个性、品质、生活经验和能力参差不齐。要保证集体中每个幼儿较自觉地接受生活、教育管理,掌握一定的生活常规和知识技能,从而实现幼儿保教目标,保教人员必须掌握一定的班级管理方法。一般可归纳为五种方法,即规则引导法、情感沟通法、互动指导法、榜样激励法和目标指引法。

(一)规则引导法

规则引导法是指用规则引导幼儿行为,使其与集体活动的方向和要求保持一致或确保幼儿自身安全的一种管理方法。规则引导法是对班级幼儿最直接和最常用的管理方法。其中,规则是指幼儿与幼儿、幼儿与保教人员、幼儿与环境、幼儿与材料之间互动的关系准则,幼儿必须在这些规则下活动才能取得预期的效果。

规则引导法的操作要领包括以下几点:

1. 规则的内容要明确且简单易行

规则是一种约束幼儿行为的准则,遵守规则的过程也就是幼儿行为规范化的过程。确定幼儿园规则的内容应需注意三点原则:

(1)规则适量。不必要的规则是对幼儿行为的不合理约束,规则过多会造成幼儿无所适从或无法实践。

(2)量力而行。保教人员必须在充分考虑幼儿现有能力和水平的基础上确定规则,幼儿生活经验有限,行为约束力也不强,所选规则不应超越幼儿的现有水平。

(3)共同参与。规则内容的选择应充分发动教职工、家长的参与,甚至可以让幼儿参与制定,以便使更多的人知道规则的意义和操作要领,从而更愿意接受并执行。

2. 让幼儿在实践活动中掌握规则

要让幼儿掌握规则,必须结合实践活动在具体的活动情境中引出规则,使幼儿在活动中明白规则的具体要求,并懂得执行规则的意义。有些规则要求教师在活动中进行示范,如果规则在执行的过程中出现问题,应在活动中与幼儿一起商讨、修正,以使规则真正具有科学性,并成为幼儿行为的指南。

3. 教师要保持规则的一贯性

规则的一贯性有以下三个方面的含义:

(1)同一规则要保持前后的一贯性,如果在特定情况下必须做出某些变化,一定要向幼儿说明变化的原因。

(2)规则必须在所有适用该规则的活动情景中得到运用。

(3)在实施规则时对每个人应一视同仁。

只有做到规则的一贯性,幼儿才便于照章行事,规则才能成为幼儿行为的准绳。

(二)情感沟通法

情感沟通法是指通过激发和利用师生间或幼儿间,以及幼儿对环境的情感,引发或影响幼儿行为的方法。幼儿情感性较成人强,易受暗示和感染,教师很容易把握幼儿的情感特点,从幼儿情感着手对幼儿的行为加以影响和引导,以达到管理的目的。幼儿的情感贯穿于身心活动的全过程,情感沟通法可以辐射到幼儿的全部生活、教育、游戏活动中。它既能加强对幼儿的管理,又能促进幼儿情感的发展。由于幼儿的情感是丰富的、纯真的、自由的,情感沟通法很少有统一的实施步骤,但可以归纳出实施管理的主要着眼点,具体内容如下:

1. 观察幼儿的情感表现

情感沟通法特别强调保教人员与幼儿情感方面的沟通,充分理解幼儿、掌握幼儿的心理发展规律是沟通的基础。所以,保教人员通过观察,必须非常清楚每个幼儿在班级活动中的情感需求,并采用恰当的方式,激发幼儿相应的情感,引发幼儿积极向上的行为。

2. 对幼儿进行移情训练

移情是指设身处地地站在别人的位置上，从别人的角度去体验别人的情感。移情训练就是通过故事、情景表演、日常交谈等形式，使幼儿理解、分享别人的情绪情感体验，使幼儿在日后生活中，对他人类似的情绪、情感能够习惯性的理解和分享。

3. 保持和蔼可亲的教师形象

教师的言行举止要表现出积极而真切的情感，同时还要善于创设情境，使幼儿在愉快积极的情感氛围中活动和交往，以提高活动的质量。情感沟通法的基础是教师对幼儿的理解和爱，理解幼儿需要教师有童心、有爱心。对教师而言，不要轻易判断幼儿的情感及相应的行为，而应在师幼之间的情感互动中对幼儿进行有针对性的引导，这样才能真正理解幼儿并为幼儿理解和接受。

（三）互动指导法

互动指导法是指幼儿园教师、同伴、环境等之间相互作用的方法。班级活动的本质是幼儿在参与活动中，同指向的对象发生相互作用。班级活动过程就是幼儿与不同对象互动的过程。因此，指导幼儿主动、积极、有效地同他人交往是班级管理的一种重要方法。

任何管理都是一个双向作用的过程，互动指导法是师生相互作用、相互影响有机结合起来的管理方法。在班级管理过程中，对挖掘幼儿活动的目的、内容等方面，教师处于毋庸置疑的主导地位，而幼儿则是活动的主体。在幼儿亲身经历和体验具体活动的过程中，要使幼儿的体验丰富、深刻，就必须提高幼儿同他人及环境互动的质量。就幼儿的生活经验、能力而言，还不能实现真正有效的互动，必须有教师的指导和帮助。教师应让幼儿在具体的活动情境中，掌握互动的基本方法、基本规则，学会对不同的对象采用不同的互动方式。当然，在管理过程中，应避免幼儿的行为过多地受教师左右的倾向。对教师来讲，活动中缺乏幼儿的参与、缺乏幼儿创造力的发挥的管理，结果往往事倍功半；过分强调幼儿自主，教师没有进行适当的指导的管理，又是盲目的、无秩序的管理。所以，幼儿园班级管理要注意师幼各自不同的作用，有效地发挥他们的主体和主导功能。互动指导方法的运用要注意以下几点：

1. 适当性

教师对幼儿的互动指导要适当，要根据幼儿身心发展水平、个性特点及活动的性质和情境来确定。对于反复性的常规活动，教师可让幼儿充分自主活动；对于幼儿首次进行的新活动，教师要进行适当的指导。过多的指导会抑制幼儿的自主性、积极性；缺乏指导则会影响幼儿的互动效果，甚至会造成不良后果。

2. 适时性

互动指导除了要注意适当性外，还应注意适时性。有些指导应在幼儿互动活动开展前进行，称为事先指导；有些指导应在幼儿活动后进行，称为事后指导。事先指导主要是针对一些原则性行为（如不损害他人等）和与幼儿安全有关的行为，必须在活动前进行。有时，为了让幼儿深切地体验和感受某些规则、做法，不妨让幼儿感受小小的失败，然后对他们进行指导。

3. 适度性

所谓指导的适度性是指教师的指导要有一个合适的度,不能过于笼统,也不能过于细致,应从特定幼儿的理解能力、行为水平等条件出发,加以指导和帮助。教师不能把幼儿的指导都变成对幼儿的行为示范,使幼儿失去思考的机会。如对小班幼儿,进行"找朋友"的游戏,让幼儿在各种图中找出自己喜欢的标记图做朋友,并贴在茶杯和毛巾架上,使幼儿很快记住了自己的标记,学会用自己的茶杯和毛巾。教师在指导中并不需要反复多次强调,小小的标记就可以达到管理的效果。

此外,教师在指导中应采用不同的方式,可以语言指导,也可以行为指导,还可以表情暗示;可以在幼儿的活动外加以指导,也可参与到幼儿的活动中进行指导。

(四)榜样激励法

榜样激励法是指通过树立榜样并引导幼儿学习榜样以规范幼儿行为,从而达成管理目的的方法,榜样的力量是无穷的,对爱模仿、易受暗示的幼儿来说更是如此。教师在班级管理中,应善于利用具体的健康形象和成功的行为作为示范,引导和规范幼儿的行为。榜样激励法的使用要注意以下几点:

1. 健康的形象

榜样的选择是教师为班级幼儿选择学习对象的过程。榜样应具备健康、具体、典型的形象。幼儿能通过现实的感知和教师的介绍理解榜样的真实性、可贵性。针对幼儿的活动要求,榜样的来源十分广泛,可以是幼儿身边的小伙伴,也可以是幼儿熟悉的故事的主人公。这些榜样的行为必须积极向上,并且是幼儿经过努力可以达到的。

2. 模范的行为

榜样行为的树立应注意以下几点:

(1)树立的榜样行为应是有目共睹的模范行为,并且得到了教师和幼儿的一致认可。

(2)要引导幼儿感知和了解榜样行为,鼓励幼儿产生学习的愿望,并提供充分的表现机会。

(3)教师对所有幼儿须一视同仁,给予表现优秀行为的幼儿以公平充当榜样的机会,激发全班幼儿形成良好的行为习惯。

(4)榜样不一定是完美的,应鼓励和引导幼儿发现榜样行为并积极学习和表现榜样行为。

3. 强化影响力

榜样的行为不仅要在幼儿心理上产生共鸣,最重要的是反映到幼儿的行动中去。当幼儿自觉地以榜样的精神为动力,以榜样规范行为,做出良好的表现时,教师应给予充分表扬,使幼儿感受到学习榜样的快乐,从而强化榜样的影响力。如其他幼儿能自如扣纽扣时,不会扣纽扣的幼儿第一次把衣服扣子扣对了,教师应该马上给予肯定和赞许:"你真能干,做得真好,希望你明天也能这样。"

(五)目标指引法

目标指引法是教师以行为结果作为目标,引导幼儿的行为方向,规范幼儿行为方式的

一种管理方法。从行为的预期结果出发,引导幼儿自觉识别行为正误是目标指引法的基本特点。目标指引法的使用中要注意以下几点:

1. 目标要明确具体

只有明确具体的目标存在时,幼儿才可能有行为的参照方向。由于幼儿理解力、记忆力的限制,在确定幼儿活动目标时,不能过于复杂,数量不宜过多,也不能过分抽象;最好由师生共同参与目标的讨论和制定,使目标在幼儿心中有具体的形象,并使幼儿了解实现这一目标的原因和意义。

2. 目标要切实可行,具有吸引力

目标的实现不能过于困难,而应适应幼儿的行为能力,适应幼儿的心理接受力;在活动中要使幼儿时时感受目标的存在及目标的吸引力。没有吸引力的目标,对幼儿来讲就失去了前进的动力。

3. 目标与行为的联系要清晰可见

在幼儿活动中,保教人员要引导幼儿通过注意、记忆、思维等心理活动时纠正自己的行为,走向目标。保教人员在给幼儿解释或引导幼儿讨论目标时,要让幼儿意识到与完成这一目标相关的行为,并努力追求这种行为。

此外,目标有个人目标和团体目标。教师在日常班级管理中应对这两类目标均加以关注,并努力促进这两类目标的结合,实现个人行为与团体行为的联系与一致。

> **真题链接**
>
> 论述题:什么是幼儿园一日生活常规,试述培养幼儿一日生活常规意义和方法。(2018年下半年)
>
> ➤ 答案及解析见本章首页二维码

第三节 不同年龄班的班级管理

微课 27

不同年龄班的班级管理

虽然幼儿在园只有三年的时间,但是每个年龄班却存在着很大的差异,幼儿园班级管理应针对不同年龄班幼儿的特点实施管理。

一、小班幼儿心理特征及班级管理

(一)小班幼儿心理特征

实施幼儿园小班管理,首先需了解小班幼儿的心理特点。小班幼儿一般年龄为3~4岁,表现出如下心理特征:

(1)认知方面。小班幼儿在认知上以无意注意、无意识记为主,对感兴趣的、印象强烈的记忆深刻,有意注意正在逐步增加;依靠行动进行思维;常常是无目的的想象,好夸大想象。

(2) 情感方面。小班幼儿在情感上,表现为具有一定的同情心,但对荣誉感的理解仍局限于自身。

(3) 社会性发展方面。小班幼儿能用简单的句子表达自己的想法,但不完整;自控力较差;与人交往的知识是通过与小朋友、教师的交往学到的;助人、合作、分享等行为开始萌芽并在教师引导下经常出现;部分幼儿侵犯性行为大多是为了占有玩具等物品而发生的,或是模仿影视节目中的暴力镜头。

(二) 小班幼儿班级管理

1. 入园管理

幼儿入园是幼儿集体生活的开端,是幼儿参加学前教育的一个起点,是幼儿生活上的一个转折点,幼儿产生不适应是可能的。为了让幼儿尽快适应幼儿园的集体生活,教师与家长应该团结一致,积极配合,共同努力,做好幼儿的入园引导工作。班级教师应做好以下几方面的工作:

(1) 入园前进行家访

在幼儿正式入园以前,班级教师对幼儿进行家访是很重要的一环,可以先了解幼儿的家庭环境,了解幼儿。同时还要向家长说明,教育幼儿不能用"再不乖就送你上幼儿园""不听话把你关到幼儿园的黑屋里去"之类的话吓唬幼儿,造成孩子对幼儿园的恐惧和紧张。

(2) 召开家长会

家长把幼儿送到幼儿园这个新的环境,也会有心理上的不适应。教师应该召开家长会,让家长了解幼儿园,对家长提出有关教养子女方面的具体要求。如培养孩子初步的生活自理能力及良好的习惯,给孩子安排与幼儿园相应的作息时间;给幼儿讲有关幼儿园的环境及有趣的事情,以引起幼儿对入园的向往。这样,不仅缩短了家园之间的生活、卫生习惯方面的距离,而且使幼儿对幼儿园有了一定的间接经验,激发幼儿入园的愿望。

(3) 参观幼儿园

教师可以请家长带领幼儿入园参观、玩耍,观察幼儿园的环境及一日生活,特别注意观察小朋友如何自己吃饭、如厕、盥洗、午睡、游戏。幼儿既接触了幼儿园这个新环境,有了一定的感性经验,而且和蔼可亲的教师、优美的环境、丰富有趣的活动会深深打动他们幼小的心灵,从而产生对幼儿园及老师积极的向往之情。

(4) 合理安排幼儿入园之初的活动

在幼儿真正进入幼儿园之后,帮助幼儿尽快适应幼儿园生活,使幼儿真正感到幼儿园生活的快乐,真正喜欢幼儿园,是班级教师做好新生入园引导工作的重点。

2. 常规管理

小班阶段是进行常规教育的关键期。良好的常规可以让幼儿一日活动非常有规律,既能促进幼儿身体健康,又能让幼儿积极参加活动,有利于幼儿良好生活、行为习惯的养

成。另外,良好的常规也便于教师组织好各类活动。常规内容包括:来园活动常规、盥洗活动常规、进餐活动常规、教育活动常规、散步活动常规、睡眠活动常规、离园活动常规等。良好的常规需要保教人员共同努力,采用示范、奖励、讲故事、读儿歌等多种方式对幼儿进行培养熏陶,对个别幼儿还需进行个别教育。

二、中班幼儿心理特征及班级管理

(一)中班幼儿心理特征

中班是幼儿园三年教育中承上启下的阶段,也是幼儿身心发展的重要时期。中班幼儿一般年龄为4~5岁,心理特征表现如下:

(1)认知方面。中班幼儿的思维处于具体形象阶段,主要依靠事物的具体形象、表象的联想进行思维。有研究表明,中班幼儿词汇量增长最快,但对词义的理解要依靠动作、情景。

(2)情感方面。中班幼儿能对自己或他人的具体行为进行肯定与否定的评价;愿意将家里的事告诉教师,将幼儿园的事告诉家长。但是总体上,情绪情感的发展还不稳定、不易控制。

(3)社会性发展方面。中班幼儿具备了一定的交往经验,最突出的特点是好动,这是因为他们熟悉了幼儿园的生活和环境,习惯了幼儿园的常规,积累了一定的经验。与小班期间相比,他们更自由放松、活泼好动、无拘无束,教师通常会觉得中班幼儿"很疯",不好管理。

(二)中班幼儿班级管理

1. 生活常规管理

随着年龄的增长,幼儿骨骼肌肉和神经系统的不断发展,中班幼儿的动作也相应地得到了发展,他们自我服务的愿望和要求也日趋强烈。在教师的引导和帮助下,中班幼儿需在小班养成的生活常规的基础上,通过行为练习、榜样示范、及时鼓励等多种方法,养成良好的卫生习惯、进餐习惯、睡眠习惯及穿脱衣物的能力等。

2. 教育常规管理

班级需要有良好的教育常规来帮助幼儿个体全面发展,并促使班集体共同发展。教师应依据幼儿的年龄特点,制定合理的幼儿行为规则,对幼儿的行为进行外部约束,使之趋于规范,这也是实现教育目标的一种手段。中班幼儿的行为规则包括幼儿一日活动作息制度、幼儿行为规范、值日生制度、活动区规则等。例如,中班阅读区规则:每次活动人数限6人;阅读时保持安静,不大声讲话,不影响他人;认真阅读,看完一本再换,不争抢图书;坐姿端正,眼睛与书保持一定距离;爱惜图书,看完后摆放整齐。

三、大班幼儿心理特征及班级管理

(一)大班幼儿心理特征

大班幼儿的年龄通常为5~6岁,即将进入小学,他们比以前更懂事,精力旺盛,接受能力增强,好学好问,能较好地控制自己的行为。大班时期是人的心理形成并迅速发展的关键期,语言和自我意识的发生发展,为他们进一步接受社会化提供了条件。其主要心理特征表现如下:

(1)认知方面。大班幼儿能清楚、连贯地表达自己的愿望,能看图编故事,复述较长的故事,出现了抽象逻辑思维的萌发,无论是观察、注意、记忆,还是思考和想象过程都有了方法。比如,在绘画活动中,小班幼儿是提笔就画,而大班幼儿会先思考,有了构思后再开始画。

(2)情感方面。大班幼儿的情绪体验日益丰富,自我调节能力逐步加强,有了强烈的是非感、集体荣誉感、自豪感等,道德感明显发展。但是,情绪、情感仍有不稳定性和易冲动性,容易受各种因素的影响而发生变化。

(3)社会性发展方面。通过与周围环境的相互作用,大班幼儿逐步学会了如何与人交往,学会了与同伴进行合作,逐步掌握了一些社会交往的技能。在各种活动中,大班幼儿逐渐形成了自尊心、自信心、坚持性等,能够评价和支配自己的认识活动、情感态度和动作行为,有了一定的责任意识,能认真完成教师提出的任务,遵守各种生活常规、教育常规,在未完成任务时,常产生羞愧和内疚的情绪体验。

(二)大班幼儿班级管理

1. 入学准备管理

大班期间,教师应注意继续培养幼儿自我管理的能力,与家长携手培养幼儿自我管理、自我照顾的能力,注重独立性、动手操作能力的培养;培养幼儿养成按规则进行活动、专注做事的行为习惯;帮助幼儿了解、熟悉小学的学习环境、学习活动,熟悉小学生的生活作息制度,培养幼儿向往小学、当小学生的情感。在学习适应性上,引导幼儿正确使用普通话,培养倾听的良好习惯;掌握正确的握笔姿势、坐姿,训练简单的书写技能;能大胆回答问题;掌握10以内数字的加减,正确理解符号的意义。在身体适应方面,要加强体育锻炼,具有一定的运动水平,只有有了健壮的身体才能适应小学紧张的学习生活。

2. 生活常规管理

大班期间幼儿良好的生活常规主要包括:良好的饮食、睡眠、盥洗和排便等习惯;知道保护眼、耳、口、鼻等器官及保持身体清洁和仪表整洁等卫生知识;在日常生活中有良好的行为习惯,如说话文明、友好地与人交往、乐于倾听他人的意见;形成初步的安全意识等。

3. 教育常规管理

大班幼儿的教育内容主要有两方面:一是在中班基础上的继续教育,继续完成《纲要》中指出的五大领域的目标;二是做好帮助幼儿进入小学教育阶段的衔接教育。

拓展链接

一个放书壁挂的教育意义①

针对中班幼儿阅读无目的和不爱护图书的行为，教师同幼儿一起设计了一个卡通造型的放书壁挂。壁挂上每个口袋里放了一本书，一共10本书。

教师将书连同壁挂放在阅览角，对全班幼儿说："大家看书要仔细，故事的内容要看完整，还要保护书，不要弄脏弄破书；否则，破一本书，下周就少换一本。"

过了一个星期，教师检查发现一本书有点破，这本书就没有换。幼儿恳求教师原谅他们。教师说："如果有小朋友把图书里的故事完整地讲出来，就把这本书换给你们。"有一位小朋友讲出了完整的故事，教师就换了一本书。然后，他们还约定一周后再来检查和换书，还要奖励能够讲述完整故事的小朋友。

过了一段时间之后，幼儿不仅养成了爱护图书、小心翻阅的习惯，也知道了读书要仔细看书中内容。

在该案例中，爱护图书才能换书是团体目标，需要靠大家在目标的指引下共同努力才能达到；讲出图书中的故事是幼儿的个体目标，幼儿个人做出努力即可。这种目标指引法将个人目标与团体目标结合使用，引导幼儿产生预期行为，提高了管理效果。

本章结构

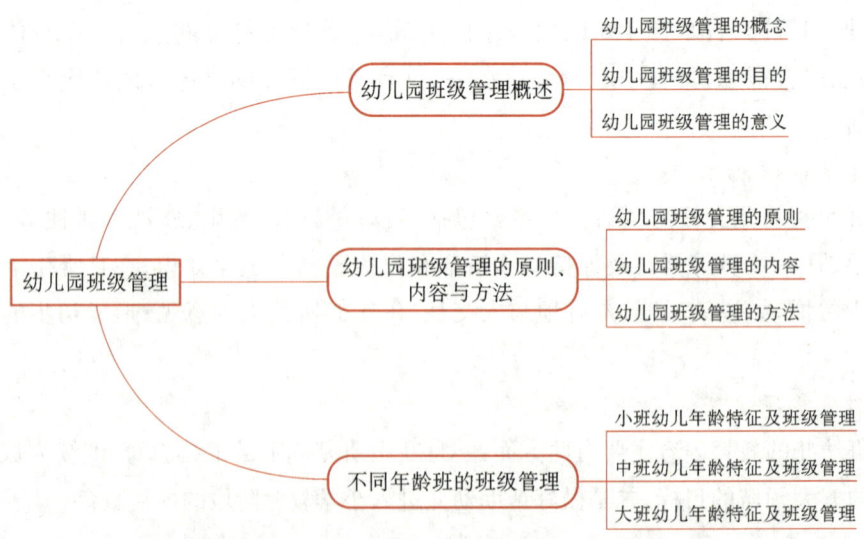

---

① 秦明华，张欣.幼儿园组织与管理[M].上海：复旦大学出版社，2008.

回顾与思考

1. 什么是幼儿园班级管理？幼儿园班级管理的目的有哪些？又有哪些意义？
2. 幼儿园班级管理有哪些原则、内容与方法？
3. 如何针对不同年龄班的幼儿实施管理？对各年龄班幼儿进行管理的主要任务分别是什么？
4. 案例分析

"讨人厌"的凯凯

凯凯是一个行为问题较多的孩子，经常有小朋友告他的状："老师，老师，凯凯咬我了！""老师，凯凯打人了""凯凯下地用脚踹我了！"……同时，也有很多家长对教师提出要求："别让我们的孩子和凯凯在一起玩！""我们的孩子不能和凯凯坐在一起！""凯凯不能睡在我的孩子旁边！"……

问题：假如你是凯凯的老师，你会怎么处理凯凯的问题？

实践与训练

观摩某一幼儿园半日活动，对班级管理工作进行分析，并针对存在的管理问题研究对策。

第十三章 学前教育评价

1. 理解学前教育评价的概念、目的与功能，树立正确的学前教育评价观。
2. 了解学前教育评价的方法及原则，能正确评价幼儿的身心发展，能对幼儿园保育和教育工作进行评价与反思。

真题参考答案

学前教育专业的学生到幼儿园见习及实习时，指导教师会提出一些任务与要求，比如，认真观察幼儿的行为，并分析评价幼儿的行为；又如，观察幼儿园教育教学活动，并给予点评。每到此时，许多学生不知道如何很好地完成指导老师的任务。

许多家长到幼儿园接幼儿离园时，见到幼儿园教师总会问一些问题，如"我家宝宝在幼儿园各方面表现如何？""各方面的发展存在哪些问题？"面对这些问题，一些幼儿园教师要么避而不答，要么就简单应付家长，比如，"你家宝宝很乖！""你家宝宝很聪明！""你家宝宝很棒！"等，可是，家长们对这些回答很不满意，似乎这不是他们想要的结果……

作为一名专业的幼儿园教师，如何正确评价幼儿的发展状况？如何正确评价幼儿的行为并给予有效适宜的指导？如何评价幼儿园的教育教学活动？如何评价一所幼儿园的办园质量？所有这些问题，正是学前教育评价的理论知识可以给予解决的。

第一节 学前教育评价概述

学前教育评价问题是当前学前教育改革中的一个非常重要的问题，作为学前教育专业的学生，十分有必要了解学前教育的概念、意义及功能等问题。

微课 28

学前教育评价概述

一、学前教育评价的概念和意义

由于学前教育评价是教育评价的分支和重要组成部分,因此,要明确学前教育评价的概念,必须首先了解评价及教育评价的概念。

(一) 评价与价值

所谓评价,就是主体依据一定标准对客体的价值做出判断的活动。也就是说,评价是主体对于客体有无价值以及价值大小所做的判断。可见,评价的本质就是揭示事物的价值,是价值判断的过程,而非事实判断。事实判断重在查明事实,而价值判断则重在如何看待事实。

(二) 什么是教育评价

"教育评价"一词是1929年由美国著名教育家泰勒(R.W.Tyler)首次提出的,进而他又提出,以教育目标为核心和依据来评价教育结果的理论模式,这一理论模式又被称为"行为目标"模式。随后人们纷纷从不同的角度和方法出发,对教育评价理论和实践进行了深入的探索和研究。虽然至今对教育评价还没有形成一个确切的、严谨的、被一致接受的科学定义,但人们对教育评价的特点达成了一致的认识。一般来讲,人们认为教育评价至少包括以下三个方面的特点:第一,教育评价是一个活动过程,是进行价值判断的活动过程;第二,它是一种特殊的、连续性的活动,而不是单一性的活动,是有目的,有计划的活动过程;第三,教育评价活动中的评价者与被评者是统一的。

通过以上对教育评价特点的认识,我们可以认为,教育评价是对教育活动满足社会与个体需要的程度所做的判断活动,是对教育活动现实的或潜在的价值做出判断,以期达到教育价值增值的过程。教育作为一种客观的社会活动,它的结果应该满足一定社会的政治、经济和文化等发展需要,也要满足受教育者个体发展的需要。也就是说,教育具有社会价值和个体发展的价值,教育评价就是对这些价值做出判断,并以此促进教育的发展。它不仅是对教育情景或现象的描述,而是对教育活动进行价值判断,它是一种"反馈—矫正"系统,不仅仅是资料的收集过程,更注重对资料的解释。总之,教育评价是一个价值判断的活动,而非事实判断活动。

(三) 什么是学前教育评价

学前教育评价是根据学前教育目标,对学前教育活动进行价值判断,并促进学前教育发展的活动。也就是说,它是以学前教育为对象,对其效用给予价值上的判断,并促进学前教育不断发展的活动过程。

为进一步把握学前教育评价的定义,需要理解学前教育评价的特点。一个科学完整的学前教育评价活动,必须体现以下几个基本特点:

第一,学前教育评价是一个变化着的概念,是一个不断充实、完善和丰富着的概念。学前教育评价是对学前教育给予价值上的判断,这是始终不变的。但在学前教育评价中,非常重要的价值标准以及要判断的问题则是不断变化的,或者说,价值标准如何确定、如何进行价值判断、判断什么等,都不是固定不变的。

第二,学前教育评价是一个系统地收集资料的过程。进行学前教育评价,不能仅依据一次观察、测试等得来的资料做出价值判断。系统地收集资料是学前教育评价的一个重要特点,只有将测量、评定、观察、访谈、问卷等多种渠道收集得来的资料加以综合,进行系统的整理,才能成为评价的基础和依据。

第三,学前教育评价注重对资料的解释,仅仅将资料收集起来不是学前教育评价,只有对资料做出判断、分析和解释才是评价。

第四,学前教育评价是对学前教育的价值判断,不是对学前教育情境或现象的描述。仅对学前教育情境或现象本身的描述是不够的,还必须判断其意义或效用。

第五,学前教育评价是一种"反馈——矫正"系统,它通过对学前教育活动每一步骤的判断、分析和比较,从而为学前教育决策和学前教育更好的发展提供科学、及时的服务。

我国 2001 年颁布的《幼儿园教育指导纲要(试行)》对学前教育评价给予了高度的重视,提出:"教育评价是幼儿园教育工作的重要组成部分,是了解教育的适宜性、有效性,调整和改进工作,促进每一个幼儿发展,提高教育质量的必要手段。""管理人员、教师、幼儿及其家长均是幼儿园教育评价工作的参与者。评价过程是各方共同参与,相互支持与合作的过程。"2022 年颁布的《幼儿园保育教育质量评估指南》中提出了幼儿园保育教育质量评估的四大原则、五大内容,这为科学地评估幼儿园保育教育质量指明了方向。

> **真题链接**
>
> 幼儿园教育评价应当( )(2013 年下半年)
>   A. 以行政人员评价为主,专家等参与评价为辅
>   B. 以园长自评为主,教师等参与评价为辅
>   C. 以教师自评为主,园长、家长、幼儿等参与评价为辅
>   D. 以家长评价为主,幼儿等参与评价为辅
> ➤ 答案及解析见本章首页二维码

(四)学前教育评价的范围

依据学前教育评价的定义,可以认定学前教育评价的范围是所有学前教育现象,包括其他社会现象对它的影响和制约,也包括它对其他社会现象的作用和贡献等。可以说,学前教育评价的范围很广,涉及学前教育工作的各个方面、各个层次、各个部门。它可以是对幼儿发展情况的评价,也可以是对幼儿园教师和各级管理人员素质及工作状况的评价,也可以是对一个幼儿园、一个班级的评价,也可以是对一个县、一个地区、一个省或一个国家范围内学前教育状况的评价,还可以是对世界学前教育发展状况的评价。总之,可以把学前教育评价的范围划分为以下几个主要的方面。

1. 幼儿发展评价

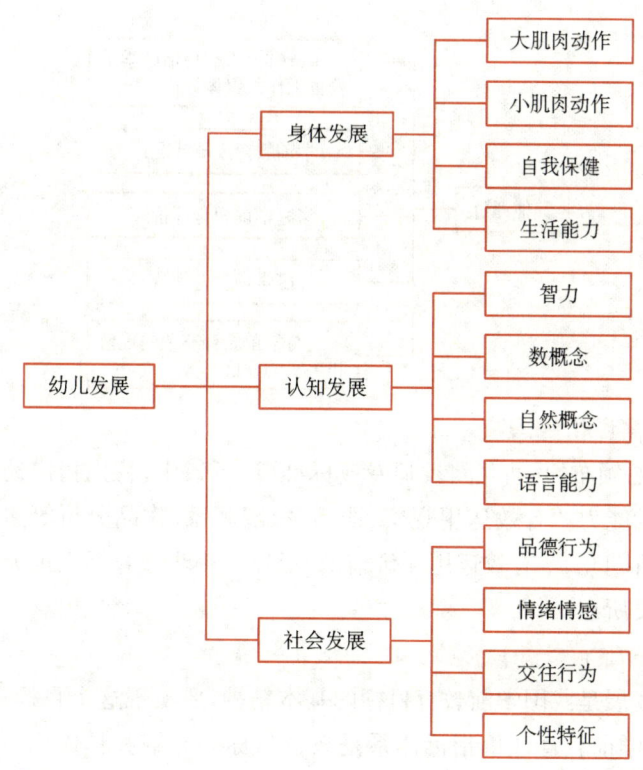

2. 幼儿园工作评价

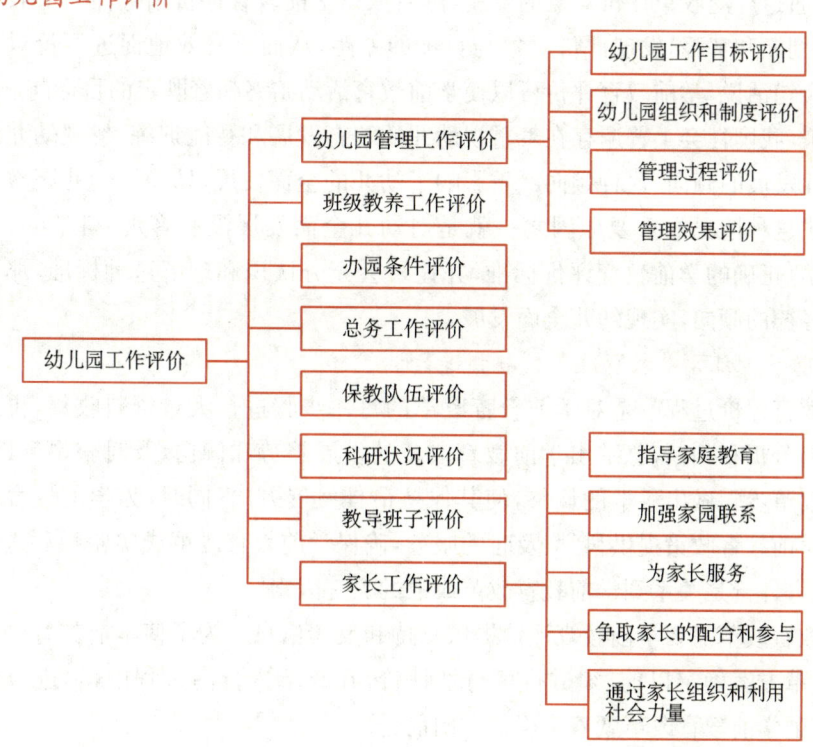

3. 其他评价

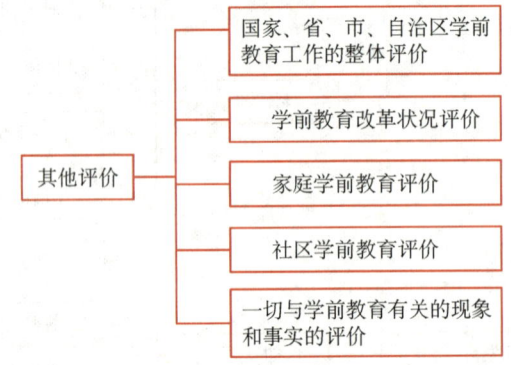

（五）学前教育评价的意义

2012年教育部颁布的《幼儿园教师专业标准（试行）》中，特别指出幼儿园教师应该具备学前教育评价的能力："有效运用观察、谈话、家园联系、作品分析等多种方法，客观地、全面地了解和评价幼儿。""有效运用评价结果，指导下一步教育活动的开展。"可以看出学前教育评价的意义所在。

1. 有助于保证学前教育目标的实现

幼儿的全面发展是我国学前教育目标的基本精神，要实现这个目标，就需建立学前教育评价指标体系，学前教育评价指标体系是教育目标的分解和具体化。对学前教育开展评价，就是通过广泛收集评价对象的资料，然后依据学前教育评价指标体系对收集的资料进行分析、判断和解释，发现评价对象与目标的差距，从而更有效地促进评价对象靠近教育目标。换句话说，学前教育评价可以使学前教育活动始终朝着既定的目标前进。

近年来，我国社会上普遍存在着重视幼儿的智育发展和智能训练，忽视幼儿的品德教育和社会性发展的倾向，这种倾向严重影响了幼儿的全面发展，妨碍了幼儿园教育目标的实现。造成这种情况的重要原因之一就是对幼儿全面发展没有客观、科学的评价标准。如果有科学、正确的学前教育评价标准，并让社会充分认识和理解这种标准，那么就可以纠正重智轻德的倾向，实现幼儿全面发展。

2. 有助于保证学前教育改革的顺利进行

学前教育评价过程就是对学前教育改革的每一步骤进行大量资料收集，再通过对所收集的资料分析和判断，总结出学前教育改革的发展趋势和倾向，及时获得反馈信息，对学前教育改革步骤做出科学的调整，使其保持最佳发展方向；同时，为学前教育决策和采取更佳的学前教育政策提供科学、及时的服务，确保学前教育改革或实验顺利进行。可以说，学前教育评价是关系到学前教育改革成败的关键因素。

学前教育改革需要学前教育评价提供支持和反馈信息。为了使学前教育的改革少走弯路，在改革方案确定以前，须进行可行性评价，在改革进行的过程中，须进行形成性评价，从而保证学前教育改革朝着正确的方向前进。

3. 有助于改善和提高学前教育质量

通过学前教育评价，可以对学前教育活动进行判定和分析，及时发现学前教育活动中的问题，找出学前教育活动的最佳方案，进而改善和提高学前教育质量。同时，通过有效运用多种学前教育评价方法，促进幼儿全面和谐的发展。在学前教育中，存在着各种各样的课程学说或课程模式。如，传统的"教师中心"模式、"儿童中心"模式和"蒙台梭利教育"模式等，哪种模式适宜某一地区或某一幼儿园的幼儿？如何选择适宜的学前教育模式？这就需要学前教育评价来回答。从这个意义上说，学前教育评价对改善和提高学前教育质量有着重要的意义。

二、学前教育评价的功能

学前教育评价不是一个终结的静态过程，而是始终贯穿于幼儿园教育活动之中的动态过程。评价活动与幼儿园日常的各类活动结合，贯穿于教育活动的全过程。目前，我国学前教育评价存在着许多问题，如，热衷于评价的甄别与选拔功能，注重终结性评价，忽略形成性评价；过于强调对幼儿知识、经验和技能的评价等，这都是对学前教育评价的功能认识不足导致的，因此，应正确认识学前教育评价的功能。

（一）导向功能

幼儿园教育目标是制定学前教育评价标准的依据，学前教育评价标准是幼儿园教育目标的具体化，具有明确的方向性和目的性。学前教育评价标准是学前教育工作者的行动指南，也是幼儿发展的目标，具有明确的导向作用。2012年我国教育部颁布的《3~6岁儿童学习与发展指南》中，分别从五大领域描述幼儿在三个不同年龄段学习与发展的目标，指明了幼儿学习与发展的方向，对学前教育工作者如何以此为标准开展教育教学活动起到了很好的导向作用。

（二）诊断功能

通过学前教育评价，可以发现学前教育活动中存在的问题，并且可以对问题产生的原因进行调查分析，为及时改进教育活动提供有益的反馈信息，找出症结所在，获得有效的改进策略，因此，学前教育评价具有诊断功能。如目前幼儿园教师在日常教学中，对幼儿行为的评价语言过于泛化和随意（如"你真好！""你真棒"等），导致教师对幼儿发展行为评价不准确。针对这一问题，就可以制定教师日常教学评价语言观察等级量表（见表13-1），帮助幼儿园教师发现日常教学评价语言使用中存在的问题，不断提高日常教学评价语言的水平。

（三）调节功能

学前教育评价是学前教育运行中的"反馈—矫正"系统，通过学前教育评价可将学前教育活动的信息，随时反馈给教育活动的主体，及时发现优点和存在的问题，并对存在的问题做出调整和改进，使其向着正确方向发展。如使用表13-1，通过对量表的分析，就可获得幼儿园教师日常教学评价语言使用的优点与不足，并及时予以调整和改进，以提高幼儿园教师日常教学评价语言的水平。

表 13-1　教师日常教学评价语言观察等级量表

教师姓名：　　　　　　　　教师任教年数：

项目	描述	非常好:5分　好:4分　一般:3分 差:2分　非常差:1分
语速	语速适中,并能根据评价内容灵活调整语速	
音量	音量适中,并能根据评价需要灵活调整音量	
语调	评价时语调的高低适度,强弱适中,轻重得当,缓急协调	
重复	重复的次数适度,位置恰当,能有效地引起幼儿注意	
时间	能够对幼儿的各种行为及时地给予评价	
反馈	对幼儿进行反馈时有针对性	
评价用语	具有丰富性、创新性、针对性	
感性语言	在活动中能适时适量运用感性语言	
理性语言	在活动中能适时适量运用理性语言	
目光交流	目光有神,与不同幼儿有交流	
教师活动覆盖范围	经常变换位置,但保证让全体幼儿都能看到教师	
肢体语言	身体放松,表现得自信、坦诚、友好,幼儿感到安全、开心	
手势	讲解时经常配合手势	
表情	表情丰富且恰当,不夸张	

备注:感性语言指教师在教育过程中用来激发学生情感,渲染气氛以帮助学生理解教学内容,达到教学目的所使用的语言技巧,例如,生动性语言,趣味性语言和生活性语言等。理性语言是相对于感性语言而说的,教师在教育过程中,务必要保证所授教学内容的准确性、科学性,以及授课语言的逻辑性。

(四) 激励功能

学前教育评价的结果一方面给教育管理的决策者提供信息,另一方面也给被评价者反馈信息,这就能调动被评价者工作或学习的积极性,使其积极改进,进一步明确努力方向。学前教育评价的激励功能通常体现在对教师教育行为的评价和考核中;幼儿园管理者和决策者在对幼儿园教师的绩效考核中传递了反馈和激励的信息。

三、现代学前教育评价的特点

现代学前教育评价的主要特点可以概括为以下几个方面。

(一) 在评价的目的上,强调促进学前教育的发展

早期的学前教育评价主要是通过测验来甄别幼儿,它的目的是"选拔适合教育的儿童",而现代学前教育评价则是用来诊断问题和改进学前教育的,它的目的是"创设适合儿童的教育"。这一评价目的的转变是现代学前教育评价的一个重要标志。与学前教育评价目的的转变相适应,学前教育评价也从早期重视对结果的评价转为现在更重视对过程

的评价。对结果的评价其主要功能是给评价对象做出某种资格证明，比如，证明幼儿的体格发育达到标准。对过程的评价其主要功能是通过揭示存在的问题，向有关人员及时反馈信息，以促进工作的改进，比如，通过学前教育评价指出幼儿园教育活动中存在的问题，并提出建议，帮助幼儿园改进教育工作。

（二）在评价的过程上，重视自评方法的运用

一般来说，现代学前教育评价均主张把被评价者的自我评价作为整个评价活动的预评阶段和组成部分，从而促进被评价者自我发现问题、自我反思、自我监督与自我改进，同时促进评价者与被评价者的沟通与理解，使被评价者易于接受评价者的评价结果和建议，不产生对立情绪。

（三）在评价的方法上，重视定性评价与定量评价的结合

早期的学前教育评价，人们主要是用客观方法（量化方法）和分析客观资料的方法（对收集来的资料进行统计分析等）来进行评价，由于这样的评价其评价结果不以评价者的主观意志为转移，似乎非常客观公正，所以定量或客观评价的方法备受人们赞赏，认为只有客观量化的方法才是科学的评价方法。但随着学前教育评价活动的广泛开展，人们逐渐认识到学前教育活动是一种丰富的、变动不居的过程，其中有些评价因素可以量化，而有些不能量化，因此，只用定量的、客观的方法开展学前教育评价是不科学的，也易使学前教育评价片面化、教条化。比如，对幼儿的社会性发展评价，完全采用定量评价的方法就不合适，因为幼儿社会性发展的许多方面是难以量化的，不能像智力测验那样用一套系统的测验量表来评价幼儿的社会性，它不能包容幼儿社会性发展的所有方面。所以，近年来学前教育评价工作者非常重视定性评价方法的运用，并把定量评价与定性评价结合起来综合运用，使学前教育评价科学化。

（四）在评价的内容上，重视立体评价和全面评价

早期的学前教育评价主要是对幼儿智力的评价，如通过各种测验评价幼儿认知、语言能力的发展。现代学前教育评价更重视立体评价和全面评价。首先，对幼儿的评价不再局限在智力评价上，而是注意到幼儿发展的各个方面，如身体、情绪情感、社会性等方面，对幼儿发展的不同方面、不同层次进行评价已成了学前教育评价的一个重要特征。其次，对学前教育的评价不再仅仅重视对幼儿发展的评价，而更加重视对学前教育整个过程的评价和对学前教育诸方面的评价。对学前教育整个过程的评价包括对学前教育方案或计划的评价、对教育效果的评价等；对学前教育诸方面的评价包括对园长、教师、环境的评价等。再次，近年来，学前教育评价的范围由幼儿发展、学前教育的微观领域、中观领域扩展到了宏观领域，如对学前教育管理人员和组织机构设置的合理性评价、对有关学前教育评价政策的评价等。

（五）在对待评价结果上，重视全面的解释与慎重的处理

现代学前教育评价高度重视对结果的全面解释，主张把每一个幼儿、幼儿园、学前教育模式的特色加以充分考虑，不以偏概全，不以个别数据下结论，重视全面解释与慎重处理评价结果，使评价结果真正能起到促进学前教育发展的作用。

第二节 学前教育评价的种类与原则

明确学前教育评价的种类,可以根据学前教育的不同情境,选择和使用不同种类的教育评价,使其功能和作用发挥到最大程度。

一、学前教育评价的种类

学前教育评价的种类很多,按照不同的标准可划分为不同的学前教育评价种类。

(一)按评价的范围划分

1. 宏观评价

宏观评价主要指以学前教育的全部问题或涉及宏观决策方面的学前教育问题为对象进行的评价。比如,对某一地区学前教育改革和发展情况的评价;对有关学前教育政策的评价都属宏观评价。

2. 中观评价

中观评价主要指以幼儿园内部工作为对象进行的评价。比如,对幼儿园办园水平、幼儿园保健工作、幼儿园教学活动的评价等都属中观评价。

3. 微观评价

微观评价主要指以幼儿发展的某个方面或侧面为对象进行的评价。比如,对幼儿身体健康、语言和认知等方面发展状况进行的评价。再如,表13-2为大班幼儿生活能力评价表,通过此表可了解大班幼儿生活能力发展的状况,这都属于微观评价。

表13-2　大班幼儿生活能力评价表

评价项目	观察内容	观察记录(在达到的项目上填写日期或具体事件)
自我服务能力	自己独立用餐,使用餐具正确 自己独立穿脱衣服,整齐迅速 能自理大小便 自己会系鞋带 自己会整理床铺	
自我保健能力	饭前便后洗手 懂得眼睛、牙齿的简单保健知识 会根据天气的冷暖增减衣服 会处理简单的危险 对陌生人保持一定的警惕	
简单劳动技能	能自己收拾玩具,整齐迅速 会当值日生,能做好擦桌椅等事情 能正确使用简单的劳动工具 能运用工具、材料自制简单玩具	

（二）按评价的基准划分

1. 相对评价

相对评价是在评价对象的集合中选取一个或几个对象作为基准，然后把各个评价对象与基准加以比较而进行的评价。比如，幼儿园教师以某一幼儿上学期的表现为基准，对本学期这一幼儿的表现与上学期的表现进行对比评价；幼儿园里开展的对某位教师的教学活动进行观摩，并让其他教师将自己的教学活动与所观摩教师的教学活动进行对照评价等，都属于相对评价。

相对评价是在某一类评价对象集合的内部找出特定的标准，然后将集合内部的各个元素与特定的标准进行比较而开展的评价，因而适用性比较强，易于在幼儿园开展，也易显示出评价对象在集体中所处的位置或与基准人物或事件的距离程度，可比性较强，但相对评价的可信度较低，并不能准确反映评价对象的实际水平。

2. 绝对评价

绝对评价是在评价对象的集合之外确定一个标准即客观标准，然后把各个评价对象与客观标准加以比较而进行的评价。比如，对幼儿园分级分类的评价；幼儿身体发育是否达标的评价等都属于绝对评价。如表 13-3 所示，就是一个绝对评价的实例。

表 13-3 幼儿园各班教育环境创设评价表

项目	目标要求	好	较好	一般	较差	得分
墙壁	1. 体现目标内容	8	6	4	2	
	2. 幼儿参与性强，符合幼儿年龄特点	8	6	4	2	
	3. 可变性强，如体现季节性等	4	3	2	1	
	4. 布置新颖、美观、有特色	4	3	2	1	
活动区	1. 种类不少于 5 个	8	6	4	2	
	2. 内容丰富、可供幼儿操作的材料不少于 10 种，每月根据目标投放新材料	8	6	4	2	
	3. 材料投放体现层次性	4	3	2	1	
	4. 充分利用废旧物品	4	3	2	1	
	5. 有活动区标记	4	3	2	1	
	6. 充分利用环境条件设置角色游戏角	8	6	4	2	
自然角	1. 内容丰富，包括动物、植物等，品种不少于 6 个	4	3	2	1	
	2. 体现幼儿参与性	4	3	2	1	
	3. 布置美观，符合年龄特点，季节性强	8	6	4	2	

(续表)

项目	目标要求	好	较好	一般	较差	得分
家园联系栏	1. 栏内布置美观、新颖	4	3	2	1	
	2. 内容丰富，向家长宣传的材料不少于 2 种，每月更换 1 次	4	3	2	1	
	3. 按时公布月、周目标及教育内容	8	6	4	2	
幼儿作品栏	1. 有幼儿作品专栏，布置美观	4	3	2	1	
	2. 设有幼儿作品收集袋，全部作品按时展览	4	3	2	1	
	3. 幼儿作品能及时更换（每月至少一次）	4	3	2	1	
总分						

绝对评价是在评价对象集合的外部确定的客观标准，将评价对象集合中的每一对象都与集合外的客观标准进行比较而开展的评价，因而评价结果较客观公正，同时也使评价对象能够明确了解自己与客观标准的差距。但是，绝对评价的客观标准难以做到绝对客观，因而适用性较低。由于相对评价与绝对评价各有利弊，所以，现代学前教育评价主张将两种评价结合起来使用，取长补短，从而提高学前教育评价的科学性。

3. 个体内差异评价

个体内差异评价是对评价对象集合中的各个对象的过去和现在相比较或者把某一个对象的各个侧面加以比较而进行的评价。个体内差异评价可以用来评价被评价者的过去和现在。比如，一所幼儿园原来的办园条件很差，现在办园条件改善了，就可以说这个幼儿园办园条件"进步了"，这个"进步了"的评价结果实际上就是运用个体内差异评价做出的。个体内差异评价还可以用来对某一评价对象的各个侧面进行比较，从而了解其优点与不足，了解评价对象个体发展的特点。比如，将一个幼儿的身体、认知、社会性发展等几方面进行比较评价之后，就可发现该幼儿哪一方面发展得好一些，哪一方面发展得差一些，从而给幼儿家长和幼儿园教师反馈信息或提供指导策略。个体内差异评价能发现被评价者的个性特点，充分照顾到个体间的差异，在评价过程中不会给被评价者造成压力。但这种评价也有一定的弊端，采用这种评价既不与客观标准比较又不与其他被评价者比较，很容易使被评价者自我陶醉，不利于发展。因此，在学前教育评价实践中，主张个体内差异评价与相对评价、绝对评价相结合使用。

(三) 按评价的层次划分

1. 分析评价

分析评价指将评价内容分解成几个项目分别进行的评价。比如，评价幼儿的语言发展水平，可以采用把语言发展分解为语音、词汇、语法、口语表达、语言机能等几个项目分别予以评价。

2. 综合评价

综合评价是对评价内容整体进行的评价。比如，一个幼儿教师在评价幼儿手工作品时，不把作品分解成若干小项目予以评价，而是凭直觉和整体印象直接把幼儿手工作品评价为好或不好，运用的就是综合评价。

在学前教育评价实践中，分析评价和综合评价常结合起来使用。分析评价是综合评价的依据和基础，也就是说，对评价对象的整体评价往往是建立在分析评价的基础上，而综合评价是分析评价的整合和提升。表 13-4 就是一个分析评价和综合评价结合使用的实例。

表 13-4 幼儿园教师语言表达能力评价表

教师姓名_____ 日期_____

口头表达能力	等级				书面表达能力	等级			
	优	良	中	差		优	良	中	差
坚持讲普通话					文字规范				
发音准确					用词恰当				
表达自然					语句通畅				
语句规范					中心突出				
口齿清楚					层次分明				
音量适当					结构严谨				
语速适宜					表达准确				
综合评价									

说明：在相应的等级框内打"√"。 评价者签名_____

（四）按评价的主体划分

1. 自我评价

自我评价是评价者对自己进行的评价。比如，一所幼儿园对本园办园条件进行的自我总结与反思就是自我评价。自我评价的优点是可以凸显评价参与者的主体性，充分调动其自我教育、自我改进的积极性。自我评价的缺点是缺少外界参照系，无法进行横向比较，评价结果的客观性较差。

2. 他人评价

他人评价是除了被评价者以外的任何人或组织对被评价者进行的评价。比如，园长对幼儿园教师进行的评价；幼儿园教师对幼儿身体发展状况、认知发展状况等进行的评价；教育行政部门对幼儿园办园条件进行的评价。与自我评价相比，他人评价的评价结果较客观，但实施起来比较花费人力和物力。在学前教育评价实践中，自我评价和他人评价也常常结合起来使用。

(五) 按评价的功能划分

1. 诊断性评价

诊断性评价指在某项学前教育计划或方案开始之前进行的评价。其主要目的是全面了解评价对象原有的基础和发展现状,以便因材施教、选择科学、适宜的学前教育计划或方案,更有效地促进学前儿童的发展和学前教育质量的提高。在学前教育评价中,诊断性评价是选择、制定学前教育计划或方案的基础,它的使用非常普遍。比如,在幼儿刚入园时,幼儿园要对所有幼儿的发展情况,包括身心的发展情况,进行摸底,目的是让幼儿园教师更全面地了解幼儿身心发展情况,以便在以后的工作中能根据幼儿的特点和发展水平进行有效的指导和帮助。

2. 形成性评价

形成性评价指在某项学前教育计划或方案实施的过程中进行的评价,又称为过程性评价。其主要目的是及时获得改进学前教育计划或方案的反馈信息,从而调整、修改学前教育计划或方案,更好地促进幼儿身心的发展,不断提高学前教育质量。比如,在幼儿园的工作中,每隔一段时间都要对幼儿的身体发育情况进行一次测试,以便教师及时了解幼儿的发育情况,调整和改革保教工作,以帮助幼儿更好地发育和发展。在幼儿园,形成性评价是幼儿园教师采用的主要评价方式之一,教师在某一课程计划或方案实施过程中常使用过程性评价。

3. 总结性评价

总结性评价指在某项学前教育计划或方案结束后进行的评价,又称为终结性评价。主要目的是对学前教育计划或方案达到教育目标的程度,即对最终取得的成绩和目标之间的差距进行评价。比如,全国普遍实行的幼儿园分级分类验收;再如,一项学前教育的课题结束时,请专家和权威人士对课题成果做出最后的评价等,这些都属于总结性评价。总结性评价是学前教育活动结束以后对教育结果的评价,基本上不涉及学前教育活动的过程,也不能及时反馈信息,不利于评价对象及时的改进与完善,也容易造成只追求结果的功利主义。因此,在学前教育评价的实践中,多主张将诊断性评价、形成性评价与总结性评价结合起来使用。

(六) 按评价中是否采用数量化方法划分

1. 定量评价

定量评价指在学前教育评价中采用数学方法进行的评价。在学前教育评价中采用数量化评价有多种形式,有时是数字或数学公式对学前教育现象进行描述,有时是评价结果用数字来表示,有时则是在分析学前教育现象时以数字为工具,有时是综合运用以上方法。比如,采用数量指标——智商(IQ)来测验和评价幼儿智力发展水平;再如,用数字来评价幼儿身体发育达标情况等都属于定量评价。

在学前教育评价的实践中,定量评价运用较普遍,评价结果较客观、准确,可比性也较强。但学前教育活动是丰富的、变动不居的,有些学前教育活动不能量化,或者不能用精确的数字表示。如果过度和勉强使用定量评价,就会走上死板教条的道路,导致在学前教育评价中只见"数字不见人",不利学前教育的发展。

2. 定性评价

定性评价指采用开放的形式获取评价信息,运用定性描述的方法做出结论的评价。比如,评价小组对幼儿园教师的区域活动设计进行观摩之后,给出的评语和改进意见;再如,对幼儿园分级分类的验收与评定等级的工作,都属于定性评价。

定性评价是运用语言描述的方法对评价对象进行评价,它可以反映评价对象的"质"的特点,从而使评价对象正确认识自身及发展方向。但使用定性评价时难免会掺有评价者的个人主观因素,容易产生主观臆断。因此,在学前教育评价的实践中,将定量评价与定性评价结合起来使用,或者根据具体情况选择评价的种类。

二、学前教育评价的原则

学前教育评价的原则是人们在进行学前教育评价时必须遵循的基本要求和准则。学前教育评价的原则是学前教育评价指导思想的体现,是学前教育评价客观规律的集中反映,是统帅评价工作的总纲领。学前教育评价的原则直接指导学前教育评价活动,失去了原则的学前教育评价就是不科学的评价。在学前教育评价工作中,一方面必须遵循学前教育评价的原则,另一方面也应发展学前教育评价的原则。

(一)方向性原则

学前教育评价主要是对幼儿园教育目标的实现程度做出价值判断。因此,方向性原则就是指在开展学前教育评价时必须依据幼儿园教育目标开展,将目标分解形成评价指标体系,体现学前教育评价正确的方向性。幼儿园教育目标是学前教育评价的依据和出发点,具有规定行动方向、指导工作实践的作用。如果不依据幼儿园教育目标开展教育评价,可能导致学前教育方向的偏离和教育质量的下降。我国幼儿园教育目标的核心思想是:促进每个幼儿身心全面和谐发展的保育教育目标,这就是进行学前教育评价的基本依据,是学前教育评价的总方向的集中体现,也是进行幼儿发展评价、幼儿园工作评价的总方向。如对幼儿发展的评价必须是对幼儿全面发展的评价,是对幼儿身体健康方面的评价、认知和语言方面的评价以及社会性和情绪情感方面的评价的综合,这几方面都不能偏废。如果在评价工作中只重视对某个方面的评价,那么就违背了幼儿全面发展的目标,没能正确体现幼儿发展评价中的正确的方向性,这样的学前教育评价势必会造成社会、家庭和幼儿园对幼儿发展目标的错误理解,并最终导致幼儿的片面发展。再如,评价幼儿园教育工作时,必须认识到保教结合是幼儿园教育工作的基本特点,不能只重视对"教"的评价,不重视对"保"的评价,否则就会误导幼儿园教育工作的方向偏离,违背幼儿园教育总目标的要求。

(二)可行性原则

在开展学前教育评价时,无论是评价方案,还是评价指标体系和评价方法都必须具体、可操作或可测量,保证切实可行性,否则学前教育评价就是空泛的活动。为保证学前教育评价的可行性,应做好以下几个方面的工作。

首先，评价指标体系要简便易测。全面、科学、合理是建立学前教育评价指标体系的基础，但是，过分要求全面，可能会使评价项目过多，工作量过大，而人力、物力都达不到，使评价对象怎么努力也达不到要求，而失去动力。因此，开展学前教育评价时，在保证评价指标体系科学合理的同时，更要保证指标体系具体、可操作或可测量。

其次，评价方法力求简易。比如，评价标准中所定的等级不应过多，每个等级评定的标准必须具体，或有数据可查，或有事实可凭，既要看得见，还要摸得着，具有可操作性。此外，计量时方法也不宜太烦琐、太复杂，要便于掌握和理解，便于计算结果。

再次，评价指标要有一致性和普遍性。一致性有两个方面的含义：一方面指学前教育评价的目标是一致的，即由国家规定的统一要求和标准必须坚持，不能随意降低；另一方面指在同一范围内，对相同或类似的评价对象采用统一的标准。无论是对幼儿园的评价，还是对幼儿教师的评价，或者是对幼儿发展水平的评价，都必须有统一的标准，不能对甲采用一个标准，而对乙则采用另一个标准。只有遵循一致性原则进行学前教育评价，才能区分评价对象的优劣，确定评价者在被评价群体中的位置，从而发扬长处，弥补不足。但是，一致性原则是有层次的，对大、中、小班幼儿的评价应有不同的标准，对不同地区学前教育工作的评价也应有不同的标准。

普遍性是指在学前教育评价中，幼儿园教育目标是进行学前教育评价工作的依据和出发点，任何学前教育评价工作必须在这个意义上达成一致，以保证有个客观的尺度来区分评价对象的优劣及价值的高低。这类要求和标准即使有的幼儿园做不到，也应遵循。

(三) 可比性原则

可比性原则指在一个一定的范围内，如一个地区、一个市等，进行学前教育评价时，要有统一的评价标准，使本范围内的学前教育工作都能根据这个标准进行评价，并能进行横向和纵向的比较。

在进行横向比较时，同类幼儿园之间的幼儿进行对比，可以看幼儿各个方面的发展指标。如考察幼儿的认知发展情况，可以把两个或多个幼儿园幼儿认知发展的具体达到指标情况加以对比，考察幼儿发展的整体情况，可以将两个或多个幼儿园幼儿身体、认知和社会性这几个方面的情况综合起来加以对比。横向比较易看出优点，找出差距。但值得注意的是，横向比较应在客观条件相似的、同等档次的对象中进行，不应在客观条件差异较大的事物间进行。比如，城市幼儿园和农村幼儿园条件不同、师资队伍不同，对它们进行评价的标准应有区别，不应"一刀切"。

进行纵向比较时，应注意评价对象的起点，要在原有基础上，比较发展与提高的幅度，而不能只比较与最高水平的距离。比如，一个幼儿因早产等因素而先天不足，而另一个幼儿则各个方面的素质都较好，两个年龄相同的幼儿就会出现发展水平相差很多的情况。对这样两个幼儿进行评价，就要求我们不能只看他们与平均水平的距离，还应该看到幼儿本身提高的幅度。这样的纵向评价，可以从侧面反映出一个幼儿的发展情况。

(四) 全面性原则

全面性原则是指评价指标的确立应全面,收集的信息应全面,评价方法应多样,评价主体应多元,不能片面强调评价指标中的某一个指标,也不能偏听偏信,只有遵循了全面性原则,才能保证评价指标的全面性和在评价过程中收集信息的全面性,从而使评价工作更科学、准确。

全面性原则是由我国幼儿园教育总目标决定的。实现幼儿园教育总目标,必须促进每一个幼儿的身心全面发展,而不是片面的、某一方面的发展。相应地,学前教育评价也应是全面的。如果在对幼儿发展的评价中,只注意到幼儿智力品质方面的指标,而没有考虑到社会性方面的指标,那么,这个评价就违背了全面性原则。现在,一些小学在接收新生入学时,只对将要入学的幼儿进行智力、知识方面的考查,而不注重对其他方面的考察,实际也违背了学前教育评价的全面性原则,就不是对学前教育质量和幼儿发展水平的全面评价。

贯彻全面性原则,一方面要使评价指标具有全面性,要全面、充分地反映幼儿园教育目标。反对过分强调某一些指标而忽视其他指标,避免因为学前教育评价的导向性错误而引起整个学前教育系统的失衡。另一方面,还要在学前教育评价中全面、充分地收集有关信息,并全面、客观地分析所收集的信息,然后再做出恰当的评价。因此,应实现评价主体的多元化。如评价一名幼儿园教师的工作,不能只听取领导意见,还要听取幼儿园其他教师、家长和幼儿的意见等;应使用多种评价方法,如采用观察、调查、访谈等方法,采取定性和定量相结合,做到收集信息全面。《幼儿园教育指导纲要》中明确指出:"管理人员、教师、幼儿及家长均是幼儿园教育评价的参与者,评价过程是各方共同参与、相互支持与合作的过程。"

(五) 发展性原则

学前教育评价的根本在于提高学前教育水平,促进每一个幼儿的发展。发展性原则要求在学前教育评价中,评价者要树立正确的评价观,以发展的眼光评价学前教育中的每一位幼儿、每一位教师及每一个教育活动,评价的根本目的是为了更好地促进学前教育的发展,促进幼儿身心的发展,通过学前教育评价,诊断学前教育活动中存在的问题,从而找到促进学前教育发展的最佳途径,促使学前教育沿着正确的方向更好地发展。因此,评价者应遵循发展性原则,应认识到学前教育评价是面向明天的发展性评价,而不是只对今天的结果"评优定等"的鉴定性评价,尤其是对幼儿发展的评价,更不能用统一的评价标准,去给幼儿"贴标签",应用诸如加德纳的多元智能等理论开展幼儿发展性评价,以发展的眼光看待每一个幼儿,既要了解幼儿的现有水平,更要看其成长过程,关注幼儿发展的潜力和发展的方向;既要看幼儿的全面发展,又要看某一突出的方面,承认个体差异。同时,学前教育评价也要因人而异、因园而异,不搞一刀切。应注意激发幼儿园教师工作的积极性,帮助幼教工作者根据实际情况,确定合适的发展目标,选择适宜有效的教育方式和策略,真正做到"因材施教",促进幼儿园教育活动的顺利开展,保证幼儿的健康成长。

第三节　学前教育评价的方法

学前教育评价的方法主要指学前教育评价的工具和手段。它解决的是如何收集评价资料的问题,是保证学前教育评价顺利开展的基础。了解和掌握学前教育评价方法,目的是在进行学前教育评价时,评价者能够依据学前教育评价的目的、对象不同,正确、合理地选择评价方法。

学前教育评价方法分为两大类:一类是针对学前教育者的评价方法,其对象是幼儿园行政管理人员、园长、教师和其他工作人员等;另一类是针对幼儿的评价方法,其对象是所有学前儿童。

一、学前教育者的评价方法

学前教育者作为学前教育的重要因素之一,对学前教育质量起着重要的影响。做好对学前教育者的评价,有利于学前教育质量的提高。

(一)论文体测验

论文体测验是给出一个或几个试题让被评价者自由回答的测验。这种方法主要用来考察评价对象的理解能力、推理能力、知识运用能力、教育观等。比如,要考察与评价教师对"主体性游戏"的认识和态度,可以出这样的题:"你认为什么样的游戏是主体性游戏?""你们班是怎样开展主体性游戏的?"等。

(二)客观测验

客观测验一般包括选择型再认式测验与填充型再生式测验两种形式。

1. 选择型再认式测验

选择型再认式测验包括是非法测验、多种选择法测验等。

是非法测验,例如,陈鹤琴是我国著名的学前教育家。(判断对与错)

多种选择法测验,例如,儿童以下动作中发展最早的是:

A. 抬头　　　　　B. 坐　　　　　C. 走　　　　　D. 跳

2. 填充型再生式测验

填充型再生式测验包括单纯再生式测验和完成式测验两种形式。

单纯再生式测验(质问式测验),如,儿童发展心理学的研究对象是什么?

完成式测验,比如,下列人物的主要著作是:福禄贝尔(　　　)、蒙台梭利(　　　)。

上述选择型再认式测验与填充型再生式测验多用来考核幼儿园领导和教师对学前教育政策与理论知识的掌握和运用情况,这些方法简便易行,客观准确,但无法考核幼儿园园长及教师的实际工作能力。在学前教育评价中,常使用评定法来考核幼儿园园长及教师的实际工作能力。

（三）客观评定

客观评定法分为打分法与等级法两种。

1. 打分法

打分法是评价者对被评价者各方面的情况进行打分，并根据得分情况对其做出评价的方法。如表13-5。

表13-5　幼儿教师评价表

被评教师姓名：　　　　　　所在班级：　　　　　　评定日期：

评价项目（权重）	要素	评分	小计
思想道德工作态度（15%）	1. 事业心、责任心、积极性		
	2. 对幼儿的态度、教育思想		
	3. 品德修养		
知识能力（30%）	4. 一般文化知识		
	5. 幼儿教育理论		
	6. 专业知识技能		
	7. 语言表达能力		
	8. 组织教育能力		
	9. 观察了解幼儿能力		
	10. 教玩具的制作与使用		
	11. 自学创新能力		
负荷（10%）	12. 出勤情况		
	13. 工作量		
工作质量成绩与效果（45%）	14. 计划的制订与执行		
	15. 执行作息制度与常规		
	16. 环境的创设与利用		
	17. 组织开展教育活动		
	18. 班组人员之间配合协调		
	19. 教育效果		
	20. 经验总结及研究成果		
突出特点			

备注：

根据实际情况，每项可评3～5分，评出分数后，再进行加权计算。满分为100分。有突出表现可加分。

等级评定：优秀（90～100分）、良好（80～89分）、及格（60～79分）、不及格（60分以下）。

2. 等级法

等级法是评价者对被评价对者的工作情况按照一定的标准划分等级，比如，一级、二级等,借此对其工作情况做出评价的方法。

(四) 反思法

反思法既是一种评价方法,也是幼儿园教育工作者日常工作的组成部分。它不仅能促使幼儿园教育工作者对自身进行自我监督,同时也促进自身专业成长。

比如,有位教师在让小班幼儿按颜色分类的活动中,提供了红、蓝、绿三种颜色的雪花片作为学具,但幼儿操作时,要么不能分辨三种颜色,要么直接用雪花片玩起了游戏,没有达到教师预期的效果。在活动后记中这位教师自我反思道:"在今天的分类活动中,幼儿操作低效的主要原因有二:第一,学具选择不当,拿平时幼儿结构游戏时的雪花片当学具,分散了幼儿的注意力;第二,对本班幼儿的发展水平了解不够"。可见,这位幼儿园教师对自己工作的及时记录和反思,有助于自身的专业成长。

二、对幼儿的评价方法

对幼儿的评价方法是学前教育评价工作中的重点与难点,也是学前教育评价方法与其他各级各类教育评价方法的区别所在,对幼儿的评价方法主要有以下几种。

(一) 观察法

观察是指在自然条件下有目的、有计划地对观察对象或行为进行考察、记录、分析的一种方法。这是幼儿发展评价中最主要的评价方法。与年龄较大的儿童相比,幼儿的语言能力和自我表达能力有限,因此,对幼儿的发展进行评价,应以幼儿在活动中自然呈现出的、可观察到的外显行为为主要依据。

观察法是一种有效的、比较容易掌握的评价方法。通过观察,幼儿园教师能够及时了解教育活动的状况,随时调整教育活动的内容、方法和组织形式,使评价的诊断与改进功能得到充分体现。观察主要有描述观察和抽样观察两种。

1. 描述观察

描述观察是对幼儿在日常生活中的自然行为进行观察记录。分为日记描述与逸事描述。

(1) 日记描述

日记描述又称婴儿传记,它通过记录幼儿生长和发展的信息,以分析和评价幼儿的发展。下面以美国谢因(Shinn)《一个婴儿的传记》中的一段描写为例,说明日记描述法所记载的内容:"第二十五天,黄昏,祖母坐在火炉旁,把婴儿平放在自己膝盖上。婴儿感到非常满意,她盯着祖母的脸。这时,我走近祖母,并坐在她身旁,把脸伏在婴儿身上。这样,婴儿不能直接看到我的脸。她努力地把眼睛转向我的脸。不久,她额头和嘴唇的肌肉就出现了轻微的紧张。然后,她又把眼睛转回到祖母脸上,继而又转向了我,如此往返几次。最后,她似乎看见了我肩上的一片灯光,她转动眼睛和头以便能更好地看见它。注视了一会儿,她的脸上出现了一种新的表情——一种模糊的初步的热情。她不再只是盯着它而是真正地去看它。"

（2）逸事描述

逸事描述是观察者对可以表现幼儿个性或某方面的发展并且有价值、有意义的行为情境所做的记录。逸事描述不受观察时间、地点的限制，无须连续跟踪观察，使用起来简单方便。下面是一位幼儿园教师的逸事观察记录实例：

观察对象：几个3岁的孩子

观察者：某教师

观察地点：本班的卫生间

在讲故事结束的时候，老师提醒孩子们在洗手吃点心之前，如果有需要的小朋友，先去上厕所。马丁慢慢地、心不在焉地站起来，好奇地看着其他孩子，其他孩子大声叫喊着："我去。"他什么也没说，突然走向洗手间，那里已经有三个女孩了。洛伊斯和保拉坐在马桶上，温蒂站在旁边等着。马丁慢慢地从温蒂旁边走过，走到水池和墙壁中间的紧靠墙角的小角落里。他完全沉浸在对洛伊斯的观察之中。洛伊斯在擦屁股，之后她冲了马桶。"温蒂，我上完了，"洛伊斯一边说着一边开始拉扯内衣。这时，马丁从角落里走了出来，在洛伊斯面前蹲了下来。他什么也没说，一只手按住她的长裤和内裤，另一只手掀开了她的衬衣。洛伊斯注视着马丁，马丁认真地用一个手指戳她的肚脐，一脸天真疑惑的表情。两个人一起沉浸其中，什么也没说。这时，其他孩子都看着他们。老师对洛伊斯说："洛伊斯，你最好离开那里，因为其他孩子还等着呢。"马丁和洛伊斯都看了看老师，洛伊斯提上了裤子，马丁走出去洗了手，他自始至终没有上厕所。

2. 抽样调查

抽样调查是一种严格、系统的观察方法，是观察者根据一定的标准，抽取一定的幼儿行为进行观察、记录和研究，从而获得对幼儿行为了解的评价方法。它包括时间抽样法和事件抽样法。

（1）时间抽样法

时间抽样法是在规定的时间间隔内观察记录预选行为是否出现的方法，是学前教育评价中普遍采用的观察方法，被广泛地用于幼儿数量较大的评价工作。时间抽样法适用的条件是：第一，适用于幼儿经常出现的行为；第二，适用于容易被观察到的外露行为，而不适用于内隐行为，如思维活动和个人的隐私行为；第三，在进行时间抽样时，研究者必须对有关概念做出明确的定义，使其他人对这些概念有共同、一致的理解。另外，使用时间抽样法必须有明确的目的，应做好三方面的工作。首先，根据观察目的确定要记录的信息，即幼儿会发生的一些特定的行为。其次，确定每一观察单元的时间区间。时间区间的长短、间隔及数量多少，因研究目的而定，以保证时间样本的代表性。再次，事先详细制订好记录表格，并对表格中有关行为类型做出具体的规定和详细的描述。

时间抽样观察法只适用于幼儿发生频率高的行为，其数据也难以说明行为与产生行为的原因之间的因果关系，不能说明有关环境与情境的信息。

（2）事件抽样法

事件抽样法是抽样观察并记录某种特定事件的方法。在运用事件抽样法之前，评价者事先应明确观察的目的，选择所要观察的行为，确立观察的时间、地点，确定记录的项目并设计出方便实用的记录表格。

事件抽样法不易进行定量分析，记录的信息只是说明了事件或行为的性质，难以了解该行为的全貌。

（二）访谈法

访谈法是通过与被评价者或与被评价者相关的人员面对面交谈的方式获取信息的方法。访谈法在学前教育评价中运用较多，如通过访问教师和家长，可以获取幼儿身心发展和行为表现的信息；通过访谈家长、教师本人、教师同行和管理人员，可以获取幼儿园教师工作的信息，这些信息是进一步开展评价的依据。学前教育评价中，针对幼儿进行谈话的方式一般有三种。

1. 直接回答问题的谈话

直接回答问题的谈话是一问一答的谈话，谈话者把准备好的问题一个个提出来，让幼儿一一回答。这类谈话是幼儿发展评价中常使用的方法，一般针对低龄幼儿，故教师的问题要简单、明了。

例如，要评价幼儿的自我意识发展，可让3—4岁幼儿回答教师提出的下列问题：

你叫什么名字？

你今年几岁了？

你的生日是哪一天？

……

2. 选择答案的谈话

选择答案的谈话是谈话者把询问的问题预先拟定成具体的选择题，以供被调查者选择。这类谈话为被访幼儿设定谈话范围、明确谈话的目的和内容。如评价全班幼儿社会交往能力的发展，可让幼儿说出班上自己最喜欢的三个人，也可用表13-6。

表13-6　幼儿社交能力评价表

幼儿姓名	被提名次数	在全班排名情况

3. 自由回答的谈话

自由回答谈话是教师围绕着一个或几个问题让幼儿回答，直到了解问题为止。比如，你最喜欢班上的哪一个老师？你为什么喜欢这个老师？别的小朋友喜欢哪个老师？他们为什么喜欢这个老师？运用谈话法时，评价者应注意要有明确的目的，围绕一定的主题进行；应选择适当的时间和地点，选择适合谈话对象的言语，并在自然状态下进行；不能暗示或启发幼儿，教师记录要客观。

(三) 档案袋评定法

档案袋评定法是指幼儿园教师通过收集幼儿的有代表性的作品和典型的表现记录，并以此为依据评价幼儿发展水平的方法。档案袋评定法是一种综合性的评价方法，旨在对幼儿进行较长时间的观察与记录，从多种渠道收集反映幼儿实际发展水平的各类真实材料，为幼儿园教师把握幼儿发展的全过程提供全面而丰富的动态信息，使幼儿园教师能从多角度、多侧面来判断每个幼儿的优点和发展可能性。通常，档案袋的内容包括：幼儿在幼儿园和家中的各种作品（如绘图、泥塑、折纸等）；幼儿在各种活动中的照片和录像；语言和音乐表演的录音、录像；轶事记录；教师和家长对儿童活动的观察记录等。一份好的成长档案应反映幼儿园课程与幼儿发展的内在联系，反映教师与幼儿、家长的互动过程，反映每一位幼儿富有个性的发展。幼儿园教师在创建和收集幼儿"档案"的过程中，可以全面地了解幼儿的个体特征、认知特点、能力特点等，把握幼儿发展的过程与轨迹，全面评价幼儿的发展水平，为教育策略的调整和制订提供良好的支持。

(四) 作品取样系统

作品取样系统是以美国著名的教育评价专家山姆·麦索尔斯博士为首的研究团队，历经25年研究出的儿童发展评价系统。作品取样系统是一个系统性的架构，含三个基本要素：发展引导与发展检核表、档案、综合报告。教师运用"发展指引与发展检核表"观察、收集幼儿的作品与"档案"，最后形成"综合报告"。作品取样系统是一种真实性表现评价，目的在于协助幼儿园教师运用教室内真实的经验、活动与作品来记录并评价幼儿的发展。作品取样系统不仅阐明了"档案"这个系统，还阐述了"发展引导与发展检核表"以及"综合报告"。具体而言，"发展检核表"以教师期望与国家标准为评价标准；"档案"能比较完整地反映幼儿发展的步骤与痕迹，以视觉的方式呈现幼儿作品的质量以及幼儿跨时间的进步；"综合报告"将上述资料统整于一张精确的报告表，使教师能够更客观、准确地把握幼儿的发展状况。

(五) 测验

测验是对幼儿身体、认知、语言、社会性发展等方面的测量，是学前教育评价一种重要方法，主要包括标准测验和教师自制测验。

1. 标准测验

标准检测是专门组织人力、物力，由教育专家制定的测验，测验结果可以和一定标准对照，以测定幼儿发展的程度。如比纳的智力量表。

2. 教师自制测验

教师自制测验指在学前教育评价中，幼儿园教师为了了解本班幼儿在某些方面的发展情况，可以自制一些测验题目，对幼儿进行测验。比如，要评价幼儿"形状与数概念"的理解能力，教师可在幼儿小组或个别活动时，出示相关材料，有目的地对幼儿进行测验和提问,记录幼儿的反应,并做出评价。教师自制测验可以由教师根据自己的需要随时自行编订,方便灵活,但测验的效度与信度不高。

真题链接

1. 评估幼儿发展的最佳方式是（   ）。（2014年下半年）
   A. 平时观察　　　　　　　　　　B. 期末测查
   C. 问卷调查　　　　　　　　　　D. 家长访谈
2. 教师根据幼儿的图画来评价幼儿发展的方法属于（   ）。（2015年下半年）
   A. 观察法　　　　　　　　　　　B. 作品分析法
   C. 档案袋评价法　　　　　　　　D. 实验法

➤ 答案及解析见本章首页二维码

拓展链接

1. 某幼儿园幼儿个体档案的主要内容

（1）将幼儿在幼儿园的各种活动和各领域的发展状况全面呈现,主要以照片附文字的形式,反映活动中的情境,包括一日生活活动中幼儿的表现、家中的表现等。

（2）表现幼儿具有个性发展的内容,不同年龄有不同的小栏目,如小班的"我的第一次",中、大班的"我最骄傲的"和"我需要努力的"等,以幼儿的照片、作品等形式反映。

（3）搜集反映幼儿某项技能活动的过程资料,记录教师的分析。

（4）根据课程实施的内容,对幼儿进行月度或学期的综合评价,对幼儿某个阶段的发展做分析,在分析的基础上,了解课程实施的效果及幼儿发展的现状与问题。

2. 幼儿参与社会性活动观察记录表

时间	儿童姓名	活动类型					
		无所事事	旁观	单独游戏	平行游戏	联合游戏	合作游戏

 **本章结构**

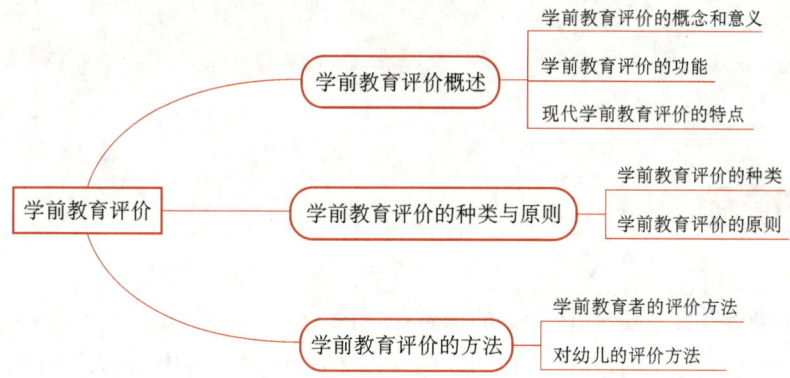

回顾与思考

1. 简述学前教育评价的定义与意义。
2. 简述学前教育评价的功能。
3. 简述现代学前教育评价发展的特点。
4. 简述学前教育评价的种类。

实践与训练

1. 结合教育见习与实习,选择合理的幼儿评价方法,针对幼儿行为进行观察与评价。
2. 结合实践活动,设计一个幼儿发展的评价指标体系。

第十四章 幼儿园与家庭、社区和小学

真题参考答案

1. 了解幼儿园与家庭、社区合作的内容与价值。
2. 理解幼儿园与家庭、社区合作的原则或方法，并能灵活运用，解决实际问题。
3. 掌握幼小衔接的意义与策略，并能根据相关原理分析教育现象与解决现实问题。

小一班的家园联系栏里，贴着一张粉色纸条，上面写着："2、6、13、17、26号小朋友的自理能力还较弱，请家长在家帮助孩子练习提高，谢谢合作。"小二班的家园联系栏里，也有一张粉色纸条，不同的是这张纸条贴在一个粉色信筒上，上面写着："如果您的孩子在自理能力方面有了一点进步，请您及时写信告诉老师，谢谢合作！"

两周后，小一班的纸条依然在橱窗里飘着。刚开始还有几个家长前往查看，时间一长，家长们都视而不见，班里幼儿的自理能力也未见有所提高。而在小二班，开始时的一两天，信筒里的纸条很少，没过多久，纸条就多了起来，有只言片语的，也有长篇大论的，每天都在更新。而且班里的孩子们不仅在自理方面进步很快，其他方面也都有了很大提高，老师和家长们看在眼里，喜在心上。

同样出现在家园联系栏里关于培养孩子自理能力的内容，为什么会出现截然不同的效果呢？

第一节 幼儿园与家庭的合作

微课30
幼儿园与家庭及社区的合作

2001年颁布的《幼儿园教育指导纲要（试行）》总则中提出："幼儿园应与家庭、社区密切合作，与小学衔接，综合利用各种教育资源，共同为幼儿的发展创造良好的条件。"在组织与实施部分又指出："家庭是幼儿园的重要伙伴,应本着尊重、平等、合作的原则,争取家长的理解、支持和主动参与,并积极支持、帮助家长提高教育能力。"由此可见,幼儿园教育与家庭教育在幼儿发展过程中,缺一不可,各自都发挥着不可替代的作用。只有二者有机结合、相互作用、取长补短,才能最大限度地发挥教育优势,挖掘潜力,使幼儿得到更好的教育和发展。

一、幼儿园与家庭合作的含义及价值

(一)幼儿园与家庭合作的含义

幼儿园与家庭合作简称"家园合作",是指幼儿园和家庭双方积极主动地相互了解、支持与配合,共同促进学前儿童身心和谐发展的活动。家园合作是双向的,但相对而言,幼儿园、幼儿园教师应处于主导地位。

正确理解家园合作的内涵,需要把握以下几点:

第一,家园合作是一种双向互动活动。一方面,幼儿园应视家长为促进其孩子成长过程中的积极合作者,保证家长了解孩子在幼儿园生活的方方面面,认真考虑家长提出的意见和建议,邀请家长参与幼儿园的教育活动,发动家长为幼儿园教育提供教育资源,并对家长的教养方式和幼儿园合作的方法进行指导;另一方面,家长要向幼儿园提出自己对教育孩子的看法,对幼儿园为孩子提供的一切做出回应。

第二,家园合作需要合作双方有积极主动的态度。它包括家长对孩子的爱心与责任感、对幼儿园乃至整个教育的信任与支持,也包括教师对家长的热情接纳和对家长参与的信心。

第三,家园合作要考虑幼儿园和家庭双方的需求。家园合作围绕的核心是幼儿,幼儿是幼儿园和家庭服务的共同对象,促进幼儿的全面发展是家园合作追求的最终目标。

(二)幼儿园与家庭合作的价值

在家园合作中,幼儿园和家庭都应把自己当作幼儿发展的重要力量,双方积极主动地相互了解、相互配合、相互支持、双向互动,共同促进幼儿的身心发展。具体而言,幼儿园与家庭合作的价值如下:

1. 促进幼儿身心健康发展

幼儿园和家庭是幼儿生活和学习的两个重要场所。如果家庭与幼儿园教育影响在方向上一致,那么就可以相互支持,形成教育合力,促进幼儿的发展。如果教育影响在方向上不一致,那么就会减弱和抵消各自的教育影响,甚至给孩子的成长造成负面影响。有人断言"如果家长不配合幼儿园工作,幼儿很多习惯的养成往往是5+2=0(星期一到星期五在幼儿园接受五天教育,却在周末两天因为家长不同形式的教育而完全抵消,使得幼儿在一个星期里养成的良好习惯为0)"。可见,只有家园合作才能真正促进幼儿的身心健康发展。

2. 提高幼儿园保教工作的效率

幼儿园保育与教育工作如果得到家庭的支持与配合,自然会事半功倍。一般来说,家长都比较关心子女的学习和教育,也乐于支持和配合幼儿园的各项工作。良好的家园合作关系，可以使幼儿园从家长那里获得多种支持，包括人力、物力的支持。家长对幼儿园教育工作的支持，不只限于配合教师，做好对自己孩子的教育工作，保持教育要求的一致性、一贯性，而且还可以直接参与幼儿园的教育活动，在丰富幼儿园的教育内容等方面提高幼儿园教育工作的效果。特别是从事不同职业的家长，可以成为幼儿园开展各种相关主题活动的重要教育资源。例如，开展"医院"主题活动时，可以请相关职业的家长来讲解医院中各个部门的职能，介绍各种常见的医疗器具，以及到医院就诊的注意事项等。

3. 指导与改进家庭教育，密切亲子关系

家园合作为促进亲子互动、相互了解提供了新的途径。《幼儿园工作规程》中提出，我国幼儿园教育的任务之一是为幼儿家长提供科学育儿指导。通过家园合作，一方面可以指导与改进家庭教育；另一方面，可以让家长有机会了解自己的孩子在幼儿园的生活和学习，更好地认识自己孩子的特点。同时，也使幼儿有机会了解自己父母亲的工作与"本领"，对家长产生敬佩、尊敬的情感。家长和幼儿一起为幼儿园的主题活动收集资料、实地观察，帮助幼儿解决问题，能够促进亲子交往，密切亲子关系。

> **真题链接**
>
> 星期一，A老师埋怨地说："孩子在家过了一个双休日，再回到幼儿园后，许多良好的行为习惯就退步了，不认真吃饭，乱扔东西，活动时喜欢说话，真不知孩子在家时，家长是怎么教育的！"站在一旁的B老师颇有同感地说："是啊，如果家长都能按我们的要求去教育孩子，我们的工作就好做多了！"A老师接着说："可这些家长不按我们的要求去做倒也罢了，还经常给我们提这样那样的意见，好像我们当老师的还不如他们懂得多，真拿这些家长没有办法……"（2012年上半年）
>
> 请你运用幼儿园与家庭相互配合的有关理论，分析和评论A、B老师的教育观点，并具体谈谈家园合作对幼儿发展的重要意义与目前存在的误区。
>
> ➢ 答案及解析见本章首页二维码

二、幼儿园与家庭合作的内容

家园合作的内容是指幼儿园和家庭双方利用各自占据的教育资源，相互配合，发挥合作优势共同促进幼儿的健康发展。根据幼儿园开展家园合作的实践，家园合作内容主要包括两个方面：

（一）鼓励和引导家长直接或间接地参与幼儿园教育，同心协力培养幼儿

家长直接参与，指家长参与幼儿园教育过程中，如共同商议教育计划、参与课程设置、加入幼儿活动、深入具体教育环节与教师联手配合（共同组织或分工合作）、被邀请主持一些教育活动等；家长间接参与，指家长为幼儿园提供人力、物力支持，或将有关意见反映给幼儿园和教师，如家长会、家长联系簿等，而自己不参与幼儿园教育各层次的决策和活动。家园合作大多属于这一类。

（二）幼儿园帮助家长树立正确的教育观念，掌握科学的教育方法

调查表明，我国的家庭教育存在不少错误观念，如偏重智力、技能的培养，而轻视社会

性的发展。家庭教育的方法也一般比较简单、盲目,溺爱、娇惯孩子的现象十分普遍。[①] 因此,强化家长其"不仅是养育者,也是教育者"的意识,改善家长的教育行为、教育方法,优化家庭环境,贯彻《规程》的要求,"为幼儿家长提供科学育儿指导"是幼儿园的重要任务。

在家园合作中,上述两方面的内容是相互促进、相互结合、可同时进行的。

三、幼儿园与家庭合作的原则

幼儿园与家庭合作的原则是家园合作必须遵循的公认的行为准则。《纲要》指出,家庭是幼儿园重要的合作伙伴,应本着尊重、平等、合作的原则,争取家长理解、支持和主动参与,并积极支持帮助家长提高教育能力。

(一)尊重性原则

1. 尊重家长的人格

教师不能因家长的容貌、职业、地位等不同而区别对待,而是要发现每一位家长的优点,引导家长参与、支持幼儿园的教育工作。比如,可以吸引有职业特长或兴趣爱好的家长,发挥所长参与教学活动等。

2. 尊重家长的教育观

教师应当尊重每个家庭对孩子在教育目标定位、教育方法使用等多方面的诸多不同。即使有些家庭教育出现了一些问题,教师也不能随意加以否定,而应该善意地提出可供家长参考的教育建议。教师应当理解家长对孩子的培养目标的价值取向不相同,不能强求一致。

3. 尊重家庭文化

每个人都有不便公开或不愿意让他人知道的小秘密,隐私权是法律赋予每个公民的一项基本权利,不管是教师、家长还是幼儿都享有隐私权。教师应尊重每一个家庭的家庭结构与生活状态,注意保护家庭的隐私,如居住环境和经济状况等。

(二)平等性原则

1. 营造民主、平等、和谐的合作氛围

民主是指在交流合作的过程中,教师要充分尊重家长的意见,不能"一言堂",更不能专断独行。所谓平等是指教师与家长地位平等,不涉及谁主谁从的问题,合作时要大家协调决定。和谐是指大家都能从不同角度换位思考,心情愉快。只有努力营造一个民主、平等、和谐的合作氛围,幼儿园和家庭才能有效地进行交流、合作,更好地促进幼儿的身心和谐发展。

2. 善于倾听

善于倾听对于提高沟通效果,提高家园合作的针对性、时效性都具有重要的意义。在实践中,首先要让对方把话说完,其次要鼓励大家发表意见,再次不要轻易下结论,更加不能随意否定。

---

① 李季湄.幼儿教育学基础[M].北京:北京师范大学出版社,1999:160.

3. 讲究语言艺术

在幼儿园与家长合作时说话要尽量做到留有余地，多用"你的意见呢""你怎么看"等鼓励性、引导性的语言。当家园交流中谈到孩子的缺点时，首先，要先扬后抑，即要先肯定孩子的优点，然后再点出不足，这样家长才易于接受。其次，要避实就虚，即不要一开始就切入正题，而是先谈其他方面的事情，待家长心理趋于平静的时候再自然引入主题。再次，要淡化孩子的缺点和错误。老师要淡化孩子犯下的错误，不要去给错误定性、定论。

短信中的误会

浩浩是我们班的插班生，眼睛大大的，很可爱。他到我们班才两天，我就发现他十分好动。老师提醒他不要跪坐在地上玩，他哇哇大哭起来，说知道错了，但是过了一会儿就全忘了，又开始在地上打滚；午睡时，他很难入睡，不时地发出怪声，老师提醒他快睡觉，他又哇哇大哭起来，对其他孩子造成了一定的干扰。

一天晚上，我收到了一条浩浩妈妈发来的短信："我知道班上老师很辛苦，对班级孩子照顾得很细心，但是如果不能很好地照顾到每个孩子，就都等于零！你听说过'100－1＝0'吗？"看完短信，我十分吃惊，浩浩妈妈怎么会有这种想法呢？我想到今天早晨在和浩浩妈妈交流浩浩在园情况时，由于时间较为紧张，我就直接、如实地向她反馈了孩子的一些不好的表现。可能问题就出在这里，我不恰当的沟通方式，让浩浩妈妈产生了误会，认为我因为浩浩太调皮而不喜欢他。

于是我立即打电话与她进行了交流，也证实了我的猜想。我向浩浩妈妈道了歉，并请她放心，我们会细致认真地照顾好每一个孩子。100从来没有减1，以后也绝不会减1。我表示希望通过家园的一致努力，帮助浩浩尽快适应幼儿园的集体生活，提高自控能力。此次沟通化解了浩浩妈妈对我的误会，也得到了她的理解和配合。

每个班都会有一些特别顽皮或特别好动的孩子，老师在与这些孩子的家长交流时，很容易变成"数落罪状"，这种方式不但对孩子没有实质性的帮助，而且还会让家长误会老师不喜欢自己的孩子，从而担心孩子在园得不到好的教育和照顾，导致不能配合幼儿园的工作。通过这件事，我意识到：越是特殊的孩子，家长越是会关注老师对孩子的态度和评价，所以我们在与这些家长沟通时，一定要从肯定孩子身上的闪光点和进步出发，从而在愉快的氛围中婉转地提出孩子的不足（如果问题较多，则分次提出，或先提出近期需要配合教育的问题），这样家长们才乐意接受和配合。

（三）合作性原则

教师要对幼儿的现有水平、发展特点全面观察，主动地向家长汇报幼儿在幼儿园的表现，并了解幼儿家庭的教育环境，以便于家园双方更客观、全面地了解幼儿的发展状况。

教师应以自己的专业性影响家长，主动帮助家长创设良好的家庭教育环境，向家长宣传科学保教知识，共同承担教育幼儿的任务。引导家长将关注重点放在孩子具有的优势上，拟定个性化的教育方案。用教育的实际效果赢得家长对教师专业素养的信任。

四、幼儿园与家庭合作的方法

《幼儿园工作规程》要求："幼儿园可采用多种形式，指导家长正确了解幼儿园保育和教育的内容、方法。"幼儿园与家庭合作的方式是多样的，根据家长参与人数的多少，大致可以分为集体方式和个别方式两种类型。

（一）家园合作的集体方式

1. 家长会

家长会是加强幼儿园与家庭合作的传统方式，一般可分为全园家长会和班级家长会。全园家长会是指在全园工作计划中确定，由园长主持，各班教师和工作人员都应出席的一种合作沟通方式。会议的目的在于使家长熟悉幼儿园的各项工作进程，宣传幼儿教育的知识，讨论有关的问题，交流家庭教育的经验，并要求家长帮助幼儿园改进工作。而班级家长会则是根据本班幼儿的实际情况，向全班家长介绍或根据某一主题讨论幼儿园和家庭中教育幼儿的内容与方法的一种方式。召开家长会应注意：① 定期举行，制定计划，做好充分准备。② 内容丰富具体，形式生动多样，考虑家长情况，时间不宜过长。③ 每次会议应有记录。

2. 家长开放日

家长开放日是家长间接参与教学活动的一种方式，是指幼儿园组织的定期邀请家长来幼儿园，在活动中深入了解自己孩子的发展水平、优势和不足，了解教师的保教水平，增强办园透明度的家园合作方式。其活动形式包括观摩领域教学活动，观看幼儿作品展示，参加亲子运动会、亲子游戏或联欢会等。

3. 家长沙龙

家长沙龙主要是为家长提供宽松的畅所欲言的环境与机会，可以由幼儿园提供场所，也可以由家长自己在外组织，人数不宜多，定期举办，自愿参加，可按类型分别召开。如专门召开爷爷奶奶会，由几位有经验的祖辈家长现身说法，谈教育孙子、孙女的经验。通过这种座谈形式，可以交流关于幼儿教育的经验，充分发挥家长自我教育的作用。

4. 家长学校

家长学校是普及家教知识的有效途径，其主要任务是向家长系统地宣传先进的教育理念，指导教育孩子的正确方法，通过家长学校组织家长参与学习和活动，提高家长的幼儿教育水平和能力。家长学校的内容和形式可根据园所的具体情况而定。

5. 家长园地

大部分幼儿园都设有家长园地或家园联系栏，有面向全体家长的，也有各班办的。面向全体家长的家园联系栏一般都是介绍有关家教新观念、家教好经验、保健小常识、季节流行病的预防、亲子游戏等。各班的家园联系栏内容主要有介绍本班近期教育目标、需要家园合作的教育内容、孩子的发展情况与一些有针对性的家教指导性文章等。家园联系栏应办得生动活泼，能吸引家长，文章、资料要短小精练。

爱心小条

在我们班的"家长园地"里，有一个版块是老师用来公布当天的教学内容的，目的是方便家长了解幼儿园的教育教学内容，所以家长都很关注。我们经常能看到一些爷爷奶奶从包中拿出纸笔，记录版块上的儿歌和歌曲，他们有的戴着老花镜，有的眯着眼睛，慢慢地记录着，记完后如释重负地将纸笔收好，笑眯眯地进班接孩子。这一幕让我很感动，感动于爷爷奶奶们对孙辈教育的关注，感动于背后的爸爸妈妈们对孩子教育的关心。为了给他们提供更切合实际的帮助，我化"感动"为"行动"，将儿歌、歌曲、重要通知等打印成小条发给来接送孩子的家长。家长们非常感动，爷爷奶奶们更是对此举拍手称好——他们再也不用吃力地抄写了。

"爱心小条"之所以受到家长的肯定和好评，是因为它为家长们提供了切实的方便。所以，我们在日常的家长工作中，要善于发现家长们的各种实际需要，并根据实际情况进行相应的调整，尽量满足家长们的合理需要，这样家长们才会更好地配合幼儿园的各项工作。

6. 网络平台

利用现代化的网络手段，为家长开通畅所欲言的家教经验交流平台。譬如可以通过校园网介绍幼儿园的情况；通过相关信息，介绍家教知识与技术；开辟家长园地让家长在网络上发表自己的观点与建议等。当然，也可以建立家长微信群、QQ群，借助这些媒介与家长交流，及时告知家长相关的信息，这样就可以快速地建立起幼儿园与家庭的合作沟通。

（二）家园合作的个别方式

1. 家长助教

"家长助教"是指个别家长直接参与幼儿园的教学活动，具体有两种：一种是家长结合自身特长给幼儿上课，另一种是辅助幼儿园教师完成日常教学活动。具体来说，幼儿园可以邀请家长定期来幼儿园当助教，也可以采取家长自荐、教师推荐的方式邀请家长参与

"家长助教"的活动。

2. 个别谈话

个别谈话是幼儿园与家庭合作沟通的较为普遍的方式，一般是指幼儿园教师利用家长到园接送幼儿的机会，与他们交谈有关教育幼儿的情况，吸取家长的经验，或向家长提出要求，征求家长的意见与建议，布置亲子活动，共同研究解决。或者是家长主动询问教师，了解自己孩子在园的表现以及与教师沟通有效的教育方法等。

3. 家访

家访是加强家园合作的一种常用的方式。通过家访，幼儿园教师可以深入了解幼儿家庭和其在家的具体情况，如个性、习惯、优缺点及其形成的原因。同时教师也可以通过家访向家长交流幼儿在园中的表现，进而通过家园合作共同解决幼儿在发展过程中存在的问题，或进一步巩固其良好的行为习惯。另外，通过家访，教师可以向家长宣传正确的教育观念和方法，同时也能从家庭教育中吸取好的教育经验。

4. 家园联系册或联系卡

家园联系册是教师与家长围绕幼儿的发展与教育进行书面联系与交流的形式，也可以制作成联系卡用于教师与家长经常性的联系，简便易行，传递信息及时。家长可从联系册中经常得到孩子的近来表现、存在的问题及幼儿园对家庭在配合教育方面的具体要求；教师则可从联系册中获得幼儿园教育效果的反馈信息，了解幼儿在家中的表现，得知家长的意见和要求。家园联系册所写的内容要具体，不能空泛，要侧重反映幼儿的变化与新的情况。

总之家园合作的方式是多种多样的。幼儿园要根据本园的实际情况，灵活地运用这些方法，才能促进幼儿园与家庭之间的合作，保证幼儿园与家庭在教育上的一致性，共同完成对幼儿的教育任务。

真题链接

（　　）是指家长通过不同的形式，参与幼儿园的一些教育教学活动，协助教师的工作，以丰富幼儿的学习经验，达到家庭与幼儿园的相互配合与协调一致。（2011年下半年）

A. 家长学校　　B. 家长参与　　C. 家长会　　D. 家访

▶ 答案及解析见本章首页二维码

第二节　幼儿园与社区的合作

作为学前教育的另一个重要场地，社区也在学前教育中发挥着重要的作用。幼儿园作为当代最主要的学前教育机构，只有与社区合作，才能为幼儿发展、社区和谐、学前教育质量提升等夯实基础。

一、幼儿园与社区合作的含义及价值

(一) 幼儿园与社区合作的含义

"社区"是由聚居在特定区域内互相联系着的,具有共同成员感、归属感的人群所组成的社会生活共同体。一个社区应当包含三个要素:特定的区域、一定数量的居民、共同的认同心理和归属感。特定的区域可以大至城市社区、农村社区,也可以小至街道、居委会。在日常生活中,人们常提及的社区往往是与个人的生活关系密切的、有直接联系的较为小型的社区,如农村的村或乡、城市的住宅小区等。

幼儿园与社区合作是指幼儿园与其所处的社区密切结合,共同为幼儿的健康成长服务。幼儿园与社区的合作是相互的、双向的。一方面,幼儿园要和所在社区沟通合作,从社区那里获得物质、精神的支持,充分利用社区的丰富资源环境开展幼儿园的教育活动等。另一方面,在合作中,社区也能从幼儿园获得支持,丰富社区资源,提升社区的文明水平。

(二) 幼儿园与社区合作的价值

1. 社区为更好地开展幼儿园教育提供支持

社区具有丰富的教育资源,社区如果能够对幼儿园开放其具备的资源,无疑将大大拓展幼儿园教育的深度和广度。而幼儿园也要主动开发与利用社区教育资源,为幼儿的身心全面发展创造更好的保育和教育条件。

从物质条件来看,社区的自然环境可以成为幼儿探索自然最好的环境,而社区内的各种硬件设施则能为幼儿园教育提供一种保障。如社区内的邮局、医院、菜市场等设施也可以作为幼儿园的教育场所,拓展幼儿对社会环境的认知。从精神文化资源来看,社区的历史和文化等可以演变成幼儿园的课程资源,成为丰富幼儿学习经验的有效途径。如进行"尊老爱幼"这个主题时,可以让幼儿到敬老院和老人们进行沟通和交流。这些活动拓展了幼儿的生活空间,丰富了幼儿的生活体验,也在一定程度上提升了幼儿园的教育质量。

2. 幼儿园能为社区提供教育和文化的支持

幼儿园作为社会专门的教育机构,拥有丰富的教育资源,在全社会都在重视学前教育的今天,应该发挥自己的优势,主动与社区合作,向社区辐射自身的教育功能,以实现幼儿园自身的对幼儿保育教育和家长服务的功能,为社区的精神文明建设服务,共创幼儿发展的良好社会环境。同时,利用幼儿园特有的资源,定期开放幼儿园,为社区更多的家庭了解幼儿园打开窗户;也可以利用幼儿园里特色的艺术教育活动,为社区精神文明的宣讲提供义务演出,增强园方与社区的合作,取得社区更大的支持,发挥幼儿园的教育功能。

> **真题链接**
>
> 简述社区在幼儿园教育中的作用。(2020年下半年)
>
> ➤ 答案及解析见本章首页二维码

二、幼儿园与社区合作的内容和方法

（一）幼儿园与社区合作的内容

社区内具有丰富的人力、物力资源，幼儿园只要充分挖掘这些资源为我所用，定能收到良好的教育效果。同时，幼儿园作为社区的一部分，应增强与社区的联系，了解并满足社区的多样化需求，扩大社区服务功能。具体来说，幼儿园与社区合作的内容有以下两个方面。

1. 充分挖掘社区资源服务幼儿园

（1）幼儿园对社区物质资源的开发利用

要想对社区物质资源加以开发，就要先对社区所拥有的物质资源进行调查研究，然后进行整理记录，绘制详细的地图。比如，对社区超市、医院、邮局、银行、书店、居委会、物业管理中心、派出所、老人活动中心、公共活动场地、各种植物等设施和场地进行统计，以做到心中有数，使教师可以清晰地把握这些社区教育资源，也使家长能进一步明白幼儿园课程的来源以及自己可以为幼儿园提供的资源。当然，社区资源是潜在的教育资源，只有对资源进行分类和筛选，并根据幼儿发展的需要与幼儿园课程整合，才能使之成为幼儿园的课程内容。如在每年的植树节，可以组织幼儿观察社区的花草树木，并请社区的园艺工人来幼儿园为幼儿讲解社区植物的种类、名称、植物成长的过程，从而让幼儿学会爱护和保护植物，美化身边的环境，从小树立环保意识。社区的物质资源为幼儿的学习提供了活的教材教具，丰富了幼儿的直接生活经验，让幼儿的生活和学习真正成为一体。

（2）幼儿园对社区人文资源的开发利用

人文资源主要是指本地所具有的一定传统意义上的文化特色、风俗习惯、自然景观等。如幼儿园可结合传统节日举办相应的社区活动，重阳节可以组织幼儿参观社区养老院，为老人们表演节目，展示敬爱老人的心声，幼儿的感情在无形之中也得到了升华。在这样的活动中让幼儿学会用实际行动尊重老人，继承中华民族的传统美德。幼儿园还可以组织家长同盟建立玩具交换中心，将各自家里的玩具在交换中心进行交换，这样，社区的孩子们增加了互相接触的机会，有了更多的新玩具，还可以找到有共同兴趣爱好的小伙伴，这样的活动也为社区家长节省了不少经济开支。以上的活动由幼儿园出面组织，通过活动的开展可以在社区形成一种文明友好、互帮互助的氛围，在润物细无声的过程中提高社区家长的科学育儿知识和人文素质。对于社区人文教育资源的开发，需要幼儿教育工作者做个有心、有敏锐感受力的人，这样才会发现社区中有益的资源，为幼儿的发展提供真正的养料。

某幼儿园幼儿每天来园时，如果见路边有空饮料罐就拾起来，这是幼儿园环保活动的

倡议。教室后墙上贴有一张简单的图表,供幼儿自己在上面记录,即在哪里拾的空罐,就在图表上所标的那个场所的直线上画一个圈,十分简单,每天来园时幼儿自己即可完成,不占什么时间。每周末,幼儿很认真地数圈,数出每个地方的空罐数并写在最后一个圈的旁边。每月末,教师提醒幼儿把几周的数字"统计"一下,写在每个场所的标志下面,然后把它存放起来,再画一张新的空白表贴在墙上供下月记录用(参见图13-1)。这一切都是幼儿在活动角完成的,既是数学活动,也是科学活动。三个月后的学期末,教师指导幼儿把几张表的"统计"看一看,看哪个地方拾到的空罐最多。幼儿一下子叫起来,幼儿园前面的十字路口画的圈最多!之后,一场自发的热烈讨论开始了,幼儿七嘴八舌地发表自己的

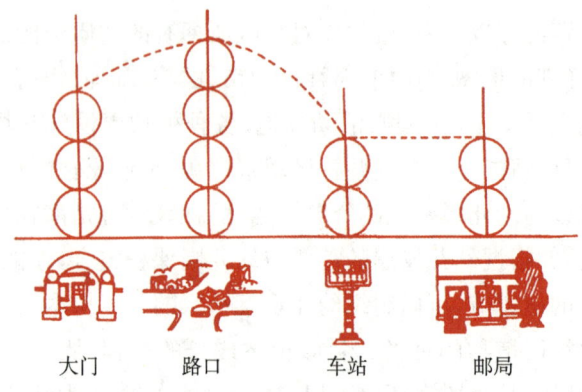

图13-1 幼儿拾空罐记录表

"见解","分析"为什么。教师提示幼儿,能想个什么办法解决这个问题吗?讨论的结果中,赞成在马路口增设一个空罐收集箱的人最多。于是幼儿口述,请老师给社区负责人写了一封信。在教师幕后的积极策划、联系下,幼儿的要求变成了现实。社区负责人到幼儿园来感谢幼儿,夸奖他们"有根有据"的建议。每当幼儿看到那个空罐箱时,总很得意地说:"这个箱子是我们叫放在这儿的。"教师后来用同样的方法引导幼儿记录天气,并在适当的时候让幼儿比较降雨天数,组织幼儿投入到社区"节约用水宣传周"的活动中去。从而在幼儿力所能及的条件下,建立了幼儿园与社区的建设性合作关系。

① 幼儿园与社区合作并不是要求幼儿园一定要在本职工作之外去搞什么大型活动,参与社区的活动也并不一定是增加教师与幼儿负担的额外工作,幼儿园完全能将与社区结合的活动纳入自己的教育内容中去,二者应当、也可以有机地结合起来。② 与社区结合的活动一旦深入幼儿园教育过程之中,将大大扩展教育的深度和广度。③ 与社区结合的活动不仅仅对幼儿德育、社会性发展等方面有重大意义,在幼儿智力、科学素质、分析和解决问题的综合能力的培养上也有独特的作用。④ 是否能开展与社区结合的活动,社区环境条件不是主要的,关键是教师能否敏锐地抓住问题,发现有教育价值的事情或现象,并有效地加以利用。

2. 积极拓展园本资源服务社区

（1）幼儿园向社区开放

幼儿园是社区的公共教育资源之一，应向社区开放。特别是节假日或周末可以创造条件为社区内的幼儿与家长开放，以满足有需要的幼儿享受教育资源。如幼儿园定期组织社区内幼儿参观幼儿园教育活动；幼儿园的玩具、图书等向社区内幼儿开放等。特别是在流动儿童或留守儿童较集中的社区，教育资源丰富的幼儿园应充分发挥教育辐射作用，尽量满足适龄儿童受教育的需求。

（2）为社区开展各种教育服务

幼儿园不仅负有教育幼儿的重任，同时也是促进社区和谐发展的潜在力量。幼儿园可以通过免费咨询与讲座等形式向社区成员宣传教育的重要性、介绍正确的教育观念、传授科学的育儿知识，帮助家长树立科学的育儿观，提高家庭生活与教育质量。

（二）幼儿园与社区合作的方法

幼儿园所在社区的自然环境、社区生活氛围和社区设施等，都是幼儿园可以利用的宝贵教育资源，因此幼儿园要主动与社区合作，通过"请进来、走出去"的方法，积极发掘和利用社区的各种教育资源，为幼儿提供多样化的活动平台，让幼儿在自主选择中获得发展。

1. 把多元化的社区资源请进幼儿园

一方面，幼儿园可以通过"家长导师""社区居民辅助教学"等形式，把社区里不同职业的人士请到幼儿园来参与幼儿教育，与幼儿一起活动。例如，请医务工作者来园为幼儿讲解如何预防疾病等知识。另一方面，幼儿园可以将社区物质资源中可移动的部分"请进"幼儿园；对于不能移动或不便移动的，采取绘画、录音、录像等方式，将社区的影音图像带入教学情境之中，从而使社区资源真正走进幼儿园。

幼儿园通过"请进来"的形式，将多元化的社区资源吸纳到幼儿园来，引导幼儿与社区内丰富的环境、人员相互充分作用，在积极的自我建构和社会建构中拓宽视野，感受社会文化，陶冶情操。

2. 带幼儿到社区去开展教育活动

幼儿园通过"走出去"的形式，为幼儿提供与大自然对话的机会，给予幼儿充分体验生活的场域，同时也为幼儿服务社区提供了机遇。

（1）与大自然对话

幼儿园充分利用周围得天独厚的社区资源优势，组织幼儿参观实践、交流表达、动手尝试，让每一个幼儿用心灵与大自然对话。如春暖花开时，市内最大花圃就近在咫尺，幼儿园教师带幼儿观察动植物的生长变化；秋收时节，广阔的田野就在眼前，孩子们一起去捡落叶、拾稻穗、剥豆荚，开展丰盛的野餐活动，体验生活的乐趣；幼儿园附近有各种各样的农作物，带幼儿去田野看农民播种、施肥、治虫、收割、耕田、除草，并让幼儿参与劳动，体会劳动的辛劳及收获的快乐，真正让大自然、大社会成为活教材。

（2）在生活中体验

充分利用丰富的社区资源，带幼儿回到现实生活，体会生活的本色。比如，带幼儿进行商品调查、户外教学、社区访问、社区参观、社区远足等。在热闹的菜场及百姓超市,孩子们通过自己购物,认识了货币、了解了买卖、认识了各类商品、学会了讨价还价;通过和叔叔阿姨交流以及合作购物,为其学会与人交往、合作奠定了基础;通过参观图书馆、邮局,了解工作人员为社会服务的情形等。每个活动都能让孩子亲身体验、直接感受,让生活和学习真正成为一体。

(3) 参加社会实践

在"走出去"活动中,可以引导幼儿为社区做一些力所能及的事情,学习为社区服务。比如,认养树木、美化环境、为老人服务、参与节日活动等,并组织幼儿到社区场所展示自己的学习成果,进行美术展览、舞蹈表演、戏剧表演等,这不仅增加了社区的和谐气氛,还提高了幼儿自我表现的能力。幼儿园还可结合社区的要求,让幼儿融入社区的大活动中,为社区服务做宣传,如在幼儿园所处街道大规模的"争当五星家庭"宣传活动中,组织孩子们参加文艺演出。

"献爱心"活动

关于到敬老院开展"献爱心"的活动,老师启发儿童带礼物去看望敬老院的爷爷奶奶,孩子们开始了讨论,有的孩子说要给爷爷奶奶买一些软的东西,问他为什么,他们说:"因为爷爷奶奶的牙齿掉了,硬的东西咬不动了。"他们的回答得到了我们的支持和肯定。孩子们亲自到超市为爷爷奶奶们购买礼物。在购买的时候,我们就发现孩子们拿到一样东西时,总要去捏一捏,原来是要看看它是硬的还是软的。来到敬老院后,孩子们把自己的礼物送到老人们的手中,亲切地看着他们问这问那,并且为老人们表演了自己拿手的节目,临走的时候,有的孩子还不忘对老人们说:"再见,我们下次再来看你们。"甚至有的孩子还在老人的脸上亲了一下,逗得老人呵呵直笑。回来后,孩子们纷纷讲了自己的感受,说爷爷奶奶很可怜,下次还要去看看。又如,小区中有一对残疾夫妇,生活困难,他们的孩子在我们幼儿园上学,学校已经为他们的孩子免除了学杂费,老师们和孩子们一起分析他家的困难,孩子、老师和家长为他们捐款,在捐款仪式上,老师和那对夫妇的话感动了所有的孩子,他们都情不自禁地流下了眼泪,这一动人的情景还感动了墙外的人,有两个路人当场也参与了捐款活动,有的孩子过后对我说:"老师,我听了太感动了。"……

这个活动使孩子深受教育,孩子们感受到了爱的力量,活动往下延伸,引发了他们去关心残疾人的愿望。孩子们充分发挥了自己的想象力和创造性,为残疾人设计了许多可以帮助他们的器具,如多功能机器人、自动感应冰箱、可升降的床等。这一系列的活动过后,家长反映说孩子在家能够主动关心老人了,有什么好吃的会主动与大家分享。

第三节 幼儿园与小学的衔接

《幼儿园工作规程》中指出:"幼儿园教育应与小学密切联系,相互配合,注意两个阶段的相互衔接。"2021年,教育部《关于大力推进幼儿园与小学科学衔接的指导意见》的颁布表明,幼儿园与小学之间要做好幼小衔接工作,才能实现从幼儿园到小学的顺利过渡,让幼儿在小学阶段能够较快适应和健康成长。

微课 31
幼小衔接

案例研讨

各方面不适应:7岁男孩想回幼儿园

一个学期快过去了,7岁的小学一年级新生唐唐,还是无法接受自己的"小学生"身份,仍在锲而不舍地央求爸爸妈妈送自己回幼儿园。幼儿园每节课20分钟,小学里一节课却翻了一倍变成了40多分钟;厕所也不像幼儿园那样就在本班教室里,要去男女小朋友分开的公共厕所,加上小学课堂要遵守纪律不准随意走动,唐唐每次想上厕所都会憋着,常常憋到回家,一进门就嗷嗷大哭。

"孩子入学第一个学期,我每个月都要被老师请去学校谈两三次话,开始说我儿子每40分钟的课,只能乖乖地坐5分钟,上课喜欢东张西望。后来又发现他上课老是拿错课本,被同桌笑话了几次后,这孩子在学校的话就更少了。"向来推崇儿子自由成长的郭女士,没想到内向的唐唐如此难以接受小学的学习环境,令她百思不得其解。

幼儿园教育和小学教育有很大的差异,正是这些差异构成了幼儿进入小学的"陡崖",使得唐唐进入小学后出现很多的不适应状况。而这种不适应问题往往不会自动消失,若不能及时得到解决的话,还会导致恶性循环,会不断减弱幼儿的自尊心、自信心,甚至影响幼儿的性格及身心发展。

一、幼儿园教育与小学教育的主要差异

幼儿园教育和小学教育在衔接过程中,因为各自教育对象身心发展的差异性,在教育的诸多方面都存在着较大差异,正确认识幼儿园教育和小学教育之间的差异,有助于做好幼小衔接的工作。

(一)教育内容的不同

幼儿园教育主要实施的是保教结合。保教结合就是指保育教育并重,保中有教,教中有保。幼儿园在对幼儿进行生活照料和全面保育的基础上开展相应的启蒙教育活动,主要关注

幼儿身心健康和谐发展、日常生活行为习惯养成、初步的社会适应和自我意识形成。

小学教育则更侧重知识的学习，更注重教育，而不再强调保育，这也是教育对象身心发展的差异性所决定的。小学教育根据国家制定的统一培养目标和课程标准对学生进行有目的、有计划的德、智、体、美等全面发展的教育，关注学生的社会道德品质的发展和学习习惯的养成等。

（二）教育组织方式的不同

幼儿园以游戏为主要的活动形式，注重让幼儿在游戏中学习，在活动中体验。活动生动有趣、形式多样，幼儿的学习任务多是动手操作之类，总体上较为轻松愉快。每天集体活动时间不超过1小时，每节课时间在10~30分钟之间。而小学则以分科集体教学为主，对学生进行系统的文化知识传授，平均每天4~6节课，每节课时间40分钟。

（三）作息制度的不同

在幼儿园的一日活动中，休息、睡眠、吃饭、喝水、如厕等生活活动都在幼儿园完成，需要教师悉心照料，生活活动时间比小学多，正规的学习时间比较少。

小学的作息制度相对较为统一和固定。学生遵照统一的时间安排进行相关活动，如上课、课间休息等。一般上课时间，学生未经许可，不得随意活动。小学日常教育活动分为上午和下午时间段，除低年级学生外，一般不需要教师看护。小学的学习时间较长，生活环节的时间较短。

（四）对幼儿要求的不同

幼儿园学乐结合，不留作业，不考试，幼儿感到轻松愉快。入小学后，学习科目多，考试多，作业多，而且老师和家长对他们的要求明显提高。幼儿园不存在升学率，注重幼儿的全面发展。而小学有升学的压力，老师把学习成绩作为评价学生的主要标准，甚至是唯一标准。

（五）学习环境的不同

一般来说，幼儿园为幼儿选择和操作提供了丰富的材料，环境的布置比较轻松、活泼、生动。学习、生活设施一般都相对集中，活动室、盥洗室等紧密相连，幼儿生活比较方便。活动室还设有活动区角，幼儿可以选择自己喜欢的活动内容。而在小学中，教室环境布置相对简单，自由活动空间较少，还要受到纪律约束。

> **真题链接**
>
> 简述幼儿园教育与小学教育的主要区别。（2013年上半年）
>
> ➢ 答案及解析见本章首页二维码

二、幼儿园与小学衔接的含义及价值

（一）幼儿园与小学衔接的含义

幼儿园与小学的衔接简称"幼小衔接"，是指为了促进幼儿的健康成长，幼儿园和小学通过创造良好的条件，做好一系列的工作，以帮助幼儿实现从学前教育阶段到小学教育阶段的顺利过渡，并取得良好教育效果的过程。

幼儿园与小学的衔接是双向互接的关系。一方面，幼儿园要为幼儿入小学积极做准备，使幼儿顺利地适应小学的学习生活；另一方面，小学也应以幼儿园保教目标为基础，引导幼儿顺利地通过幼儿园向小学过渡的阶段，实现幼儿园与小学的顺利衔接。这既是幼儿园应有的教育责任和义务，也是小学应有的责任和义务。如果幼儿出现不适应的问题，双方不能相互推卸责任或指责对方，而应本着在过渡中求发展，在发展中求适应的方针，共同为幼儿顺利适应小学生活做出自己的努力。

(二) 幼儿园与小学衔接的价值

1. 有利于幼儿身心健康发展

根据世界卫生组织的界定，身心健康是指在身体上、精神上的完满状态，以及良好的适应力，而不仅仅是没有疾病和衰弱的状态。幼小衔接可以有效地减小幼儿园与小学之间的坡度，使幼儿能根据环境的变化，积极、主动、有效地进行身心调整，减轻生理和心理上的失衡，在新的环境中保持良好的身心发展状态。

2. 有利于提高幼儿社会适应能力

幼儿在任务意识、规则意识、独立意识和完成任务的能力、人际交往方面都需要加强训练，才能适应小学的学习生活。幼小衔接的过程就是帮助幼儿适应新的环境、新的要求、新的老师与同学，在与人的交往过程中促进个体的社会化发展，提高自身的社会适应能力。

3. 有利于幼儿良好习惯的养成

学前儿童正处于人生的初始阶段，可塑性大，自控能力较差，是养成良好习惯的关键阶段。但是习惯的养成并非一朝一夕的事情，很多习惯一般要到小学甚至中学阶段才真正形成，如生活习惯、卫生习惯、学习习惯等。做好幼小衔接，有利于幼儿形成良好的行为习惯，特别是良好的学习、人际交往的习惯。

4. 有利于幼儿顺利适应小学生活

小学时期是幼儿发展历程中的一个重要时期，是幼儿开始学校生活的第一个阶段。幼儿能否适应从幼儿园到小学的生活，会影响入小学后的学业成绩。适应好的儿童，会较快进入小学的学习状态，取得较好的学业成就；反之，出现学习困难的概率就会增大。

三、幼儿园与小学衔接中存在的主要问题

幼儿园与小学的衔接对于幼儿发展的重大影响已经受到了家长、教师及社会相关人士的普遍重视，但是由于相互之间各自为政以及观念偏差等多方面的原因，幼小衔接工作还存在诸多问题。

(一) 幼小衔接的片面性

幼小衔接工作往往会出现片面性，重知识准备，轻能力培养，只关注幼儿认识了多少字，会做多少算术题，不关心幼儿的学习兴趣、学习习惯及学习能力，不关注幼儿独立生活能力、交往能力、挫折的承受能力等；只关注幼儿的生理健康，忽视了幼儿的心理

健康。

(二) 幼小衔接的突击性

幼小衔接是幼儿从幼儿入园开始就不断进行的过程,是整个学前教育阶段中各个环节的衔接。而现实中,家长和幼儿园往往都是"先松后紧",在最后时期进行识字、计算等方面的突击训练。这种急于求成的做法忽略了日积月累的重要性,容易导致幼儿在生理、心理等各方面的压力骤然加大,一时难以适应,甚至会使幼儿对未来的学习和小学生活充满恐惧感。

(三) 幼小衔接的盲目超前性

部分幼儿园为了迎合家长,将小学的部分学习内容提前教给幼儿,致使幼儿入学后出现以下情况:入学初感到学习很轻松,出现上课不专心、做作业不认真等,形成不良的学习态度和习惯;随着学习内容的加深、难度的增加,"储备知识"用完,又缺乏认真学习的习惯,这时就出现了适应困难,导致学习"没后劲"等问题。

幼儿园也学奥数——是幼小衔接还是揠苗助长?

2005年,广州市东山区的一家幼儿园与北京大学幼教中心合作开办了"奥数启蒙园",按照奥数启蒙园的材料中提出的要求,小班的幼儿要认识几个图形,用圆形、正方形和三角形进行组合排序;中班幼儿要学习10以内的数字顺着数倒着数,按照物体的差异如粗细、厚薄、高矮进行6个物体以内的正逆排序;大班的幼儿要掌握集合的初步知识,如找出集合中的子集类,比较两个集合的对应关系,说出对应原则,还要学习几个图形的二等分、四等分,知道整体和部分间的分合关系。这样就把在中小学常见的奥林匹克数学班引进幼儿园。此举引发了众多争论:当事人认为此举的目的是做好幼小衔接、减短幼小衔接的不适期,而且是抓住幼儿发展的关键期以促进幼儿的发展;而反对方认为这种幼小衔接走进了一个误区,学得早不一定就是好,他们只能接受本年龄阶段才能接受的知识,过早智力开发将导致厌学症,其实质是在揠苗助长。①

在幼儿园教育中,应注重对幼儿的学习品质和学习能力的培养,而非知识的获得。过早让幼儿学习奥数,短期内可能会取得一定成效,但是从长远来看,不利于幼儿的后续学习,是一种揠苗助长的形式。

(四) 幼小衔接的单向性

提起幼小衔接,好像就是幼儿园的事情,只有幼儿园单向主动向小学靠拢,积极开展

---

① 程玉伟.幼儿园也学奥数——幼小衔接还是揠苗助长[J].科学之友,2005(6):42-43.

幼儿入学前的准备工作，无论是在教学要求、内容、方法还是作息时间方面都主动向小学靠拢，而小学却很少主动与幼儿园接触，形成幼小衔接的单向性。另外，单向性也体现在幼小衔接工作缺乏家长的支持，如很多家长都把幼小衔接工作当作是幼儿园和小学的事情，并没有意识到家庭在其中的重要作用。

四、幼儿园与小学衔接的策略

幼儿园与小学的衔接工作，不单是幼儿园的事情，也不仅是小学的工作，而是要利用教育的合力来完成。在衔接工作中，幼儿园、小学和家庭等都要承担起各自的责任。

（一）幼儿园中的幼小衔接工作

幼儿进入小学前必须达到一定的身心发展水平，才能适应小学的学习和生活，而学前儿童的身心发展水平很大程度上取决于幼儿园的保教质量。因此，幼儿园必须通过各种保教手段提高幼儿各方面的素质，增强环境适应能力。

1. 做好持久性的衔接工作

幼小衔接是一个持久性的工作，从幼儿入园开始就已经展开，幼儿园应该根据《纲要》和《幼儿园工作规程》的要求，对幼儿实施教育与保育工作，促进其身心和谐发展，为幼儿入小学打下良好的基础。

2. 做好大班下学期的入学准备工作

（1）进行制度性策略调整。第一，调整一日生活作息制度。为使幼儿在进入小学后能较快地适应小学的作息制度，以不影响幼儿身心健康为前提，大班下学期可以适当缩减午睡时间，减少游戏时间，延长集体教育活动时间，适当增加课时等。第二，改变活动室环境布置。大班后期活动室环境要适当减少活动区角，扩大图书角，将桌椅按照小学方式排列，值日生管理也可以适当按照小学模式安排，但是活动内容不能小学化。

（2）进行教育活动策略调整。第一，在大班下学期的教育活动中，教师可以适当开展培养幼儿小学适应性方面的教育，如认识小学及其学习生活，在活动区内增设整理书包的操作活动、书写活动等。第二，组织幼儿到附近小学参观，或开展联谊活动，有条件的可以深入小学课堂，观察小学生的上课情况，让幼儿体验小学的课堂活动与其他集体活动。第三，幼儿园可以巧用毕业离园活动，隆重举行幼儿园毕业典礼，让幼儿留下深刻的印象，带着欢乐、自信和向往之情告别幼儿园生活，去迎接新的生活。

3. 协调家长、小学教师在幼小衔接方面的工作

幼儿园可以通过与家长学校、幼儿园园报、家园联系册、家长开放日等多种途径使家长与幼儿园统一认识、统一方法；同时可以针对幼儿的个别情况，向家长提出有针对性的幼小衔接方案。

幼儿园教师要主动与小学联系，倾听意见，不断调整教学内容与方法。同时向小学教师准备一份较为详细的幼儿各方面发展的情况表，使小学教师更加全面、系统地了解幼儿，有针对性地开展教育工作。

（二）小学中的幼小衔接工作

幼小衔接的目的是让幼儿进入小学后，能平稳、自如地应对社会适应和学习适应。因此小学应从衔接师资、衔接课程和衔接环境三方面做好幼小衔接准备，承担起帮助幼儿顺利度过入学适应困难的重任。

1. 组建专业衔接教师队伍，提供幼小衔接合作平台

法国幼儿教师和小学一二年级教师可以互相到对方学校执教，这在一定程度上利于打破幼小教师素养之间的断层，更好地促进幼小衔接。鉴于此，有必要在小学组建专门的幼小衔接教师队伍，要求他们熟悉幼儿身心发展的特点，能灵活运用适宜的教学方法，帮助儿童平稳地适应小学生活。同时，他们担负定期组织幼小教师一起交流学习、互换岗位、共同开展教育活动等责任，加强双方对彼此教育情境、教学安排等方面的学习，为幼小教师的衔接工作架起一座桥梁。

2. 调整幼小衔接课程内容，及时更新幼小衔接指导教材

在幼小衔接工作中，小学幼小衔接教师应总结幼儿入学适应问题，寻找和分析问题原因，调整幼小衔接课程内容。新的幼小衔接课程内容不仅包括幼儿入学知识的准备，还应重视幼儿入学心理准备、学习技能及社会适应能力的准备等。同时，根据调整过的幼小衔接课程内容及时更新衔接教材，以正确引导教师合理安排幼小衔接教学。

3. 缩小幼小教育环境差异，创设连续性幼小衔接环境

为使幼儿在进入小学这个全新的学习环境时不会感到陌生，有必要在小学一二年级设置与幼儿园相近的环境。在小学低年级教室学习环境的设置中，可以延续幼儿园的某些区角，使其在外观上与幼儿园环境设置没有太大的区别，而在内容的选取上，应选择与小学生身心发展相宜的知识。

（三）家庭中的幼小衔接工作

家长在幼小衔接中作用巨大，但必须具备合理的有效衔接观念，采取科学的方法，才能达到良好的效果。

1. 激发幼儿学习的兴趣

对于处在幼小衔接阶段的幼儿来说，知识的学习不是最重要的，家长要走出只重视知识学习的误区，采取有效措施培养他们的学习兴趣。首先，家长要保护幼儿对小学的兴趣，并把这种兴趣转移到学习上来。有调查显示，幼儿几乎不考虑他们将从哪一年级开始小学生活，仅对"小学"这个大概念十分感兴趣。家长要满足幼儿对小学的好奇心，让幼儿内心产生想上小学当个小学生的愿望。其次，家长要用启发的方式培养幼儿主动学习的积极性。当幼儿在学习上遇到难题向家长求教时，家长不需要直接告诉他们答案，而应用一种启发的方式，在幼儿原有的知识水平上提出一些相关性问题或建议，引导幼儿思考，鼓励幼儿自己动手、动脑去获取答案。最后，家长对幼儿的期望要适度，并及时肯定他们所取得的成绩。家长要从实际的角度出发，根据自己孩子的具体情况为他们去制定一些容易达到的学习目标，而不是被"望子成龙""望女成凤"的落后观念冲昏头脑。幼儿在学习上取得进步时，家长应该及时鼓励他们。当幼儿克服学习上的困难体验到成功的乐趣后,就会对学习更加感兴趣。

2. 注重知识学习与身心健康发展相协调

从幼儿园到小学,不只是学习环境的改变,幼儿的身心发展也经历了一次重大的改变,家长应帮助幼小衔接阶段的幼儿做好身体、心理和社会适应上的准备。首先,家长要帮助幼儿养成强健的身体。小学的学习任务比幼儿园繁重,学生上课时需要认真听讲,回到家后还要完成教师布置的作业。家长要保证幼儿有充足的营养和睡眠时间。在课余时间,家长可以和幼儿进行一些户外运动,锻炼身体,增强体质,防止感染疾病影响幼儿的身体健康。其次,家长要帮助幼儿缓解心理状况。幼小衔接阶段的幼儿会产生一些心理问题,如心情焦虑、紧张、自卑、抵触心理强烈等。在步入小学前,家长可以带领幼儿参观附近的小学,让幼儿熟悉小学的环境;家长可以和孩子讲讲自己上小学时的趣闻趣事;家长要多与孩子交流,倾听他们对上小学的想法。最后,家长要帮助幼儿做好社会性发展的准备。社会性发展的准备主要表现在人际交往方面和亲社会性行为的培养方面。在周末,家长可以经常带孩子去动物园、博物馆这类公共场所游玩,幼儿在游玩时不仅能够拓宽视野、增长见识,还能学会和他人相处,发展交往技能。在日常生活中,家长要有意识地教孩子学会谦让、帮助、合作和分享。

3. 指导幼儿养成生活自理的能力和良好的生活、学习习惯

进入小学后,幼儿需要独立地面对生活和学习,要学会自己的事情自己做。意大利教育家蒙台梭利强调:"教育首先要引导儿童沿着独立的道路前进。"幼儿期是培养和训练孩子独立性的重要时期。作为家长,要给孩子学习生活自理的机会。在日常生活中,可以指导孩子做一些力所能及的事,如洗脸、穿衣服、系鞋带、擦桌子、扫地、整理书包等。此外,家长要帮助孩子养成良好的生活、学习习惯。比如,家长可以和孩子共同制定作息时间表,并要求孩子遵守这些时间安排,帮助孩子养成守时的习惯;多与孩子沟通交流,帮助孩子建立良好的倾听习惯;陪孩子一起阅读,帮助孩子养成静坐的习惯等。

总之,家长要发挥自身在幼小衔接阶段的重要使命,从幼儿的角度出发,综合各个领域的发展,帮助幼儿愉快地进入小学,更好地适应小学的学习生活。

真题链接

1. 下列有关幼小衔接的说法,正确的是(　　)。(2013年下半年)
   A. 幼儿入学适应困难,是因为幼儿园教育过于游戏化
   B. 幼小衔接完全是幼儿园的责任
   C. 幼儿园的幼小衔接工作不仅仅在大班,小中班也应该开展
   D. 幼小衔接主要是教幼儿拼音、认字等内容

2. 试述如何做好幼小衔接工作。(2016年下半年)

➢ 答案及解析见本章首页二维码

拓展链接

我国幼儿园与社区优质互动现存问题[①]

（一）家长的认识和参与度不够

幼儿家长作为社区成员之一，存在对幼儿园教育的认可与参与度不够的问题。一是家长群体的文化水平参差不齐，幼儿教育观念仍需极大提高，具体表现在与幼儿园保教工作的配合效率低、参与度低，忽视家庭教育与幼儿园教育的相辅相成。二是隔代教养仍是主要教养方式，祖辈的教养观念和方式较为陈旧，对幼儿园一系列工作的开展以及幼儿园、社区优质互动造成一定的难度。

（二）社区资源开发利用效率较低

经相关调查显示，幼儿园对家长资源的开发比占总体社区资源的最大值，但对社区内其他人力和物质资源的开发率却普遍较低，存在社区资源开发广度不足的问题。另外，在资源的利用上，幼儿园并没有认真思考自身如何高效利用所开发的社区资源。例如，在家园合作的活动中，教师往往停留在要求家长提供材料的浅层方面，忽视对其他社区资源利用方式的深度探索，存在社区资源利用深度不足的问题。

（三）互动模式呈单向发展

现在幼儿园与社区在合作共育上，依然停留在单项索取的阶段。一是幼儿园总是单方面探究如何开发和利用社区资源丰富教学活动，而往往忽视可以为社区的发展提供什么帮助，能够对其产生什么影响，社区的需要是什么等问题。二是社区管理机构的工作人员，由于工作繁忙基本无暇顾及与幼儿园的联系。例如在一些中、老年人较多的社区里，举办的社区活动类型主要是通过聘请社区有一技之长的人对下岗人群进行"再就业"培训，或者联合小学举办"小学生入社区""社区免费托管班"等活动。与社区互动的对象多为中年人和青少年，幼儿的占比较少。因此，幼儿园与社区的在双向联系中缺失正规互通机构，幼儿园、社区互动依旧停留在表面的协调帮助上，其目的多为应付上级的评估或完成上级布置的任务等，这类互动不具备教育信息，以片段式互动活动为主要形式，追求的是信息和工作业绩的积累。

---

① 尹江倩,苏维,朱嘉慧,刘华.幼儿园与社区优质互动：价值、存在问题及解决策略[M].教育导刊（下半月），2019(09).

 **本章结构**

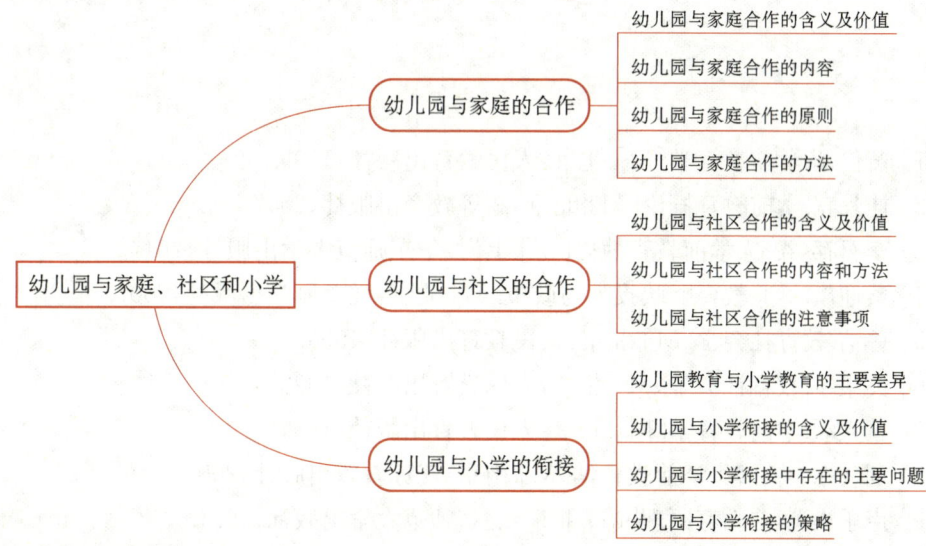

 **回顾与思考**

1. 简述幼儿园和家庭合作的原则。
2. 简述幼儿园与社区合作的内容及方法。
3. 结合实际谈谈幼小衔接中存在的问题,试述如何做好幼小衔接工作。

实践与训练

1. 了解并整理一所幼儿园与社区合作的成功案例。
2. 设计一次幼儿园与家庭合作的活动,要求有活动设计的详细方案。
3. 设计一份幼儿园幼小衔接的活动方案。

参考文献

[1] 黄仁颂.学前教育学[M].北京：人民教育出版社,1999.
[2] 桂景宣.学前教育概论[M].北京：高等教育出版社,2007.
[3] 李召存,祝贺.学前教育简史[M].上海：华东师范大学出版社,2014.
[4] 蔡迎旗.幼儿教育财政投入与政策[M].北京：教育科学出版社,2007.
[5] 鲁洁.教育社会学[M].北京：人民教育出版社,1990.
[6] 吴康宁.教育社会学[M].北京：人民教育出版社,1998.
[7] 黄人颂.学前教育学[M].北京：人民教育出版社,1989.
[8] 刘晓东,卢乐珍.学前教育学[M].南京：江苏教育出版社,2004.
[9] 卢乐山.学前教育原理[M].北京：北京师范大学出版社,1991.
[10] 虞永平,王春燕.学前教育学[M].北京：高等教育出版社,2012.
[11] 虞永平.学前教育学[M].苏州：苏州大学出版社,2001.
[12] 朱家雄.幼儿园课程[M].上海：华东师范大学出版社,2011.
[13] 李季湄.幼儿教育学基础[M].北京：北京师范大学出版社,1999.
[14] 蔡迎旗.学前教育概论[M].上海：华中师范大学出版社.2006.
[15] 王春燕.幼儿园课程概论[M].北京：高等教育出版社,2007.
[16] 陈文华.幼儿园课程论[M].北京：科学出版社,2011.
[17] 王海燕.幼儿园课程[M].北京：教育科学出版社,2015.
[18] 陈世联,张小翠.基于幼儿园日常生活活动规则的观察与分析[J].早期教育（教科研版）,2013(12).
[19] 张亚军.幼儿园教育基础[M].上海：华东师范大学出版社,2014.
[20] 夏如波,吉兆麟,谢春姣.学前教育学[M].南京：南京大学出版社,2013.
[21] 霍力岩.学前教育评价[M].北京：北京师范大学出版集团,2014.
[22] 王丽璇,刘宏斌.学前教育学[M].哈尔滨：黑龙江科学技术出版社,1990.
[23] 阎水金.学前教育学[M].上海：上海教育出版社,2003.
[24] 柳阳辉.幼儿教育学[M].郑州：郑州大学出版社,2008.
[25] 杭梅.幼儿教育学[M].北京：高等教育出版社,2009.
[26] 岳亚平.学前教育学[M].郑州：郑州大学出版社,2012.
[27] 刘光仁,游涛.学前教育学[M].长沙：湖南大学出版社,2012.
[28] 廖莉,吴疏影,袁爱玲.幼儿园生活活动指导[M].福州：福建教育出版社,2012.

[29] 翟理红,侯娟珍.幼儿游戏[M].北京:北京师范大学出版社,2012.

[30] 朱宗顺,陈文华.学前教育学[M].北京:北京师范大学出版社,2012.

[31] 刘焱.幼儿园游戏与指导[M].北京:高等教育出版社,2012.

[32] 李季湄,冯晓霞.《3—6岁儿童学习与发展指南》解读[M].北京:人民教育出版社,2013.

[33] 丁海东.学前游戏论[M].济南:山东人民出版社,2001.

[34] 刘焱.儿童游戏通论[M].北京:北京师范大学出版社,2008.

[35] David R.Shaffer著,邹泓等译.发展心理学[M].北京:中国轻工业出版社,2005.

[36] 王微丽.幼儿园区域活动—环境创设与活动设计方法[M].北京:中国轻工业出版社,2014.

[37] 董兰敏.幼儿园中班区域活动案例[M].北京:中国轻工业出版,2014.

[38] 张继科.幼儿园大班区域活动案例[M].北京:中国轻工业出版,2014.

[39] 张治军.幼儿园大班区域活动[M].北京:中国轻工业出版社,2014.

[40] 胡运清.幼儿园的班级教育活动[M].四川:四川大学出版社,2011.

[41] 左志宏.幼儿园班级管理[M].上海:华东师范大学出版社,2015.

[42] 张富洪.幼儿园班级管理[M].上海:复旦大学出版社,2013.

[43] 王劲松.幼儿园班级管理[M].北京:北京师范大学出版社,2013.

[44] 张燕.幼儿园班级管理[M].北京:北京师范大学出版社,1997.

[45] 唐淑,虞永平.幼儿园班级管理[M].南京:南京师范大学出版社,1997.

[46] 教育部.幼儿园教育指导纲要(试行),2001.

[47] 教育部.幼儿园工作规程,1996.

[48] 教育部.幼儿园教师专业标准(试行),2011.